U0678764

|经济研究系列|

清代漕运

QING DYNASTY CANAL TRANSPORT

（第2版）

李文治　江太新　著

出版说明

社会科学文献出版社成立于1985年。三十年来，特别是1998年二次创业以来，秉持“创社科经典，出传世文献”的出版理念和“权威、前沿、原创”的产品定位，社科文献人以专业的精神、用心的态度，在学术出版领域辛勤耕耘，将一个员工不过二十、年最高出书百余种的小社，发展为员工超过三百人、年出书近两千种、广受业界和学界关注，并有一定国际知名度的专业学术出版机构。

“旧书不厌百回读，熟读深思子自知。”经典是人类文化思想精粹的积淀，是文化思想传承的重要载体。作为出版者，也许最大的安慰和骄傲，就是经典能出自自己之手。早在2010年社会科学文献出版社成立二十五周年之际，我们就开始筹划出版社科文献学术文库，全面梳理已出版的学术著作，希望从中选出精品力作，纳入文库，以此回望我们走过的路，作为对自己成长历程的一种纪念。然工作启动后我们方知这实在不是一件容易的事。对于文库入选图书的具体范围、入选标准以及文库的最终目标等，大家多有分歧，多次讨论也难以一致。慎重起见，我们放缓工作节奏，多方征求学界意见，走访业内同仁，围绕上述文库入选标准等反复研讨，终于达成以下共识：

一、社科文献学术文库是学术精品的传播平台。入选文库的图书必须是出版五年以上、对学科发展有重要影响、得到学界广泛认可的精品力作。

二、社科文献学术文库是一个开放的平台。主要呈现社会科学文献出版社创立以来长期的学术出版积淀，是对我们以往学术出版发展历程与重要学术成果的集中展示。同时，文库也收录外社出版的学术精品。

三、社科文献学术文库遵从学界认识与判断。在遵循一般学术图书基本要求的前提下，文库将严格以学术价值为取舍，以学界专家意见为准绳，入选文库的书目最终都须通过该学术领域权威学者的审核。

四、社科文献学术文库遵循严格的学术规范。学术规范是学术研究、学术交流和学术传播的基础，只有遵守共同的学术规范才能真正实现学术的交流与传播，学者也才能在此基础上切磋琢磨、砥砺学问，共同推动学术的进步。因而文库要在学术规范上从严要求。

根据以上共识，我们制定了文库操作方案，对入选范围、标准、程序、学术规范等一一做了规定。社科文献学术文库收录当代中国学者的哲学社会科学优秀原创理论著作，分为文史哲、社会政法、经济、国际问题、马克思主义五个系列。文库以基础理论研究为主，包括专著和主题明确的文集，应用对策研究暂不列入。

多年来，海内外学界为社科文献出版社的成长提供了丰富营养，给予了鼎力支持。社科文献也在努力为学者、学界、学术贡献着力量。在此，学术出版者、学人、学界，已经成为一个学术共同体。我们恳切希望学界同仁和我们一道做好文库出版工作，让经典名篇“传之其人，通邑大都”，启迪后学，薪火不灭。

社会科学文献出版社

2015 年 8 月

社科文献学术文库学术委员会

（以姓氏笔画为序）

作者简介

李文治　1909～2000，河北容城县人，1932年毕业于北平师范大学历史系，新中国成立后至1987年，在中国科学院（1977年后为中国社会科学院）经济研究所工作，研究员，博士生导师，第一批享受政府特殊津贴者。长期从事中国经济史研究，成果丰硕。主要专著有：《晚明民变》、《明清时代的农业资本主义萌芽问题》（合著）、《中国地主制经济论——封建土地关系发展与变化》（合著）等。著作多次获得中国社会科学院优秀著作奖、孙冶方经济科学奖、郭沫若中国历史学奖等。

江太新　1940年生于福建省永定县，1964年毕业于厦门大学历史系，同年8月分配到中国科学院（1977年后为中国社会科学院）经济研究所工作，研究员、博士生导师，2001年退休。享受国务院政府特殊津贴。曾任研究室主任、中国社科院研究生院经济系主任、中国经济史学会秘书长、中国商业史学会秘书长。长期从事中国经济史研究，主要著作有：《清代漕运》（合著）、《中国宗法宗族制和族田义庄》（合著）、《中国经济通史——清代经济卷》（合著）、《中国地主制经济论——封建土地关系发展与变化》（合著），主编《中国企业史：近代卷》《李文治集》等。著作多次获得中国社会科学院优秀著作奖、孙冶方经济科学奖、郭沫若中国历史学奖等。

内容提要

本书共十四章，内容包括中国古代漕运制度的发生和演变、清代长江流域农业生产的发展与漕运的持续、漕粮的财政及赈恤功能、漕粮赋税制度、漕粮的征收兑运和交仓、漕运官制和船制、运丁和屯田、漕粮运道、清中叶后吏治腐败与漕运体制内部矛盾的加剧、清中叶后农村经济的变化及其对漕粮征收的冲击、道光后漕粮改折减赋、道光后漕运招商海运、漕运的停止、漕运与商品经济。

在探讨清代漕运史时，本书紧紧抓住地主制经济这一中心线索展开，探讨漕运问题，这是本书理论上的一大突破。本书对沿运河商业城市的发展进行了详细考察，从其兴衰中总结出：城市要长盛不衰，必须要注意生产与消费的同步增长。

Abstract

This book consists of fourteen chapters, covering the emergence and evolution of China's ancient canal transport system, the development of agricultural production in the Yangtze River basin during the Qing Dynasty and its sustained canal transportation, the fiscal and relief functions of canal grain, the canal grain tax system, the collection, exchange, and storage of canal grain, the official and shipping regulations of canal transport, transportation laborers and military farmland, canal grain routes, intensified internal contradictions in the canal transport system due to corrupt governance in the middle of the Qing Dynasty, changes in rural economy and its impact on canal grain collection, reforms in canal grain after the Daoguang era, inviting merchant marine transportation, the cessation of canal transport, and the relationship between canal transportation and commodity economy. In discussing the history of Qing Dynasty canal transportation, this book focuses on the landlord economic system, which is a major theoretical breakthrough. The book also details the development of canal-side commercial cities, concluding that for a city to thrive, there must be a synchronous growth in production and consumption.

第 2 版序言

社会科学文献出版社副总编辑周丽先生来经济所约稿，经魏明孔先生引见，我与周丽会面。她问我：将《清代漕运》一书纳入“社科文献学术文库”出版，是否同意。接着又说，收入“社科文献学术文库”的著作不是随随便便确定的，也不是凭我们拍脑袋想出来的，是经过征询经济史同行的意见，才确定下来的。对《清代漕运》一书能列入“社科文献学术文库”出版，我感到由衷地高兴，能为学界做出一点贡献，是功在千秋之事。借此机会，对社会科学文献出版社为学术繁荣做出的贡献，表示崇高敬意；同时对经济史同行的推荐和支持，表示衷心的感谢。

本书面世已二十年了，从出版至今，我一直没有离开这个课题。以前由于受资料限制，在《漕运与商品经济》这章中的第一节，对漕船携带土宜之事，只举了几个例子，而对历年所载土宜之数却欠下了账。近几年来，经过不懈努力，在这方面的研究中，取得了一些成果，这一成果虽然不是十全十美，但迄今为止，尚未见到第二份类似成果问世（如果今后有新成果问世，请以新成果为准），所以，趁再版机会，冒昧地将这方面的研究心得收入书中，其用意是补本章之不足，满足读者对这方面的需求。同时，了却作者还账心愿。我想，这一做法，一定会获得李文治先生在天之灵的赞许。补充部分若有不妥之处，请方家批评指正。

借再版机会，再次谢谢读者多年来对本书的支持和热爱！谢谢社会科学文献出版社为该书出版所付出的努力！

江太新

2015年5月20日

目　录

Contents

第一章

中国古代漕运制度的发生和演变

第一节　宋元以前漕运制度沿革

一　秦汉时期漕运

秦汉时代，朝廷把河南的食粮转运陕西；隋唐以后，则将东南的食粮转运西北；伴随食粮转运而形成了中国历史上的漕运制度。这种现象的产生，是因为京师所在地需要较多的食粮，同时和农业生产发展变化有关。农业生产的发展又和水利事业有着直接联系。

黄河流域，远在春秋战国时代即开始兴建较大的水利工程。如魏文侯时（前445～前399），西门豹为邺令，在今河南临漳一带挑浚河渠12条，引黄河之水溉田。魏襄王时（前318～前300），史起为邺令，开挖沟渠，引漳水溉田①。这时还出现了水利专家，如韩国著名

① 《汉书》卷29，《沟洫志》：民获灌溉之利，感念他的功德。歌颂他说："邺有贤令兮为史公，决漳水兮灌邺旁，终古舄卤兮生稻粱。"

的郑国，为秦国完成泾水流域巨大水利工程，把陕西 40000 顷卤泽变成良田，史谓地一亩可收谷一钟，“于是关中为沃野，无凶年，秦以富强，卒并诸侯，因名曰郑国渠”①。

汉朝对北方水利更加注意②。武帝元光年间（前 134 ~ 前 129），刘彻令水工徐伯开凿由长安至黄河长约 300 里的漕河，临近河渠的一万多顷土地都变成沃野。河东守备建议开凿河东郡的沟渠，引汾水灌溉皮氏、汾阳以下的土地，引河水灌溉汾阳、蒲坂以下的土地，他这个计划预计可溉田 5000 顷，每年可收获 200 多万石粮食；后因河身迁徙，没有完成。

此后，刘彻又下令开发洛河的水利，兴筑龙首渠，先后开凿 10 年始得完成。元鼎六年（前 111），左内史兒宽建议开凿六辅渠，灌溉郑国渠所不能灌及的高地。太始二年（前 95），赵中大夫白公请引泾水以注渭水，计开渠 200 里，灌溉谷口栎阳等处田 4500 多顷，此渠就是历史上有名的白渠③。西汉的水利事业，在汉武帝时打下了良好的基础。如班固所论：“自是之后，用事者争言水利，朔方、西河、河西、酒泉，皆引河及川谷以溉田。而关中、灵轵、成国、沣渠引诸川，汝南、九江引淮，东海引钜定，泰山下引汶水，皆穿渠为溉田，各万余顷。它小渠及陂山通道者，不可胜言也。”④

在秦汉时代，黄河流域水利工程比较普遍，农村富庶。其间又可以分成关中和关东两个区。关中区以渭河流域为主，早在秦朝已是国家的谷仓。当楚汉纷争之际，两军对峙于荥阳，汉军赖萧何转输陕西

---

① 《汉书》卷 29，《沟洫志》。

② 《汉书》卷 29，《沟洫志》：武帝把水利工程看得相当重要。下过一道敕令说：“农天下之本也，泉流灌浸，所以育五谷也。……名山川原甚众，细民未知其利，故为通沟渎、畜陂泽，所以备旱也。”

③ 《汉书》卷 29，《沟洫志》中民歌之曰：“田于何所？池阳古口，郑国在前，白渠起后。举锸为云，决渠为雨，泾水一石，其泥数斗。且溉且粪，长我禾黍，衣食京师，亿万之口。”

④ 《汉书》卷 29，《沟洫志》。

的食粮，得无绝粮之患。张良描述关中富庶情形，谓系“金城千里，天府之国”[①]。此后百年，司马迁说：其地“于天下三分之一，而人众不过十三，然其富十居其六”[②]。关东泛指今河南、山东两省，以及山西、河北南部地区。[③] 在整个汉朝，关东生产的食粮在国家财政供应上占着极其重要的位置，每年向京师提供的食粮，在公元前200年前后为几十万石，到武帝元封元年（前110）增到600万石。尤其是河内地区[④]，在东西汉交替的时代，乃是重要的谷仓。刘秀争夺天下之时，对河内太守寇恂说：“河内完富，吾将因是而起。昔高祖留萧何镇关中，吾今委公以河内，坚守转运，给足军粮，率厉士马，防遏它兵，勿令北渡而已。”[⑤] 河内由于灌溉系统完善，农业生产丰盛，变成了刘秀争夺天下的基地。他统一中国后，放弃历史上的古都西安，迁都洛阳，和粮食供应是有关系的。

东汉末年，群雄割据，黄河流域农业生产遭受冲击。继有北方民族南下，战争频繁，黄河流域农民到处逃徙，户口锐减[⑥]，原有水利建设大部遭到破坏，一直到隋唐时代也未完全恢复，以后更一朝不如一朝，灌溉面积呈现递减趋势。以陕西郑渠、白渠为例，溉田面积，在唐永徽年间（650～655）为1万多顷，大历年间（766～779）减为6200多顷，北宋至道年间（995～997）又减为2000顷。总之，隋唐以后，黄河流域农村经济或停滞不前，或趋向衰落，江南地区却迅速发展。

---

① 《汉书》卷40，《张良传》。

② 《史记》卷29，《河渠书》。

③ 或谓天下财富在关东，关东财富凑于齐梁，以定陶为最。

④ 今河南省黄河以北地区。

⑤ 《后汉书》卷46，《寇恂传》。

⑥ 华北中原大乱之后，户口大减，如河南鄢陵原有50000～60000户，魏晋之时才有数百户；河东原有90000余户，这时只剩30000户；涿州原有102210人，这时只剩3000人；金城郡原为3800余户，这时不满500户。

二　三国后南方水利及农业发展

汉武帝时期，江淮以南还是地广人稀生产落后的地区[①]。汉末至三国纷争，淮河流域经常驻扎着大批军队，当权者为筹措军饷，每在驻军处所就地兴屯，令军士开垦，这时开始注意淮河流域的水利了。如曹操令扬州刺史刘馥修筑芍陂、茹陂、七门、吴塘诸堤岸，挑修沟通淮河的睢渠。同时令邓艾兴修寿春的水利，在颍南北开凿沟渠 300 多里，溉田 20000 顷。从此淮河南北，东起寿春，西到许州，灌溉系统日趋完善，产量激增，成了官府仰赖的财赋要区[②]。由东晋历南朝宋、齐、梁、陈，淮河流域变成了抗拒北朝的基地。由于军需补给的需要，这里的农田水利不断受到当时统治者的重视[③]，从而淮河流域农业得到发展，是开发江南的过渡阶段。

江南的开发有赖黄淮流域人民的南迁。东汉末年，中原长期战乱，地方军阀征兵征饷。人民在战争威胁和捐税压迫下，四处逃亡，或北走冀州，或东徙辽东，或西入巴蜀，山东南部和淮河流域人民多渡江南下。到“五胡乱华”时代，中原人纷纷南渡，对江南开发是一股巨大力量。

中原人南渡，不只是带来了广大劳动力，并且把北方优良的农业生产技术和水利方法传播到南方。长江流域潮湿多雨，河流纵横，湖泊繁多，自然条件优越，有利于水利的开发。

---

① 《史记》卷 129，《货殖列传》：“楚越之地，地广人稀，饭稻羹鱼，或火耕水耨，果隋蠃蛤，不待贾而足。地势饶食，无饥馑之患。以故呰窳偷生，无积聚而多贫，是故江淮以南，无冻饿之人，亦无千金之家。”

② 《晋书》卷 26，《食货志》：“淮南、淮北，皆相连接，自寿春到京师（许州），农官兵田，鸡犬之声，阡陌相属。每东南有事，大军出征，泛舟而下，达于江淮，资食有储，而无水害。”

③ 康基田《河渠纪闻》卷 4：“晋及六朝，俱屯守淮阴，修塘堰备储糈。祖逖以三千军屯淮阴，兵食足而后能遂其力治中原之志。谢玄先屯淮阴，次屯邳、徐，兵食足而后能□肥水以入洛阳。晋之平吴，亦屯田江北，以为兵食之资。”

东晋王朝，从南渡之始即已开始注意水利事业。元帝大兴四年（321），张闿兴修曲河新丰塘的水利，溉田800顷。陈敏兴修练湖的水利，兼供灌溉和运输之需。历南朝宋、齐、梁、陈四朝均在继续开发。由东晋历南朝200余年间，一直在凿塘筑堤，兴修水利，扩大灌溉面积，农业生产迅速发展，单位面积产量继续增长，为封建统治的稳固奠定了基础。《宋书》有一段论述，谓江南之地，自晋室东迁至孝武帝（373～396），凡百余年间，局势安定；至南北朝宋文帝大明年间（457～464），户口增加，农村繁庶，一年丰收数郡无饥，会土带海傍湖，良畴数十万亩，地价上涨，亩值一金①。

唐朝建国，黄河流域由长期动乱到长期安定，水利事业逐渐兴复，但再难恢复到往日的盛况。相反，长江流域仍在继续开发。江西、湖南开渠溉田1万多顷。江、浙地区水利发展尤速，常州、句容、杭州、会稽等地，开凿沟渠，引水溉田数万顷。单位面积产量有所提高，太湖区渐变成历朝依赖的谷仓。中国由南而北的漕运制度就在这种发展变化之下出现了。

尤其是南宋时期，建都临安，更倚重于太湖流域经济的支撑，对这里的农田水利更加重视。如《宋史》所记："大抵南渡后，水田之利富于中原，故水利大兴。"② 南宋百多年间，由国家主持的较大水利工程至少在56次以上③。稻田面积扩大。有明一代，对此区的水利工程仍极为重视，这时按水源情形可以划分成4个区：①杭州嘉兴区；②湖州区；③苏州、松江、太仓区；④常州、镇江区。在明代，这4个区在继续发展，灌溉面积日益扩大。如杭州府属，明正德十一年（1516）开河溉田4000亩；万历五年（1577），凿河70里，荒地改为水田者1万多亩。如湖州府属，由洪武至天启年间，较大水利工程10

① 《宋书》卷54，《孔季恭传》。

② 《宋史》卷173，《食货志上》。

③ 毛晓京：《南宋太湖流域小农经济》，1987年硕士论文。

余次。苏、松、太三府州，由洪武至崇祯年间，较大工程 37 次，修堤筑渠动辄数千以至万余丈。常州、镇江两府，在明代有较大工程 10 余次，修筑堤渠动辄数千丈。正德七年（1512），修浚宜兴港渎 72432 丈①，为此后清代水利工程打下了良好基础。

三　唐宋元明四朝漕粮运额

秦汉时代，注意北方水利开发，农产丰盛，尤其是关中地区，素称国家谷仓。京师食用，除由关中供应外，每年由河南、山东漕运部分补充，粮食问题就可以解决了。经三国至南北朝时期，东西南北各自建国，诸国皆致力于发展本地区的农业，各区自给自足，无须转漕。隋唐之后，局势为之一变，农业经济重心南移，京师仍在北方，由东南而西北的漕运制度由此产生。由东南而西北向，正好有古代遗留下来的运河，如东汉所开由黄河到淮河的汴渠；东晋所开引洸达汶，引汶到东阿的运河，和长江到淮河的运道。此后，隋代文帝开皇年间（581～600），命宇文恺开凿由大兴城西北到潼关的广通渠；后为运漕计，又开凿扬州山阳渎。炀帝即位（605～617），征发农民，大事兴修，把原有的运河沟通连接起来，引洛水达于河，遏河入汴，开邗沟入江、淮，南北之间，运道通达，转输益便。炀帝更置洛口、回洛各仓，挖成 3300 个地窖，每窖可盛粮 8000 石，以存贮由东南和东北运来的粮食，合计达 200 多万石。

唐朝以后，东南漕运粮额逐渐增加。由唐高祖（618～626）至太宗（627～649）时期，每年运额约在 20 万石。是时北方所产粮食尚可勉强供应。玄宗年间运额渐增，开元二十二年（734）裴耀卿改革漕运，此后三年之中，共运米 700 万石，每年平均运米 230 多万石。天宝二年（743），包括北粮在内，全国各处漕粮总额达 400 万石。安

① 以上明代水利工程主要依据地方志书。

史之乱后，群雄割据，朝廷对南粮的依赖程度愈益加强。但代宗（762～779）之后，漕运额渐呈递减趋势。

由南而北的漕运制度开始于隋唐，至北宋建国，对南漕的依赖程度有所增长，宋朝建都汴京，转运南漕也更加便利。

宋朝初年运额无定。太宗太平兴国六年（981）运额定为300万石。此后国家多事，开支日大，运额日增，至真宗大中祥符初年（1008～1012）渐增至700万石，由真宗末至仁宗年间（1023～1063），有时多至800万石。北宋南漕运额，徽宗崇宁元年（1102）以前以600万石为常。①

元朝建都燕京，原来东南向西北的运道已不适用，于是开凿山东省的会通河，北接御河，下达清泗；至徐州汇黄河，南通江、淮；又开贾鲁河，以通颍、蔡、许、汝之漕，又开由京师到通州的通惠河。南北大运河的局势从此创始。② 这时主要提供漕粮的江浙和需粮区北京，都距海较近，在南方由江、浙下海洋，在北方由海洋至京师，有便利的河道，因又创行海运。③ 新开的惠通河，岸狭水浅，很难通行运载过重的船，故终元之世以海运为主。

元朝初年运额很小，元世祖至元二十年（1283）才4万石，至元三十一年（1294）渐增至50万石，大德十一年（1307）增为166万石，至大四年（1311）增至287万石，延祐七年（1320）增至326万石，天历二年（1329）增至352万石。这是元代漕运最高额。

宋、元两朝漕运粮额极为悬殊，宋多元少，粮数约差一半，这是

---

① 淮南130万石，江南东路991100石，西路1208000石，荆湖南路650000石，北路350000石，两浙路1500000石，通羡余共计6200000石。

② 至元二十六年（1289），开会通河，南起项城县之安山（今东平县境）引汶水，北经寿张、东昌、临清，以达御河，长250余里。至元二十九年（1292）引神山、一亩、玉泉诸水，开通惠河，由京师至通州。至正十六年（1356）开贾鲁河，自郑州引京水双桥之水，经朱仙镇下达，以通颍、蔡、许、汝之漕。系贾鲁所开，故名。

③ 江、浙、湖广、江西的粮食，由长江经上海下海洋，至渤海走海河经天津至杨村。

由于需求程度决定的。在宋朝：①政治组织比较庞大，官员众多；②为防御北族入侵，军事布置方面多集中于京师，因而对漕粮的需求增加。元朝的情形完全不同，不仅制尚简朴，而且以北方民族入主中国，北方用不着重兵防守，京师需要的粮食大为减少。

明朝和宋朝的情形大致相同。成祖迁都北京，国都和北方民族为邻，京师附近配置重兵。加以政治组织庞大，营建频繁，在在增加了对漕粮的需求。

兹将历代漕运粮额加以综合考察，每一个朝代都可按运额多寡分成三期——初期、中期和后期，如表1-1所示。

表1-1　唐、宋、元、明四朝漕粮分期运额

<table>
<tr><th rowspan="2">朝代</th><th colspan="2">初　期</th><th colspan="2">中　期</th><th colspan="2">后　期</th></tr>
<tr><th>包括帝系</th><th>运米数(石)</th><th>包括帝系</th><th>运米数(石)</th><th>包括帝系</th><th>运米数(石)</th></tr>
<tr><td rowspan="2">唐朝</td><td rowspan="2">高祖(618~626)
太宗(627~649)</td><td rowspan="2">20万</td><td rowspan="2">玄宗(712~756)
肃宗(757~761)
代宗(762~779)
德宗(780~805)
宪宗(806~820)
穆宗(821~824)</td><td rowspan="2">47万~230万</td><td>文宗(828~840)
武宗(841~846)
宣宗(847~859)</td><td>40万</td></tr>
<tr><td>懿宗(860~873)
僖宗(874~888)
昭宗(889~907)</td><td>运额日减</td></tr>
</table>

续表

朝代	初期		中期		后期	
	包括帝系	运米数(石)	包括帝系	运米数(石)	包括帝系	运米数(石)
宋(北宋)	太祖 (960～976) (976～997) 太宗	300 万	真宗 (998～1022) 仁宗 (1023～1063) 英宗 (1064～1067) 神宗 (1068～1085) 哲宗 (1086～1100)	600 万	徽宗 (1101～1125) 钦宗 (1126～1127)	运额巨减
元	世祖 (1280～1294) 成宗 (1295～1307)	40 万～166 万	武宗 (1308～1311) 仁宗 (1312～1320) 英宗 (1321～1323) 泰定帝 (1324～1328) 明宗 (1328～1329)	287 万～353 万	文宗 (1328～1330) 顺帝 (1333～1368)	运额日减
明	太祖 (1368～1398) 惠帝 (1399～1402) 成祖前期	数十万,200 万～300 万	成祖后期 仁宗 (1425) 宣宗 (1426～1435) 英宗 (1436～1449) 景帝 (1450～1456) 英宗 (1457～1464)	500 万 600 万 400 万～450 万		

续表

朝代	初　期		中　期		后　期	
	包括帝系	运米数(石)	包括帝系	运米数(石)	包括帝系	运米数(石)
明			宪宗 (1465~1487) 孝宗 (1488~1505) 武宗 (1506~1521) 世宗 (1522~1566) 穆宗 (1567~1572)	300万~ 400万	神宗 (1573~1620) 熹宗 (1621~1627) 思宗 (1628~1644)	运额 日减

由表1-1反映出来，在每个朝代建国之初三四十年间漕粮运额较少。从开国后第三代起运额逐增，除元朝外，唐、宋、明皆不例外。到每个朝代后期，运额又逐渐减少。这种现象产生的原因，盖建国之初，农村经济尚未恢复，农民很难向国家提供更多的剩余产品，封建王朝不能不力事节约，也因此获得勤政俭约爱民的称颂。此后经过农民的辛勤劳动，农业生产逐渐恢复，民间有较多的剩余产品，如史书一再出现的“民殷物阜”；同时国家机构日益庞大，军事组织也日趋完备，需要更多的食粮供应，漕粮运额日益增加。到每一个朝代后期，伴随着封建统治者的奢靡无度，地权兼并集中和封建剥削加剧，农业生产趋向衰退，漕粮很难照原额征收起运。国家财政遂日趋困难，京师不断发生粮食恐慌。上述情形，历朝概莫能外。漕粮运额多寡，每每反映一个封建王朝的盛衰，运额最多时期，常是一个封建王朝最强盛的时期，此种情形清朝也不例外。

第二节　明代漕运制度述略

清代漕运制沿袭前明，而稍加变通，为了论证清代漕运制的发展变化，首先需要了解明代漕运制的基本情况。

明自永乐十九年（1421）迁都北京，为供应京师贵族官僚及京边军队需要的食粮，制定了南粮北运的漕运制。其中：南直隶［江苏、安徽］、浙江、江西、湖广［湖南、湖北］诸省之粮谓之南粮；山东、河南两省之粮谓之北粮。以上六省并非各府县都征收漕粮，如南直隶徽州府和滁、和二县即不征收漕粮，浙江十一府中征收漕粮的只有杭、嘉、湖三府。各省秋粮也非全部征实北运，作为漕粮北运的只是秋粮中的一部分，当时以上六省秋粮总数约为1824万石，作为漕粮北运的只有400万石，约占全部秋粮的21.9%。其中：南直隶所占比重最大，约占该省秋粮的27.2%；湖广省所占比重最小，约占该省秋粮的10.8%。①

漕粮之外另有白粮，由苏州、松江、常州、嘉兴、湖州五府征运，共计214000石，专供朱明皇室及京官俸米。

明代前期漕额尚未固定下来，每年运额，洪武朝约数十万石，永乐朝增为200万~300万石，宣德朝最高额达674万石，正统、景泰、天顺三朝一般在400万~450万石。至成化八年（1472）始固定为400万石［除折征蠲免之外，每年实征额约在300万石］，一直持续到清朝，相沿不改。

漕粮制有三个重要环节：一是征收；二是运输；三是交仓。其间通过运河长途挽运是一个中心问题。漕运的起点是各省征漕州县，终点是京通交仓。明代初期，在运河沿岸设有淮安、徐州、临清、德州、天津五仓，被称为“水次仓”，作为漕粮的转输点。以后五仓撤销，各省漕粮由运军从兑粮州县直接运到京通交仓，清代就沿袭了这种制度。

各州县征收漕粮有几种不同情形，有按田地等则征收的，如漕粮

---

① 鲍彦邦：《明代漕运制》，打印稿，1980。

较重的南直隶吴江县，即根据土地三等九则征收漕粮，每亩上田为3.6斗，中上田为2斗，下田为0.7斗。[①] 有按顷亩平均编派的，如南直隶漕粮较轻的兴化县，全县土地共计24200顷，额征漕粮32000石，平均每顷征漕1.32石。泰州也按地平均摊征，每顷征漕粮1.7石。[②]

漕粮征解有一个发展过程。明代中叶以前，州县征漕责成粮长，“里甲催征，粮户上纳，粮长收解，州县监收”[③]。这时粮长和里甲长皆由官府佥派，均选自民间殷实大户，执役于民间，这种征解制被称为“民收民解”[④]。即运到指定的水次仓交纳，史称“支运法”。宣德年间改行“兑运法”[⑤]，但变化不大。成化七年（1471）改行“改兑法”，亦称“长运法”，以军运代替民运，由州县兑粮到京通交仓，专由各地卫所军负责。此后粮长职务只管催征和经收，不再参与解运，从此“官军长运遂为定制”[⑥]。清代相沿不改。唯白粮仍行粮长解运法，史称“白粮长”。但后来也改由卫所军代运。

卫所军转运漕粮，在明朝先后设立总督漕运总兵官、督运参将和漕运都御史等职，专事办理漕运事务，下设13总，辖运军127000余人，其目的在保证漕运畅通，同时也可加强对有漕地区的控制，史所谓“漕运之制，军驾运漕原意，行则撑挽，止则操练，一遇地方有变，保此漕粮于无虞也”[⑦]。此即“寓兵于漕之意”[⑧]。由于挽运漕粮变成了卫所军的苦役，他们的性质逐渐发生了变化，“军兵”的意义逐渐消失，此种情形入清而愈甚。

---

① 乾隆《吴江县志》卷12，《赋役·田赋》。

② 崇祯《泰州志》卷9，《艺文志·疏揭》。

③ 《续文献通考》卷2，《田赋2》所记为成化、弘治以前的大致情况。

④ 梁方仲：《明代粮长制度》，上海人民出版社，1962。

⑤ 豫章、朱健：《古今治平略》卷8，《国朝漕运》。

⑥ 王在晋：《通漕类编》卷2；万历《大明会典》卷27。

⑦ 王在晋：《通漕类编》卷4，《漕运》。

⑧ 马从聘：《兰台奏疏》卷2，《摘陈漕政疏》。

漕粮对粮户形成一种沉重负担，首先是由于征漕加征耗米。

漕粮征收耗米也有一个发展过程。明初行支运时，粮户亲自运米交仓，支运属劳役性质，不征耗米，史所谓“以运纳借之民力”[①]；“支运无耗”等指此[②]。但粮户运粮长途跋涉，花费很多。成化初期，已是“运夫折银，逋欠积累”[③]。成化七年（1471）改行长运法，由军运代替民运，漕粮运费加在粮户身上，各种加耗名目繁多，日益加重。

明代漕粮加耗则例，在永乐后期已经开始。或谓永乐间“令民补脚价，在淮安水次者，每正粮一石外加五斗；在瓜洲水次者，每正粮一石加五斗五升”[④]。所谓“脚价”，即农民在上述水次向运军交兑时付给运军的耗米，作为沿途运费。宣德六年（1431）行兑运法时，更制定“加耗则例”[⑤]，规定：粮户向运军兑运，量地远近加与耗米，每正粮一石所加耗米额，湖广为8斗，江西、浙江为7斗，南直隶为6斗，山东、河南为3斗；此外，民有运至淮安兑与军运者，止加4斗。至是耗米之制始定。清代据此稍加变动，如湖广、浙江皆为7.6斗，南直隶为5.6~6.6斗，山东、河南为4.1斗。明代除正耗外，另征“两尖米”，每正粮一石约加征1斗。

成化七年（1471）改行长运法后，除过去原有耗米外，南粮又增加“过江米”，浙江每正漕一石加征过江米1斗，南直隶每正漕一石加过江米1.3斗。此外又加征“变易米”，即“折易轻赍费”，每石正漕加征二升。[⑥] 成化十三年（1477）又加征“鼠耗米”，每石改兑米加征四升，正兑米加征七升。[⑦] 此后不久，又制定耗米折银法，史

① 天启《平湖县志》卷8，《食货三·赋役》。
② 《漕乘》卷1。
③ 正德《松江府志》卷24，《宦迹下》。
④ 王在晋：《通漕类编》卷2。
⑤ 《明史》卷79，《食货志·漕运》。
⑥ 王在晋：《通漕类编》卷2。
⑦ 王在晋：《通漕类编》卷3。运交京仓者曰正兑米，运通州仓者曰改兑米。

所谓“折耗银为轻赍”①。耗米折银的产生，是因为运船到张家湾等地需要雇车夫起剥，须出雇价，因此在耗米内除留下0.4石“随船作耗”以供盘剥筛飏等损耗外，部分耗米按石折银0.5两，作为沿途起剥雇夫之需，谓之“轻赍银”。轻赍部分按路程远近而定。计江西、湖广、浙江等省以耗米0.36石折银称为“三六轻赍”，南直隶以0.26石折银称“二六轻赍”，山东、河南二省以0.16石折银称“一六轻赍”，此制入清相沿不改。

除上正耗之外尚有各种附加费。属于沿途车船费用的，有“船钱米”“水脚银”“脚用米”“脚价米”“过江米”“变易米”“轻赍银”；属于助役补贴费用的，有“贴夫米”“贴役米”“加贴米”“盘用米”“使费银”；属于铺垫装包费用的，有“芦席米” “松板、楞木银”“铺垫银”；属于防耗防湿费用的，有“两尖米”“鼠耗米”“筛飏米”“湿润米”等。以上各种加耗，各省州县多寡不等，漕粮正项耗米和各种附加合计，每正粮一石在0.72~11.98石，白粮正项加耗和各种附加超过漕粮，在1.6~2.15石②。

关于漕耗编征办法，各省州县不完全相同。一是按所征漕额摊派加耗，民田税轻，加耗也轻；官田税重，加耗也重。二是按田亩等则编派加耗，上等加耗重，下等加耗轻。三是“分乡论田加耗”，实际是按各乡土质好坏、产量多寡加耗。四是按官民田分别加耗，民田税轻加耗重，官田税重加耗轻，用这种办法缩小官田、民田在负担上的差别。五是“验亩起程”，即不分官田、民田和税则，一律按亩加耗。

以上是各省州县官方册籍明文规定的各种运费加耗额。在明文规定之外还有各种漕运使费，或因各处漕务官吏贪索而增加的各种征

---

① 何乔远:《名山藏》卷54,《漕运志·漕乘》卷1。

② 鲍彦邦:《明代漕粮制》，打印稿，1980。

敛。据万历年间记载：漕粮“正耗之外又要加耗，铺垫之外又要加银，每一斛淋尖则多至斗余，每一石折罚则多至三斗”[①]。这种额外征敛，有各种名目，如征收漕粮已有“晒干”“筛飏”之耗，后来又以“免其晒干”“免其筛飏”等名目另外多征。如浙江仁和、钱塘等县，州县官借口“粮米浥烂”，令每正耗米百石，“再加四石免其晒干，又加四石免其筛飏”[②]。如漕米“加尖”早有规定，宣德年间即有“两尖米”作为正粮折耗，每石正漕收0.7～1.0斗。成化二年（1466），户部又规定加征“附余米”，即于加尖之外“复收斛面以为附余”，每石正漕增收8升[③]。有的州县每正耗米100石“加尖”1.8石，称为“尖外加尖”[④]。如湖广澧州漕粮加耗，内以3.5斗折收银两，作为“运舟袋席之用”；嘉靖年间，将此项折邑米石“加耗另征，不作内除之数”[⑤]，从而加重了粮户的负担。如继续增加铺垫脚价，江南地区，每正漕100石，铺垫脚价银原为7～8两，万历十七年（1589）“加至二十余两”[⑥]。总之，州县征漕，为多收附加费，想尽各种办法，粮户的漕粮负担大为增加。以上州县征漕各种额外浮收，也被清代继承下来。

粮户负担加重，其中有相当的一部分是由于各级漕务官吏的贪索，最后又转移到粮户身上。

运军到州县兑运，先是运军和粮户直接交兑，后改为官收官兑，但无论采行哪种兑交方式，运军为应付沿途漕务官吏的贪索，都在州县兑粮时进行勒索。先是向粮户直接勒索。这种勒索有各种名目，据马欻记载，湖广卫所军对粮户的需索，计有“花红酒席、过会、淋

---

① 《万历实录》卷213，万历十七年七月湖广道御史林道楠奏报。

② 同治《湖州府志》卷34，《田赋》。

③ 徐学聚：《国朝典汇》卷97，《户部》11，《漕运》。

④ 同治《湖州府志》卷34，《田赋》。

⑤ 嘉靖《澧州志》卷3，《食货志》。

⑥ 《明神宗实录》卷213，万历十七年。

尖、踢斛、无筹、酒舱、舵工、纲司，各耗名目无数”。大率将此数“估算折程”，每船“有费至廿金［两］者”；倘逢“恶军”“不如其意，损米更多，加八尚不足其欲也”①。据黄廷鹄奏报，运军在州县兑运漕粮，“每米百石，勒耗米二十余石，又勒纲司、话会二三十两；稍不如意，鼓噪随之”②。运军在州县兑粮时的额外勒索，清代也不例外，谓之“帮费”。

民户在兑交漕粮方面负担沉重，支付二石多乃至三四石粮食的代价才能完纳一石正漕。

运军长途挽运，在运输方面的开支的确为数不少，但在州县所勒索的帮费，有相当大的部分转入各漕务官吏之手。关于在运途中各处漕务官吏对运丁的勒索，上自漕督衙门，下至河坝小吏，以至押运领运各官等，无不以漕务为利薮。以由瓜洲至清江即南河一段诸闸坝而论，每遇漕船经过，河坝官吏即递索银钱，变成常例③。北河各闸坝更不例外。漕船到京通交兑漕粮，各处使费名目尤为繁多，或谓“买御道有钱，遮拦门官有钱，大小呈样、巡路、探筒、旗尉、书办之勒索，家人番兵之吓诈，种种难以枚举”④。京通二仓收兑漕粮，运丁所费，或谓“率一岁漕四百万米，分外用银十四万余两”⑤。

各处漕务官吏的贪索，运丁在长途挽运中及在京、通交仓的花费，则转索之于兑粮州县，州县则又转取之于粮户，从而大大加重了粮户的漕粮负担。粮户的实际负担远超过漕粮正额，为正漕的两倍到四倍，有的多到五倍，如表1-2所示。

---

① 马欸：《下雉纂》。
② 《明经世文编》卷503，黄廷鹄：《役法原疏》。
③ 朱国桢：《南河志》卷3，天启二年刻本。
④ 《明神宗实录》卷213，万历十七年。
⑤ 徐学聚：《国朝典汇》卷97，《户部》11，《漕运》。

表 1-2　每正漕一石地方实征收额

年　份	地　区	每一石漕粮实征额(石)	资料来源
宣德六年	河南地区	2~3	谢纯:《漕运通志》卷 8,《漕例略》
嘉靖年间	南直隶吴江县	2.1	乾隆《吴江县志》卷 14,《赋役·田赋》
明中叶	南直隶苏、松五府	3~4	《梁端肃公奏议》,《会议王禄旱粮及内府收纳疏》,《明经世文编》卷 103
明中叶	江南地区	4	张治:《修仓厂题名记》,《明经世文编》卷 242
明中叶	江南地区	5	《刘忠宣集》,《条例军伍利弊疏》,《明经世文编》卷 79
万历十七年	南直隶苏、松五府	3	《神宗实录》卷 213
万历二十一年	南直隶吴江县	3	乾隆《吴江县志》卷 14,《赋役·田赋》
万历年间	江南地区	3⁺	赵用贤:《议平江南粮役疏》,《明经世文编》卷 397
万历年间	南直隶吴江县	5⁺	乾隆《吴江县志》卷 14,《赋役·田赋》
宣德四年	浙江山阴县	3	《宣德实录》,四年六月辛巳条
宣德以后	浙江平湖县	3	天启《平湖县志》卷 8,《食货·赋役》
嘉靖年间	湖广澧州	3⁺	嘉靖《澧州志》卷 3,《食货·里甲杂办》
宣德年间	江　西	数石	《古今治平略》卷 8,《国朝漕运》
成化年间	河　南	3⁺	《徐司空巡抚河南奏议》,《一命起运以充岁支疏》,《明经世文编》卷 82

说明：参考鲍彦邦《明代漕运制》（打印稿）。

上表所列虽多系当时文人推测之论，但与实际相差不会太远。这种沉重的漕粮负担，最后又会转嫁到农民劳动者身上。清代漕运制，在康熙、雍正朝，吏治相对严明，官吏的贪索恶习有所收敛，但乾隆以后伴随漕政腐败，粮户的负担又复加重，一石正漕所支付代价与前明相去不远。

第二章

清代长江流域农业生产的发展与漕运的持续

第一节　太湖流域的水利工程

如前所述，漕粮主要征之于长江流域各省，该处农民之所以能承担如此沉重的粮赋，农业生产发展是一个重要因素。在 400 万石正漕中，南粮凡 3244400 石，占全部漕粮的 81%；而江南、苏州、松江、常州、镇江四府漕粮 1201950 石，浙江杭州、嘉兴、湖州三府漕粮 630000 石，以上七府合计达 1831950 石，又占南粮的 56.46%；关键就是由于这些地区农业生产发展比较好，其间，水利工程的完善又起着极其重要的作用。

以上漕粮地区分配，主要指太湖流域，这一地区早在魏晋南北朝时期已开始发展，此后历朝皆有所开发，清朝前期也极为重视，康熙四十六年（1707）八月二十九日兴办水利的上谕说："江南、浙江生齿殷繁，地不加增，而仰食者日众，其风土阴晴燥湿，及种植所宜，迥与西北有异。朕屡经巡省，察之甚悉，大抵民恃田亩为生，田资灌溉为急，虽东南名称水乡，而水滥易泄，旱暵难支，夏秋之间经旬不雨，则土坼而苗伤矣。滨河低田，犹可戽水济用，高丘之地，力无所施，往往三农坐困。朕兹为民生再三图画，非修治水利，建立闸座，使蓄水以灌输田畴，无以为农事缓急之备。江南省苏州、松江、常州、镇江，浙江省杭州、嘉兴、湖州各府州县，或近太湖，或通潮汐，宜于所有河渠水口度田建闸，随时启闭，水有余则宣泄之，水不足则潴蓄以备用。其有支河港荡淤浅者，宜并加疏浚，使引水四达，仍行建闸。多蓄一二尺之水，即田高一二尺者资以灌溉矣。多蓄四五尺之水，即田高四五尺者资以灌溉矣。行之永久，可俾高下田亩无忧旱潦，此与运道无涉，而于民生实大有裨益。今漕运总督与浙江督抚方料理截漕散赈，尔部速移文该督抚等，令将各州县河渠应建闸蓄水之处，并应建若干座，通行确察明晰具奏"①。

雍正五年（1727），通令苏、松、常、镇、杭、嘉、湖诸府州县建闸浚河，蓄水溉田，一切水利支出动用公款。于是浙江巡抚李卫请疏浚太湖周围淤塞河道，乌程县请疏浚所属淤塞诸港和长兴所辖之太湖溇港闸座。

江南水利，以太湖为中心，凌少茗所谓"东南财赋甲天下，而薮在太湖"。② 其间，水利是一个关键性问题。环绕太湖周围数百里的若干州县——湖州府的乌程、长兴，常州府的宜兴、荆溪、阳湖、无锡，苏州府的长洲、吴县、震泽，水利都很发达。苏州、松江二府和太仓州都在太湖东南浅水道下游，该区水源多源于太湖，分流入海。由太湖有三道入海的泄水河，即吴淞江、娄江和白茆港，被称为三江。吴淞江尤为重要。顾炎武说："淞江之上流塞，则有泛滥之患，此昔人所以为苏、松、常、嘉、湖五郡忧也。淞江之下流塞，则失灌

① 《浙江通志》卷52，《水利》。

② 张崇傃：《东南水利论》卷2。

溉之利，此今人所以为嘉、宝、上、南诸邑忧也”。他说，治东南之水利必自吴淞始。

明末清初之际，吴淞江一度湮塞，江边农田遂失灌溉之利。太湖积水壅绝不下，濒湖区域遭受水灾。欲兴复苏、松区域的水利，修治三江入海水道是很重要的。①

江南水利，建设方法随地不同。太湖沿岸以筑堤塘为主，如南塘、青塘、荻塘等。其法于田周筑成圩岸，名曰田围，四围河荡环绕，潦时用车泄水，旱时以车进水。湖边低下之处，原来都是水乡，由于修筑圩岸、堤防、围田、排水的设备，扩大了耕地的面积。沿海州县，以建筑海塘为主。海塘的作用在捍御潮汐，保护沿岸田舍。如江苏省苏州、松江、太仓诸府州县，浙江省杭州、嘉兴、宁波、绍兴等府县，凡濒海州县都筑有海塘，历唐、宋、元、明数朝千多年间，屡次修筑。工程之大，塘堤动辄数十里以至数百里。海塘的重要，顺治十年（1653）礼科给事中张维赤上奏疏说：“窃维江、浙二省，杭、嘉、湖、苏、松、常、镇七郡，皆濒于海，民之不得为鱼鳖，田土庐舍之不荡于波臣者，以海塘之捍其外也。”此后历康熙、雍正数朝，政府屡次发款或捐款修筑。②

兹将苏州、松江、湖州、杭州四府之水利工程作示范，借以考察水利工程和农业生产发展的关系；同时，关于江、浙两省之所以能承担过重漕赋问题，便可迎刃而解了。

（1）苏州府：在江苏诸府中，苏州府的水利工程最为完善，府志中有详尽的记述，如表2－1所示。

---

① 张崇傃：《东南水利论》卷2，《湖州源流水利》。康熙十年，布政使慕天颜开浚吴淞江；十一年巡抚马祐开浚吴淞江、浏河诸水以泄苏、淞、嘉、湖数府县之水，以利田畴；乾隆二十八年巡抚庄有恭浚苏、松、太三属由江入海壅淤河道；嘉庆八年、十七年、二十二年，一再浚吴淞江、浏河。

② 《浙江通志》卷64，《水利》；《东南水利论》卷3，《苏州、松江、太仓源流水利》。

表2-1　清朝苏州府水利兴修

年　份	水利工程	用款数(银两)	款项来源
康熙十年	浏河、吴淞江	132862.00	留漕折银兴工
十二年	浚吴江之垂虹桥二十余里,修宝带桥诸水	—	皆资百姓之力
二十年	开浚白茆港	104000.00	巡抚慕天颜请动用正项
四十八年	开浚白茆、福山两港,修白茆旧闸、建福山新闸	34997.00	领工料银
雍正五年	开浚白茆港、梅李塘、常熟福山塘、太仓州浏河	78173.57	诏发帑兴修白茆港、梅李塘二河,共用银68485.58两,福山塘用银9687.99两
六年	吴江、震泽二县运河	19523.68	发帑
八年	吴江、震泽南北塘	26396.00	发帑
九年	长洲县运河塘	8276.00	用帑
十二年	筑吴县穹窿山麓堰闸池塘	2360.0	发帑
十三年	浚常熟三丈浦、西洋港	2608.42	三丈浦用银1608.28两,西洋港用银1000.14两
乾隆元年	开浚震泽县浪打穿直港	1085.90	—
二年	重筑元和塘	23816.60	用帑
三年	浚吴江县长桥河	—	—
四年	修筑震泽县荻塘,昭文县重修许浦	2633.10	—
	常熟县浚竺塘、景墅等5塘	1754.69	—
九年	昆山县重浚玉带河	—	用民夫33883工
十年	昭文、常熟重浚城内诸河	—	用民夫13178工
十一年	重浚府城内诸渠	4248.10	发帑
十六年	浚福山塘	21055.00	借藩库银,分两年带征摊还
十七年	浚三丈浦	—	
十九年	开浚白茆塘	21382.14	借帑,分年摊还
	建筑海塘	27716.64	借帑,分年摊还
二十六年	浚福山塘	8900.00	借帑,分年摊还

续表

年　份	水利工程	用款数(银两)	款项来源
二十八年	修吴淞、娄江、东江等三江水利	220000.00	借用公项,按亩摊还
	建白茆滚坝	1694.00	动工料银
二十九年	修筑元和塘	9175.00	昭文县承办4500.00两，常熟县承办4675.00两，借用公帑,分年带还
三十二年	浚木渎、横金塘河	20000.00	义田余租银
	再浚福山塘	9000.00	借帑,分年带还
三十五年	浚白茆塘	85000.00	分年带还
四十年	浚福山塘	8522.30	动用公积商捐本息银
四十三年	浚白茆河一段	—	由民户出费疏浚
五十年	浚昭文贵泾塘	—	由民自认分挑
六十年	浚竺泾塘	—	民力自浚
嘉庆十二年	浚常熟城河	—	邑人吴峻基出赀
二十五年	浚常熟至和塘	—	由邑绅捐浚
道光元年	浚昭文城河	1860.00	—
二年	浚常熟城河	—	—
	浚昆新城河	—	—
六年	浚常熟福山塘	—	邑人黄泰出赀助工
十年	浚吴县雕鹗河	15110.00	由邑绅捐办
	浚吴县兴福塘	—	邑绅潘子功捐赀
十一年	浚浏河	—	借帑
十四年	浚白茆河及徐六泾	89017.54	共用银5900余两,林则徐、陶澍等捐廉
十六年	浚福山塘	—	按庄图派费,按亩出资
三十年	浚白茆诸河	—	借藩司及海关道库银,由常熟、昭文及得沾水利之长洲、元和、无锡、金匮、江阴七县按田派捐归还
咸丰九年	浚昭文城河	—	邑人王元锺等筹款办理

续表

年　份	水利工程	用款数(银两)	款项来源
同治二年	浚常、昭城河	—	由善后局绅士拨款
四年	浚常熟三丈浦	—	共用钱 10978394 文，秋成按亩摊派
	浚昭文许浦塘	—	
五年	浚浏河	—	共用钱 210185000 文，由长、元、吴、江、震、昆、新、华、娄、上、青、太、镇、嘉、宝、崇十六州县摊征
	浚关塘	—	长洲知县蒯德模捐廉修筑
七年	浚白茆河	70000.00	由藩司海关西库借银，由昭文、常熟、江阴、无锡、金匮、长洲、元和等县分三年摊征归还
十年	浚太湖溇港	22400.00	由苏、沪二局厘金项下撙节拨用
	浚吴淞江	125100.00	由厘金项下拨用
十一年	浚昭文徐六泾	13800.00	由藩司垫款，归白茆河工摊征
十二年	浚苏城河道	—	劝捐
	重浚吴江分水港	—	—
	浚木渎市河	—	—
	筑白茆闸大坝，开越河	—	共用钱 4739417 文
十三年	浚吴县横金塘河	—	借帑兴工，共用工费钱 26000 串有奇

资料来源：光绪《苏州府志》卷 11。
说明：有的浚修未记载银额，有的款项未记明来源。

由表 2－1 可知：①清朝前期工程费用多由政府开支，康熙（1661～1722）、雍正（1723～1735）两朝共发公款银 406588 两，乾隆朝（1736～1795）发公款银 29758 两，又借用公款银 402229 两，三朝共用公款银 838575 两。②清朝中叶之后，水利工程记述渐少，政府不再为此动用大量公款，仅由官吏捐廉或向富户劝捐做小规模的修浚。

（2）松江府：松江府的水利工程，灌田沟洫各有专名，谓之泾、塘、港。沟洫的疏浚，闸堤的兴筑都有定制，由地方各图各保分别负责。[①] 如顺治七年（1650）修筑捍海堤塘；九年，华亭县修浚黄浦、六磊、紫冈、沙冈、蟠龙、蒲汇、俞塘、邱泾、横沥、张泾、沈漕、千步诸塘泾，又疏浚支河200余处。并令塘长按岁修治。[②] 至乾隆年间，几乎年年兴修。[③]

（3）湖州府：湖州府到处是水乡，水源来自天目山，入于太湖。境内河流纵横，上流潴为浦渎，下流汇为溇港，以备灌溉。沿湖则兴筑沟洫，建置水闸，疏壅节流，以资蓄泄而防旱涝。[④] 清朝前期工程尤为频繁，如康熙十年（1671），长兴主簿郑世凝督开渎港；四十六年（1707）疏导沿湖各溇港。雍正五年至七年（1727～1729），修复太湖周围淤塞河道溇港闸座。[⑤] 又据《湖州府志》，乌程县开浚溇港27条，长兴县开浚23条。乾隆四年（1739），开浚湖州城内外河渠；二十七年（1762）普令各州县修筑溇港水利，计乌程、长兴二县开溇港64条。道光四年（1824），二县又开溇港58条，每溇港长由200～300丈至800多丈不等，深15～17尺，底宽8～9尺，面宽30～40尺，岸高14～16尺。以上是几次大规模修筑，其余小的工程尚未计算在内。湖州府之安吉县，据同治朝县志，灌溉沟塘坝圩等凡137处，灌溉土地171391.2亩，占全县总耕地的87.4%。[⑥] 水利工程的普遍可以想见。

（4）杭州府：该府水利工程大致可以分成三种：一是西湖水利，从唐朝就是有名的；二是各河流水利，沿河修埝建闸，蓄水溉田；三

① 《松江府志》卷11，《水利》。
② 《东南水利论》卷3，《苏州、松江、太仓源流水利》。
③ 《松江府志》卷11，《水利》。
④ 《浙江通志》卷55，《水利4》。
⑤ 《东南水利论》卷2，《湖州源流水利》。
⑥ 同治《安吉县志》卷4。此按同治年间耕地面积估计，是时全县总耕地为196097亩。

是沿海水利，筑塘捍海，保护堤内田庐。雍正九年（1731）朝廷下令兴办水利，浙江巡抚黄叔琳等议引西湖水溉仁和、钱塘、海宁三县田数百万亩；又于富阳阳陂湖设置74堰、10坝、4闸，溉田10000亩；又修海宁硖石、表花诸塘河，建置13闸和若干堤堰，以供蓄泄灌溉。余杭南北二湖的水利建设尤为完善，南湖分上下二塘，周围60里，筑塘堤高14尺，上宽15尺，底宽20尺，遏水以溉田。北湖查湖诸塘堰陡门亦不下数十，附近若干州县均获灌溉之利。又临安、於潜、诸溪诸县，建设塘堰100处，新城、昌化之胡公渠、深浦等处塘堰也不下100处。①

太湖流域由于水利工程完善，为农业生产的发展奠定了基础，单位面积产量和产值大为提高。

第二节　太湖流域农业及农副业生产的发展

一　稻麦复种制的发展及单位面积产量的提高

农业是封建社会最重要的生产部门。在中国封建社会时期主要以农民的个体家庭为生产单位进行农业生产。无论是自耕农还是租佃农小生产，都构成封建生产方式的基础。这时雇工大经营只是一种例外。当然，个体农民的经营状况是不完全相同的，有较富裕的农民，有极为贫穷的农民，生产规模不完全相同，从而多少影响农业生产状况，单位面积产量也有所差异。但在明清时代，伴随水利灌溉事业的发展、农业技术的改进，产量和产值都有不同程度的提高，这个地区之所以能承担沉重的漕赋，就是因为农业生产的高度发展。

---

① 《东南水利论》卷2，《杭州、嘉兴源流水利》。

单位面积产量的增长，与稻麦复种制的发展有着直接的联系。这里稻麦复种有着悠久的历史，或谓早在唐代中叶在个别地区已经开始。[①] 南北宋时期逐渐推广，如平江地区，“刈麦种禾，一岁两熟”。[②] 但北宋时期，复种制尚不普遍，南宋时期始有所发展。如常熟县，有关麻麦相次成熟而被蹂，及种下稻苗亦皆毁坏之类记载。[③] 平江范成大有“明朝雨来麦沾泥，犁田待雨插晚稻”之诗句。[④] 到明清时代尤其是清代前期，水稻与春麦轮作的一年二作制渐成为江南主要的耕作制度。

以明代而论，如吴江县，“秋获之后，随布种菜麦”。[⑤] 又据松江府志：吴农种二麦，“皆于秋成后播种，三四月收刈”。[⑥] 如嘉兴县，每年九月，“农家涤场收稻，随种菜麦”。[⑦] 如乌程县，“湖人种麦，田中起垅开沟泄水，打潭下子”，即于收稻后种植。[⑧] 清代两种制更加普遍，如苏州府属，从康熙五十二年至五十八年（1713～1719），几乎所有水稻田都行稻麦轮作制。[⑨] 这时水田种麦，既包括高田，又包括低田。据当时李煦奏报：“田有高下，看将来光景，［麦子］大约还有六七分收成”；“苏州二麦，高田俱得丰收，惟低洼之田因四月内雨水稍多，收成略减数分”。[⑩] 如浙江省各府，据雍正元年（1723）巡抚李馥奏报：“今据各府所报，高下田亩收成分数不等，通计一省二麦，杭州、嘉兴、湖州有七八分”。[⑪] 所说“高下田”即水稻田。雍正四

---

① 李伯重：《我国稻麦复种制产生于唐代长江流域考》，《农业考古》1982 年第 2 期。

② 朱文长：《吴郡图经续记》卷上，《物产志》。

③ 范成大：《吴郡志》卷 5，《营寨志》。

④ 李心传：《建炎以来系年要录》卷 100，绍兴六年夏四月壬子。

⑤ 弘治《吴江县志》卷 5，《风俗·土产》。

⑥ 崇祯《松江府志》。

⑦ 万历《嘉兴县志》卷 1，《风俗》。

⑧ 崇祯《乌程县志》卷 4，《土产》。

⑨ 《李煦奏折》，康熙五十二年二月四日至五十八年四月二十六日诸奏折。

⑩ 《李煦奏折》，康熙四十八年四月十五日；康熙五十四年五月十六日。

⑪ 《雍正朱批谕旨》，第 5 函，雍正元年五月十二日。

年，苏州等地因冬季阴雨低田积水过多，部分耕地未能及时赶种二麦，致使人们特别关注，说明这时太湖流域稻麦轮种制的重要程度。

在太湖流域地区，佃农种麦例不交租，这与稻麦复种制的发展有着直接联系，增强了农民生产积极性。如江苏松江府，“春熟无论二麦菜子，例不还租”。① 浙江如於潜县，“麦不分租，佃户尤利之”。② 据《乌程县志》：“春花熟，半年足”，也指佃农。③ 佃农由于种春麦收获全归自己，于是积极发展复种制。

稻麦复种制是农业生产集约化在耕作制度上的改革，对太湖流域地区的食粮调节起着极其重要的作用。早在明代即有人论及，或谓一般水灾都发生在五月之后，这时“民间麦秋已登……岁功已获其半矣”。④ 清代麦收更加重要，康熙十九年苏州米贵，“所喜各府麦皆茂盛，春熟即可接济”；康熙五十一年四月，苏州等处“二麦成熟，米价又贱，是以百姓得安居乐业”。⑤ 由以上事例，可以看出，稻麦复种制发展在当时所起的社会效应。

由于水利的开发，单位面积产量有所增长。北宋时期，平江水稻，中稔之年亩产米2～3石。⑥ 南宋时期，或谓“浙人治田，其熟也上田收五六石”。⑦ 即丰年上田亩收米2.5～3.0石。或谓秀州亩产“以二石为中”。⑧ 就在这时出现“苏湖熟，天下足”之谚。⑨ 明代和宋代相去不远，如吴县，“约百亩之田，丰歉相半，岁入米二百

① 姜皋：《浦泖农咨》。
② 嘉庆《於潜县志》。
③ 光绪《乌程县志》卷29，《物产》。
④ 康熙《归安县志》卷19，严自明：《三荒十九政揭》。
⑤ 《李煦奏折》，康熙四十九年三月十九日，康熙五十一年四月二十二日。
⑥ 范仲淹：《范文正公集·政府奏议上》，《答手诏条陈十事》。
⑦ 高斯得：《耻堂存稿》卷5，《宁国府劝农文》。
⑧ 方回：《续古今考》卷18，《附论班固计井田百亩岁入岁出》。
⑨ 李心传：《建炎以来系年要录》卷36，建炎四年八月壬申。

石”[①]，即亩产米 2 石，上海西乡亩产米 3 石余，中乡 1.5 石。[②] 松江西乡亩产米 2.5 石、东乡 1.5 石。[③] 常熟县亩产，上农 2 石，中农石余，下农 1 石。[④] 浙江海盐亩产米 2.5 石。[⑤]

清代亩产略有增加。如苏州府属，丰年亩产米 3 石，又麦 1.2 石；中岁亩产米 2 石，又麦 0.7 石。“以中岁计之，亩米二石”。[⑥] 如种双季稻，亩可产谷 6.6 石。苏州府之吴江县，亩产米 2 石。[⑦] 如与双季麦合计，当近 3 石。如松江府属，丰岁富田亩产米 2 石余。[⑧] 松江府之华亭县，中年亩产米 2 石[⑨]，与双季麦合计也靠近 3 石。如常州府江阴县，或谓亩产米 2.5 ~ 3 石[⑩]，或谓亩产米 3 石。[⑪] 无锡县上田亩产米 3 石。[⑫] 产米 3 石者，与双季麦合计，当靠近 4 石。

浙江省太湖流域地区，亩产与江苏苏、松、常三府略同。据清初桐乡县张履祥记述，“田极熟”亩产米 3 石，又麦 1.5 石，“大约共 3 石为常耳”，即亩产米 2 石、麦 1 石。康熙年间，嘉兴、湖州亩产米 1.6 ~ 3 石。[⑬] 平湖县亩产米 2 石。[⑭] 乾隆年间，长兴县亩产谷 6 ~ 7 石。[⑮] 或谓清前期苏湖一带亩产米 3 石。[⑯] 一般谈米谷者均不及二麦，如果将麦收折算在内，亩产将大为增加。按明清亩积和宋代相差很

---

① 顾禄：《颐素堂丛书·买田二十约》。
② 民国《上海县志》卷 10，朱烟等：《呈革弊便民文》。
③ 何良俊：《四友斋丛说》卷 14，嘉靖。
④ 嘉靖《常熟县志》卷 4，《食货》。
⑤ 光绪《海盐县志》卷 8，转引《海盐县图经》。
⑥ 包世臣：《安吴四种》卷 26。
⑦ 唐甄：《潜书·食难》。
⑧ 光绪《松江府志》卷 5。
⑨ 光绪《华亭乡土志》。
⑩ 康熙《江阴县志》卷 3。
⑪ 《授时通考》卷 21。
⑫ 康熙《常州府志》卷 3。
⑬ 《清朝经世文编》卷 26，靳辅：《生财裕饷第一疏》。
⑭ 乾隆《平湖县志》卷 2，引朱志，系用租米折算。
⑮ 光绪《长兴县志》，引乾隆志。
⑯ 《清朝经世文编》卷 38，陈斌：《量行沟洫之利》。

少，明清石量则远较宋代为大，宋石约合今 0.664 石，亩产 2 石合今 1.328 石；清石约合今 1.0355 石，亩产 2 石约合今 2.071 石。[①] 加上稻麦复种制的推广，亩产增加百分比将大为提高。

太湖流域由于产量较高，田亩单位面积遂相对缩小。顺治十一年（1654），依明制定 240 方步为一亩，折税亩则因地区而不同。据同治年间程鸿诏的记述，直隶有中亩大亩之别，中亩 360 步，大亩 720 步。而江南平畴水田则 190 步为一亩，斛水田 210 步为一亩，高原田 260 步为一亩，山田 300 步为一亩。[②] 这种分法是以土地生产力为标准的，表示江南 190 步或 210 步水田的生产力和直隶 360 步中亩或 720 步大亩的生产力接近。这种差别的产生，是为农业生产发展状况所制约的。

二　蚕丝及棉纺织业的发展

在整个清代乃至明代，太湖流域民户所负担的漕粮并非完全出自本区，有相当大的一部分经过商贩购自湖北、湖南和四川。这里民户之所以有力量买粮完漕则靠副业收入：一是蚕桑业；二是棉纺织业。所谓经济重心南移，先是东南水稻的发展，后有经济作物的扩大及农副业的发展。

蚕桑以湖州、嘉兴、杭州等府为主。早在宋代，武康县盛产丝纩，县民“赖以济税课”[③]。吉安县民“唯藉蚕办生事”[④]。富阳县丘陵区农户“重于粪桑”，所产食粮“仅支半岁”，“半岁所食悉仰客贩”[⑤]。於潜县民“以蚕桑为命”[⑥]。这时湖州、平江、秀州（宋秀州

① 林小华：《明清太湖地区稻麦两熟制的发展》，1986 年硕士论文。

② 见程鸿诏《迎霭笔记》。民国以来北方还有这种情形，最好的地 240 步作一亩计，中田以 480 步计，谓之二折一田，即二亩纳一亩的租税；下田或以 960 步计，谓之四折一田，四亩纳一亩的租税，系以土地的肥瘠作标准。

③ 楼钥：《攻媿集》卷 16，《参议方君墓志铭》。

④ 陈旉：《农书》下卷，《种桑之法》。

⑤ 程泌：《洛水集》卷 19，《壬申富阳劝农》。

⑥ 楼钥：《攻媿集》卷 97，《资政殿大学士致仕赠特进楼公神道碑》。

辖浙江嘉兴、江苏松江县一带）等地，有些地区以种稻为主，食粮外销；[1] 有些地区以蚕桑为主，兼种水稻。在地区经济内部食粮余缺可以自行调剂，蚕桑生产在元朝虽一度呈现衰退，但到明朝又继续向前发展，嘉兴、湖州二府发展尤为迅速。万历年间，崇德县桑田与稻田略等，产粮仅敷农民八月之食[2]。即本县三分之一的食粮需要购买。

清朝前期桑田继续扩大，如吴兴县桑田和稻田几乎平分秋色。[3] 如石门县属，万历年间桑地占总耕地的12.46%，康熙年间增至41.42%。[4] 据《桐乡县志》："以桑代耕者十之七"，即有70%的民户从事蚕桑。清代前期杭州府属蚕桑相继发展，所属九县"皆养蚕缫丝，岁入不赀"。[5] 杭州东郊农户，以纠线为业者占十分之九。[6] 或谓浙江"蚕之丰歉，利恒倍于穑事"。[7] 这时蚕桑基本是商品生产。时人或谓"湖丝虽遍天下，而湖民无一缕"。这里的"天下"不只指国内各地，还包括外国。从康熙到鸦片战争前，从浙江到日本的商船有6000多艘，其中丝货占70%。丝价因出口而急剧上升，据内务府档案资料统计，乾隆十八年至二十七年十年间的湖州之南浔、双林、新市、余杭等地丝价，比乾隆十年增加30%～100%。

嘉、湖、杭等府民户之所以扩大桑田发展蚕桑，是由于蚕桑收益多。据明清之际桐乡县张履祥《补农书》对稻田与桑地收入的比较，以及乾隆时期丝价与米价对比估算，在相同的土地面积上，蚕丝收益比稻田高出好几倍，因此有"多种田不如多治地"之谚。古书所记过嫌笼统。据李伯仲关于植桑和种植粮食作物的产值对比估计，仍据张

---

① 王炎：《双溪集》卷2，《上赵丞相书》。
② 康熙《石门县志》卷12，引万历县志。
③ 阮元：《揅经堂四集》卷3，《琅嬛仙馆诗略·秋桑注》，系嘉庆年间情形。
④ 据杭大历史系蒋兆成估计。
⑤ 光绪《杭州府志》卷80，《物产》。
⑥ 钱仪吉：《纪事稿》卷10，《说蚕》。
⑦ 汪中：《述学别录》。

氏所记，稻米春花合计，亩产“大约共收三石为常耳”。[①] 明末嘉、湖一带正常米价每石约为银 1 两，每亩产值约为 3 两。种桑每亩产值为银 9.5 两。据此，产值较稻田提高 3.17 倍。以劳动生产率而论，种桑，每人可种 4 亩，4 亩产值共为银 38 两；种稻，每人可种 8 亩，8 亩产值为银 24 两。一个劳动力种桑比种稻的产值多 14 两，劳动生产率提高了 58.3%。[②] 因此，蚕丝生产在全国范围衰退之时，太湖流域却在继续发展，体现出地区性的自然分工。这一发展趋势一直持续到清代后期。据同治《湖州府志》：“富室无论已，贫家所养无多，而公家赋税，吉凶礼节，亲党酬酢，老幼衣着，惟蚕是赖，即为健妇是赖。顾殊有限，丰收三五载，迄可小康。如值桑叶涌贵，典衣鬻钗不遗余力。蚕不旺，辄忘餐废寝，憔悴无人色，所系于身家者重也。男丁惟铺地后及缫丝可以分劳。又值田功方兴之际，不暇专力从事，故自始至终妇功实居其家”。[③] 就此一例，可以看出蚕桑业在农民经济生活中的重要地位，一切日用及完纳赋税多赖出卖蚕丝。苏州蚕桑虽不若湖、嘉、杭三府之盛，但也有不少蚕桑之乡。

相对蚕桑而言，植棉纺织的历史发展较晚，大概始于元代，首先在松江府发展起来，继而传播到苏州府。明代二百多年间，苏松二府民户多种棉纺织，其收益超过蚕丝。[④] 二府所产棉布并远销其他地区。明嘉靖年间，常熟县所产棉布，“用之邑者有限，而捆载舟输行贾于齐鲁之境者常什六”。[⑤] 至清代中叶前销路继续扩大。如上海县，每到收棉季节，各处商贾前来贩运，运销区域，西到江西、湖广，南到广东、广西，北到陕西、山西、直隶，有“衣被天下之称”；“富商巨贾

---

① 张履祥：《补农书后》。

② 李伯重：《明清江南农业资源的合理利用》，《农业考古》1985 年第 2 期。

③ 同治《湖州府志》卷 30，《蚕桑》上。

④ 徐光启：《农政全书》卷 35，谓棉纺织之利“视丝枲百倍”。

⑤ 嘉靖《常熟县志》卷 4，《食货》。

操重赀而来市者，白银动以数万计，多或数十万两，少每以万计”[①]。嘉庆年间，江南机布并远销奉天。[②] 同时向南销到闽广，所谓闽粤巨贾，“橐金贸棉易布者岁至”[③]。其运销外省数量，据吴承明统计，江南棉布外销者，明代每年有1500万～2000万匹，清代增至4000万匹。[④] 同时运销外国，据严中平统计，由乾隆六年（1741）至道光十年（1830）前后90年间，年输出量常在100万匹以上。[⑤] 另据全汉升统计，1817～1833年17年间自广州运出的南京棉布达1900余万匹。这是棉纺织发展在运销方面的反映，销路扩大乃是农村棉纺织业发展的结果。

有些地区民户的棉纺织收入，在其经济生活中占着极其重要的位置。据明代中叶记载，松江府属，“田家收获输官偿息外，未卒岁室庐已空，其衣食全赖此”[⑥]。上海县民户则“藉之以给衣食”[⑦]。嘉定县则“小人之依，全倚花布”[⑧]。清代有关记载更多，嘉定县之外冈，农户“无论丰稔，必资纺织以供衣食”[⑨]。或谓嘉定县属，“中下之户，藉女红以佐薪水”[⑩]。嘉定县之石冈、广福等村，人均地不到一亩，“即竭终岁之耕不足供二三月费”；民户赖纺纱收入弥补，“妇女昼夜纺织，公私诸费皆赖之”[⑪]。华亭县寒圩镇，女勤纺织，“贫者藉以糊口”[⑫]。宝山县属，农户“无论丰稔，必资纺织以供衣食”[⑬]。嘉

① 叶梦珠：《阅世编》卷7，《食货五》。
② 西清：《黑龙江外记》卷5。
③ 程穆衡：《太仓风俗记》。
④ 吴承明：《中国资本主义与国内市场》，中国社会科学出版社，1985。
⑤ 严中平：《中国棉业之发展》，商务印书馆，1943。
⑥ 正德《松江府志》卷4，《风俗》。
⑦ 万历《上海县志》。
⑧ 万历《嘉定县志》。
⑨ 乾隆《续外冈志》卷1，《风俗》。
⑩ 乾隆《嘉定县志》卷12，《风俗》。
⑪ 嘉庆《石冈、广福合志》卷1，《风俗》；卷4，《物产》。
⑫ 《寒圩小志·风俗》。
⑬ 乾隆《续外冈志》卷1，《风俗》。

庆时，上海农妇“夜归又纺纱以换米”[①]。南汇县农民，“耕获所入，输官偿息外，未卒岁室已罄，其衣食全赖女红”[②]。太仓州的租佃农户，“迨至秋成，偿债还租，竭其所入”；“所藉糊口者……纺纱织布”[③]。吴县黎里镇，“小家妇女多以纺纱为业，衣食皆赖之”[④]。吴县分湖镇，“妇女多治木棉花”，“或以纺纱资生”[⑤]。或谓吴中妇女日织布三丈，“除衣着儿女外，余布卖以养家”[⑥]。以上是各地人民借纺织弥补生计的一些事例。植棉和纺织是紧密联系在一起的，纺织收入在一般民户经济生活中占着极其重要的地位，促成了植棉的发展。

植棉及棉纺织在农民经济生活中的重要地位，还可从棉田面积及所占比重进行考察。明万历、天启年间，松江府“官民军灶垦田凡二百万亩，大半植棉”[⑦]。道光间，嘉定、宝山等县，“种稻之处什仅二三，而木棉居其七八”，农民“生计全在于棉”[⑧]。上海、南汇、川沙、奉贤等县，“花居大半”，“种稻者十不得一”[⑨]。从以上记载，说明这类地区棉田几乎占耕地一半以上。

由于棉田增加，食粮不敷，靠外地食粮供应。雍正年间，南汇县棉区；“农食亦多外仰”[⑩]。嘉定县棉区，嘉庆年间，“向赖邻邑运米接济”[⑪]。若前所述，嘉定县某些村镇农户，所产食粮“不足供三月费”；南汇县民秋稻只能勉强吃用到当年冬季，太仓州佃户秋收只够交租还债。由以上事例说明，各地所产稻米只能供几个月食用，其余

① 杨光辅：《松南乐府》，见《上海掌故丛书》。
② 光绪《南汇县志》卷20，《风俗》。
③ 光绪《太仓直隶州志》卷6，《风俗》。
④ 嘉庆《黎里志》卷4，《风俗》。
⑤ 道光《分湖小识》卷6，《风俗》。
⑥ 左辅：《合肥广农利示》，见《念宛斋官书》卷1。
⑦ 徐光启：《农政全书》卷35，《木棉》。
⑧ 光绪《宝山县志》卷3。
⑨ 道光《蒲溪小志》。
⑩ 雍正《南汇县志》。
⑪ 嘉庆《南翔镇志》卷11，《杂志》。

数月乃至九到十个月的食粮全靠购买。

植棉的经济效益较高，据李伯重论证："种棉勿须岸水灌溉，一个农户种棉面积可数倍于种稻，从而户产值将大大高于种稻。两相比较，种棉的经济效益远比种稻高。"① 种棉的确比种稻省工，如清代后期，金山张堰农民，"农力不足，种木棉者渐多，以省工本"②。农民从生产实践中体会到合理利用自然资源与提高经济效益之间的必然联系。农民是从经济效益出发将粮田改种木棉的。

东南田赋尤其是漕粮沉重。明万历六年，苏、松、常三府占全国人口5.77%，占全国耕地2.85%，承担着全国赋税的14.59%。清嘉庆二十五年，苏、松、常、太四府州占全国人口的4.09%，占全国耕地的2.55%，承担着全国漕赋的20.35%、地丁银的6.15%，这里赋税负担超过其他地区好几倍，人民这项开支的绝大部分系来自耕地之外，即靠农户夜以继日的棉纺织收入。据明人张鸿磐奏：农民"以绵易布，以布易银，以银籴米，以米充兑"③。清代更不例外。乾隆年间，宝山县属，农民纺织"抱布贸银，以输正赋而买食米"④。这类靠出售棉纺织品以完漕赋的农户，已摆脱自然经济的束缚，变成小商品生产者。

太湖流域民户依靠棉纺织及蚕桑收入承担漕赋的情形，如明天启年间徐光启所说："非独松也，苏、杭、常、镇之布帛枲纻，嘉、湖之丝纩，皆视此女红末业，以上供赋税，下给俯仰，若求诸田亩之收，则必不可办。"⑤ 又如清道光间包世臣所说："木棉梭布，东南杼轴之利甲天下，松、太钱漕不误全仗棉布。"⑥ 包世臣又说：松江府"而今数百年来，红粟入太仓者几当岁会十二，朱提输司农者当岁会

① 李伯重：《明清江南农业资源的合理利用》，《农业考古》1985年第2期。

② 《重辑张堰志》卷1，《物产》。

③ 嘉庆《南翔镇志》卷12，引明人张鸿磐《请照旧永折疏》。

④ 乾隆《宝山县志》卷1，《风俗》。

⑤ 徐光启：《农政全书》卷35。

⑥ 包世臣：《安吴四种》卷28，《致前大司马许太常书》。

亦且三十而一，而士民仍得各安生业称东南乐土……凡所取给悉出机杼"[①]。苏、松、太如无棉纺织收入，而单靠种植稻麦之类是不行的。道光年间郑光祖说：如无纺织收入，"虽棉稻两丰不济也"[②]。杭、嘉、湖如无桑业收入，单纯靠粮食作物，承担如此重赋也是困难的。在这里，棉纺织业收入在农户经济生活中占着极其重要的地位，有的地区已经变成农户的主业。由此可见，江南的繁庶，不只由于自然条件优越，还由于当地人民善于利用自然条件发展经济作物，和不辞辛劳夜以继日地发展棉纺织和蚕桑业，这大大提高了经济效益，同时也因此增加了小农经济的顽强性。

第三节　长江流域其他各省水利灌溉事业及农业生产的发展

长江流域其他各省的水利事业，湖北省如均州，州南四十里之水堰兴修于明代，"灌田数十顷"，直至康熙年间，仍"水利永赖"[③]。如光化县，前明有大沟小渠以溉田，至清代继续兴修，开挖沟渠"周回曲折不下四十余里"[④]。如远安县，咸丰间凿沟引笕，引水灌田。[⑤]湖南省水利工程远超过湖北，沿洞庭湖如湘阴、巴陵、华容、安乡、澧州、武陵、龙阳、沅江、益阳等九州县，据雍正六年湖南巡抚王国栋奏：各州县修堤阻水为田，"大者周围百余里，小者二三里，方圆不一，星罗棋布"。水利工程浩大。[⑥]其间沅江县，雍正至乾隆相继修

① 包世臣：《安吴四种》卷29，《齐民四术》。

② 郑光祖：《一斑录·杂述》卷7。

③ 康熙《均县志》卷2。

④ 《农学丛书》第4集，光绪二十八年知县张国兰禀。

⑤ 朱锡绶：《沮江随笔》卷下。

⑥ 雍正《朱批谕旨》第6函，第4册。

筑永丰垸和黄荆垸，预防水患。[①] 其他如普化县，康熙年间修象鼻坝，“荫田三千余亩”，至乾隆年间仍深受其利；该县铁湖坝系前明修筑，“荫田数千亩”，雍正间加以增修，“田不忧旱”；又大石坝亦系前明修建，“荫田数千亩”，至乾隆元年加以增筑，“田不忧旱，利赖无穷”。[②] 如东安县之应水，水旁多筑堤堰，“以利田溉”[③]。如浏阳县，嘉庆前有 47 塘 42 陂以溉田，后来继续兴修，“地利尽辟，水利多兴”[④]。如湘潭县，嘉庆年间，境内多河流，大小港数十，沿河置水车，“为塘为堰，为托为坝，为泉为井，或溉数千亩，或溉数百亩，而私家所蓄者不与焉”[⑤]。江西省如瑞金县，前明曾建陂溉田数千亩，清代继续兴建，由官府出款购买冈后河两岸田亩，作陂障圳“以灌田村田亩”[⑥]。如东乡县丰城等，层层筑坝蓄水溉田，“有溉及千余亩者，有溉及数百亩者”。经过修浚，丰城、清江、高安三县农田，“岁可增谷六十万石”[⑦]。如奉新县，据嘉庆记载，“西乡沿河建筒，车水不劳人力，昼夜灌溉，故雨或偶缺，禾皆丰收”[⑧]。其他有修筑陂塘圩堰数字记载者，如：鄱阳凡 117 处，灌田 14010 亩；安仁凡 163 处，灌田 58399 亩；乐平凡 337 处，灌田 119256 亩。[⑨] 安徽省如建平县之五个乡，桐汭乡筑塘港陂堰 167 处，灌田 71177 亩；昭德乡筑塘 652 处，灌田 58997 亩；临湖乡筑塘 439 处，灌田 75676 亩；妙泉乡筑塘 258 处，灌田 56875 亩；原通乡筑塘 590 处，灌田 74268.1 亩。[⑩] 如宁

① 嘉庆《沅江县志》卷 10。
② 乾隆《善化县志》卷 3。
③ 光绪《东安县志》卷 8。
④ 同治《浏阳县志》卷 4。
⑤ 张云璈：《简松草堂文集》卷 7，《湘潭水利记》。
⑥ 乾隆《瑞金县志》卷 1。
⑦ 董沛：《晦暗斋笔语》卷 3，《覆述东乡县水利移》，光绪九年。
⑧ 吴名凤：《此君园文集》卷 19，己卯元日。
⑨ 同治《饶州府志》卷 2。
⑩ 光绪《广德州志》卷 4。

国府，康熙四十八年（1709）修筑堤坝，“溉田十数万亩，水利以溥”[①]。如怀宁县，修筑塘堰灌田，灌田面积有具体记载者凡51处塘堰，共溉田28600亩，此外尚有溉田数百亩者24个，溉田数千亩者9个，最大者溉田数万亩，均未计算在内，水利工程之完善可以想见。[②]如怀远县，原有陂塘可灌田数千亩，雍正重修，灌田顷亩增加。[③]道光重修郭陂塘和龙王坝，“附近荒田千余顷悉成腴壤”[④]。

长江流域有漕省份虽系江、浙、湘、鄂、皖、赣等六省，但300多万石南粮米石并非全产自本区各省，尤其是江、浙重漕区，漕粮仰赖上游各省尤其是四川商贩运米。因此四川农田水利也与漕粮发生间接联系。四川各州县水利工程由明至清一再兴修，尤其是清代中前期水利事业尤为频繁。

伴随水利的开发，农业生产技术也有所改进，如湖南省，种植泥豆二禾，“彼行而此效焉，地有倍收”[⑤]。如江西义宁州，稻一获或两获，“近又有于耘早稻时栽禾役中者，名曰衬禾”[⑥]。安徽来安县，康熙年间知县祁瀚开始教民种早稻，“一年而遍野生焉”[⑦]。

单位面积产量也达到较高水平。湖北省如荆州府，腴田每亩产谷5~6石。[⑧]黄梅县丰年每亩产谷5~6石。[⑨]湖南省宜章县上田亩产谷5石。[⑩]江西瑞安县腴田丰年亩产谷5~6石。[⑪]抚州府属，据光绪年

---

① 嘉庆《宁国府志》卷5。

② 民国4年《怀宁县志》卷5。

③ 嘉庆《怀远县志》卷6。

④ 道光《安徽通志》卷首，又卷6。

⑤ 黄皖:《致富纪实·二禾》。

⑥ 同治《义宁州志》卷8。

⑦ 李彦章:《江南催耕课稻编·江南劝种早稻说》。

⑧ 乾隆《荆州府志》卷5。

⑨ 光绪《黄梅县志》卷6。

⑩ 嘉庆《宜章县志》卷37,《风土志》。

⑪ 洪炳文:《瑞安土产表》,《家学丛书》初集，光绪。

间调查，每亩产谷因稻种而不同，上田 4 石，中田 3 石，下田 2 石。① 安徽省凤台县，丰年亩产稻谷 4～5 石。② 巢县丰年亩产稻 2～3 石。③

第四节　清代漕运制度的重建

清代漕运制度的全面恢复和重建，是在农业生产发展的基础上出现的。其间有过一个发展历程。

清代仍建都北京，长江流域农村经济虽因战争关系也遭受破坏，但就全国范围而言仍位居前列，尤其太湖流域农村经济破坏较少，为国家财政所倚重。早在顺治二年（1645）清军攻克北京后不久，就有人提到转运南漕的问题。是年五月，兵部侍郎金之俊奏："西北粒食全取给于东南。自闯乱后，南粟不达京师，以至北地之米价日腾。今王师直取南京……须亟令总漕星驰淮上，巡漕御史疾趋瓜、扬，弹压地方，度理运务，俟金陵底定，酌留之余悉转太仓。"④

但清朝初年，有的地区战争仍在延续，人民逃徙，土地荒废，要规复全漕是极为困难的。关于江南情况，有如顺治三年（1646）监察御史刘明偀所奏："窃照国家全赋出于东南，至沃饶也。迩来数年兵荒，民不聊生，非一日矣。幸我大清定鼎，招抚流移，拯民水火，百姓渐有生人之乐。无奈数月之内，土贼勃发，所在皆是。引领望归之民，不为所协，即为所残，攻城破邑，屡见告矣，况乡村乎！是以民即有乐输之心，而苦于梗塞；官即有急公之念，而苦于逃亡。不知几费心力，始定征收之局。乃收者无几，而截留者屡见。"⑤

刘明偀所奏乃泛指太湖流域地区。至于久经战乱的湖北、安徽、

① 何刚德等：《抚郡农产考略》卷上。

② 嘉庆《凤台县志》卷 2。

③ 道光《巢县志》附录，《劝民力田示》。

④ 《清世祖实录》卷 16，顺治二年五月。

⑤ 清档，刘明偀：《请禁止各处借支以无亏正额折》，顺治二年正月。

河南等省情形更加严重，湖南、江西等省这时战争仍在继续进行。在当时极端困难的条件下，清王朝在征漕方面采取了变通办法，即凡清军已到但战争仍未完全停止的地方，漕粮免征一半；战争已经停止，封建秩序逐渐稳定之处减征三分之一，谓之“恩免”。顺治三年（1646）实征漕粮160万石左右，与应征原额相比不足十分之四。由于战争关系各地多驻有军队，所征漕粮遂多被截留，而未北运京师。如浙江海盐、归安及安徽桐城等州县所收漕粮，大部分留作地方军饷。

漕粮北运，前明系由地方卫所军负责，各地并专备有运粮漕船。经过长期战役之后，原有卫所制度破坏，漕船损坏更加严重，造船、召雇运夫及挑浚河道等都十分困难，于是有人建议将漕粮“三分解南，七分解北”，以省北运之劳。这项建议虽未正式得到批准，所征漕粮实际多就地支销，各地截留的漕粮占到30%以上。

以顺治三年所征160万石漕粮而论，起运北京的，计江、浙两省共起运1429船，如每船平均装米500石计，共为714500余石。山东、河南、湖北诸省运米若干，记载不详，按顺治四年该数省北运京师的漕粮不超过20万石。顺治三年运额当更远低于20万石。据此估算，顺治三年全国北运京师的漕粮在90万石左右。

旧有漕船既然破坏，顺治三年乃令漕头“买船”运粮。所谓漕头即负责运粮之人，买船实际是向粮户摊派船费，或买现成船只，或购买木料打造。这种“买船”法遇到重重困难，于是又令淮安造船厂及各粮道分造。即使如此，本年仍缺粮船1800只，其中江西、湖广、浙江缺船尤多。浙江省顺治三年以漕船过少，是年漕粮延至顺治四年三月犹未起运。江西运粮需船1500只，除由江南、湖广协济512只外，本省应出船988只，实际该省仅存100多只，顺治三年漕粮只好雇民船装运。

清朝建国之初，农民漕粮多有抗欠，河道也多梗塞，是规复漕运的又一困难问题。如刘明偀所奏：“民即有乐输之心，而苦于梗塞；

官即有急公之念，而苦于逃亡”，即指河道阻梗、农民抗欠。

负责运输漕粮的官吏也乘机舞弊，或托词饥民抢劫，或捏报失风覆没，而从中偷盗蚕食。顺治三年（1646）所起运漕粮，苏、松、常、镇四府所损失的粮额就相当严重。如江阴卫指挥傅希说等四十人所运漕粮未见下落的达 280278 石；虎贲卫千户等七人运抵通州的漕粮量缺 66904 石；应天卫指挥甘元宠等十七人所运漕粮 176011 石更杳无消息，以上三项共计 523193 石。后来只查明水军左卫指挥孙世泰、高邮卫千户薛呈嘉所运漕粮系盗卖吞没，其余都无着落。[①]

清建国的第三年，即顺治四年，经过大力整顿，严惩贪污，清理积弊，漕政大见好转，侵吞盗卖漕粮现象逐渐减少，农民抗漕运动也逐渐被镇压下去。是年厘清田亩，按亩征粮，起运额增加到 245 万石，其中以江、浙两省最多，约占起运额的 80%。同时修造漕船，是年出运船只大为增加。

规复漕政一个最重要的问题是如何兴复农村经济，清王朝于此极为重视，如讲求水利、鼓励生产等，在当时收到一定功效。在顺治（1644～1661）、康熙（1662～1722）两朝，在经过前明农民战争严重冲击，缙绅官僚地主极其衰落，而地权相对分散的条件下，经过农民的辛勤垦辟，长江流域广大农村经济迅速恢复，为清代漕政的顺利规复奠定了基础。

清朝建国不久，伴随农业生产的恢复和发展，漕粮即恢复到额征 400 万石原额。这种漕运制度一直持续到道光朝。

---

① 清档，王文奎：《为漕弁侵粮数多据实纠参根究下落折》。

第三章

漕粮的财政及赈恤功能

第一节　漕粮与国家财政

封建统治持续漕运的目的，首先是解决国家财政问题，其次是通过漕粮赈恤维护封建秩序，因此本章先论述这方面的功能，然后再介绍漕运体制本身。

一　历年征运和积贮情形

清沿明制，田赋征实与货币税并行。清代改行地丁制，以征银为主；部分仍征实物，其间部分留充本省支用，部分北运京通。其北运京通部分，皆经由运河。这条运河即专为运输官粮而兴修的漕河，漕粮之名即源于此。

漕粮在田赋征实中占着极大比重。根据乾隆十八年（1753）奏销册所载，计民田 708114288 亩、田赋银 29611201 两[①]、粮 8406422 石；

① 田赋大部征银，谓之地丁，非本章讨论范围。

又屯田25941648亩、赋银503557两、粮373石。兹专就民田民粮征实部分而论，据乾隆《大清会典》，全国民田征实额共为8340212石，（比奏销册所记少66000石，大概因年代不同而出现的差异），其留充各省支用及岁漕京通的粮额分配如表3－1所示。

表3－1　各省田赋征实粮额及分配（乾隆朝）

省　别	粮额总计(石)	分　配	
		留充本省支用(石)	挽运京师(石)
直　隶	101229	101229	—
山　西	169246	169246	—
陕　西	168453	168453	—
甘　肃	503476	503476	—
山　东	507680	158902	348778
河　南	248865	28991	219874
江　苏	2155021	438132	1716889
浙　江	1130481	273742	856739
安　徽	845247	278971	566276
江　西	899631	129499	770132
湖　北	286553	154150	132403
湖　南	277640	143897	133743
四　川	14329	14329	—
福　建	168453	168453	—
广　东	348095	348095	—
广　西	130375	130375	—
云　南	230848	230848	—
贵　州	154590	154590	—
总　计	8340212	3595378	4744834

资料来源：乾隆《大清会典》卷10。

说明：①按八省应征漕粮正粮为400万石，此表所列为4774834石，系包耗米在内。
②表内所列粮额以石为单位，石以下斗升未计。

由表3－1，田赋征实部分中留充本省支用的凡3595378石，占43%；运输京通的正耗为4744834石，占57%。留充本省支用及漕运京师之分配，根据两个原则：一视各省粮额多寡而定，粮多者运京，粮少者留省。二视运输便利情形，八个征收漕粮省份，山东、河南、江苏、浙江在运河沿线，江西、湖北、湖南、安徽在长江沿岸，水运都很方便。诸省征漕，就是在这两种原则下决定的。

至历年实际起运之额，在嘉庆以前为数较多，正米一般在300万石以上，有时200多万石靠近300万石。在国家岁收上，其地位之重要仅次于地丁，而与盐课、关税相伯仲。地丁、盐课、关税系解交现银，漕粮独以实物征收和运交。

征运交仓粮额，因时期而不同，乾隆朝为数最多，嘉庆朝之后，一年不如一年，试参阅表3－2。

表3－2　清代漕粮历年起运交仓

起运年份	兑改正米Ⓐ（石）	随正耗米（石）		带运兑改正米Ⓓ（石）	带运随正耗米（石）	
		交仓尖耗并三升盘闸作正折耗米豆Ⓑ	旗丁沿途盘剥晒扬所需耗米豆Ⓒ		交仓尖耗并三升盘闸作正折耗米豆	旗丁沿途盘剥晒扬米豆
雍正二年[①]（1724）	3167587	418778	731262	31302	4842	7123
四年[②]	2945433	386634	672940	125827	15612	16474
九年[③]	2546702	339354	641688	10444	1436	2680
十三年[④]	3398168	431170	—	—	—	—
乾隆四年[⑤]（1739）	3229547	422455	789614	—	—	—
五年[⑥]	3318652	439945	777927	154840	18591	20506
六年[⑦]	2615783	348665	624899	55956	7420	2885
十年[⑧]	3365486	523494	806076	—	—	—
十三年[⑨]	3875337	456001	818666	—	—	—
十五年[⑩]	3235917	421339	762895	16731	2207	2211
十七年[⑪]	2944281	379043	676673	100392	13430	18388
十八年[⑫]	2764474	362095	657817	5868	820	1505
二十年[⑬]	1603080	198394	355698	31094	4372	8065
二十一年[⑭]	3272344	425923	775181	7504	822	1261
二十三年[⑮]	3326660	431833	778939	83878	10407	14424
二十八年[⑯]	3263362	422741	763281	155369	20266	32404
三十年[⑰]	3352182	435405	792215	64655	8719	14613
三十四年[⑱]	2445486	313167	550660	—	—	—
三十六年[⑲]	3321930	432226	789053	173205	23827	41642
三十七年[⑳]	3382825	439725	800362	125960	15831	28129
四十年[㉑]	2946480	383073	700368	24322	3145	2618
四十一年[㉒]	3502109	455716	800983	—	—	—

续表

起运年份	兑改正米Ⓐ	随正耗米		带运兑改正米Ⓓ	带运随正耗米	
		交仓尖耗并三升盘闸作正折耗米豆Ⓑ	旗丁沿途盘剥晒扬所需耗米豆Ⓒ		交仓尖耗并三升盘闸作正折耗米豆	旗丁沿途盘剥晒扬米豆
四十二年㉓	3373718	438757	898216	—	—	—
四十三年㉔	2906185	377728	702005	72982	10122	17326
乾隆四十四年㉕	3031508	400705	738773	—	—	—
四十六年㉖	2307986	301351	575510	—	—	—
四十七年㉗	2545529	332222	592757	29916	3985	6082
四十九年㉘	2999952	388975	703093	36611	4499	7091
五十二年㉙	3055159	396229	724939	465859	60600	84296
五十九年㉚	3067666	399441	748847	100985	11774	15900
嘉庆二年㉛（1797）	2275647	296456	550594	4362	534	2253
三年㉜	2400641	309114	567787	2766	270	383
十一年㉝	3249989	424457	777563	456754	61161	105513
十三年㉞	2800185	361839	662243	140470	18132	21399
十五年㉟	3260444	424427	750355	323758	43414	75996
十六年㊱	3206698	417654	739967	185992	24643	40313
十七年㊲	3031404	394548	703989	49145	6452	11723
二十三年㊳	3265778	425279	756767	138582	17588	26399
二十四年㊴	3263506	425280	765233	97618	12451	13843
道光元年㊵（1821）	2954725	385672	676831	224052	29565	39734
三年㊶	3077633	402104	735641	148243	19033	37752
六年㊷	1994303	258553	425304	178114	22519	39992
七年㊸	3037480	396864	696644	48040	4844	10174
八年㊹	3287352	428088	757968	203889	25788	34394
十年㊺	3242714	422245	746977	91418	12030	19235
十二年㊻	2182495	283035	490849	24507	2913	3651
十六年㊼	2617530	341135	583696	46422	5889	8600
十九年㊽	2998159	388229	653560	214750	27097	54088
二十八年㊾	2078239	269378	482757	78612	10686	17949
二十九年㊿	2529755	325186	37877	100253	12694	15791

续表

资料来源：《清档》：
①漕运总督张大有造，雍正三年十二月十九日。
②漕运总督张大有造，雍正五年十二月十八日。
③兵部尚书暂行漕运总督性桂造，雍正十年十二月初七日。
④漕运总督补熙题，乾隆元年十二月初七日。
⑤漕运总督常安题，乾隆五年十二月二十一日。
⑥漕运总督原安造，乾隆六年十二月二十日。
⑦漕运总督顾琮造，乾隆七年十二月初三日。
⑧漕运总督蕴著题，乾隆十二年十二月初七日。
⑨漕运总督瑚宝题，乾隆十四年十一月二十一日。
⑩漕运总督瑚宝造，乾隆十六年十一月二十日。
⑪漕运总督瑚宝造，乾隆十八年十二月十六日。
⑫漕运总督瑚宝造，乾隆十九年十二月十六日。
⑬漕运总督张师载造，乾隆二十一年十二月初十日。
⑭漕运总督杨锡绂造，乾隆二十二年十二月十八日。
⑮漕运总督杨锡绂造，乾隆二十四年十二月二十一日。
⑯漕运总督杨锡绂造，乾隆二十八年十二月十九日。
⑰漕运总督杨锡绂造，乾隆三十一年十一月二十六日。
⑱漕运总督高晋题，乾隆三十五年十二月初三日。
⑲漕运总督嘉谟造，乾隆三十七年十二月十八日。
⑳漕运总督嘉谟造，乾隆三十八年十二月十七日。
㉑漕运总督鄂宝题，乾隆四十一年十二月二十一日。
㉒漕运总督鄂宝题，乾隆四十三年十二月十九日。
㉓管理户部事务于敏中题，乾隆四十三年十二月十九日。
㉔漕运总督鄂宝造，乾隆四十四年十二月十九日。
㉕漕运总督鄂宝题，乾隆四十五年十二月二十日。
㉖漕运总督鄂宝题，乾隆四十七年十二月二十日。
㉗漕运总督毓奇造，乾隆四十八年十二月十九日。
㉘漕运总督毓奇造，乾隆五十年十二月二十一日。
㉙漕运总督毓奇造，乾隆五十三年十二月十九日。
㉚漕运总督管幹贞造，乾隆六十年十一月二十八日。
㉛漕运总督富纲造，嘉庆二年十二月十九日。
㉜漕运总督梁肯堂造，嘉庆三年十二月十六日。
㉝漕运总督萨彬图造，嘉庆十三年二月十二日。
㉞漕运总督萨彬图造，嘉庆十四年正月二十八日。
㉟漕运总督许兆椿造，嘉庆十五年十二月二十一日。
㊱漕运总督许兆椿造，嘉庆十六年十二月二十日。
㊲漕运总督阮元造，嘉庆十七年十二月二十一日。
㊳漕运总督李奕畴造，嘉庆二十三年十二月二十一日。
㊴漕运总督成宁造，嘉庆二十五年正月十九日。
㊵漕运总督李鸿宝造，道光元年十二月十八日。
㊶漕运总督魏元煜造，道光三年十二月二十一日。

续表

㊷漕运总督纳尔经额造，道光七年二月十七日。
㊸漕运总督纳尔经额造，道光七年十二月二十日。
㊹漕运总督纳尔经额造，道光八年十二月二十日。
㊺漕运总督吴邦庆造，道光十年十二月二十一日。
㊻漕运总督苏成额谨造，年月（缺）。
㊼漕运总督恩特亨额造，道光十七年正月二十八日。
㊽漕运总督朱树造，道光二十年二月初六日。
㊾漕运总督杨殿邦造，年月（缺）。
㊿漕运总督杨殿邦造，道光三十年三月初七日。
说明：
Ⓐ兑改正米包括正兑米和改兑米，包括漕粮和白粮。
Ⓑ交仓尖耗指随正交仓之米。
Ⓒ旗丁盘剥耗米指运丁沿途折耗之米。
Ⓓ带运米石，指因天灾兵祸、当年漕粮缓俟下年或分数年带征之米，或因运道梗阻上年寄囤水次之米。

表 3 - 2 是根据中国科学院社会科学研究所在 20 世纪 30 年代从故宫抄录的清朝档案资料制成的，虽然只辑录了 50 个年头的起运额，但很可供研究者参考。经济研究所现存浙江省漕运档案资料较多，由顺治历康熙、雍正，以至道光、咸丰，有 107 个年头的起运交仓额，如表 3 - 3 所示。

表 3 - 3　浙江省漕粮历年起运交仓

起运年份	交仓额[①]（石）	起运年份	交仓额（石）	起运年份	交仓额（石）
顺治九年	821800	康熙三年	949808	康熙十四年	882000
十年	414418	四年	982510	十六年	786665
十一年	424069	五年	1018415	十七年	786665
十四年	915100	六年	1012402	十八年	546083
十六年	932360	七年	1012696	十九年	958973
十七年	986405	八年	1019228	二十年	863347[②]
十八年	600961	九年	671153	二十一年	863347
康熙元年	996447	十一年	882000	二十三年	575565
二年	1006395	十二年	863347	二十四年	959337

续表

起运年份	交仓额[①]（石）	起运年份	交仓额（石）	起运年份	交仓额（石）
康熙二十五年	862983	乾隆元年	959337	嘉庆二年	844097
二十六年	959337	二年	858702	四年	860793
二十七年	959337	三年	959337	七年	863855
二十八年	862983	五年	956580	十四年	922361
二十九年	863347	六年	741547	十六年	773523
三十年	958973	七年	941547	十七年	896417
三十一年	859337	八年	869145	十九年	650679
三十九年	863347	九年	976174	二十年	948847
四十一年	958973	十年	956876	二十一年	842072
四十三年	959337	十一年	956387	二十三年	846564
四十六年	959337	十三年	896266	二十四年	737420
四十七年	694584	十五年	956691	道光四年	850874
五十七年	958973	十九年	862047	八年	815931
五十八年	959337	二十三年	627963	十年	836020
五十九年	959337	三十年	854654	十一年	534997
六十年	662983	三十六年	861307	十二年	889011
六十一年	959337	三十九年	861031	十七年	844606
雍正元年	736324	四十一年	872758	十八年	836883
二年	862983	四十四年	833706	十九年	742946
三年	959337	四十六年	860600	二十一年	381390
五年	930877	四十九年	442657	二十四年	745833
六年	813347	五十年	630752	二十五年	785198
七年	862983	五十二年	643042	二十七年	743494
八年	959337	五十三年	1029990	二十八年	748025
九年	589799	五十四年	871140	咸丰元年	531106
十二年	959337	五十五年	860797	二年	696124
十三年	958973	五十六年	860797		

资料来源：清档。

说明：①交仓额包括兑改正耗和白粮。

②顺治十七年额缺白粮。

由清代历年起运交仓表，反映出一个大致趋势，嘉庆以前每年平均在300万石以上或接近400万石。道光之后逐渐减少，由400多万石减至300多万石乃至200多万石。

京师通州各仓历年积贮情形，即视征运多寡而定。大约可分为三期：由清初至乾隆为前期，存粮最多；嘉庆、道光两朝为中期，积存渐少，然仍能支应；咸丰至清亡为后期，漕粮入不敷出，已呈捉襟见肘之势。如表3－4所示。

表3－4　京通各仓历年结存漕粮

年　份	京仓(石)	通仓(石)	总计(石)
顺治十年	—	470479	
十一年	—	231076	
康熙五十六年	3409930	—	—
五十七年	4146670	—	—
五十八年	4792282	—	—
五十九年	4959879	—	—
六十年	4533235	1296272	5829507
六十一年	—	1601134	—
雍正三年	—	4875220	—
四年	—	4744454	—
五年	—	4709901	—
六年	—	4747753	—
七年	8764635	4777213	13541848
八年	10161200	4802185	14963385
九年	—	1050122	—
乾隆十一年	8816507	—	—
十二年	1814459	—	—
十四年	8618907	1277528	9896435
十五年	8861503	1450039	10311542
十九年	6910964	1757900	8668864
二十年	7247249	2031832	9279081
三十年	—	1909678	—
三十一年	—	1860593	—
三十二年	7425052	—	—
三十三年	7219386	—	—
三十七年	5588050	—	—
三十八年	6089582	—	—

续表

年　　份	京仓(石)	通仓(石)	总计(石)
三十九年	6399582	—	—
四十年	6143776	1268685	7412461
四十一年	—	1382424	—
四十三年	6942598	—	—
四十四年	7068661	—	—
四十七年	5356660	1850407	7207067
四十八年	4725559	2004869	6730428
六十年	6046187	—	—
嘉庆元年	6020191	164988	6185179
二年	—	227666	—
三年	3948201	273009	4221210
四年	3061182	—	—
五年	—	270813	—
六年	—	368205	—
七年	2104243	—	—
八年	1949624	—	—
九年	2540437	—	—
十年	3455726	272950	3728676
十一年	3838193	725034	4563227
十二年	3603895	710319	4314214
十三年	3671095	896076	4567171
十四年	3175868	819579	3995447
十五年	3956773	—	—
十六年	4907046	270917	5117963
十七年	4913780	254995	5168775
十八年	4917060	264031	5181091
十九年	3941286	327349	4268635
二十年	4114966	275145	4390111
二十一年	5021175	275145	5296320
二十二年	5580531	230023	5810554
二十三年	6097520	205721	6303241
二十四年	5989366	183320	6172686
二十五年	5658601	174806	5833407
道光元年	5794824	158233	5953057
二年	5524375	379021	5903396

续表

年　份	京仓(石)	通仓(石)	总计(石)
三年	4731203	136124	4867327
四年	2763485	—	—
五年	3472366	—	—
六年	4603853	129132	4732985
七年	4467664	142687	4610351
八年	5089116	—	—
九年	5435192	132027	5567219
十年	5570214	129781	5699995
十一年	5656426	122485	5778911
十二年	—	93777	—
十六年	3325582	—	—
十七年	3797407	—	—
十八年	4074224	—	—
十九年	4485071	—	—
二十年	4210644	107754	4318398
二十一年	3887912	108309	3996221
二十二年	3344738	104655	3449393
二十三年	3014005	114880	3128885
二十四年	2878219	27987	2906206
二十五年	2783898	142568	2926466
二十六年	2538169	167495	2705664
二十七年	2809027	202148	3011175
二十八年	3372323	109973	3482296
二十九年	3627112	141162	3768274
三十年	2506792	100493	2607285
咸丰元年	3134198	—	—
二年	2218599	64715	2283314
三年	1339861	10205	1350066
四年	505180	98262	603442
五年	596367	—	—
六年	1003011	90298	1093309
七年	628460	94362	722822
八年	—	131179	—
九年	—	155654	—
十年	—	181075	—

续表

年　　份	京仓(石)	通仓(石)	总计(石)
同治元年	219671	58839	278510
二年	148383	42288	190671
三年	—	56351	—
四年	433148	43931	477079
五年	513240	60378	573618
六年	309419	82138	391557
七年	412093	111192	523285
八年	616670	—	—
九年	760785	171697	932482
十年	849956	202422	1052378
光绪五年	—	334574	—
六年		326113	
九年	3010257	—	—
十年	1257030	—	—
二十三年	1238708	50461	1289169
二十四年	1257030	74217	1331247

资料来源：清档，京通各仓奏缴清册。

由表3－4，历年京通二仓贮粮情形，清朝初期仓储丰裕。康熙六十年（1721）京通二仓合计为5829507石，雍正八年（1730）渐积至14963385石，达贮粮最高峰。乾隆十四年至二十年（1749～1755）约在1000万石。乾隆四十年（1775）后渐减为600万石至700万石。清前期唯康熙朝积贮较少，盖鼎盛之始才70多年，历史尚短，用兵开支较大；雍正朝国家安定，清帝胤禛又善于综核，积贮最多。乾隆朝稍有变化，清帝弘历穷极奢靡，好大喜功，开支日增，贮粮稍减。即在这时，京通所贮仍够数年开支，这时常用“存米年深”之类记载。

嘉庆以后，京通二仓贮粮总额合计在400万石至500万石。如嘉庆三年（1798）二仓贮粮为4221210石，一直持续到道光中期变化不大，长期保持平衡状态。

道光年间，长江流域尤其是江浙两省，农村经济逐渐发生变化，屡次蠲缓，征运之额渐减。道光二十年（1840）后，京通二仓仓储总额遂由 300 多万石递减为 200 多万石。

咸丰之后，长江流域中下游经过长期农民战争，农村经济遭受严重破坏，农民无力完漕。加以运道梗阻，江西、湖北、湖南和河南诸省漕粮改征折色，起运之额一再递减，咸丰二年（1852）起运额还有 200 多万石，咸丰三年以后每年运额一般为数十万石，100 万石的数额已不常见，京通仓贮米额以数十万石为常。

光绪年间，京通贮粮又出现递增趋势，一般为 100 多万石。这时仓储增加的原因主要是裁减米石支放，俸甲米石部分折发银两，如光绪十六年（1890）只支放八旗粈米 95 万石有奇，比原额减发二分之一。

二　漕粮供应京师俸甲米石

漕粮运抵京通，即卸各仓，以备支用。计京师有内仓、恩丰、禄米、南新、旧太、富新、兴平、海运、北新、太平、本裕、万安、储积、裕丰、益丰等 15 仓，通州有中西 2 仓。

漕粮主要是提供京师官兵俸米甲米和八旗人士生活用米①。

清朝是以少数民族入主中原，为了巩固其统治，政府官吏采行双轨制，皆满汉并列，机构庞大。在京师附近驻扎着十多万八旗士兵。以上八旗官吏和士兵有数十万不劳而食的家属；不分男女老少，皆按月津贴他们赡养米粮。因此京师依赖漕粮的程度较之元、明诸朝尤为迫切。

清朝宗室勋戚，均按爵支领俸米。据顺治七年（1650）制定：亲王岁给俸银 10000 两，禄米 12000 斛；郡王银 4000 两，米 8000 斛；贝勒银 2000 两，米 2800 斛；贝子银 1000 两，米 1600 斛；公爵银 500 两，米 1200 斛。顺治八年又定：按俸银多寡支领米石，每俸银 2 两给禄米 3

---

① 京通仓贮米发放在京官俸和官粮，又名甲米，二者去全漕十分之六；其余则发放工匠者曰匠米，约占十分之一；发放清室九王子孙者曰恩米，国初约占全漕百分之一。

石。顺治十年又定：每俸银 1 两给禄米 1 斛。乾隆年间（1736～1795）定：闲散宗室年到 20 岁者月给银 2 两，米 3 斛（年为 36 斛）；八旗承袭世职佐领人等，世职年到 18 岁，佐领年到 16 岁，当差行走，支全俸，不满年岁未上朝的支给半俸。[①] 八旗文武职官，都按品级发米石，赡养家室。乾隆年间，更定大学士、尚书、侍郎等官俸米加倍支给之制。兹据清朝后期八旗俸米现放章程所定银米数列表，如表 3－5 所示。

表 3－5　清宗室勋戚按爵岁支恩米

爵　位	岁支恩米(石)			附　注
	本色所占米数	折色所占米数	总　计	
亲　王	2137.50	2862.50	5000.00	
世　子	—	—	3000.00	各旗现在并无此爵俸米
郡　王	1068.75	1431.25	2500.00	
长　子	—	—	1500.00	各旗现在并无此爵俸米
贝　勒	534.37	715.63	1250.00	
贝　子	277.88	372.12	650.00	
镇国公	149.63	200.37	350.00	
辅国公	106.88	143.12	250.00	
续顺公	128.25	—	—	岁支俸米例无明文，实支本色米如左数，折色银 61.56 两
一等镇国将军	80.30	124.70	205.00	
二等镇国将军	75.30	117.20	192.50	
三等镇国将军	70.50	110.00	180.50	
一等辅国将军兼云骑尉	65.75	101.75	167.50	
一等辅国将军	60.75	94.25	155.00	
二等辅国将军	55.85	86.65	142.50	

① 明达：《中枢政考》卷 15。

续表

爵　位	岁支恩米(石)			附　注
	本色所占米　数	折色所占米　数	总　计	
三等辅国将军	50.95	79.05	130.00	
一等奉国将军兼云骑尉	46.20	71.30	117.50	
一等奉国将军	41.20	63.80	105.00	
二等奉国将军	36.20	55.80	92.00	
三等奉国将军	31.30	48.70	80.00	
奉恩将军兼云骑尉	26.55	40.95	67.50	
奉恩将军	21.55	33.45	55.00	
固伦公主	190.0	—	200.00	在京居住公主。以下同。又岁支俸米200石,除扣减外,实支190石,不领折色
额　驸	71.25	78.75	150.00	
和硕公主	—	—	150.00	现未支领
额　驸	60.75	66.75	127.50	
郡　主	34.20	45.80	80.00	在京居住近派王公之女。以下同
额　驸	21.38	28.62	50.00	
县　主	23.52	31.48	55.00	
额　驸	9.83	15.17	25.00	
县　君	9.83	15.17	25.00	
额　驸	7.80	12.20	20.00	
乡　君	7.80	12.20	20.00	
六品格格	5.88	9.12	15.00	

资料来源：《八旗俸米现放章程》。

说明：升后数四舍五入。

表3-5系清朝宗室勋戚按爵岁支恩米额。清初宗室恩米额占京通仓比重很小。嗣后宗室人数日增，恩米开支增加，到清代后期增加

了几十倍。据管同奏："国家定鼎，宗臣封亲王者六，曰豫、睿、礼、郑、肃、庄。封郡王者二，曰顺承、克勤。世宗之弟封亲王者一，曰怡。此九王者皆世袭罔替。七亲王之（长）子世封亲王，其他子则封镇国将军；二郡王之（长）子世封郡王，其他子亦封镇国将军。凡镇国将军之子封辅国将军，辅国将军之子封奉国将军，奉国将军之子封奉恩将军。凡俸：亲王万斛，郡王五千，公一千，以次降，合而名曰恩米。夫九王之初，封其子孙不过数人，后愈衍愈众，至于今，枝繁叶盛，盖其人亦数倍于前矣。而国家封爵赐米必一一如其人数，是以国初恩米去京仓不过百分之一，今则不啻十之三四矣。"①

八旗各类官员也岁支俸米，数额相当可观，如表3－6所示。

表3－6　八旗各类官员岁支俸米

	爵　位	本色所占米数(石)	折色所占米数(石)	总　计(石)	附　注
一、八旗袭荫官俸	一 等 公	149.63	200.37	350.00	
	二 等 公	146.42	195.58	342.00	
	三 等 公	141.08	188.92	330.00	
	一等侯兼云骑尉	135.90	181.60	317.50	
	一 等 侯	130.50	174.50	305.00	光绪九年四月正白旗汉军延恩侯诚端俸米放给十成本色
	二 等 侯	125.04	167.46	292.50	
	三 等 侯	119.70	160.30	280.00	
	一等伯兼云骑尉	114.36	153.14	267.50	
	一 等 伯	109.13	145.87	255.00	
	二 等 伯	103.73	138.77	242.50	

① 《清朝经世文编》卷42，管同：《拟筹京师积储疏》。

续表

	爵　　位	本色所占米数(石)	折色所占米数(石)	总　　计(石)	附　　注
一、八旗袭荫官俸	三 等 伯	98. 33	131. 67	230. 00	
	一等子兼云骑尉	85. 30	132. 20	217. 50	
	一 等 子	80. 30	124. 70	205. 00	
	二 等 子	75. 30	117. 20	192. 50	
	三 等 子	70. 50	109. 50	180. 00	
	一等男兼云骑尉	67. 75	101. 75	169. 50	
	一 等 男	60. 75	94. 25	155. 00	
	二 等 男	55. 85	86. 65	142. 50	
	三 等 男	50. 95	79. 05	130. 00	
	一等轻车都尉兼云骑尉	46. 20	71. 30	117. 50	
	一等轻车都尉	41. 20	63. 80	105. 00	
	二等轻车都尉	36. 20	56. 30	92. 50	
	三等轻车都尉	31. 30	48. 70	80. 00	
	骑都尉兼云骑尉	26. 55	40. 95	67. 50	
	骑 都 尉	21. 55	33. 45	55. 00	
	云 骑 尉	16. 65	25. 85	42. 50	
	恩 骑 尉	8. 85	13. 65	22. 50	
	一品官荫生五品	15. 60	24. 40	40. 00	
	二品官荫生六品	11. 75	18. 25	30. 00	
	三品官荫生七品	8. 85	13. 65	22. 50	
	四品官荫生八品	7. 80	12. 20	20. 00	
二、八旗文职官俸	正 一 品	38. 48	51. 52	90. 00	内阁大学士
	从 一 品	38. 48	51. 52	90. 00	各尚书、都察院左都御史

续表

	爵　位	本色所占米数(石)	折色所占米数(石)	总　计(石)	附　注
二、八旗文职官俸	正二品	33.30	44.20	77.50	各侍郎
	从二品	33.30	44.20	77.50	内阁学士、翰林院掌院学士
	正三品	27.90	37.10	65.00	都察院左副都御史,通政使司通政使等
	从三品	27.90	37.10	65.00	光禄寺卿,大仆寺卿
	正四品	20.50	32.00	52.50	通政使司副使,大理寺少卿等
	从四品	20.50	32.0	52.50	翰林院侍读,讲学士,国子监祭酒等
	正五品	15.60	24.40	40.00	左右春坊庶子,通政使参议等
	从五品	15.60	24.40	40.00	鸿胪寺少卿,各道监察御史等
	正六品	11.75	18.25	30.00	国子监司业,唐古忒司业等
	从六品	11.75	18.25	30.00	翰林院修撰,左右春坊赞善等
	正七品	8.85	13.65	22.50	通政使司知事,大理寺评事等
	从七品	8.85	13.65	22.50	翰林院编修,宗人府七品笔帖式等。又各部院寺七品笔帖式,内阁七品贴写中书岁支俸米16.5石,每年按四季入于甲米档内支领
	正八品	7.80	12.20	20.00	各部院寺司务,钦天监主簿

续表

	爵　　位	本色所占米数(石)	折色所占米数(石)	总　　计(石)	附　　注
二、八旗文职官俸	从八品	7.80	12.20	20.00	翰林院典簿,鸿胪寺主簿等。又各部院寺八品笔帖式,内阁八品贴写中书,钦天监八品天文生岁支俸米14石,每年按四季入于甲米档内支领
	从九品	6.25	9.50	15.75	翰林院待诏,刑部司狱等。又各部院寺九品笔帖式,内阁九品贴写中书,钦天监九品天文生岁支俸米10.55石,每年按四季入于甲米档内支领
三、内务府文职官俸	二　　品	33.30	44.20	77.50	总管内务府大臣
	三　　品	27.90	37.10	65.00	上驷院卿,武备院卿,奉宸院卿
	四　　品	20.50	32.00	52.50	催长、热河正总管等
	五　　品	15.60	24.40	40.00	郎中、员外郎等
	六　　品	11.75	18.25	30.00	主事、副内管领等
	七　　品	8.85	13.65	22.50	苑丞、苑副等,委署苑副、七品笔帖式岁支俸米16.5石,本色6.6石,折色9.9石
	八　　品	7.80	12.20	20.00	催总、庙掌等,委署主事,委署苑副,委署库掌。八品笔帖式岁支俸米14石,本色5.55石,折色8.45石

续表

	爵　位	本色所占米数(石)	折色所占米数(石)	总　计(石)	附　注
三、内务府文职官俸	九　品	—	—	—	催长。委署主事,委署苑副、委署库掌,九品笔帖式岁支俸米 10.55 石,本色 6.25 石,折色 4.3 石
四、坛庙官员俸	四　品	20.50	32.00	52.50	太庙四品官
	五　品	15.60	24.40	40.00	天坛、地坛、社稷坛、太庙五品官
	六　品	11.75	18.25	30.00	天坛、地坛、社稷坛六品官
	八　品	7.80	12.20	20.00	堂子八品官
五、八旗武职官俸	正一品	38.48	51.52	90.00	领侍卫内大臣
	从一品	38.48	51.52	90.00	内大臣、八旗都统,步兵统领
	正二品	33.30	44.20	77.50	八旗副都统、左右翼前锋统领等
	从二品	25.50	39.50	65.00	散秩大臣,委散秩大臣,例支三品俸米
	正三品	25.50	39.50	65.00	一等侍卫圆明园营总等
	正四品	20.50	32.00	52.50	二等侍卫,前锋侍卫等
	从四品	20.50	32.00	52.50	城门领
	正五品	15.60	24.40	40.00	三等侍卫,步军副尉等
	从五品	15.60	24.40	40.00	委署前锋侍卫,委署前锋参领等。四等侍卫岁支俸米 35 石,本色 13.8 石,折色 21.2 石

续表

	爵　　位	本色所占米数(石)	折色所占米数(石)	总　计(石)	附　注
五、八旗武职官俸	正六品	11.75	18.25	30.00	蓝翎侍卫，整仪尉。查俸银章程内称：各营骁骑、亲军、前锋、护军等校均系食饷之官，概不登入
	正七品	8.85	13.65	22.50	城门吏，弓匠固山达
六、内务府武职官俸	三　　品	25.50	39.50	65.00	一等侍卫、护军统领
	四　　品	20.50	32.00	52.50	二等侍卫，佐领
	五　　品	25.60	24.40	50.00	三等侍卫，圆明园营总等
	六　　品	11.75	18.25	30.00	蓝翎侍卫
七、王公府官员俸	三　　品	25.50	39.50	65.00	长史，一等护卫
	四　　品	20.50	32.00	52.50	司仪长，二等护卫等。三等护卫，五品典仪等
	五　　品	15.60	24.40	40.00	三等护卫，五品典仪等
	六　　品	11.75	18.25	30.00	六品典仪，管领等
	七　　品	8.85	13.65	22.50	七品典仪，司库
	八　　品	7.80	12.20	20.00	八品典仪，银匠长等

资料来源：《八旗俸米现放章程》。

说明：升后数四舍五入。

表3－6所列王公官员应领俸米额，指在京师的八旗人员。全国王公将军等人数不详，盖因时期而不同。兹将京师各衙设置八旗官员人数及应支俸米，如表3－7所示。

表 3－7　京师各衙门八旗官员人数及按品级支领俸米

品　级	人　数（人）	岁支俸米		清季实发	
		每人（石）	共计（石）	本色所占米数（石）	折色所占米数（石）
正　一	13	90.00	1170.00	500.18	669.82
从　一	16	90.00	1440.00	615.60	824.40
正　二	17	77.50	1317.50	566.10	751.40
从　二	7	77.50	542.50	233.10	309.40
正　三	90	65.00	5850.00	2511.00	3339.00
从　三	2	65.00	130.00	55.80	74.20
正　四	216	52.50	11340.00	4428.00	6912.00
从　四	13	52.50	682.50	266.50	416.00
正　五	595	40.00	23800.00	9282.00	14518.00
从　五	317	40.00	12680.00	4945.20	7734.80
正　六	644	30.00	19320.00	7567.00	11753.00
从　六	19	30.00	570.00	223.25	346.75
正　七	658	22.50	14805.00	5823.30	8981.70
从　七	159	22.50	3577.50	1407.15	2170.35
正　八	718	20.00	14360.00	5600.40	8759.60
从　八	15	20.00	300.00	117.00	183.00
正　九	506	15.75	7969.50	3162.50	4807.00
从　九	33	15.75	519.75	206.25	313.5
总　计	4038	—	120373.75	47509.93	72863.82

资料来源：王廷学校《历代职官表》卷1、卷2、卷3、卷4，《八旗俸米现放章程》。
说明：升后数四舍五入。

表3－7“岁支俸米”栏系清初定制，道光以前即按上表所列照数给发。咸丰以后，仓储空虚，减成发放，其余部分折发银两。

八旗外任官员，家属留任京师的得在京支领俸米。① 各部院年老告休官员，照原官品级和武职一例给发俸禄。外任告老归旗官员，其俸禄

① 《中枢政考》卷15，“升迁盛京官员，愿将俸银俸米留京赡养父母家口者，得通知户部留京支领”。

或照原职，或酌减一等，或照原额折半支领。革职仍留世职旗员，到京仍给禄米。

在京师做官的汉人官吏也按品级支给俸米。据顺治十年（1653）制定，不论品级皆为 12 石。嗣后京师贮米渐多，乃酌为调剂，提高官员俸薪米石所占比重，雍正三年（1725）制定，每俸银一两酌给米一斛，如表 3－8、表 3－9 所示。

表 3－8　京师文官俸银米额

品　级	岁俸银(两)	岁俸米(石)
一	180	90.00
二	155	77.50
三	130	65.00
四	105	52.50
五	80	40.00
六	50	30.00
七	45	22.50
八	40	20.00
九	31～33	16.50

表 3－9　各部院寺监汉官人数按品级岁支俸米

品级	人数（人）	每人岁支俸米(石)	俸米总计（石）	品级	人数（人）	每人岁支俸米(石)	俸米总计（石）
正一	2	90.00	180.00	正六	80	30.00	2400.00
从一	8	90.00	720.00	从六	12	30.00	360.00
正二	13	77.50	1007.50	正七	68	22.50	1530.00
从二	5	77.50	387.50	从七	43	22.50	967.50
正三	7	65.00	455.00	正八	32	20.00	640.00
从三	2	65.00	130.00	从九	15	20.00	300.00
正四	6	52.50	315.00	正九	81	16.50	1336.50
从四	9	52.50	472.50	从九	97	16.50	1600.50
正五	66	40.00	2640.00				
从五	84	40.00	3360.00	总计	630		8802.00

领米最多的是八旗兵所领甲米，咸丰年间（1851～1861），京师八旗官兵14万余名，共领甲米173万余石。旗人家庭有一人当兵的，有数人当兵的。如家庭人口众多，而仅一人当兵，所得甲米不敷食用，以及鳏寡孤独而生计困难的，国家另设“养育兵”兵额进行补助。此种养育兵额，定每正兵三名增设一名，每名每年给米1.6石。养育兵额约为13000名，此项粮额约为20800石。

旗人从军死亡，家属准支半份钱粮或一名养育兵钱粮，养赡终身。旗人之孤子孤女亦皆发给钱粮米石。

以上清王朝在京各种官员和八旗支领禄米和补助米石，计八旗官员禄米12万石，八旗士兵甲米175万石，八旗宗室勋戚及荫袭官员禄米约100万石，此外八旗失职人员、鳏寡孤独养赡米若干石，合计近300万石。此外在京汉官俸米17977石。从以上数字可以看出，漕粮主要是供给京师八旗官兵俸甲开支。

总之，在清代，京师有文武百官、王公贵族、八旗官兵及家属等，构成庞大的消费集团，他们除由政府支给俸银外，还发给禄米甲米。据乾隆年间记载，“大抵京通两仓所收米，曰官俸，曰官粮，亦名甲米。二者去全漕十之六”①。京师漕粮分配，仍据乾隆年间记载，“每年支放八旗甲米约二百四十余万石”②，占全年漕额的60%以上。此外，如“京官各衙门公费饭食”、“京师饲养马驼黑豆”、“守陵寝官兵米粮”等，都依赖漕粮供应。漕粮在国家财政收支上占着极其重要的位置。

三　漕粮拨充各地驻防兵饷

漕粮的其他财政功能是拨充各地驻防军兵饷。这种拨充：

---

① 乾隆《漕运全书》卷17，《京通粮储支放粮米》。

② 乾隆《漕运全书》卷17，《京通粮储支放粮米》。

第一种叫抵兑，即漕粮和南米互相抵兑。所谓南米，是专供南方驻军军饷的米石。但军队驻防地有的与南米供应地距离遥远，运输不便，就近将军队驻地应征漕粮拨充驻防军饷，而将原供此地驻军的南米代抵漕粮起运京通，谓之“漕南抵兑”，如表3－10所示。

表3－10　漕粮南米抵兑

年　　份	原征漕粮州县	抵兑某地区驻军	抵兑南米州县	抵兑粮额（石）
顺治十三年	江西赣宁二县漕粮	赣宁兵驻防	以奉新、靖安、上高、新昌、峡江、新喻南米抵兑	35064.0
乾隆五十四年	湖北崇阳、通城二县漕粮	荆州兵	以蕲州等州县南米抵兑	5984.0
	湖北崇阳、通城二县漕粮	荆州兵	以兴国等州县南米抵兑	
嘉庆十一年	江南铜山、萧县漕粮	徐州镇中营、城守备营及萧营兵	以江宁府属行月抚米及句容等县南抚凤等南米抵兑	2957.0
十二年	江南凤颍等属漕粮	寿春镇标中、左、右营及亳州四营兵	以无为等县南米抵兑	5954.8
十五年	江南凤颍等属漕粮	寿春镇标中、左、右营及亳州四营兵	以长洲县南米抵兑	465.0
十九年	江南海州、江都、甘泉漕粮	海州、扬州二营兵	以丹阳、山阳、江宁、怀宁、桐城、潜山等县南米抵兑	900.0
二十五年	江南娄县漕粮	徐州镇标营兵	以铜山、萧县南米抵兑	
道光元年	江南、海州、江都、甘泉漕粮	海、扬二营兵	以丹阳、山阳、江宁、和州、怀宁、潜山、桐城等州县南米抵兑	900.0
咸丰元年	江苏铜山、萧县漕粮	河标左营，徐州镇中营、城守营、萧营	以江宁、江浦、句容、山阳、上元、江都、甘泉、仪征、长洲等县原解淮安，并减存南抚凤等南米抵兑	3422.4
	江苏铜山、萧县漕粮	徐州镇中营、城守营、萧营	以娄县南米抵兑	301.3

续表

年　　代	原征漕粮州县	抵兑某地区驻军	抵兑南米州县	抵兑粮额（石）
咸丰元年	安徽寿州、定远、霍邱、颍上、五河、怀远、阜阳等州县漕粮	寿州镇标中、左、右营，亳州、宿州兵米	以无为、宣城、当涂、宿松、贵池、广德、铜陵等县改漕南米抵兑	5407.2
	湖北崇阳、通城漕粮	荆州兵	以蕲州等六州县原解改漕南米抵充	5984.0
	湖北江陵等十一州县漕粮	荆州兵	以广济等七州县解荆州改漕南米抵兑	36600.0
	江苏东台县漕粮	河标右营兵	以丹阳县南米抵兑	50.4
同治十年	安徽涡阳县漕粮	安徽龙山营兵	以阜阳、沭阳、宿迁等县南米抵兑	1440.0

资料来源：光绪《漕运全书》卷7、卷8；咸丰《户部则例》卷20。

第二种是漕粮同在南方的官员工匠俸米口粮抵兑。在清代，驻在南方的官员和工匠，由南省编征俸米和口粮，但官员和工匠所在地和俸米口粮供应地，相去甚远，支领不便，于是改为抵兑办法。如江苏上元、江宁官员俸米，原由长洲等县支给；乾隆二十九年（1764），改令由上元、江宁二县漕粮就近拨补本地官员俸米，将长洲等县原编二县俸米代抵漕粮起运。如苏州织造衙门局匠口粮米10791石有零，原在吴江、震泽、常熟等十五县编征；乾隆三十年，改由长洲、元和、吴县三县漕粮内就近拨补，将吴江等十五县原编织造衙门局米代抵漕粮起运。

第三种是漕粮同漕耗抵兑。离水次较远运输不便之州县，漕粮改征折色，由运输便利之州县将余剩漕耗抵补起运。如湖北通山、当阳二县漕粮1762石，原系采买起运；乾隆四十一年（1776）改为永折，其款解存司库买米存常平仓，二县漕粮则由江夏、嘉鱼等七县原归常平仓之余剩耗米1789石抵兑。又通城县额漕正耗等米3642石，乾隆四十六年，该项米石按每石折银1.45两解部，该额漕由武昌府所属县余剩漕耗米石拨补抵兑。

有彼此数次互相抵兑的，如山东淄川、新城二县漕粮，乾隆五十一年派拨青州驻防兵粮，而以平原、陵县漕豆改抵充淄、新二县漕粮，又以高唐、堂邑、临清耗豆及平原耗米，改豆抵平、陵二县豆额。

所谓漕粮截拨，即将某地漕粮截充驻军军饷。[①] 又有三种情形：一是截留在征漕本地；二是拨运南方各省；三是仍由漕船起运到需粮地方起卸。以下是关于截拨漕粮的事例。南方截拨兵米情况见表3－11。

表3－11　南方截拨兵米

年　份	征漕地区	截拨兵米地区	截拨粮额（石）
雍正十三年	湖　南	贵　州	—
乾隆八年	湖　南	广　东	—
	湖　南	广　西	—
九年	江　西	湖　南	—
	江苏、浙江	福　建	—
十五年	江苏丹徒、丹阳	镇　江	66400
二十二年	江　苏	江　宁	—
嘉庆三年	湖　南	苗　疆	万数
	湖　北	鄂北及四川、陕西	60000
五年	湖　北	郧、宜	20000
六年	湖　北	湖　北	47800
十八年	—	大　名	50000
道光二年	江　苏	江　宁	60000①
四年	浙江仁和	杭　州	42000
咸丰三年	湖　南	湖　北	50000
五年	江　苏	—	200000
七年	江　苏	—	250000
十年	浙　江	—	249700②
	江　苏	浙　江	204000

资料来源：同治《户部则例》卷20。

说明：①此米供兵匠恤孤之需。

②其中部分系变价拨充兵饷。

① 漕粮截拨有三种含义：一种是截拨漕粮以备赈粜；另一种是因运道梗阻漕船稽迟而将漕粮截留山东、天津等地以待拨运，这两种截拨在前面已经论及。此处专就截充军饷论述。

以地区论，直隶截拨最多。直隶密迩京师，在险要之处每驻扎大军，饷糈供应较多，截拨遂为常制，特称之曰“蓟粮”。又直隶遵化、易州，为清朝陵寝所在，常设驻防军实行护卫，截拨于这两个地方的漕粮特名“陵糈”。蓟粮和陵糈的截拨以河南、山东两省漕粮为主。直隶各地截拨漕粮如表3－12所示。

表3－12　直隶各地截拨蓟粮陵糈

年　　份	截拨漕粮州县	粮额(石)
清初	沧州驻防官兵米	7000
乾隆十五年	易州陵糈	5000
	蓟州、遵化、丰润驻防兵	10000+①
六十年	良乡、霸州、昌平等州县驻防兵米	12450
嘉庆三年	宝坻县驻防兵米	1150
十五年	保定、雄县等地驻防兵米	27399②
	东陵兵役人等粟米	8700

资料来源：同治《户部则例》卷20。

说明：①原定额为万余石，后减为5000石。

②后减为12850石。

截拨办法，沧州驻防兵米则于漕船行抵沧州时就近截留；宝坻等州县兵米则于漕船行抵北运河各该州县附近水次时交兑拨运；保定、雄县、霸州等处兵米则在天津交兑拨运；大兴、昌平等县兵米则于通州交兑；易州陵糈原系雇船拨至新城、容城交界的白沟镇，然后转运。乾隆十八年(1753)定：水大之年由运丁运至雄县，水小之年由天津西沽雇船拨运。

第二节　漕粮的赈恤和平粜

一　漕粮平粜与京城粮价

京师人口聚集，各类人口如以百万计，所需食粮在200万石以上。

如此巨额粮食需求，非京师附近农产所能供应，其中漕粮的调剂起着一定作用。至有“京师民食专资漕运”之谚。[①] 清朝统治者于此十分注意，经常举办平粜和赈济。平粜是把漕粮拿到市上廉价出售，平抑粮价。赈济是用漕粮赈救贫民，或按户口配发，或设粥厂令贫民就食。

关于平粜，先是康熙四十二年（1703）令将贮存过久的食粮发往京师附近粮价高涨之处减价粜卖。此后雍正、乾隆诸朝屡次举办。乾隆二年（1737）京师附近旱荒，粮价上涨，特拨漕粮于五城设厂平粜，计城内六厂、城外四厂。乾隆三年，增加平粜米额。以乡民入城买米守候需时，将原设城内六厂也移于城外，每城设御史一员实行监督。乾隆九年，复于四乡设厂平粜，派遣侍卫等官主持查办。嘉庆十一年（1806），京畿旱荒，京城米贵，“贫民口食维艰”，发米麦各 4 万石“平价粜卖，以便民食”。[②] 关于历年平粜情形如表 3－13 所示。

表 3－13　京师历年漕粮平粜价格

年　份	平粜米数(石)	每石市价	每石平粜价
雍正十一年	1000000		
二十四年	50000	老米 1550 文 稜米 1340 文 粟米 1170 文 2125 文	1450 文 1240 文 1070 文 1800 文
二十七年	50000	老米 1690 文 稜米 1426 文 粟米 1373 文 1900 文	1440 文 1200 文 1100 文 1700 文
三十五年	麦	2074 文	1800 文
三十六年	老米 30000 稜米 20000 粟米 50000	1791 文 1339 文 1267 文	1650 文 1200 文 1000 文

① 《清朝经世文编》卷 48，蓝鼎元：《漕粮兼资海运疏》。

② 光绪《漕运全书》卷 34，《食粮拨赈》。杨锡绂：《漕运则例纂》卷 20，《京通粮储·发粜食粮》。

续表

时　期	平粜米数(石)	每石市价	每石平粜价
四十年	老米 10000 稜米 20000 粟米 50000	1618 文 1202 文 952 文	1450 文 1100 文 850 文
四十三年	老米 5000 稜米 10000 粟米 20000 麦 2400	— — — —	— — — —
乾隆四十八年	麦 295	银 1.94 两	1.67 两
四十九年	麦 9000⁺	2361 文	2271 文
五十二年	米 100000	1540 文	1440 文
五十三年	稜米 34000 麦 44000	— 2170 文	— 2000 文
五十五年	稜米 30000	1400 文	1300 文
五十七年	稜米 46000 漕麦 40000	1350 文 2120 文	1200 文 2000 文
嘉庆七年	稜粟二米 26000⁺	稜米 2900 文 粟米 2600 文	2500 文 2200 文
十八年	麦 40000	2700 文	2100 文
二十三年	麦 2500 粟米 2500	— —	— —
道光三年	粳米 30000 稜米 20000	2300 文 1800 文	1800 文 1200 文
四年	粳米 30000 稜米 20000	2700 文 2500 文	1900 文 1500 文

资料来源：光绪《漕运全书》卷 64、卷 65，其他文献记载未列入。

说明：表中所列不全，如康熙四十二年，乾隆二年、九年、十三年等年都有关于平粜的记载，因缺米额和价格，均未入表。

漕粮平粜：一是在灾荒缺粮年代；二是在粮价暴涨季节。平粜的食粮有稻米、粟米和麦三种。关于麦的平粜，在京师特令面粉商店承领票具，平价购买官麦，然后磨粉向市民转售，面粉价格则由官府规定。以乾隆五十三年（1788）平粜为例，是年由京仓拨小麦44000石，磨粉平粜，办法如下。

第一，米自是年三月二十六日起，至六月初一日止；麦自四月初八日起至七月二十九日止。

第二，麦石一项，交五城拣选殷实面铺磨面粜卖，每人不得过十斤之数。

第三，磨面发粜，小民易于买食。若每城只设一二铺，恐小民居址较远，籴买未便。今酌议将仓存麦石，五城正副指挥赴仓支领，即责成各该员于所属地方内查明远近、各适中之地，有磨面殷实铺户十家，按散给承领。仍令该指挥等造具各铺户清册及坐落地方，呈送各衙门，以凭稽查。

第四，平粜麦面原为利于小民食用，若不于承买之人定以限制，诚恐启奸商囤积之弊。酌定每人承买自半斤至十斤为止，不得过十斤以外。令各该指挥就所属铺户严密稽查。倘有多买及私行囤收情弊，即行查拿究治。①

关于平粜米石，注意预防奸商从中舞弊，据乾隆五十二年（1787）所颁指令：

> 于五城各派大臣一员，在城内城外会同拣择殷实大铺户各一处，将官米交给该铺户自行粜卖。仍由官为酌定价值，令其稍沾余润，俾资赡给。所有卖出价值，即随时交纳。……如该铺户不遵官定价值，仍私行抬高牟利者，一经查出，不但将官米撤回另选殷实承粜，并将其铺内自买米石一并入官为平粜之用，仍将该商治罪。其有不愿者，即将把持禁令奸商治罪如前，另选一人充之。如此惩一儆百，则粜卖官米商人知所畏惧，自不敢复蹈故

① 光绪《漕运全书》卷64。

> 辙。而各城既有官米铺户平价出售，小民自必皆赴该铺籴买。其余民间米铺，若抬价居奇，亦无人向彼籴买，则该商等自不能不仿照官定价值出售，米价不期贱而自贱，所称无官局之名，而得便民之实，似为妥善。①

平粜价格，从前列《历年京师漕粮平粜价格》，米每石较市价便宜100～300文不等。据从乾隆二十四年至五十七年（1759～1792）举办的21次平粜统计，较市价减低10.4%。乾隆三十六年，每石粟米市价为1267文，平粜价压至1000文，差价在21%以上。

历朝平粜有粮额记载，见于《漕运全书》的，计乾隆朝有20次，共计米麦620695石；嘉庆朝5次，共计米麦81000石；道光朝2次，共计米麦100000石。此外尚有若干次平粜缺乏粮额，未计算在内。

平粜政策在稳定粮价方面是起过一定作用的。如乾隆二十四年每石稜米市价1340文，每石麦价2125文，此后34年，乾隆五十七年，每石稜米市价1350文，每石麦价2120文，前后变化不大。一直到嘉庆初期，京师粮价还相对稳定。以后京师仓储逐渐减少，京师粮价逐渐上涨，嘉庆七年（1802），每石稜米价格已增到2900文，比乾隆年间上涨一倍，银钱比价变动虽有一定影响，国家缺粮平粜乃是原因之一。②

关于赈济政策，一般只用几百石几千石米，对京师粮价的平抑作用不会很大，以下是见于《漕运全书》的几个数字，见表3－14。

---

① 光绪《漕运全书》卷64。

② 有以积贮日久恐生霉烂而出粜的，乾隆六年（1741），令各仓发粜气头廒底米石；乾隆十三年以小麦不便久贮，照市价平粜；乾隆四十八年各仓小麦储存日久，虫蛀霉变运出平粜。

表 3－14　京师发粮赈济

年份	赈济区域	赈济粮数(石)	原因	备注
嘉庆五年	京师附近	—	饥荒	煮粥
六年	永定门外	2640	灾荒	灾民二万余人,此外设粥厂又数百石
道光三年	京师附近	4000	—	设厂煮赈,北新仓粟米2000石,海运仓稜米2000石。每日大口准报销米三合,小口减半
四年	京师附近	4000	—	
	五城	1500	老少流民势难返回乡里	大口0.5升,小口减半,逐日分别散给
四年	普济堂、功德林二处粥厂	300	收养贫民	拨京仓小米,咸丰三年(1853)、四年各加赏小米二百石
六年	外城	270	—	设粥厂赈济。每月需米,于八月一日起给发
同治五年	—	200		
八年	—	500		
九年	—	500		
十一年	—	200		
十二年	—	500		

资料来源：光绪《漕运全书》卷64。

此外，有八旗等赈米，满洲、蒙古、汉军八旗和内务府三旗每旗每日各领米6石，向于每年九月散放。咸丰年间，诸旗此项赈米，每日共发54石。

二　官兵俸甲米石对京师民食的调剂作用

国家除以漕粮进行平粜和赈济之外，如俸米甲米的发放，京粮的禁运，都含有调剂京师民食的意义。关于发放米石事，京师满汉官员俸米，年需三十八万石有奇，向在通州中西二仓支领。乾隆五十九年（1794）令将前项俸米添贮京仓，以便调剂京城民食。又如文职四品以下、武职三品以下、世职子男以下之俸米，和一部分甲米，也都定在京仓支领。京城赖有此项米石流通，民食充裕，米价平稳。嘉庆五年（1800），仓场侍郎达庆谓漕粮运贮京内七仓路远不便，请就京外四仓运贮，轮放俸甲各米；朝廷考虑城内米缺价昂，将影响民食，没有批准。[①] 又如甲米之发放，原定每年自十二月开放镶红等旗，至次年二月开放正白等旗，六月开放镶红等旗，八月开放正白等旗，分四季轮续发放。光绪七年（1881）二月，户部为省便计，拟改为两季开放，戈靖上疏奏驳，谓当春夏青黄不接之时，米价腾贵，连续开放甲米，使兵民交易，可平市价，他力主维持分四季开放旧制。[②]

关于京米禁运之制，于各城门设置步军统领衙门及五城御史，专稽查漕粮不准出城。

复次，官兵俸米、甲米不轻易折给。嘉庆四年（1799）六月，京师粮价低廉，旗人领米售卖得款甚少，生计艰难，又值仓中粟米缺乏，监察御史华连布请将应发粟米折给钱文。户部虑影响民食，上疏奏驳：

> 臣等伏查八旗甲米，例分粳、稜、粟三色，间有一色不敷，按成抵给，节经办理在案。今该御史请将抵粟粳一项折给钱文，是米万石之中应折给一千五百石，按照例价核算，每月仅放钱三万余串，市中钱价未必能因此骤平，而每月少放米三万二千余石，转恐米价从此渐长。京师为五方聚集之区，全赖米石流

① 祁韵士：《己庚编》卷下，《议奏仓场两议俸米折》。

② 光绪《东华录》卷39，光绪七年二月辛亥。

通，方资民食。从前每遇米价昂贵，即须设法平粜，今米价平减，实为便民，不应以钱价偶贵辄将米石减少，致民间有食贵之虞。[①]

八旗俸米、甲米一般是通过米商流通于市场。按漕白二粮以供应宗室、勋戚和八旗官兵俸饷为主。八旗俸甲米石，系由朝廷发给米票，凭票按季按月发放。但八旗官员每将米票卖给米商，商人持票到仓具领。该项米额既多，粮价又较低廉，米商遂极力钻营，或贿托八旗长官设法套购[②]，或贷款与兵丁廉价押买[③]。八旗士兵甲米，原由各长官具领关发，长官每将米票直接卖给商人。据咸丰十一年（1861）清帝上谕："圆明园翼长春泰，正黄旗营总春桂，于八旗兵丁月领米石，勾通广茂粮店商人及车户花户人等，按着市中贱米价值回堂垫放，嗣后将好米领出多卖钱文，上下分肥"[④]。由此可知，官员和八旗俸米、甲米，有一大部转到米商手里，然后卖到市上。

朝廷为平抑粮价，对米商的压价套购、贿通仓役和囤积抬价诸弊是严加防范的，并且想过很多的对策。八旗京官俸米原按四季交放，乾隆十七年（1752）改为按月发放，使米逐月源源接续，如此则"粮

---

① 祁韵士：《己庚编》卷上，《议驳粟米折钱折》。

② 光绪《东华录》卷 170，光绪二十七年九月己巳奕劻等遵旨奏定整顿京仓办法："查下领米，向有成事散事名目，每值开放甲米时，由粮店匪徒名曰外煽者为之关税，任其定价，由各旗易钱散给兵丁。左翼尚多领米，名曰散事；右翼各旗大率成事。即有公廉都督不染外煽一钱，亦不过米价稍增，每兵多得数缗而止。其应领之米，均由身后外煽串通粮店择仓上好之米开放，查仓御史监督各员，安分者畏其凶焰，隐忍不言；不肖者或竟与之联络，冀图分润。"

③ 光绪《漕运全书》卷 63，嘉庆九年（1804），户部会同八旗都统仓场侍郎奏云："米商铺户，囤积居奇，遇有兵丁需用银钱之处，向其借贷，辄将未领米石先期贱价押买，谓之短米。"又光绪《东华录》卷 178，光绪二十九年（1903）一月甲戌谕："朝廷岁縻粮米豢养旗兵，原期实惠均沾，俾生计不至蹈蹶。乃法久滋弊，奸商重利放债，兵丁挈米抵钱，实为大碍旗营生计。嗣后各旗应领米石，著责成该都统等，务令遵照定例，传集兵丁按名散给。如查有售卖抵债情弊，各治以应得之罪。"

④ 光绪《漕运全书》卷 63。

价自无时涨时落之虞，而囤积之弊不禁自除”[①]。又乾隆五十一年（1786）京师米缺价昂，朝廷将八旗及在京文武官员秋季发放俸米提前于闰七月一日起一体支给，流通民食。并规定：“抬价粜卖者，即与莠民无异，当查拿为首之人，惩一儆百”[②]。是政府不仅利用漕粮的发放控制粮价，而且对中间商人一并加以控制。这种政策，在嘉庆以前收过一定功效。

这里试把历年运京漕粮所能供养人数作一简略估计。乾隆年间，除蠲免截留之外，每年运到京通的米麦平均为 4089899.41 石。如每人月食粮以 0.3 石计，年为 3.6 石。这时所运漕粮足够 110 多万人食用。运额既多，不但京师很少发生粮食恐慌，京师附近若干州县之粮价也比较稳定，比畿南、山东、河南等处粮价都较低廉。[③]

道光年间，江浙农村经济发生变化，漕粮运额递减。咸丰、同治以后，湖南、湖北、江西、安徽诸省停漕改折，只有江、浙、鲁等省仍征实起运。江、浙两省自同治四年（1865）减赋之后，每年运额只有 110 万石至 120 万石，对京师而言供不应求，相去甚远，粮价随之上涨。光绪二十四年（1898），米每石价银高至 5 两。北京粮商更利用机会抬价居奇，粮价暴涨，闾阎乏食，人心惶惶。[④] 漕粮关系京师民食之重要可以想见。

三　截拨漕粮调剂畿辅民食

畿辅密迩京师，清王朝为维护其统治，对畿辅治安特加重视，因此经常截留漕粮实行赈粜。如康熙二十二年（1683），“畿辅地方歉收，米价腾贵”。清廷即下令：“通仓每月发米万石，比时价减少粜

---

① 光绪《漕运全书》卷 60。

② 光绪《漕运全书》卷 61。

③ 姚文然：《舟行日记》：“舟主籴米本百十石，南来则籴于淮上……自北往南则籴于通州或河西务，盖南则籴于米之所产，北则籴于米之所聚。”就是由于京通米价较低。

④ 光绪《东华续录》卷 148，光绪二十四年八月奕劻等奏南漕改折窒碍难行。

卖，止许平民零粜（籴）数斗，富贾不得多粜转贩”。兹将见于《漕运全书》者如表3－15所示。

表3－15　直隶历年截拨漕粮赈粜

年　份	截漕赈粜区	漕运地区	截拨粮额（石）	赈　粜
乾隆二年	直隶	湖北	300000	备　赈
四十三年	直隶、山东	江西	50000	赈　饥
四十五年	直隶	—	100000	赈　恤
	直隶	—	200000	赈　恤
	武清、房山四十一州县	—	600000	—
四十七年	直隶	—	90232	—
五十年	大名等十州县	—	100000	赈　借
五十五年	直隶	江西	300000	—
五十七年	直隶顺德、广平、大名三府	—	500000	赈
嘉庆六年	天津、海头、郑家口	—	600000	—
十三年	直隶	—	200000	—
十八年	直隶顺德、广平、大名三府	江西	40000	赈　恤
	直隶顺德、广平、大名三府	湖广	50000	赈　恤
二十二年	直隶保定一带	湖南	117900	备　赈
	大兴、宛平二县	通仓	8000	—
二十四年	永定河下游各州县	江西、湖南	180000	赈　恤
	大兴、宛平二县	京仓	4400	—
道光二年	直隶	天津、北仓	350000*	赈　恤
三年	直隶	江西、湖广	400000	赈　恤
	直隶	江西	—	—
	直隶文安等州县	河南、山东	121200	平　粜
	直隶文安等州县	江安	80000	平　粜
六年	直隶大名府属	江苏	50000	赈　恤
同治六年	直隶	江苏、浙江	100000	赈　恤
	通州	通仓	1000	赈　恤
七年	直隶沧州、南皮等七州县	天津、北仓	—	赈　恤
十年	天津等处	江苏、浙江	100000	赈　恤
十一年	直隶各州县	江北	105800	赈　恤
十二年	通州	通仓	1000	赈　恤
十三年	通州	通仓	1000	赈　恤

续表

年　份	截漕赈粜区	漕运地区	截拨粮额（石）	赈　粜
光绪四年	直隶	江苏苏、松	120000	赈　恤
	直隶	江苏江北	40000	赈　恤
五年	直隶	江苏江北	60000	赈　恤
六年	直隶	湖北	30000	赈　恤
	直隶	江苏、浙江	100000	赈　恤
九年	直隶	—	—	赈　恤
十年	直隶通州、天津各州县	江苏、浙江	100000	赈　恤
十二年	顺天府属	江苏江北	—	—
十三年	顺天府属	京仓	50000	—
十八年	直隶	江苏及江北	100000	赈　济
十九年	直隶	江苏及江北	100000	赈　济
二十年	直隶	江苏	120000	赈　济
二十二年	直隶	江苏江北	100000	赈　济
二十七年	畿南	山东	50000	赈　济

资料来源：上表时间为雍正至同治年间，据《漕运全书》卷64、卷65、卷68、卷69、卷71做出；光绪朝据《东华录》卷20、卷21、卷29、卷30、卷33、卷55、卷58、卷114、卷115、卷120、卷123、卷135、卷166做出。

说明：有*记号者包各州县常平仓米石在内。

表3－15所列乾隆二年（1737）至同治十三年（1874）赈粜数是据《漕运全书》做出的，在这137年中赈粜30次，共计米麦4750332石。这个数字是不完全的。又光绪四年（1878）至二十七年的赈粜数是据《东华录》做出的，赈粜16次，共计米麦1230000石。前后共赈粜米麦5980332石。①

清王朝对京师附近州县特别注意，偶然水旱失调粮价上涨，即拨发京通二仓贮粮赈粜，数目相当可观。

清王朝之所以特别重视畿辅的灾荒问题，乃由于畿辅是京师门

① 乾隆四十三年截江西漕粮50000石，分赈直隶之大名、顺德，以及山东之济南、东昌；又道光三年（1823）截江西九江后帮在前军船及吉安、抚州二帮船粮，均未计算在内。

户，关系清王朝的统治。如同治初畿辅发生灾荒时四品京堂彭祖贤所说："现在捻踪飘忽，需饷孔艰，而京师为天下根本，岁歉民饥，尤关紧要"。他除建议拨军费从事镇压农民暴动之外，同时主张实行赈济政策以安民心。他又说："黄河以南捻匪肆扰，与大名仅一水之隔，窃恐畿辅饥民十百为群，以均粮为名，藉端扰夺，渐至聚众滋事。"① 彭祖贤建议赈济畿辅饥民的意图是十分清楚的。

四　各省截拨漕粮赈恤和平粜

清王朝从解决各灾区农民经济生活出发，在京畿以外各省也常截拨漕粮赈济或平粜。康熙三十年（1691），陕西省西安、凤翔二府灾荒，次年清帝谕令："将本年（河南）漕米截留二十万石赈恤灾区。"康熙年间，淮扬所属各县水灾，"米价腾贵，生计维艰"，清帝令截拨当地漕粮"较时价减值发粜"。康熙四十九年，福建泉州、漳州旱灾歉收，清帝谕令"截留浙江米石运闽"。乾隆七年（1742），上下两江地区水灾，清帝虑地方米粮不充，米价上涨，令将乾隆八年漕粮"酌留本省"②。乾隆十八年，高邮运河决口，拨米107万石赈济。当时作者论谓："其后直隶、山东、江苏、河南、湖北、甘肃诸省之灾，发粜截漕及资于捐输者不可胜举。"③ 据杨锡绂记述，截拨漕粮用于各地赈济和平粜米石，康熙朝为214万石，雍正朝为290余万石，乾隆元年至三十二年达1320余万石。④ 乾隆后期，各省截拨漕粮赈粜仍很频繁，据同治《漕运全书》：乾隆四十三年河南发生饥荒，截拨江西漕粮赈恤；乾隆四十六年和四十七年，山东兖州发生灾荒，截留江西漕粮300000石赈济；乾隆五十年河南卫辉

① 《同治中兴中外奏议编》卷3，彭祖贤：《请筹费赈济疏》。
② 杨锡绂：《漕运则例纂》卷20，《京通粮储·发粜仓粮》。
③ 《清朝文献通考》卷34，《市籴三》。
④ 杨锡绂：《漕运则例纂》卷20，《京通粮储·发粜仓粮》。

发生旱灾，截留河南、山东漕粮 300000 石赈借。有的截留在本省，如乾隆五十年（1785），江苏徐州、海州发生旱灾，截留邳、宿漕粮 100000 石赈贷。清王朝这种截拨或截留漕粮实行赈恤平粜政策措施，对解决部分民食及稳定社会秩序方面是起了一定作用的。这种政策措施一直持续到清代后期，试参表 3－16。

表 3－16　各省截拨漕粮赈粜

<table>
<tr><th>年　份</th><th>截拨赈粜区</th><th>漕运地区</th><th>截拨粮额（石）</th><th>赈　粜</th><th>附　注</th></tr>
<tr><td>康熙三十年</td><td>陕西西安、凤翔二府</td><td>—</td><td>200000</td><td>赈恤</td><td>灾荒</td></tr>
<tr><td>四十九年</td><td>淮扬所属各县、福建泉州、漳州</td><td>淮扬本地浙江</td><td>—</td><td>减价发粜</td><td>水灾旱灾</td></tr>
<tr><td>乾隆七年</td><td>上下两江地区</td><td>江浙</td><td>—</td><td>—</td><td>水灾</td></tr>
<tr><td>十八年</td><td>江北高邮</td><td></td><td>1070000</td><td>赈济</td><td>水灾</td></tr>
<tr><td>四十三年</td><td>河南</td><td>江西</td><td>200000</td><td>赈饥</td><td></td></tr>
<tr><td>四十四年</td><td>亳州、蒙城、凤阳、泗州</td><td>安徽颍州、凤阳、泗州</td><td>35000</td><td>平粜</td><td>水灾</td></tr>
<tr><td rowspan="2">四十六年</td><td>江苏崇明县</td><td>江苏</td><td>100000</td><td>平粜</td><td>风潮</td></tr>
<tr><td>沛县、睢宁、丰县、铜山、邳州、宿迁</td><td>淮、徐各属</td><td>50000</td><td>赈济平粜</td><td>被灾</td></tr>
<tr><td rowspan="2">四十七年</td><td>徐州、海州、淮安</td><td>江苏</td><td>80000</td><td>赈恤</td><td>水灾</td></tr>
<tr><td>山东兖州</td><td>江西</td><td>30000</td><td>赈济</td><td></td></tr>
<tr><td rowspan="4">五十年</td><td>山东兖州等府</td><td>江安</td><td>201000</td><td>赈借</td><td></td></tr>
<tr><td>河南卫辉</td><td>河南、山东</td><td>300000</td><td>赈借</td><td>旱灾</td></tr>
<tr><td>徐州、海州各属</td><td>邳、宿一带水次</td><td>100000</td><td>赈贷</td><td>旱灾。80000 石分拨徐州各属，20000 石分拨海州各属</td></tr>
<tr><td>安徽亳州、蒙城各处</td><td>江西</td><td>10000</td><td>赈贷</td><td>旱灾</td></tr>
<tr><td>五十一年</td><td>山东</td><td></td><td>本年应行运通米豆尽数截留</td><td>赈恤</td><td>借粜兼行</td></tr>
</table>

续表

年　　份	截拨赈粜区	漕运地区	截拨粮颤（石）	赈　粜	附　　注
五十七年	河南	—	200000	—	
嘉庆三年	山东	江西	400000	赈恤	
五年	湖北	湖北	127700	赈恤	农民暴动，歉收
八年	山东菏泽等县		130000	赈济	黄河漫口成灾
十八年	河南北部及开封府	江西	—	赈济	
	山东济宁、东昌二府	江西	20000	平粜	
二十四年	山东被淹各属	泰安等闸内三十八州县	103667	赈恤	水灾
咸丰二年	江南	湖南、江西	300000	赈济	水灾。其中湖南漕粮126400石有奇、江西漕粮173500石有奇
	山东	江西	300000	赈恤	
五年	兰仪等六县	河南荥阳等十二州县	50300	赈恤	水灾。除济源县已解本色4600石留备展赈外，余照每石1.25两折银报解，散给被水灾民
同治六年	沿河一带及济南滨州等处	山东	180000	赈恤	水灾，同治四年漕粮截留100000石，同治七年漕粮截留80000石
光绪二年	江苏江北	江苏	10000	赈济	旱灾
四年	山西	江西、湖北	60000	赈济	
	河南、山西	抵津南漕	160000	赈恤	
	河南	通仓籼米	100000	赈济	
九年	湖北	湖北	30000	赈济	水灾。光绪九年冬漕采办米
十三年	河南郑州	河南	—	—	黄河决口，留漕折银
	安徽	安徽	—	—	截漕折银50000两备赈

续表

年　　份	截拨赈粜区	漕运地区	截拨粮额（石）	赈　粜	附　　注
十四年	本省	江苏江北	—	赈济	
十八年	本省	江苏江北	—	赈济	新漕全数截留
	江苏镇江府属	江苏江北	50000	赈济	旱灾
	江苏宁、扬两属	江苏江南	30000	赈济	旱灾
十九年	山东	山东	60000	赈济	
二十一年	奉天	湖北	50000	赈济	灾
	山东	山东	—	赈济	
	山东	湖北	50000	赈济	
二十四年	江苏淮、徐、海各属	江苏	80000	赈济	
	山东	山东	—	赈济	新漕全数截留一部备赈
三十三年	江苏	江苏	150000	—	新漕全数截留一部备赈

资料来源：上表康熙至乾隆十八年据杨锡绂《漕运则例纂》卷20做出。乾隆四十三年至同治据《漕运全书》卷64、卷65、卷68、卷69、卷70做出。光绪朝据光绪《东华续录》卷13、卷19、卷20、卷21、卷55、卷56、卷84、卷87、卷90、卷110、卷111、卷112、卷115、卷126、卷129、卷148、卷150、卷205做出。

说明：咸丰以后的江西、湖南、湖北、安徽、河南等省皆已改折，乃系截拨各该省漕折银或采办米。

由以上事例，诸如漕粮平粜与京师粮价的关系，官兵俸甲米石对调济京师民食的作用，对水旱灾荒各省截拨漕粮实行赈恤和平粜所起的调节作用等，是应该肯定的。它有助于稳定社会秩序以利农业生产的延续和发展，当然，清王朝这种政策措施更有利于维护其封建统治，这是另一个问题。[①]

① 关于截拨漕粮以充兵糈等项之用者，据《清史稿·食货三》：康熙四十六年，令河南、山东二省漕粮拨运保定雄县充驻防兵米；乾隆十八年，截留南漕20万石贮天津水次备用。关于此项截拨本书从略。

第三节　采办米石与京畿民食

一　采购

为解决京师食粮问题，除前述南粮北运的漕粮外，还实行了采购政策措施。这种政策早在清前期已经开始，但实行主要在清代中叶以后。采办地区，如长江上游的四川，东南的福建、广东。从南粮北运这一点考察，和漕运的性质大致相同，因此本书一并论及；所不同的是漕粮直接征之于税户，采办是由国家出钱购买。

朝廷在外省采购食粮，按性质和粮额可以分为两期：乾隆以前为一期；嘉庆以后至同治为一期。试参表 3 – 17。

表 3 – 17　历年采买食粮

年　份	采买区域	采买粮额(石)	备　注
乾隆四十三年	奉　天	麦 50000	因京畿旱,京师粮贵,买麦平粜
	陕　西	麦 50000	因京畿旱,京师粮贵,买麦平粜,并酌拨 20000 石在畿南平粜
四十七年	河　南	豆 30000	京师豆贵,以地丁银采买
五十一年	奉　天	豆 50000	
	奉　天	豆 7200	
嘉庆九年	四　川	米 300000	
	山　东	米 200000	
	浙　江	米 125000	
	安　徽	米 100000	
	江　西	米 100000	
	江　苏	米 120000	
	湖　北	米 60000	
	湖　南	米 200000	
十一年	奉　天	—	以红粮熟,改买粟米
	奉　天	豆	
道光四年	台　湾	米 140000	由商人自行贩运,按船给予免税执照,以示奖励

续表

年　份	采买区域	采买粮额(石)	备　注
五年	奉　天	粟米 200000	每石以银 2.0 两为准
七年	山　东		嘉庆二十四年截漕赈恤,至是买补
二十六年	江　苏	米 11400	江苏米贩运至津,政府派员在津收买
	江　苏	粳米 100000	招商买米,由海关洋税项下借给商人资本
二十七年	江　苏	粳米 100000	招商买米
道光二十七年	江　浙	米 410000	招商买米
三十年	江　西	米 13000	
咸丰三年	奉　天	豆 21193	
四年	江　苏	米 50000	以所收漕粮减少,买补
七年	奉　天	粟米 42400	于锦州一带购买
十一年	福　建	米 10000	另备耗米 2000 石,雇海船运津
	江　苏	米 94690	商买商运,原拟买 113000 石,至同治二年仅买 94696 石
咸丰十年至同治元年	广　东	米数十万	该省以办运维艰,请筹备米价,运京买米
同治二年	天　津	粳米 30000	
三年	福　建	米 20000	海运
六年	浙　江	米 30000	动用厘金采买,海运至津,水脚仿照正漕之例
七年	天　津	洋米 13754	动用轮船变价采买。由津运通,每百石准报销 8.1 两
九年	福　建	台湾籼米 60000 上海粳米 40000	动用闽海关洋税 15 万两及福建税厘采买
	江　苏	—	江苏秋歉,漕米不敷,筹款采买足数,随正漕海运津
十一年	福　建	台湾籼米 10000 上海粳米 30000	动用闽海关洋税及税厘共 118501 两采买

资料来源：光绪《漕运全书》卷 74、卷 75。表内道光二十七年（1847）招商买米 410000 石，系据《江苏海运全案续编》卷 1。

在采购数量方面，乾隆以前较少，嘉庆以后渐增。这种变化的产生，是由于漕额减少，京师对粮食的迫切需求所决定的。

就采购性质而言，乾隆年间以救济直隶饥荒为主，采购地区也仅限于北方。嘉庆以后不同了，不仅采购的数额大，而且采购地区扩大到南方，采购的目的偏重于充实京师仓储，财政的意义远超过救荒的意义。

国家采购南粮是从嘉庆九年（1804）开始的。是年漕区普遍灾荒，漕粮减少100多万石，清王朝为此极为惶恐，为充实京仓，除大规模采购之外，并开始动用各省常平仓积谷了。

这时采购大致可分两种：一是坐派地方采买；二是奖励商人贩运。坐派采购系酌量地方情形，令各地方官负责买米运交，具有摊派性质，如嘉庆九年令各省采买和搜刮常平仓积谷1305000石。采买区域，除有漕各省外，并推广到四川和台湾。此后道光年间（1821～1850）山东、江苏、江西等省数次采买。咸丰年间（1851～1861）江苏、福建两省及东北奉天数次采买。以上采买都具有摊派性。

漕运停止后，采购更加频繁。同治元年（1862）六月，户部拟令久已停运的江西、湖广恢复征收本色起运，两省纷起反对，湖南巡抚毛鸿宾因建议改行采购法，请派员采买广东洋米、福建台湾米以及东南各海岛新垦区产米。毛鸿宾还说，在湖南征漕一石需银5两，在以上诸地采购一石只需银2两，采购比恢复征漕更为有利。①

国家采购既然是坐派性质，采购粮额并不完全根据各省生产情形。被坐派采购省份每因当地粮产不敷而转向外省采购。如同治九年福建省坐派采购米100000石，该省政府除在台湾采买40000石外，其余60000石则在上海采购北运天津。同治十一年福建省又坐派采购米40000石，该省仍然如此办理。

在各省采购米石，国家原定按市价拨款，实际并不如数拨给，不

① 毛鸿宾：《毛尚书奏折》卷6，《湖南漕粮势难征解本色折》。

敷款项各省则向各州县摊派，变成了一种变相加派。[①] 此种情形早在嘉庆九年（1804）户部即曾经上疏奏陈，谓“采买搭运，事属权宜，可暂而不可久。照市价发给，则费帑不赀；若概给例价，则商民均累”[②]。所谓“例价”不是“市价”，是大为压低了的粮价，被压低部分主要加在坐派采买州县的农民身上。

奖励商贩和坐派采购的目的不完全相同，坐派采购如前所述，着眼于充实京师仓储，财政的意义较大。奖励商贩主要是为了平抑北方的粮价，因采行令米商自行投行贩卖为原则。如道光四年（1824），畿辅粮价上涨，影响民食，朝廷乃招募米商贩运台湾米 14 万石到天津，国家按船给予免税印照，并给予种种便利，以保证商人的利润。[③] 当是秋，粮商运米至津后，畿辅丰收，粮价下跌，米商骤失贩运之利。朝廷怕影响以后米商的积极性，乃照米商原购米价和所花运费全部收买，以示奖励。并下令禁止各级官吏在收米及发款时从中贪索。又商船回棹南返时，随船所带货物得凭照免税。对急公应募的粮商，查明率先办运而资本最多者酌予奖赏，分别生监庶民，给予顶戴职衔。国家为调剂北方食粮问题是煞费苦心的。[④]

清朝晚期，湖北、湖南、江西、安徽诸省漕运渐停，转运粮食的任务渐由粮商担任起来，天津则变成为粮食的中转站。后来天津逐渐出现代粮商存贮粮食的转运公司，关于这个问题这里从略。

---

① 据光绪《漕运全书》卷 74，道光二十七年，为筹裕京仓令安徽采买，安徽以米贵不便采买，奏准于历年节省项下筹拨米价银十五万两解部，为京仓采买之需。又据《漕运全书》卷 75；咸丰十年以筹备京仓米石，议令广东省采买洋米数十万石，该省以办运维艰，清筹备米价，先后共筹捐京仓米价银 754000 余两。

② 光绪《漕运全书》卷 74，嘉庆九年。

③ 据《清史列传》卷 35，《孙尔准传》：道光四年畿辅粮价昂贵，御史余文铨奏请采买台湾米，议令漕船酌载，官给印票，运津粜济民食，所过免其纳税。上命孙尔准查看台地情形办理。是年令商人运米 14 万石至津。

④ 道光二十七年之采买，据《宣宗圣训》卷 125，道光二十六年十一月丙午上谕：近来漕粮运津多有短少，着漕督实力稽查，按额收漕，劝谕商人买米由海运津，官为收买。

这时的采购地区以福建、广东、宁夏、陕西、奉天为主。时台湾隶福建省，产米尤丰，粮食过剩，全赖内地米商贩运调剂。[①] 道光十八年（1838），中国内地丰收，台米遂无处销售。[②] 福建、广东两省在道光年间受洋米输入影响，粮价低廉，道光二十五年御史朱琦遂建议向二省采购米石，由商船海运天津再转京师。户部采纳朱琦的建议并向清廷转奏道：

> 臣维此议有七便焉。国家于东南正供之外，藉此广谋蓄积，渐至丰赢，得深根固柢之道，一便也。商贾能得利益，带米必多，兑交之外，并许与民市易，则畿辅亦必有所资益，二便也。南粮［漕粮］至京，每石需脚价银十余两。京仓正运岁有常额，若因匮乏而议添运，所费尤恐不赀。今闽、粤稻米每石价银约数需一两，上价不过一两五钱；加以水脚运费，每石价半南粮而有余，不害经费，上下两益，三便也。闽、粤既招商采买，丰余之岁，可当本处官籴，民间无谷贱伤农之患，四便也。闽、粤米若不敷，许商人领银向各处海口兼行采买，如浙江之镇海，江苏之上海，山东之登州，皆为商船停泊取水之地，一任商人买米，补其短少，则商农均益，五便也。[③]

广东、福建两省粮价虽然低廉，但路途遥远，运费多而利润少，商贩不愿承运，直到咸丰年间，两省运津转京的米石还为数不多。

宁夏、陕西所产以杂粮和稻米为主，除供当地食用外皆有余粮外销。宁夏的发展有赖于水利的开发，外地商人在宁夏开渠溉田60000多顷，所收谷米运往山西、陕西、河南销售，还有时运销江

① 姚莹：《东溟后集》卷2，《与曹海秋书》：“台人所产米糖，惟以商贩为利。比岁闽浙皆熟，米贩不至，富人乏用。”

② 姚莹：《东溟后集》卷3，《钟制府魏中丞言状书》。

③ 《道、咸、同、光奏议》卷三十四，御史朱琦奏《海船带运京仓米石疏》。

南。[①] 据咸丰八年（1858）户部奏，谓将宁夏每年所产米额十分之一运输京师，支放兵饷已绰有余裕。太仆寺卿徐继畬建议奖励粮商贩运，在河南怀庆设立收米局收购由宁夏贩运之米。

奉天所产食粮也贩运畿辅京师。其有记载的，乾隆四十三年（1778）采购50000石，乾隆五十一年至五十五年采购57200石，道光五年（1825）采买粟米多至200000石。咸丰年间继续采买。[②]

二　提拨地方积谷

为了充实京仓，一方面向各省进行采购，同时提拨地方积谷。清因明旧制，各省州县都建置常平仓，积谷备荒，平抑市价。但据嘉庆六年（1801）记载，各省常平仓积贮已渐空虚。[③] 即在这种情况下，嘉庆九年后清廷仍经常提拨，令漕船带运京通。嘉庆九年，提拨河南、湖南、湖北、江西等省常平仓积谷70万石，碾米35万石，运交京仓。此后嘉庆二十三年、二十四年，道光四年、五年、七年、二十二年，先后动用各省常平仓积谷100余万石。道光二十一年，朝廷并下令山西、陕西、直隶、山东、河南数省，查报常平仓积谷，转运京师。[④] 历年提拨各省积谷数额，兹将见于同治《漕运全书》者列表，见表3－18。

---

① 《清朝经世文编》卷52，《敬陈筹运西米策略疏》咸丰八年："宁夏自秦汉以来，为边塞积贮军实之地……地临套口，土著无多，有田者皆他处富商大贾，以杂粮为货物，贩运获利，耕种收获皆召集外来丁壮佣工，留米粮十分之一，即足供输纳官粮及本地户口及佣工食指，余皆贩运于甘肃通省、山西、陕西、河南、江南为数甚巨。"此疏奏报者，《原文编》缺载。

② 采购粮额，拟光绪《漕运全书》。

③ 光绪《漕运全书》卷78，嘉庆六年谕："各省州县常平仓谷……各州县平日不能实心经理，或竟任意侵挪亏缺，以致积贮空虚，猝遇偏灾，茫无所措……奏请截漕济常平之短，今则劫常平以益漕，常平空而漕益缺也。"

④ 董醇辑《议漕折钞》（中国社会科学院经济研究所藏抄本）第10本，户部《详议漕运事宜折》：道光二十一年，以鸦片战争运道梗阻，议令各省将常平仓存贮米、谷、麦、豆等项查明报部运京，计直隶308000余石，山西1767000余石，陕西1357000余石。河南以被灾备赈未报，山东以动用缺额较多。令将沿运直、豫、东三省直常平仓积谷酌拨运京。

表3-18　提拨地方积谷

年　份	提拨省别	提拨仓别	提拨粮额（米、石）	备　注
乾隆四十三年	河　南	常平仓麦	50000	京师旱、米贵、拨米平粜
嘉庆八年	奉　天	旗民各仓	200000	粟米
九年	河　南	常平仓、漕蓟仓	100000	筹运京仓，俟丰年动项买谷还仓
十九年	湖　南	常平仓	100000	筹济缺额漕粮，洒带至通
	湖　北	常平仓	50000	筹济缺额漕粮
		借拨荆州兵米	20000	筹济缺额漕粮，照时价采买供支
	江　西	常平仓	100000	筹济缺额漕粮，俟秋收买米还仓
二十三年	山　东	常平仓	50000 30000	原以80000石协拨直隶备赈，后则以30000石经运通仓
二十四年	山东、河南	常平仓	55500	续运协济直隶备用——开放甲米
	湖　南	常平仓		遭风沉失米石，由常平仓动支碾米交纳，俟后买谷还仓
道光四年	湖　南	常平仓	200000	运京，分五年搭运，每石给旗丁耗米折价脚价0.339两
五年	河　南	常平仓	200000	分两次运送
七年	河　南	蓟粮	45700	运通，自嘉庆十八年停运后贮数，内谷57000石，折米28500石，又米17200石，洒带
二十二年	河　南	常平仓	15000	筹备京仓，另备减船23只运通，扣除行月等项外，实运米13137石有奇
二十七年	江　西	监义仓	33000	洒带，每石给米折水脚等0.55两
三十年	江　西	监义仓	8000	
	江　西	常平仓	50000	

资料来源：光绪《漕运全书》卷75。

说明：常平仓原系谷额，碾米以二折一计算，如嘉庆九年拨河南常平积谷200000石，碾米100000石；嘉庆十九年湖南常平仓积谷200000石，碾米100000石。

清代后期，随着漕额锐减，京仓空虚，需粮迫切，朝野人士纷纷建议提拨地方积谷。道光年间姚椿著《河漕私议》一文，倡议令一向未承担过漕赋的四川、广东、福建三省征实漕运京师，转运方法，四川米沿江运湖北襄樊转运京师，广东、福建米经海运天津转运京师。

这时四川省积谷较多，至道光二十八年（1848），常平仓积谷至290多万石。咸丰元年（1851），王东槐建议将四川沿江各州县积谷提拨50万石，雇商船运赴湖北交兑漕船北运京师；又建议将山东、山西、河南三省常平仓所积粟、麦提拨20万石运交京仓[①]。道光以后，清王朝把如何筹粮充裕京仓变成了一项重要任务。

① 以上筹粮建议均见光绪《漕运全书》。

第四章

漕粮赋税制度

前文描述了历年漕粮征运额和它在国家财政上的重要地位，同时指出漕粮征运在调剂京畿民食方面也起着一定作用。国家大力维护漕运制主要是在上述需求之下出现的，尤其是解决京师官兵食粮问题的需求。关于漕粮征收，如前所述，行之于八省，而且限于田赋中下忙部分。漕粮税制相当繁杂，有正米和耗米，有各种附加税，有改征和改折，有豁除和蠲缓，下面分别加以论述。

第一节　正米和耗米

漕粮有正米、耗米之分。正米是按田地科则征收的正项漕粮，有漕各省合计为 400 万石。其中运贮北京仓库的叫正兑米，运贮通州仓库的叫改兑米。各省正兑米、改兑米和米额如表 4－1 所示。

表4－1　清代各省漕粮正兑米、改兑米额统计

省　别	正兑米(石)	改兑米(石)	总　计(石)
江　南	1500000	294400	1794400
浙　江	600000	30000	630000
江　西	400000	170000	570000
湖　广	250000	—	250000
山　东	280000	95000	375000
河　南	270000	110000	380000
总　计	3300000	700000	4000000

资料来源：康熙《大清会典》卷26。

说明：明宣德四年（1429），令部分漕粮分贮淮安、徐州、临清、德州四仓，计淮安仓278100石、徐州仓196300石、临清仓70600石、德州仓135000石。诸仓贮米然后另船转运北京。成化十年（1474），改令各征粮州县于各水次与运军交兑，直运北京，这部分漕粮称改兑米。

征粮类别有规定：江南江宁、安庆等十六府州征收粳糯粟米，苏、松、常、镇、太五府州征收粳米和糯米，但皆以粳米为主；浙江杭、嘉、湖三府征收粳米和籼米，江西、湖北、湖南等省收稻米兼收糯米，山东、河南两省征收粟米和麦豆。

征收漕粮，按正粮增收耗米，每石加耗额按各省距京通远近而有差别，如表4－2所示。

表4－2　清代各省正、改兑米按石加耗

<table>
<tr><th rowspan="2">省　别</th><th rowspan="2">府　别</th><th colspan="3">正兑耗米(石)</th><th rowspan="2">改兑耗米(石)</th></tr>
<tr><th>随船作耗</th><th>轻赍之项[1]</th><th>总　计</th></tr>
<tr><td rowspan="9">江　南</td><td>江宁府</td><td>0.40</td><td>0.26</td><td>0.66[2]</td><td rowspan="9">江宁
苏州
松江 } 0.32
镇江
广德</td></tr>
<tr><td>苏州府</td><td>0.40</td><td>0.26</td><td>0.66</td></tr>
<tr><td>松江府</td><td>0.40</td><td>0.26</td><td>0.66</td></tr>
<tr><td>常州府</td><td>0.40</td><td>0.26</td><td>0.66</td></tr>
<tr><td>镇江府</td><td>0.40</td><td>0.26</td><td>0.66</td></tr>
<tr><td>安庆府</td><td>0.40</td><td>0.26</td><td>0.66</td></tr>
<tr><td>宁国府</td><td>0.40</td><td>0.26</td><td>0.66</td></tr>
<tr><td>池州府</td><td>0.40</td><td>0.26</td><td>0.66</td></tr>
<tr><td>太平府</td><td>0.40</td><td>0.26</td><td>0.66</td></tr>
</table>

续表

省　　别	府　　别	正兑耗米(石)			改兑耗米(石)
		随船作耗	轻赍之项[①]	总　　计	
江　南	庐州府	0.40	0.26	0.66	
	凤阳府	0.30	0.26	0.56[③]	凤阳、淮安、扬州、徐州 0.27
	淮安府	0.30	0.26	0.56	
	扬州府	0.30	0.26	0.56	
	徐州府	0.30	0.26	0.56	
浙　江		0.40	0.36	0.76[④]	浙江、江西 0.42
江　西		0.40	0.36	0.76	
湖　广		0.40	0.36	0.76	
山　东		0.25	0.16	0.41[⑤]	0.17
河　南		0.25	0.16	0.41	0.17

资料来源：康熙《大清会典》卷 26。

说明：①“轻赍之项”，江南、浙江、江西曰：“米折银”。

②内加耗米 0.56 石，又尖米 0.10 石。

③内加耗米 0.46 石，又尖米 0.10 石。

④内加耗米 0.66 石，又尖米 0.10 石。

⑤内加耗米 0.31 石，又尖米 0.10 石。

耗米又分成两个部分：一部分随正交仓，叫“交仓尖耗并三升盘闸作正折耗米”，约占耗米的 36%；另一部分归运丁作沿途耗费，叫“旗丁沿运盘剥晒飏耗米”，约占耗米的 64%。试看以下几个事例，见表 4 - 3。

表 4 - 3　漕粮随正耗米分配事例

起运年份	兑改正米(石)	随　船　耗　米（石）		
		随正交仓	归旗丁作耗	总　　计
雍正二年	3167587	418778	731262	1150040
四年	2945433	386634	672940	1059574
九年	2546702	339354	641688	981042
乾隆五年	3318562	439945	777927	1217872
六年	2615783	348665	624899	973564
十五年	3100313	412008	723401	1135409

资料来源：清档。

清代初期，各省额征漕粮正兑米、改兑米和耗米如表4－4所示。

表4－4　清朝初期各省正兑米、改兑漕粮及耗米定额

省别	府别	正兑米（石）		改兑米（石）		总计（石）
		正　米	耗　米	正　米	耗　米	
江南	江宁府	100000.00	66000.00	28000.00	8960.00	202960.00
	苏州府	650000.00	429000.00	42000.00	13440.00	1134440.00
	松江府	203000.00	133980.00	29950.00	9984.00	376914.00
	常州府	175000.00①	115500.00	22000.00	7040.00	319540.00
	安庆府	60000.00	39600.00	—	—	99600.00
	镇江府	80000.00	52800.00	—	—	132800.00
	宁国府	30000.00	19800.00	—	—	49800.00
	池州府	25000.00	16500.00	—	—	41500.00
	太平府	17000.00	11220.00	—	—	28220.00
	庐州府	10000.00	6600.00	—	—	16600.00
	淮安府	25000.00	14000.00	79150.00	21370.50	139520.00
	扬州府	60000.00	33600.00	37000.00	9990.00	140590.00
	徐州府	30000.00	16800.00	18000.00	3960.00	68760.00
	凤阳府	30000.00②	16800.00	30300.00	8181.00	85281.00
	广德州	—	—	8000.00③	2560.00	10560.00
	小　计	1500000.00	972200.00	294400.00	85485.00	2852085.00
浙江	杭州府	100000.00	76000.00	5000.00	2100.00	183100.00
	嘉兴府	290000.00	220400.00	15000.00	6300.00	531700.00
	湖州府	210000.00	159600.00	10000.00	4200.00	383800.00
	小　计	600000.00④	456000.00	30000.00⑤	12600.00	1098600.00
江西	南昌府	83427.74	63405.08	56846.54	23875.55	227554.71
	饶州府	50350.22	38266.17	17061.67	7165.90	112843.96
	广信府	23120.20	17571.35	7420.99	3116.81	51229.35
	南康府	16190.00	12304.40	5486.19	2304.20	36284.79
	建昌府	16009.11	12166.92	5138.64	2158.23	35472.90
	抚州府	34077.06	25898.56	10938.21	4594.05	75507.88
	临江府	41636.63	31643.84	17937.66	7533.81	98751.94
	吉安府	69925.08	53143.06	28222.26	11853.25	163143.75
	瑞州府	55198.10	41950.55	17717.00	7441.14	122306.79
	赣州府	10065.86	7650.05	3230.84	1356.95	22303.70
	小　计	400000.00	304000.00	170000.00	71400.00	945400.00

续表

省别	府别	正兑米（石）		改兑米（石）		总计(石)
		正米	耗米	正米	耗米	
湖广	武昌府	32232.80	24496.92	—	—	56729.72
	汉阳府	3843.74	2912.24	—	—	6755.98
	安陆府	18600.40	14136.30	—	—	32736.70
	德安府	6301.80	4789.36	—	—	11091.16
	黄州府	49942.30	37956.15	—	—	87898.45
	荆州府	22021.67	16736.38	—	—	38758.05
	岳州府	23770.10	18065.27	—	—	41835.37
	长沙府	64320.23	48883.37	—	—	113203.60
	衡州府	22459.35	17069.10	—	—	39528.45
	永州府	1507.60	1145.77	—	—	2653.37
	小计	250000.00⑥	190000.00			440000.00
山东	济南府	113800.00	46658.00	75000.00	12750.00	248208.00
	兖州府	63200.00	25912.00			89112.00
	东昌府	103000.00	42230.00	20600.00	3502.00	169332.00
	小计	280000.00⑦	114800.00	95600.00	16252.00	506652.00
河南	开封府	86900.00	35629.00	36347.50	6179.07	165055.57
	归德府	12000.00	4920.00	3328.50	565.84	20814.34
	彰德府	41500.00	17015.00	9892.00	1681.64	70088.64
	卫辉府	29000.00	11890.00	11187.30	1901.84	53979.14
	怀庆府	41000.00	16810.00	10057.80	1709.83	69577.63
	河南府	51000.00	20910.00	31726.20	5393.45	109029.65
	汝州府	8600.00	3526.00	7460.70	1268.31	20855.01
	小计	270000.00⑧	110700.00	110000.00	187000.00	509400.00
	总计	3300000.00	2147700.00	700000.00	204437.00	6352137.00

资料来源：康熙《大清会典》卷 26。

说明：①据《万历会计录》：明代常州无改兑，镇江有改兑米 22000 石。

②以上正兑米内永折灰石米 152308.63 石。

③内永折灰石米 51261.67 石。

④内永折灰石米 12689.2 石。

⑤内永折灰石米 634.5 石。

⑥内永折米 37734.7 石，内又缺额米 5000 石。

⑦内永折米 70000 石。

⑧内永折米 70000 石。其余 200000 石于康熙二十二年俱改折。

江苏之苏州、松江、常州三府和太仓州，浙江之嘉兴、湖州二府，漕粮之外另有白粮。[①] 漕粮系供京师官丁俸饷，白粮则供清室宫廷专用。就由州县征实北运而言，两者的性质是相同的。除白粮外，有春办米一项，也供宫廷专用，和白粮性质相同。两省白粮粮额见表4－5。

表4－5　清初江浙白粮正、耗米统计

省　　别	白粮正米(石)	耗米(石)	春办米(石)	总计(石)
江　　苏	151208.58	72227.49	36320.16	259756.23
浙　　江	66200.00	29790.00	28797.00	124787.00
总　　计	217408.58	102017.49	65117.16	384543.23

资料来源：光绪《漕运全书》卷1。

前两表所列系每年额征之数。以上所列正米和耗米，除极小部分改折收银外，98%以上征收米石。由于荒歉短缺和坍废豁免，很难征收足额交仓，乾隆年间一般收到八成到九成。嘉庆以后运额锐减。至道光九年（1829），额征正米仅存3261881石、耗米1260401石，正米、耗米合计才4522282石，见表4－6、表4－7。

表4－6　道光九年各省应征正、改兑漕粮及耗米统计

省　　别	正兑米		改兑米		正、耗米总计（石）
	正米(石)	耗米(石)	正米(石)	耗米(石)	
江南省江南道	288076.42	103305.86	101064.08	25825.98	518272.34
江南省苏松道	1040133.72	416053.49	94832.47	28449.74	1579469.42
浙　　江	585385.90	234154.36	29365.50	11746.20	860651.96
江　　西	351237.99	（副米）186156.13	151379.61	（副米）80231.20	769004.93
湖　　北	94241.90	37696.76	—	—	131938.66

① 白粮系征糯米和白粳。

续表

省　　别	正兑米		改兑米		正、耗米总计（石）
	正米（石）	耗米（石）	正米（石）	耗米（石）	
湖　　南	95511.26	38204.51	—	—	133715.77
山　　东	175344.26	43832.15	83387.33	14176.37	316740.12
河　　南	115698.72	31010.55	56222.51	9557.83	212489.61
总　　计	2745630.17	1090413.81	516251.50	169987.32	4522282.81

资料来源：光绪《漕运全书》卷1。

表4－7　道光九年江、浙应征白粮正米、耗米统计

省　　别	正米（石）	耗米（石）	舂办米（石）	总计（石）
江　　苏	69025.00	20707.50	17946.50	107679.00
浙　　江	29975.00	13488.75	13039.13	56502.88
总　　计	99000.00	34196.25	30985.63	164181.88

资料来源：光绪《漕运全书》卷1。

说明：①江苏省白粮乾隆二年（1737）荒缺减征，实存正耗105438.46石；乾隆二年改征漕米8099.15石，实存69447石；乾隆四十一年又改征漕粮422石。

②浙江省白粮乾隆二年改征漕粮35647石，实存白粮30553石；乾隆四十一年又改征漕粮578石。

以上是清代有漕各省漕粮和白粮正米、耗米的应征额。

关于"轻赍之项"加以简略说明。轻赍是耗米的一部分，征收之时即折收银两，解交仓场通济库，有的解交户部，作为办理漕务开支。各地轻赍所占比重多寡视路途远近而定，道路愈远，运粮开支越大，向粮户征收的轻赍银额越重。各省每石漕粮所收轻赍银额，如表4－8所示。

表4－8　道光年间每石漕粮应征轻赍米银

省　　别	轻赍米额（石）	折银（两）	省　　别	轻赍米额（石）	折银（两）
江　　南	0.26	0.13	湖　　广	0.36	0.18
浙　　江	0.36	0.18	山　　东	0.16	0.08
江　　西	0.36	0.18	河　　南	0.16	0.08

资料来源：光绪《漕运全书》卷48。

由表4－8，每正兑漕粮一石征收轻赍银额，山东省为0.16石，折银0.08两，谓之“一六”轻赍；河南与山东同。江南各府为0.26石，折银0.13两，谓之“二六”轻赍。浙江、江西、湖广等省为0.36石，折银0.18两，谓之“三六”轻赍。又江南、浙江、江西之改兑米加耗折银部分，不曰轻赍而另名“米折银”，各地漕粮加耗征收“米折银”额，江宁、凤阳等府为0.02石，折银0.01两。有漕各省征收轻赍及米折银额如表4－9所示。

表4－9　道光九年各省轻赍及米折银额征银统计

省　别	原额（两）	道光九年实征额（两）		
		轻　赍	易米折银	总　计
江　南	180134	170146	983	171129
浙　江	108300	108000	300	108300
江　西	74036	63210	1510	64720
湖　广	18075	16920	—	16920
山　东	16278	15700	—	15700
河　南	15835	9310	—	9310
总　计	412658	383286	2793	386079

以上是有漕各省正米耗米和耗米部分折银的基本情况。由上表可以看出，漕粮主要集中于江南苏州、松江、常州三府，和浙江杭州、嘉兴、湖州三府，各府皆在10万石以上，苏州一府则高至69万石以上。

以上诸府漕粮负担沉重由来已久。太湖区域，南宋时增加税收，先籍没蔡京、韩侂胄土地为官田；贾似道当国，为增加国家税收，又广买民田为官田，按租征赋。官田租为民田赋的数倍，每亩有征至七斗者。元朝虽有每亩征税不过三升的规定，官田则是例外。明祖朱元璋平定江南，痛恨地方人士助张士诚防守，又没收张氏和诸豪族的土地为官田，按原定租额征收租税。此区的官田额不断扩大，粮额也不断加重。关于江南赋重问题，过去有不少记载，并有不少人进行专题论述，此处从略。

河南怀庆府漕粮也重，据清人原恩瀛等呈报，谓“怀庆府所属之河内、济源、修武、武陟、孟县、温县六邑田赋，自前明洪武初年因元将铁木耳坚收不下，事定后，归罪于民，按额赋而加征三倍，其重遂为通省冠……以故六属中即最富饶之区，亦往往终岁勤动，数十亩所入不足供八口之用”①。

还由于征实和征银的不同，而扩大负担上的差别。元明以后，市场粮价有逐增趋势，以浙江省而言，米每石价银原为 0.2～0.3 两，明代增为 0.6～0.7 两，清前期增为一两有零。清代田赋沿明旧制，据《赋役全书》，每石折银 0.25～0.7 两不等。清制不增赋，浙东诸府州县向征地丁银两，米价上涨而地丁银额不变，遂获轻赋之利；杭、嘉、湖三府以征实故，农户负担遂较浙东为重。以河南省而言，雍正、乾隆年间，有数十州县漕粮改征折色，由其他交通方便之数十州县代办，时粟米价银每石尚不及 0.6 两，代办州县从应交地丁银内代扣银 0.65 两，尚无困难。后粮价日增，所扣地丁银两渐不敷购买，代办州县遂渐感苦累。征实粮额虽仍照旧，但同非漕粮区相比，农民负担无形加重。

第二节　各种附加税

漕粮附加税名目繁多。如芦席税，无论正兑改兑漕粮，每米二石征芦席一张，全漕 400 万石须征席 200 万张。所有席片征本色 17%，折色 83%。征折色每席折银一分，随正漕解交通济库，作为购买用具屯储漕粮之需。

江南、浙江、江西、湖广等省，正兑米石都附征楞木松板，每正米二千石征楞木一根、松板九片。所有木板计征 30% 本色、70% 折

① 《河南减漕录》下编，原恩瀛等：《呈怀庆六属赋重恳请饬查文》。

色。其折色部分，楞木一根折银0.5～0.55两，松板一片折银0.4～0.45两。所谓本色并非在征漕时就地购运，多系到通州时采购。采买价格，雍正年间（1723～1735）每松板一片用银1.7～2.0两不等，比在州县所折征银额要高出4～5倍。有漕各省席木银额情况见表4－10。

表4－10　有漕各省席木银额

省　别	原　额(两)	道光九年实征额(两)
山　东	2903	2567
河　南	1071	628
江　南	8380	11187
浙　江	3150	4502
江　西	3861	3392
湖　北	502	837
湖　南	563	871
总　计	20430	23984

资料来源：光绪《漕运全书》卷49。

说明：①原额指清初额。道光九年额系历年蠲豁或增升后之额。

②山东、河南二省仅有芦席银；其余各省为包芦席并楞木、松板银在内。

以上席片竹木等项银两，由有漕各州县随漕照额征收，完欠和支解各数由各省粮道汇报。

运丁出运例给行粮月粮。其中：月粮一项，无论有无漕粮，普征于全省各县卫所；行粮一项，因系军丁出运，军代民劳，向有漕地亩派征。如浙江省宁波、台州、温州、处州、绍兴、杭州、严州、嘉兴、湖州各卫军丁，都负有出运漕粮的责任，各军丁月粮则由上述诸府派征；浙江仅杭州、嘉兴、湖州三府派征漕粮，各军丁行粮则由此三府随漕派征，其中一半征本色、一半征折色，发给运军。

如漕项钱粮，分上下两忙，由有漕州县征解各省粮道库，再由粮道按定额分别处置，或直接交付运军，或上解中央，作为办漕经费。兹以山东省为例，道光二年（1822）额征漕项银52386.91两，分上下两忙征解，各忙以一半计算，上忙为银25761.82两。此项银两历年稍有变动，但相去不远，如道光十五年（1835）为银52347.33两，同治九年（1870）为银52243两。光绪年间变动渐大，如光绪二十五年（1899）为银91710两，光绪三十一年更增至104425两。盖停漕之后，漕运开支减少，一切漕项皆解交朝廷。

如漕粮赠贴[①]，专供运军长途挽运沿途盘剥等项开支。此项赠贴有的给银，有的给米，又叫"赠贴银米"。赠贴名称因地不同，江苏、安徽叫"漕赠"，浙江叫"漕截"，江西、湖南、湖北叫"贴运"，山东、河南叫"润耗"。康熙九年（1670）规定，将漕粮赠贴银米数额一并刊刻易知由单，发给纳户令随正项漕粮一同交纳兑运漕粮的运船。

漕粮赠贴的数目，各省多寡不同。山东、河南二省和江安粮道每正粮一石，赠贴米0.5石、银0.5两。江苏苏、松、常、镇四府每正粮一石，赠贴米0.5石、银0.1两。[②] 浙江每正粮一石赠贴银0.347两，无米。江西赠贴米0.3石、银0.03两，又另给副耗米0.13石。[③] 湖广原无赠贴银米，康熙十年（1671）始规定于四耗米之外，另加耗米0.2石，随粮征给。

如漕耗银米。此项银米分别作为津贴运军充兑粮杂费和征漕办公用项。[④] 漕耗银米系按石带征，各省多寡不等。或收银钱，或银米兼收。专收银钱的，如江苏苏松道，每石漕粮收漕耗银0.06两[⑤]；浙江

---

① 各省征漕原系军民互相兑交。顺治九年，改为官收官兑，酌定赠贴银米，随漕征收，支付运军。

② 嘉庆五年（1800），改按每石以银1.9两折给。

③ 嘉庆五年定：此项副耗米，其中，9.1升按每石作银1.9两折给，余3.9升留作回空食用。

④ 光绪《漕运全书》卷9："江南上下两江，额征正项漕粮漕项外，有漕费银一项，系里民愿输分给州县帮丁，以为修仓及排拨等项之用。"

⑤ 乾隆四年（1739）定：江安道每石收耗0.1石，以5升给帮丁，5升留给州县。苏松道每石收银0.06两，折钱52文，27文给帮丁，25文留给州县；后以钱贵，改折46文，以24文给帮丁，22文留给州县。

每石漕粮收制钱 8～30 文不等。专收米的如山东每石漕粮加漕耗米 0.2 石（雍正七年改为 0.15 石）；河南每石漕粮加漕耗米 0.15 石，江安道每石漕粮加漕耗米 0.1 石。银米兼收的如湖北，每石漕粮收漕耗米 0.07 石、漕费银 0.07 两；湖南每石漕粮收漕耗米 0.06 石、漕费银 0.05～0.13 两不等。[①] 江西则有仓费，有省县两仓的每石漕粮统征仓银 0.004 两，只有县仓的征 0.003 两，作修粮仓开支。

漕耗银米数目有逐增趋势。如江苏溧阳县漕粮，由江淮卫第三帮、第六两帮兑运，至乾隆元年（1736），每石另由纳户贴“过湖米”0.02 石，作漕船由江淮卫南下兑米及拨浅修船之费。如浙江杭州湖州二府属钱塘、仁和等十一州县漕耗，乾隆十六年由每石 8～20 文之外另加收制钱 20 文；嘉兴府嘉兴、秀水等七县，每石加收制钱 30 文。以上加耗作为修仓铺垫之用。如江西各帮。嘉庆六年（1801）筹添运费，每船新增耗米 7.5 石，令有漕州县按石折银 1.9 两交给运军。

如水脚银。距离省府所在地遥远运粮困难的州县，特别征收水脚钱，作为雇募舟车的转运费。乾隆四十四年，安徽定远县每石加收水脚钱 100 文，潜山、太湖、宿松、合肥、寿州等十九州县每石加收银 0.02～0.06 两，或制钱 10～40 余文。江苏省每石加收制钱 5 文。又水次距仓廒遥远的，自仓上船，费用较大，另按石加收挑剥费。如河南各州县的漕粮，运到卫辉水次交兑，令州县距离水次在 300 里以内的以例征漕粮耗羡一项作挑剥用费；在 300 里以外的，耗羡以外另津贴脚价，按石每百里加收脚价银 0.03 两。雍正六年、七年（1728～1729）又按水次距离和漕粮数目酌增数分。如祥符、陈留等十六州县，离水次虽在 300 里内，但米在 1000 石上；又宁陵、柘城等九县，漕米虽不及 1000 石，但在 300 里外，除所征漕米耗羡准作脚价外，每石另

① 湖南省无论正耗米石，每石均加收耗米 6 升，谓之“里纳耗米”，作为运输岳州盘摊拨浅船户饭食等项费用，湖南省正耗米共 125889 石，共该里纳耗米 9173 石有奇。

增给脚银0.05两；其300里以外漕粮1000石以上之各州县，除原定所征耗羡给作脚价并按每100里给脚价0.03两外，每石再总给脚价银0.05两；上项银两于道库归公盐规并节省项下耗羡银内动支给发，雍正七年（1729），以所给脚价不敷开支，按原给脚价再增30%。

以上各项附加税银米数额是国家规定的，粮户所出实际远不止此。运军兑运漕粮，各处有关官吏都向运军贪索，如领运官押运官的贪索，催攒稽查官的贪索，淮安漕督衙门的贪索，京通坐粮厅和仓场衙门的贪索，到处以运军为利薮，百般敲诈。运军无奈，则转索之于兑粮州县，各种加耗数额遂与日俱增，嘉庆、道光之后尤其严重。州县官也以征漕为利薮，借机苛敛税户，或谓农民正漕一石，完纳需要三四石，漕粮变成农民一种苛重的负担。

第三节　漕粮的改征和改折

漕粮分成稻米、粟米和豆类，各省州县征收哪一种食粮都有一定。改征是改变征收的类别，或以麦代豆，或以粟米抵稻米，漕运的性质并不改变。

漕粮改征原因：或因灾荒而改征，嘉庆十七年（1812）和道光六年（1826），山东、河南二省麦收歉薄，改征粟米；咸丰七年（1857），二省发生灾荒，粟米质量较差，改征小麦；或因种植农产类别发生变化而改征，如康熙十二年（1673）无为州的红米改征白米；康熙十八年，宿迁县因稻田被冲决，改征粟米；或因政府需求而改征，如山东、河南二省向征粟米，雍正十年（1732），八旗兵需要豆料，将粟米改征豆类。此后雍正十一年，乾隆二年（1737）、九年、十六年到十八年，二省原征粟米都改征黑豆，凡259356石。[①] 乾隆十九年复因京仓黑豆充盈，

① 内山东140000石，河南119356石。

粟米不敷支放，又部分复征粟米。此后二省粟米改征豆类，时增时减，视京师需求而定。① 乾隆十一年（1746），内务府需要小麦，令将河南祥符等四十州县额征粟米改征小麦10000石，运解通州仓库。江、浙二省向征白粮220000石，乾隆年间，京仓存白粮过多，以120000石改征漕粮。其因举行平粜赈济而改征的，如乾隆二十六年河南部分地区灾荒，令未受灾州县额征黑豆改征粟米，以资灾区粜借。

还有一种变相的改征。河南永城等十九州县原征粟米29000余石，因故改折采买兑运。乾隆五年，将该十九州县采买之粟米改令祥符等州县征解，将祥符等州县应征黑豆改在永城等州县采买。

漕粮系田赋征实，但也有以现银折纳的，名曰"改折"。改折又有两种：一是"永折"，即某区漕粮折银变成定制，不再恢复本色；二是"临时改折"，系因一时特殊情形将漕粮折征银两，下年或数年后仍然恢复本色起运。

清代漕粮永折有两种名称：一是永折；二是灰石改折。两者均系折收银两解交朝廷。后者是专供北京采购灰石从事建筑之需。漕粮改折有几种原因：或因漕区交通困难，运输不便；或因土地贫瘠生产不足；或因自然条件发生变化，不再宜于种稻。清代初年，各省永折米如表4－11所示。

表4－11　清初各省永折漕粮

省　　别	永折米数(石)	省　　别	永折米数(石)
江　　南	149763.0	河　　南	70000.0
湖　　广	37734.7		
山　　东	70000.0	总　　计	327497.7

资料来源：顺治《大清会典》卷26。

① 光绪《漕运全书》卷8，乾隆二十四年，以八旗增栓马匹需豆较多，仍将豫、鲁两省改征之粟照旧征收黑豆。乾隆二十九年京仓存贮黑豆64万余石，恐致陈积，又将应征黑豆内129000余石复征粟米。乾隆三十四年京仓仅存黑豆80000余石，所存粟米过多，遂又将二十九年改征的12万余石粟米改征黑豆。

表4－11所列，湖广、山东、河南等省系沿明制。[①] 江南（江苏、安徽）永折系清初定制，如顺治九年（1652）江苏高淳县漕粮16850石改为永折；顺治十五年，溧水县漕粮15841石改为永折。二县实行改折原因乃由于水灾之后，田被淹没，粮多虚额，难以实征起运，意在减轻民户赋税负担。此后各省永折漕粮如表4－12所示。

表4－12　清代前期各省永折漕粮

省　　别	永折米额(石)	省　　别	永折米额(石)
山　　东	70000.00	湖　　北	32520.60
河　　南	70000.00	湖　　南	5212.05
江　　苏	106492.69		
安　　徽	75961.31	总　　计	360186.66

资料来源：嘉庆《大清会典事例》卷163。

以上各省永折漕粮长期不变。湖北当阳、通城二县漕粮改为永折，每石折银1.45两，唯所折漕粮仍由该省江夏、嘉鱼、汉阳等七县余耗米代兑起运，不影响正额。[②]

永折的米价是固定的，不随粮价变动而变动，由清初至咸丰年间的折价历年一致。唯各地所折价银不同，每石银由0.5～0.8两不等，如表4－13所示。

表4－13　清代各省永折漕粮折价

地　　区	米额折银				
	总计(石)	分计(石)	每石折银(两)	分计(两)	总计(两)
山东济南、兖州、东昌三府	70000	20000 50000	0.6 0.8	12000 40000	52000

① 万历《大明会典》卷27，湖广改折37734.7石，山东改折70000石，河南改折70000石。

② 据《清史稿·食货三》，乾隆二十六年（1761）。以江苏之清河、桃源、宿迁、沭阳等县不产米粟，命嗣后先动司库银两按照时价采办，令民输银还款。其后阜宁、旌德、泰兴、宁国、太平、英山诸县皆仿行，谓之“民折官办”。又据光绪《漕运全书》卷7，乾隆四十一年湖北当阳、通城二县漕粮改为永折，每石折银一两四钱五分，唯所折漕粮仍由江夏、嘉鱼、汉阳、黄陂、孝感、云梦、应城等七县余耗米代兑起运，并不影响正额。

续表

<table>
<tr><th rowspan="2">地　　区</th><th colspan="5">米　额　折　银</th></tr>
<tr><th>总计(石)</th><th>分计(石)</th><th>每石折银(两)</th><th>分计(两)</th><th>总计(两)</th></tr>
<tr><td>河南开封、归德、彰德、卫辉、怀庆、河南、汝州七府</td><td>70000</td><td>20000
50000</td><td>0.6
0.8</td><td>12000
40000</td><td>52000</td></tr>
<tr><td>江南江宁、凤阳、淮安、扬州、太仓五府</td><td>139184</td><td>7220
131964</td><td>0.6
0.7</td><td>4332
92375</td><td>39184</td></tr>
<tr><td>湖北武昌、汉阳、黄州、安陆、荆州五府</td><td>75791</td><td>43270
32521</td><td>0.5
0.7</td><td>21635
22765</td><td>44400</td></tr>
<tr><td>湖南衡州、岳州、永州三府</td><td>5213</td><td>5213</td><td>0.7</td><td>3649</td><td>3649</td></tr>
<tr><td>合　　计</td><td>360188</td><td></td><td></td><td></td><td>291233</td></tr>
</table>

资料来源：咸丰元年《户部则例》卷19。
说明：乾隆二十六年折价同。

有因特殊情形实行改折的，如雍正十年（1732），山东邱县改隶直隶广平县地24850亩，该地除地丁等银918.46两外，有漕粮粟米247.53石。直隶一向征收地丁银两，其本色米部分系就近支放兵米，并无漕粮。至乾隆三年（1738），将广平县的漕粮部分按每石折银0.8两征收，起解司库。[①]

灰石改折制始于顺治十八年（1661）。[②] 这时北京大兴土木，需款孔亟，于是有漕粮改折之议。计江苏苏州、常州、镇江三府漕粮以21116.3石折征，浙江杭州、嘉兴、湖州三府漕粮以13323.7石折征，两者共计34440石，遇闰加征2870石。每石折价连加耗为银1.68两，计平年折银57859.2两，闰年折银62680.8两。此款解交户部，听工部支取以为采购灰石之需。

① 清档，乾隆三年正月二十日直隶总督李卫题本。明代也行临时改折制。据《武宗实录》卷106，正德八年，因漕船不敷改折60万石；据《神宗实录》卷52，万历四年，因特殊情形改折114万石。

② 此处据顺治《大清会典》卷26，《漕运全书》卷7。

嘉庆年间，灰石改折米石酌增，江苏增为29424.22石，浙江增为18653.18石，共计48077.4石，遇闰增加4015.3石，每石仍以折银1.2两计，计平年该折银57692.88两，闰年该折银62511.24两。①一直持续到同治年间没有改变。灰石改折额试参表4－14。

表4－14 江、浙两省灰石改折漕粮

省别	米额			折银	
	米别	分计（石）	总计（石）	每石折价（两）	总计（两）
江苏	正兑正米	19730.30	29424.22	1.2	35309.06
	加四耗米	7892.12			
	改兑正米	1386.00			
	加三耗米	415.80			
浙江	正改兑米	13323.70	18653.18	1.2	22383.82
	加四耗米	5329.48			
总计			48077.40		57692.88

资料来源：咸丰元年《户部则例》卷18。

说明：遇闰加折4015.3石，未计算在内。

临时改折与永折不同，乃是因特殊情形而采行的变通之制，以后仍须恢复漕粮本色。漕粮折价，或按朝廷规定例价折收，如山东、河南二省粟米按定制每石折收银0.8两，江南、浙江粳米每石折收银1两，粟米每石折收银0.75两；或由地方以当时市场价格为准，临时酌定。临时改折，耗米给军行月赠耗米一例照时价折征，其随漕轻赍、席木、赠截等款仍照数征解。

临时改折多由于自然灾害，农产歉收，税户无力完纳，地方上也缺乏多余食粮。在这种情况下，官府不得不采行变通办法，实行改折，地方办理漕粮改折，须预先呈报，得到朝廷批准。改折部分多寡按灾情轻重而定。顺治八年定：江、浙因灾荒歉收四分至七分的为轻

① 《大清会典事例》卷163。

灾，每石改折四斗，其余六斗仍照征本色起运；歉收八分至十分的为重灾，每石改折五斗，其余五斗照征起运；灾情在三分以下者不得议折。[①] 规定虽然严格，并未完全照此实行。又关于所折银两，农户如当年无力完纳，并酌量缓征，或缓征一年，或分数年带征。[②]

其因灾荒改折的，试举数例：雍正元年（1723），浙江杭州、嘉兴、湖州三府十四州县灾荒，漕粮一半改折，计米60000石，每石折银1两；乾隆四年（1739），江北淮安、扬州、徐州灾荒，漕粮改折，每石折银1两；乾隆五年海州灾荒，粟米改征折色。

其因运输困难而改折的以河南省最为突出。如顺治八年（1651），河南省不通舟楫诸州县，漕粮改折，每石折银0.8两。后因改折粮额过多，势将影响京师仓贮，又改行变通办法，或令改折州县赴直隶大名府照额采购交兑起运，或令交通便利州县增收本色以资抵补。[③] 以上皆采行民折官办，粮户交银，由官府采办兑运。以上这类州县漕粮，或临时改折，或议征本色起运，迄无定制。[④]

长江流域各省因运输困难实行改折的，如苏北海州、赣榆二州县，于乾隆二年（1737）改征折色，海州正兑米每石折银0.9513两，改兑米每石折银0.8513两，赣榆县正改兑米每石一律折银0.7两。以上折收银两皆交官买兑。如湖南平江县漕粮，以距河遥远，转运困难，于乾隆三年改征折色，每石折征银0.773两，派官分赴衡湘买米办运；后以米价上涨，所折银两不敷买办，翌年又改征本色。湖北通山、当阳二县漕粮，则官为买办，漕折银两按买价征收，乾隆四十一年把折价固定下来，每石折银1.4两。

以上因运输困难州县实行改折的，后来有变为永折趋势。

---

① 顺治《大清会典》卷26。

② 光绪《漕运全书》卷7。江浙有此类事例。

③ 光绪《漕运全书》卷7。

④ 雍正六年，河南有一百〇八漕州县，其间有五十四州县漕粮改折，所折粮豆由其他五十四州县代办交运。

清代后期，有些州县因战争关系临时改折的，如咸丰四年（1854）太平军由皖北进攻山东，运道不通，令将额征粟麦改折，每石折银1.4两拨充军饷。长江流域各省漕粮，也由于太平军攻占关系无法运输，而大量改折了。

有因本地不产稻米改为民折官办的。江苏清河、桃源①、沭阳、宿迁、嘉定、宝山②等县，民户皆种植豆麦杂粮和棉花等作物，所交漕粮须运赴他县采购，花费甚大。乾隆二十六年（1761），六县改征折色，由县府代为采办，所用款项照额征派。又阜宁、泰兴等县虽然产米，为数不多，乾隆三十六年和嘉庆七年（1802）应征漕粮都改为民折官办。

有因兑期仓促粮户赶运不及而改折的。山东省闸内州县漕粮，原定冬兑冬开，期限短促，一时不易收足，且车少挽运不及，赶兑困难。道光七年（1827）特准闸内数州县漕粮届期未解足额之数，准在水次就近买米垫兑，买米所用款项由各粮户照数补交。由于买办官吏贪污，粮户所出折价远超过买价。③

有因征收不便而改折的，如浙江於潜、昌化、富阳、新城四县，地处偏僻之零星小户，运交本色极为不便，应交漕粮按每年十月份粮价折交银两，由官代为办运。④

有因原定科则过重而改折一部分的，如河南临漳县，向例按亩征

---

① 清档，乾隆二十一年十二月一日，大学士傅恒等题本，据淮安府知府赵酉禀称："淮属清河、桃源二县地不产米，每届征漕，粮户远赴别境购买上仓，甚以为苦，似应照民折官办之例，以苏积困。查据清河知县阳歧禀称：清邑额征漕米四千一百九十四石零，缘地土逼近湖河，沙薄硗瘠，止可播种杂粮，从无稻禾出产，一届征漕，必须前赴高邮、宝应一带采买，路隔四百里，苦牙侩之居奇，糜水陆之繁费……遍询士民，俱愿折征官办。……又据桃源县知县纪晋禀称：桃邑额征漕米六千五百六十三石零，因县境向来俱种豆麦，粮户前往高、宝地方买米完漕，交冬舟楫水阻难行，而漕兑紧迫又难守候……所费甚巨。……请仿照成例，民折官办。"

② 嘉定、宝山二县向种木棉，地不产米，行民折官办法，折价系由官绅会议斟酌市价决定。同治六年前，每石折钱4500文，同治六年至光绪四年，减为4000文，至光绪五年又减为3900文。

③ 光绪《漕运全书》卷12。

④ 光绪《漕运全书》卷6、卷7。

米豆1.4升，较他邑为重，乾隆元年，改为依照汤阴县粮额，每亩征本色米0.89升，减征部分折收银两解部。

国家规定：漕粮改征折色时地方官须将应征米额和折价通告粮户，以防吏胥舞弊。又规定：粮户未见通告前有先期完纳本色的，准抵下年漕粮，仍于下年应征本色米内照数按折色银两扣除。[①]

改征折色以交银为准，但农民交易多用制钱，用钱买银交纳反多一层手续，农民又不熟悉银质良劣，吏胥每从中舞弊，嘉庆四年(1799)，政府为预防斯弊，特下令税户得以制钱交纳，银钱折合率由州县政府在开征之先出示通告，交银交钱听民自便。

第四节　漕粮的豁除蠲缓和新垦升科

征漕地亩因荒废不能垦复的，或是进行丈量而土地缺额的，永远免除漕粮，谓之豁除。

漕粮的豁除有定制：第一，凡荒地无征者，该督抚勘实具题准予豁除，仍责令各州县招垦，毋致久荒。第二，凡田地沿江沿海坍没水中，无从征漕者，照例保题豁免。第三，筑堤占用民田，应征米石，准其豁除。第四，荒缺田地，题豁漕粮，随漕银米一律蠲免。[②]

由上列规定，漕粮的豁除基本以土地荒废无收为原则。土地荒废有几种不同情形：第一种是由于坍没沙压而荒废的，如河南省的祥符、荥泽、安阳、临漳、封邱、武陟、原武、阳武、宁陵、睢州等州县，江苏省的泰兴、吴县、华亭、金山、丹徒、六合等县，都有此种情形。第二种是由于筑塘堤开运河挖废的，如江苏省的宝山、丹徒二县，安徽省的无为县，都有关于筑堤开河豁免漕粮的事例。其中宝山一县因挖塘豁除

① 光绪《漕运全书》卷2、卷7。

② 光绪《漕运全书》卷3。

漕粮有七次记载。第三种是由于捐置义冢而豁除的，如江苏省的长洲、吴县、元和、镇洋、江宁、南汇等县和川沙厅都有关于这类记载。有因公占而豁除的，嘉庆十九年（1814）上海建营防即是。有因土地贫瘠而改则的，江苏阜宁县地，因靠近黄河南岸，积潦之水由阜宁灌注，历年歉收，道光六年（1826）将原来漕粮地划为牧马草场，减低科则，等于部分的豁除。豁除漕粮情况见表4－15、表4－16、表4－17。

表4－15　历朝豁除漕粮

单位：石

项　别	乾　隆	嘉　庆	道　光	总　计
坍　废	20527.09	4547.82	932.84	26007.75
挖　废	202.65	371.62	56.10	630.37
义冢公占	982.35	43.98	29.13	1055.46
总　计	21712.09	4963.42	1018.07	27693.58

资料来源：光绪《漕运全书》卷4、卷5、卷6。

表4－16　历朝豁除漕折漕项银两

单位：两

项　别	乾　隆	嘉　庆	道　光	总　计
坍　废	14641.28	8851.47	656.83	24149.58
挖　废	29.60	171.08	194.46	395.14
义冢公占	407.04	30.37	8.56	445.97
总　计	15077.92	9052.92	859.85	24990.69

资料来源：光绪《漕运全书》卷4、卷5、卷6。

表4－17　各省豁除漕粮、糟折、漕项数额

省　别	米(石)	银(两)	省　别	米(石)	银(两)
江　苏	23336.63	4459.84	湖　北	202.58	3.64
河　南	2348.14	13091.20	浙　江	34.99	5019.10
山　东	1356.70	2097.85			
安　徽	414.56	319.06	总　计	27693.6	24990.69

资料来源：光绪《漕运全书》卷4、卷5、卷6。

据表4－17，江苏豁除米额最多，可能与漕赋繁重有关。河南居第二位，可能受黄河泛滥影响。

由于天灾兵灾，当年漕粮无法征解，缓俟下年或分数年带征的，被称为“缓征”，也叫下年“带征”。如带征之年又遭灾荒，又可缓后年带征，谓之“压征带补”。原漕项银两无缓征之例，康熙九年(1670)，始准被灾过重州县经该省督抚查实题准得分年带征。

其因灾荒缓征的：如乾隆三十四年（1769）江西南昌道所属七州县漕粮，河南祥符等八州县漕粮；乾隆五十二年河南商丘等三县漕粮；嘉庆三年（1798）河南睢州等六州县漕粮皆是，分数年带征兑运。其因兵灾缓征的，如乾隆三十三年河南、湖南、湖北诸省因对缅战争行军经过之地；乾隆三十八年湖北竹山等二十二州县，湖南长沙等二十六州县，因金川战役行军经过之地，皆缓征漕项银两。又乾隆三十九年山东临清、夏津等数十州县，嘉庆元年湖南、湖北二省，因爆发农民战争，应征漕粮缓到明年兑运。历年缓征漕粮如表4－18所示。

表4－18　各省州县历年缓征漕粮

时　期	区　域	原　因	缓征情形
乾隆三十二年	江西南昌等县	水灾	缓至乾隆三十四年开征
	江苏省各府、州、县	水、旱灾	缓至三十三年带征
	湖南、湖北	征缅京兵所过地方	缓征钱粮一年
三十四年	江西南昌等七县	水、旱灾	缓至明年，分三年带征
三十五年	河南省	—	漕项银缓征一年
三十八年	湖北竹山等二十二州县，湖南长沙等二十六州县	因征金川官兵经过地	缓征
	湖广竹溪、竹山等五十七州县	征小金川官兵经过地方	缓征
三十九年	山东临清州夏津、武城、馆陶、清平、聊城、恩县、德州	农民反抗斗争	缓至明年启征，分作两年输纳
四十一年	江苏句容十八州县	灾荒	三十九年缓漕于四十一年带征，四十年缓漕于四十二年带征

续表

时　　期	区　　域	原　　因	缓征情形
四十四年	河南仪封等州县	水灾	四十三年缓漕延至四十五年、四十六年带征
四十九年	河南汲县等处	水、旱灾	缓至乾隆五十年、五十一年带征
五十年	湖北江夏等处	旱灾	按灾情轻重分别于一年、二年、三年带征
五十二年	河南商丘等三州县	灾荒	—
五十四年	河南安阳、临漳	水灾	—
五十七年	河南、河北三府	灾荒	—
	山东德州等州县	灾荒	—
嘉庆元年	湖北、湖南	民变	缓至明年开征
二年	湖北各州县	民变	以后分年带征
	山东城武、邹、滕、峄等县	灾荒	缓至来年开征
三年	湖北省	水、旱灾，民变	缓至明后年带征
	河南睢州等六州县	水灾	缓至明年启征
四年	江苏淮、徐、海所属州县	水灾	分别轻重缓免
五年	山东济宁等州县	水灾	缓至明年带征
六年	山东清平等九州县	水灾	缓至明年开征
	山东东阿等六州县	水灾	缓至明年开征
	山东临清等二十二州县	水灾	缓至明年开征
	山东临清等九州县	水灾	缓征
七年	山东临清等二十五州县	水灾	缓至本年秋后开征
嘉庆八年	河南祥符、河内等四十四州县	蝗、旱灾	缓至嘉庆九年秋后开征
	山东范县、齐东等十三州县	水灾	分别轻重蠲缓
十年	浙江杭、嘉、湖三府	水灾	去年缓征部分再缓一年
	山东被旱区域	旱灾	缓至嘉庆十一年开征
十一年	江苏阜宁等州县	水灾	所缓米、麦至嘉庆十二年买运
十三年	江劳阜宁、清河、桃源、沭阳、宿迁、海州	水灾	缓至来年秋后再办
	山东恩县四女寺等八庄并德州卫卜官屯	水灾	缓至嘉庆十四年秋后开征

续表

时　　期	区　　域	原　　因	缓征情形
十四年	江苏阜宁、桃源、清河、沭阳、海州、宿迁	水灾	旧漕缓至嘉庆十五年秋后开征
十六年	山东章丘等八州县	水、虫灾	本年漕米缓至来年秋后开征
	山东堂邑历城等二十五州县	虫灾	本年漕粮缓征十分之五，俟来年秋后启征
	山东临邑等十州县	灾荒	缓征
十七年	山东平阴等县卫所	灾荒	缓至来年秋后启征
十九年	山东济南府属章丘等二十六州县	水、虫灾，灾荒	缓至嘉庆二十年后带征
二十五年	山东省邹平等州县	水灾	分别轻重蠲缓
	山东齐东、海丰、章丘、邹平、郓城、博兴、茌平、博平、东平、聊城等州县	水灾	分别缓征
道光三年	山东恩县、郯城、利津、蒲台等县	水、雹、虫灾	缓征
	山东省各县	频年灾荒	嘉庆二十三年至道光二年未完糟粮均缓二年

资料来源：光绪《漕运全书》卷3、卷4、卷5、卷6。

当时称州县因遭受灾荒收成歉薄而免征漕粮为蠲免。据光绪《漕运全书》，“漕粮例不蠲缓。乾隆二年题准：倘有被灾地方，令由漕督抚确勘实在情形，或应分年带征，或按分数蠲缓，临时具题，请旨遵行”。

其因自然灾害蠲免漕粮的，如乾隆四十三年（1778）河南祥符等八州县，乾隆五十二年商丘等三州县，因河水泛滥蠲免；嘉庆四年（1799）江苏萧、砀等七县，嘉庆七年山东临德、清平等十三州县，嘉庆八年湖北潜江、京山等县和山东濮州，嘉庆十六年萧、砀等县，皆因水旱灾害蠲免。又乾隆十八年山东利津县，嘉庆二十四年山东海丰县，则因海潮为灾蠲免。

其因兵灾蠲免的，如嘉庆四年（1799）湖北孝感县等地漕粮，因白莲教战乱蠲免。咸丰、同治年间，太平天国军攻战长江流域，漕粮无法征运，部分地区实行蠲免。[①]

漕粮蠲免年代及蠲免成数，视灾情轻重而定。如嘉庆六年（1801）临德等四县水灾较重，漕粮全免；清平等九县被灾较轻，免征一半。嘉庆八年，湖北潜江、京山县发生灾荒，被灾五分，例应减一分者、蠲二分（见表4－19）；勘不成灾，例不蠲免者，蠲一分。

表4－19　各省州县漕粮蠲免

时　期	区　域	原　因	豁免粮数（石）	豁免银数（两）
康熙三十年	河南一省	连岁秋收减歉	—	①
三十九年	江南淮安、扬州两府	叠被水灾	—	—
乾隆二年	河南祥符等县	盐碱、河坍、堤占	307.16	—
三年	江南上、下两江	被灾	—	②
十一年	浙江杭州等六卫	屯田水冲沙压	—	109.50
三十一年	湖广、江西、浙江、江苏、安徽、河南、山东	—	—	③
四十一年	山东德州、临清等州县	平安两金川诣阙里告功	米47531.00 豆22841.00	1613.00
四十三年	河南、江苏、山东、浙江、安徽、湖南、江西、湖北	逐省蠲免	—	④
五十年	河南汲县、祥符等二十州县	灾荒	—	⑤
五十一年	江宁、苏州所属各县	乾隆帝南巡蠲免	—	⑥
五十九年	山东、安徽、河南、湖南、湖北、江苏、浙江、江西	以六十年元旦日食上元月食，蠲免	—	⑦
嘉庆四年	湖北孝感等八州县	白莲教起事	106361.00	79700.00

① 江西省见曾国藩《曾文正公奏稿》卷16。《被害州县蠲缓钱漕分数折》，同治元年七月二日。安徽省见《曾文正公奏稿》卷21。《豁免皖省钱粮折》，同治二年十二月二十八日。

续表

时　　期	区　　域	原　　因	豁免粮数（石）	豁免银数（两）
嘉庆六年	山东临清、夏津等七州县	水灾	—	⑧
八年	湖南、荆州、荆左、荆右、沔阳四卫	水、旱灾	43247.00	—
	湖北京山等十九州县	水、旱灾	—	⑨
	山东省濮州、菏泽、东昌	水灾	—	⑩

资料来源：光绪《漕运全书》卷3、卷4、卷5、卷6。

说明：①漕粮及随漕等项银两并蠲。

②免未完旧欠漕项银米。

③乾隆三十一年（1760）始按年份省轮免一次。

④乾隆四十五年始全国轮免。

⑤带征、缓征、民欠各项全蠲。

⑥漕粮、漕项银两全蠲。

⑦各省以次轮蠲。

⑧本年钱粮漕米全行蠲免。

⑨潜江等县蠲免二分，京山等县蠲免一分。

⑩本年应征钱漕各款，全行蠲免。

国家对粮户积欠漕粮及漕项银两有时也进行蠲免。雍正十三年（1735）豁免雍正十二年民欠未完漕项银两①，这是免积欠的开始。乾隆五十九年，普免民间节年积欠以及因灾缓征银谷。嘉庆四年（1799），普免乾隆六十年以前各省积欠缓征地漕及民借银两，凡民欠漕粮漕项正耗银米、漕粮水脚、加津、资役、漕粮二耗米，各丁未完借欠漕费等项，俱行蠲免，计山东、河南、湖北、江苏等省共免米8271石、谷12774石、银51364两。② 嘉庆二十四年，嘉庆60岁寿辰，普免各省节年正耗民欠及因灾带征缓征银米，计米1973792石、银17520989两。清代历年蠲免漕粮及漕项米银如表4－20所示。

① 光绪《漕运全书》卷3。

② 光绪《漕运全书》卷6。

表4-20　各省漕欠蠲免

时　期	区　　域	蠲免时期	蠲免米数(石)	蠲免银数(两)
雍正十三年	全国	雍正十二年以前	—	①
乾隆三十一年	苏州、松江等府属	乾隆十一年至二十八年	—	39084.00②
三十二年	江南粮道	乾隆十一年至二十八年	—	69977.83②
三十七年	江南	乾隆十一年至二十三年、三十二年、三十四年	—	53190.00③
四十五年	江南	乾隆十一年至四十二年	—	④
四十九年	苏州等五府州	乾隆四十四年至四十七年	16646.44	9093.07
五十一年	江宁、苏州、安徽	乾隆四十八年至五十四年	—	⑤
五十六年	江宁、淮安、扬州、徐州、海州	乾隆四十八年至五十四年	—	—
五十九年	江苏省	乾隆五十九年以前	459275.00	1225199.00
	安徽省	乾隆五十九年以前	131566.91	1153764.83
	河南省	乾隆五十九年以前	668635.00	3009587.00
	浙江省	乾隆五十九年以前	6341.00	559195.00⑥
嘉庆四年	山东济宁卫	乾隆六十年以前	—	1527.25
	河南安阳等八县	乾隆六十年以前	12774.27	—
	湖北江夏等三十一州县	乾隆四十年至六十年	—	14316.93
	大冶等九州县	乾隆六十年以前	3415.74	—
	荆州等五卫	乾隆五十年至六十年	—	29046.44
	上下两江各州县	乾隆五十八年至六十年	4857.24	6476.92⑦
八年	安徽宿州	嘉庆元年至七年	9227.00	79149.00
二十三年	山东省	嘉庆二十四年以前	100613.90	3556862.00
	河南省	嘉庆二十四年以前	140716.00	2125459.00
	江苏省	嘉庆二十四年以前	1066545.00	4692968.00
	安徽省	嘉庆二十四年以前	458979.00	4550540.00
	江西省	嘉庆二十四年以前	—	128027.00

续表

时　期	区　域	蠲免时期	蠲免米数(石)	蠲免银数(两)
二十三年	浙江省	嘉庆二十四年以前	1878.00	701202.00
	湖北省	嘉庆二十四年以前	65672.00	1679138.00
	湖南省	嘉庆二十四年以前	139388.00	76793.00⑧

资料来源：光绪《漕运全书》卷3、卷4、卷5、卷6。

说明：①蠲免积欠漕项。

②因灾欠未完银。

③积欠未完银。

④历年积欠漕粮。

⑤未完漕粮漕项。

⑥蠲免乾隆五十九年缓征及各属带征额及四省积欠。

⑦蠲免乾隆五十九年及六十年民借蓟谷。

⑧嘉庆帝六十正寿，蠲免八省积逋。

有新垦地亩，升科征收漕粮的，叫“升科粮额”。乾隆二年（1737）定：各州县漕粮，如有因土地荒废而豁除，漕粮缺额，所缺漕额，凡遇报垦升科之项，加入漕粮正耗米内兑运。有清一代，升科漕粮地甚少，以地亩计为2200多顷，以粮额计为700多石，见表4－21。

表4－21　各省升科田地增收漕粮

时　期	区　域	升科田亩	升增粮额(石)	升增银额(两)
乾隆三年	江苏武进、丹徒、江宁	—	113.10	134.19
十五年	湖北石首	—	0.86	—
二十年	江西浮梁	—	0.02	—
二十二年	江安、怀远县	—	1.32	—
二十三年	江安潜山县	—	2.50	—
二十四年	江安灵璧县	—	0.43	—
	江苏阜宁	85顷84亩	148.00	299.00
三十一年	湖南醴陵	—	5.63	—
三十二年	江南宿迁	—	100.73	—
	—	—	141.91	—
	湖南浏阳	—	1.66	—
	湖北石首	—	0.13	0.11

续表

时期	区域	升科田亩	升增粮额(石)	升增银额(两)
三十三年	安徽霍邱	—	0.26	—
三十四年	江西新建、进贤、新昌、吉水、鄱阳	11顷25亩4分6厘	6.49	2.85
三十五年	江西宁州等三十六州县	1070顷7亩6分	140.73	27.67
乾隆四十年	江西新建、吉水、泰和、永新、新城、鄱阳、建昌	15顷	10.05	2.69
四十一年	江南阜阳	—	2.22	—
	江南颍上	—	0.12	—
四十二年	江南霍邱	—	0.54	—
四十三年	江南霍邱	—	0.25	—
四十七年	江西丰城等州县	—	11.27	—
四十九年	江西新建、分宜、庐陵、奉新、永丰、泰和、永陵、铅山等十县	17顷35亩4分8厘	15.05	2.44
五十年	江西南昌、上高、分宜、永丰、龙泉、乐安、铅山等七县	4顷52亩2分	14.84	1.64
五十二年	河南兰阳等六厅	—	—	11876.12
乾隆五十四年	江南霍邱	—	0.12	—
五十六年	江西南昌、新建、萍乡、永新、玉山五县	9顷35亩1分2厘	9.71	17.44①
	湖北荆门州	90亩	0.32	3.15
嘉庆四年	安徽阜阳县	3顷60亩4分1厘	0.86	—
道光六年	江苏清河县	697顷9亩	—	852.00
	江苏清河县	399顷45亩	—	488.00

资料来源：光绪《漕运全书》卷4。

说明：系地丁银。

以上是有清一代漕粮税制的基本情况。

清代漕粮，江南以苏州、松江、常州三府为主，而又以苏州一府漕粮最多；浙江杭州、嘉兴、湖州三府漕粮所占比重也大。下面专就苏州府和杭、嘉、湖三府作为特殊事例加以论述。

第五节　苏州府漕运税制事例

一　苏州府各县漕粮白粮正耗米额

以上是有漕各省税制一般情况。下面列举江浙重漕区一些事例作补充说明。

江苏省以苏州府漕白粮粮额及征兑作为事例。苏州府共有九县，原额正改兑正米692000石、耗米442440石，两者合计为1134440石。但由于灰石改折、土地荒废、灾荒减免等，历年征运常不足额。如雍正十三年（1735）征运正改兑正米502506石、耗米197974石。两者合计700480石。[①] 嘉庆二十三年（1818）征运额有所增加，是年实征起运正改兑正米520669.8石、耗米204548.1石，两者合计为725217.9石。各县征运额见表4－22。

表4－22　嘉庆二十三年苏州府各县征运漕粮数

县　别	正兑米		改兑米	
	正　米（石）	加四耗米（石）	正　米（石）	加三耗米（内有加二五耗米）（石）
吴　县	39829.72	15929.49	2568.58	770.57
长　洲	26490.92	24962.85	4467.38	1329.48
元　和	59529.22	23811.69	4013.31	1204.00
昆　山	44320.60	17728.24	5186.54	1555.96
新　阳	44491.77	17796.71	5155.38	1546.61
常　熟	59369.59	23747.84	3796.16	1138.85
昭　文	49780.55	19912.22	3453.51	1036.35
吴　江	58801.16	23520.46	3828.23	1148.47
震　泽	65306.43	26122.57	4285.79	1285.74
合　计	447919.96	193532.07	36754.88	11016.03

资料来源：道光《苏州府志》卷14，《田赋》。

① 乾隆《江南通志》卷78，《食货志·漕运》。

道光五年（1825），苏州府漕粮征运额又有所减少。表4－23是该府九县漕粮白粮征运额。

表4－23　道光五年苏州府各县征运漕粮白粮额

单位：石

县　别	漕粮正耗米合计	白粮正耗米合计	县　别	漕粮正耗米合计	白粮正耗米合计
吴　县	54463.69	2058.73	常　熟	81530.04	2982.91
长　洲	86333.92	3033.73	昭　文	68687.13	2433.36
元　和	81991.41	2943.91	吴　江	80830.36	2760.73
昆　山	63695.69	2357.73	震　泽	89815.30	2993.55
新　阳	63880.07	2370.73	合　计	671227.61	23935.38

资料来源：同治《苏州府志》卷16，《田赋》。

关于白粮部分，包括白粳和白糯，专供京师皇室贵族食用。白粮运京后，关于各机构分配粮额如表4－24所示。

表4－24　苏州府各县白粮征收及京师各机构供应额

县别	供内仓白粳正米耗米（石）		供酒醋局糯米正米耗米（石）		供光禄寺白糯正米耗米（石）		供供用库白粳正米耗米（石）		供光禄寺白粳正米耗米（石）		供王禄白粳正米耗米（石）	
吴县	165	49.5	137	41.1	78	23.4	616	184.8	579	173.7	167	50.1
长洲	242	72.6	203	60.9	114	34.2	907	272.1	856	256.8	245	73.5
元和	235	70.5	197	59.1	112	33.6	880	264	830	249	237	71.1
昆山	189	56.7	154	46.2	90	27	705	211.5	664	199.2	193	57.9
新阳	190	57	163	48.9	89	26.7	710	213	669	200.7	185	55.5
常熟	239	71.7	200	60	112	33.6	892	267.6	842	252.6	239	71.7
昭文	195	53.5	163	48.9	92	27.6	728	218.4	687	206.1	194	58.2
吴江	220	66	184	55.2	104	31.2	825	247.5	779	233.7	224	67.2
震泽	239	71.7	201	60.3	113	33.9	894	268.2	845	253.5	241	72.3
合计	1914	569.2	1602	480.6	904	271.2	7157	2147.1	6751	2025.3	1925	577.5

资料来源：道光《苏州府志》卷14，《田赋》。
说明：本表所列系嘉庆二十三年额。

苏州府所属九县，按征运粮额分配运船。船额时有变动，表4－25是嘉庆十六年（1811）各县派拨运船数。

表4－25　苏州府各县派兑漕船数

县　别	派兑漕粮船数（只）	派兑白粮船数（只）	县　别	派兑漕粮船数（只）	派兑白粮船数（只）
吴　县	93	4	常　熟	138	5
长　洲	143	5	昭　文	114	4
元　和	142	5	吴　江	137	3
昆　山	104	4	震　泽	154	5
新　阳	100	4	合　计	1125	39

资料来源：道光《苏州府志》卷14，《田赋》。
说明：本表所列系嘉庆十六年额。

二　伴随征漕各种附加

伴随征漕有各种附加，可以分成银米两种。如康熙二十二年（1683）各种附加额，是年苏州府额征正改兑正米和耗米824514石，内除豁荒及改折灰石外，实征正耗米792576石，各种附加有以下9项：①赠米3962.8石。②赠银79257.61两。③轻赍银72259.55两，内除荒豁外，实征银71152.69两。④二升耗米银356.42两，内除荒豁外，实征银350.96两。⑤七分折色席银2070.20两，内除荒豁外，实征银2038.48两。⑥七分折色木板银894.41两，内除荒豁外，实征银881.20两。⑦三分本色席木板银1448.2两，内除荒豁外，实征银1426.02两。⑧过江六升米折银12322.75两，内除荒豁外，实征银12138.22两。⑨民七浅船银5223.68两，内除荒豁外，实征银5158.32两。

关于白粮附加和漕粮不完全相同。康熙二十二年（1683）额征白粮正耗米107371.95石，除荒豁外实征白粮105846.88石。随征白粮经费银94816.78两，内募船水脚、添篁提溜、由闸车脚等银

74457.17 两，协部公费工食银 17359.6 两。[①]

以上随粮附加银米是指国家规定部分，皆加在承担漕白粮的粮户。此外运弁运丁还在兑粮州县勒索帮费，最后也都转加在粮户身上，而且为额甚巨。

三 清王朝关于整顿漕粮征兑工作在苏州的体现

在税制方面，国家对于漕粮兑收问题十分重视，这里列举有关苏州、常熟县两个事例加以说明。

一个是顺治十二年（1655）《常熟县禁革漕弊条议石刻》。该石刻列有四条禁令：一是“禁讲兑”。当时运丁向各县兑收漕粮时，每向粮户进行额外勒索，当时把这种额外勒索叫作“私赠”。“私赠”之重，平均每漕粮 100 石加至 10～20 石，又加索使费银 50～60 两。如不给“私赠”，运丁则多方挑剔，不予兑收，使粮户守候。二是“正体统”。这时运丁向粮户兑收漕粮，由粮道负责监兑。运弁运丁，每与粮道互相勾结，粮道对运弁运丁每加纵容，运弁运丁则挟势横行，贪索粮户。三是“禁扳告”。运丁运粮北上，每于中途盗卖。及过淮盘验查出，运丁为推卸责任，则捏称兑漕时系粮户折交银钱，牵累州县粮户。四是“拿仓棍”。州县征收漕粮之时，地方奸棍，把持仓场，勾结运丁，向粮户勒索分肥。以上地方征兑漕粮四弊，当刑科给事中张王治奏报之后，经户部转报顺治帝下令严禁。令到常熟县之后，“常熟县知县钟人镜、署粮务事张所聚立石”，以便永远遵行。[②]

另一个是乾隆十七年（1752）《常熟县漕务禁革条类［例］》。该条例除南米一项不计外，有关漕粮兑收者凡十条。一是每石正漕除规定附交各税外不得逾额多收；二是州县征收漕粮不准“明加暗扣

---

① 康熙《江南通志》卷 19，《漕运》。

② 《江苏省明清以来碑刻资料选集》，生活·读书·新知三联书店，1959，第 588～590 页。

浮收斛面”，禁止各种勒索；三是漕总记书只许在仓登记收数，不准从事包揽；四是量斛须随时稽查，严防敲松撬薄诸弊；五是粮户完粮自行平斛执挡，不许漕记人等执挡定斛及脚踢手捺等事；六是粮户完粮，漕仓须挨次斛收，不准拖至黑夜斛收，以防滋弊；七是各帮船不许违例折收，有此等情弊，“县帮官吏弁丁一并参处”；八是州县胥役不准雇用积蠹斛夫盘踞仓场舞弊；九是漕船弁丁到水次兑粮不许借端延掯，弁丁除三分漕费之外不许另行多索，各种陋规永行禁革；十是监兑廪员在水次监兑，不许勒索各种使费。该条例最后指明：“以上各条，系就漕务紧要大端，胪列开陈。总之，除额定增□脚钱之外，县帮并无应得之银米，如稍多收颗粒分文者，即属赃私，照所犯轻重分别参究，不稍宽贷。乾隆十七年□月□日江南苏州府常熟县知县冷时松”。[①]

以上两例，原是清朝推行于征漕各省的指令。这个指令下达常熟之后，地方政权并刻石立碑，以示遵行。以上事例，是苏州府属在整顿漕粮征收方面的具体体现。

附：

顺治七年常熟县禁革漕运积弊告示

江南苏州府常熟县知县瞿为特参贪横运弁殴官藐运并陈末议仰祈圣鉴事：该奉钦命总督江南江西等处地方军务兼理粮饷太子太保户部尚书兼都察院右都御史马，十月十日准户部咨云南清吏司案。呈奉本部送户科抄出本部题复江宁巡抚土题前事内开：臣惟漕事日迟，皆由情弊日甚，然未有如今日仪真卫运官崔邦太领运常熟，统率悍丁胥祖、田景位、金守禄等，玩漕勒赠，苛索无厌。因知县瞿敦请速兑，聚

① 《江苏省明清以来碑刻资料选集》，第647～649页。

众鼓噪，各持棍械，殴辱印官，乘机抢掠。弁髦国纪，古今罕见，将来效尤者众，漕之坏有不可胜言者也。臣据该县及典史胡珍申报前来，飞檄苏松兵备署督粮道佥事胡以泓星驰查究去后，适值漕臣冯右京催运到苏，亲临弹压，始得宁贴。当据该道详复，崔邦太、胥祖等刁勒赠耗，朋谋□［殴］官等缘由到臣，备载会稿，列衔具奏，请旨议处，无容再赘，抑臣更有请焉。为今之计，欲清弊速运，先须定一章程，逐款颁布，永著为令。有不恪遵奉行者，即以违旨论罪，则夙弊自清，运务自速矣。敢因特参运弁，并进末议数条，会同总理臣库、总漕臣吴、巡抚臣冯右京、巡按臣张慎学合词具题，伏乞敕部，立将枭弁崔邦太悍丁胥祖等重加议处，再将后开条议复该请行［?］臣等遵奉施行等因。

内一款开称永定兑规。漕粮有正有耗，载在漕运议单，已属有余。顺治五年分，管旗刁横，酷勒万状。臣亲诣昆山等处，晓谕军民，刻限交兑，檄令苏州府监兑推官单父令，毋避骄悍，严查弁旗，勒索情弊已和盘托出。备册进呈御览。臣特疏纠参，意弁旗必改前辙。至六年分抗玩尤甚，殴官鼓噪，踵大于股，不遂贪婪，决不交兑。运事至此，尚忍言乎。案查运舡安家有月粮，盐菜有行粮，起剥□□有银，修舡回南有银，何得赠外索赠，滥觞无已。今再稽往例，于议单正耗之外，议定每百石总加米五石，再加银五两。宁使小民吃一分亏，运丁多受一分惠，鼓舞趋事，一切开廒书票尖赠饭米斛面插筹倒箩折偏手话会喜钱舡钱酒饭等费，俱不许另分名色，巧恣需求；不得再事讲兑。如复踵前弊，监兑推官立揭粮道，绳之大法，仍申报各衙门重处，以□为□仓之患等因。顺治七年五月初六日题。……既经钦奉明旨，又蒙各宪批示，相应勒石，以垂不朽。须至碑者。

顺治七年庚寅岁次季冬吉立。知常熟县事知县瞿、署粮县丞陈斌、巡捕典史胡珍立石。耆老公正同立。[1]

---

① 《江苏省明清以来碑刻资料选集》，第586～588页。

第六节　浙江省漕运税制事例

关于浙江省征漕事，下面把该省粮储道常德在乾隆十二年所奏十二年起运十一年份漕白正耗及附加税事例加以论述，借以考察该省漕运税制。①

一　浙江漕粮白粮正耗米额

浙江省十一府中杭州、嘉兴、湖州三府征收漕粮。三府漕粮定额计正兑改兑正米 630000 石、耗米 468600 石。正米内除永折灰石米 13323.7 石，应征运 616676.3 石。正耗米合计为 1085276.3 石。历年实际运额不定，或因土地荒废而豁除，或因耗地垦殖而增加。此外还有带征米石，皆为额不大。但历年征运皆不足额。表 4－26 是乾隆十二年起运十一年份漕务事例基本内容。

表 4－26　是年实征起运正耗米包白粮改征漕粮米额

府　　县	正改兑正耗米（石）	白粮正耗米（石）	白粮改漕正耗米（石）
杭州府仁和县	46876	—	—
钱塘县	20296	—	—
海宁县	49386	—	—
富阳县	5218	—	—
余杭县	10958	—	—
临安县	4371	—	—
新城县	2671	—	—
於潜县	2170	—	—
昌化县	5504	—	—

① 清档，乾隆十三年五月二十七日浙江布政使司督理粮储道常德奏，附《乾隆十二年起运十一年份浙江省见征漕白正赋存留本折收支钱粮题销文册》。

续表

府　　县	正改兑正耗米(石)	白粮正耗米(石)	白粮改漕正耗米(石)
嘉兴府嘉兴县	94368	5686	6406
秀水县	73614	4753	5354
嘉善县	82448	5514	6218
海盐县	46605	3602	3449
平湖县	48523	3326	3644
石门县	44541	2779	3131
桐乡县	37686	2430	2737
湖州府安吉州	8034	—	—
归安县	85029	5050	5670
乌程县	99972	6153	6898
长兴县	48260	2382	2683
德清县	48791	2738	3084
武康县	10857	518	583
共　　计	862179	44931	49852

如表4－26所列，实征起运漕粮862179石，内正米615842石、耗米246337石；白粮44931石，内正米30522石、耗米13749石；白粮改征漕粮49852石，内正米35608石、耗米14244石。以上漕白正耗米总计956333石。这就是乾隆十一年征运的总额。按浙江漕白正耗定额为1192754石，是年征运额较原定额少236421石。缺额主要由于荒芜豁免和拖欠。历年征运皆不足额，有清二百多年间没有例外。

二　伴随征漕各种附加

伴随征漕各种附加，可以分成米、银两部分。征米部分有“本色行粮米”25992石，系供出运官丁长途挽运漕粮吃用的米石，这部分米石系随粮带征，一并加在粮户身上。内除随漕改折灰石并支剩米10051石，实征本色行粮米15941石，其有漕各府州县米额分配如表4－27所示。

表 4 – 27　有漕各县随征本色行粮

府　　县	米额（石）	府　　县	米额（石）	府　　县	米额（石）
杭州府仁和县	858	嘉兴府嘉兴县	1539	湖州府安吉州	165
钱塘县	378	秀水县	1218	归安县	1641
海宁县	963	嘉善县	1548	乌程县	1773
富阳县	90	海盐县	858	长兴县	950
余杭县	195	平湖县	933	德清县	966
临安县	75	石门县	753	武康县	210
新城县	45	桐乡县	723		
於潜县	30	昌化县	30	共　计	15941

嘉兴、湖州两府征白粮地区，白粮项下则有“行月经费食米”12260 石，内除因积荒蠲豁等项外，实该行月经费食米 7938 石。这项米石系拨给出运官丁。

关于随漕征银部分，有“额征折色行粮米”，系供出运官丁长途挽运过程中花用。原系米石，后折成银两发给，每米一石折银 1.2 两。这项银两系随漕带征，有漕各府米额分配如表 4 – 28 所示。

表 4 – 28　有漕三府随征折色行粮

府　　县	折色行粮米折银（两）	府　　县	折色行粮米折银（两）
杭州府属九县	8777	湖州府属六县	17758
嘉兴府属七县	25713	共　　计	52248

说明：内有随漕改折灰石银等 12062 两，未行扣除。

白粮项下有额征车夫银 58046 两，又给挽运白粮官丁船夫等银 6896 两，共该 64942 两。除因故豁免外，实该征银 64941 两，据奏报实完银 42055 两，内嘉兴府各县完银 27814 两、湖州府各县完银 14241 两。

漕粮项下有“灰石路费银”，杭州、嘉兴、湖州三府是年实征银258两。后注明“解道收库讫”，此项银两系经粮道库解交朝廷。

轻赍易耗项下有“贴役路费银”647两、“进仓脚价银”6两、“给丁芦席银”523两，共该1176两，由杭州、嘉兴、湖州三府有漕州县征收。后注明“解粮道库讫”、“随粮给发进仓脚价银讫”、“拨给官丁支领芦席折银讫”等字样。说明这部分银额大部分解交粮道库作为漕务经费，小部分作为运丁芦席等费。

永福项下有“贴役路费银”62两，向杭州、嘉兴、湖州三府征收，注明“解道收库讫”，即解交粮道库。此款似系由粮道负责支发运丁。

漕粮项下有“湿润筛飏驮脚价银”1219两，只向杭州府四县征收，注明“解交收库讫”。此款似系由粮道负责支发。

以上各款都是随漕带征的银两。

三　普遍摊派于全省各县卫的各种附加税

杭州、嘉兴、湖州三府随漕带征而普遍摊派于全省各县卫的各种附加税有几种名称，如“额征本色月粮米”，全省共计76085石。其间，有处州府四县“积荒无征米”、“奉文减征严州所严州月粮米”、“内该随改折灰石并宁绍、台、金、衢、严、温、处等府属”之类用语，共米50404石。其中杭州、嘉兴、湖州三府“应征给军本色月粮米23572石，计杭州府18247石、嘉兴府2999石、湖州府2326石”。由以上记述可以看出，出运的运丁所领本色月粮米石并非全出自有漕地亩，而系普遍摊于全省各县卫土地。

“额征折色月粮银”的征收与前同。浙江省十一府六十八县额征月粮银83280两，除某些县卫免除部分外，实该征银82519两，据原奏报，漕粮起运时已完银82401两，各府县完纳的银两额如表4－29所示。

表4－29　各府县完纳银两额

府　　县	银　额(两)	府　　县	银　额(两)
杭州府九县	8152	金华府八县	2590
嘉兴府二县	2413	衢州府五县	4403
湖州府七州县	2771	严州府六县	1632
宁波府五县	5671	温州府五县	7555
绍兴府六县	29808	处州府九县	8036
台州府六县	9388		

说明：细数与总数82401两不符，多出18两。

原件在“银额”后都写明“解道收库讫”，即送解浙江省粮道库，然后再由粮道转发给出运的运丁。由上表反映出来，无论有漕府县或无漕府县，皆有“额征折色月粮银”。这项银两大概摊派于全省地亩。

此外有“额征廪工银”，即发给出运官丁的一种补贴。浙江有征银记载的有十府二十一县，额征为银4992两，据奏报，漕粮起运时已完4916两，各府县完纳银额如表4－30所示。

表4－30　各府县完纳银额

府　　县	银　额(两)	府　　县	银　额(两)
杭州府九县	1354	金华府一县	159
嘉兴府二县	256	衢州府二县	82
湖州府一县	158	严州府一县	159
绍兴府二县	1183	温州府一县	562
台州府一县	562	处州府一县	441

原件“银额”后皆写明“解道收库讫”，说明也是由府县先解送省粮道库，然后由粮道发给出运官丁的。这项银两的征收不分有漕无漕，说明也非全出自漕粮地亩。

此外有“额征永减备料银”，定额为4512两，有“奉文匀免温州卫坍荒缺额无征银”722两，实征银3790两。征收此项银两的只有六县，如表4－31所示。

表 4 –31　六县完纳银额

府　　县	银　额(两)	府　　县	银　额(两)
杭州府属一县	432	台州府属一县	1296
宁波府属一县	528	温州府属一县	958
绍兴府属一县	240	处州府属一县	336

原件“银额”后皆写明“解道收库讫”，说明这项银两由省粮道转发各帮作为造船修船补贴而设的。

最后一项是“额征浅船银”和“贡具银”，定额为银 35448 两。除豁免淳安、寿昌二县无征等银外，实该征银 35417 两。奏报时已完银 35415 两，各府县银额分配如表 4 –32 所示。

表 4 –32　各府县银额分配

府　　县	银　额(两)	府　　县	银　额(两)
杭州府九县	1769	金华府八县	2786
嘉兴府七县	5089	衢州府五县	2319
湖州府七州县	4396	严州府六县	1039
宁波府五县	9838	温州府五县	3312
绍兴府八县	4931	处州府十县	3628
台州府六县	2314		

这项银两是备造浅船济运而设的。原件“银额”后皆写明“解道收库讫”，说明由各府县解交省粮道库，由粮道库发给需要制备浅船处所作为造船之需。

原奏最后列“支销数目”：第一，支京仓兑运正改漕粮正耗米 862179 石，兑发浙江各卫所官丁起运赴京交纳讫；第二，支供用酒醋光禄库局白粮粳糯正耗米 44302 石，兑发白粮运官起运赴京交纳讫；第三，支改漕正耗米 49852 石，“兑发嘉兴、湖州二帮运官赴京交纳讫”。以上三者共计 956333 石。这就是浙江省征收乾隆十一年份运赴京通的漕白粮总额。

运费各项，计本色行粮月粮米 99964 石，折色行粮月粮银、车夫银、贴役路费银、进仓脚价银、给丁芦席银、廪工银、备料及浅船银等共约 247009 两。这是乾隆十二年起运十一年份漕白粮各项用费的基本情况，但各年数额不尽相同。[1] 此外，由兑粮州县补贴运丁的帮费为数更大，尚未计算在内。

① 另据清档，署理浙江布政使司督理粮储道汪德馨奏报：乾隆十一年起运十年份漕白钱粮管收实在四柱数目题销文册，漕白正耗米共计 956826 石，各项开支计行月粮 49484 石，轻赍、行粮月粮银、廪工银、浅贡银、车夫银、进仓脚价银、芦席米折银共 292827 两。年份不同，但可互相参酌。

第五章

漕粮的征收兑运和交仓

第一节　漕粮的征收[①]

粮户交纳漕粮，起初系沿明旧制，由粮户向运输漕粮的运丁直接交兑。到征粮季节，运丁驾船到兑粮州县码头停候，粮户携米向运丁交粮。粮户交兑之时，运丁每依恃官府，挑斥米色，额外勒索。粮户不敢争执，每屈忍交兑，或多给米石，或另给银钱。顺治九年(1652)，官府为预防上项私弊，改为“官收官兑”。[②] 各州县设置仓廒，令粮户送粮入仓存储，俟运船到州县，由州县官负责交兑，解除了运丁直接向粮户的勒索。

漕粮既改为由州县征收，查验米色，应筛应扇，应收应退，由州县官吏主持。为预防拖欠和吏胥侵蚀，征收之前由州县政府预先颁发易知

① 此节根据材料，以光绪《漕运全书》卷9为主。

② 《清朝通志》卷94，《食货略·漕运》。

由单，通告开仓日期，听民完纳。[①] 按里甲粮户和应纳粮数填成三联单，州县据三联单按户征粮，粮户对册完纳，随即掣给一联，谓之串票，作为完粮收据。其余二联，一发经承销册；一存州县备查对。收漕事繁，特设书吏，专司登记米数和掣给三联单串票等事，不许干预漕务。

粮户完漕以白粳为原则，米粒需干圆洁净。如因水旱歉收，或因土质关系米色不齐，须预先奏明，得通融红白兼收，籼粳并纳。[②] 州县收米入仓，须随时晒晾。雨水失调之年，尤需风筛晒晾干洁，然后入仓。

州县置仓收漕粮有两种办法。江南苏州、松江、常州、镇江等府，漕粮较多，按照区图设置仓廒，粮户交粮皆有定仓，以免拥挤守候。湖北、山东二省和江宁所属，粮多之处也按图设仓，粮少之处直送县仓。浙江、江西、湖南、河南四省，粮户运米到州县仓廒交纳，不分区图。[③]

国家对防止漕务诸弊极为注意：第一，收粮力求迅速，粮户送米到仓，州县验明米色，随到随收，以减少漕官、漕书和胥役等勾结作弊的机会。[④] 第二，加重州县官收漕粮的责任，收漕时州县官须亲身查验，以防止漕书吏胥营私舞弊。第三，简化征收漕粮手续，防止浮收，如乾隆四年（1739）令湖北省将南米和漕粮合收分解，地方官有违令分收的，责令督抚查禁。第四，注意斛量，令各省收兑漕粮，由

---

① 《清档》，道光四年十月二十二日，河南巡抚程祖济奏。

② 光绪《漕运全书》卷9，乾隆六年，江南秋雨连绵，米色稍减，准令红白兼收。乾隆二十三年，浙江杭州、湖州二府，夏秋多雨，准令红白籼粳一体收兑。道光四年，江苏句容县以上年雨水过多，准粳籼并收。道光五年，浙省风灾，米粒青腰白脐，奏准红白兼收，籼粳并纳。据陶澍《陶云汀先生奏疏》卷12，句容漕粮请照旧籼粳并纳折子："窃照江苏漕粮系收粳米，内有江宁府属之句容县，高山环抢土性赤埴，山田十居其八，圩田仅十之二，查圩田下湿种粳稻，而籼稻耐旱，于山田尤宜，是以该境民人向利种籼，溯查雍正十年即曾咨准部覆籼粳并纳"。此奏载入《漕运全书》。据道光六年上谕，令旱年籼粳并纳，雨水调匀则令纳粳。

③ 道光四年，御史陈肇奏请各省征漕按乡征收，湖南巡抚嵩孚请照旧随到随收，不必计日按乡分收。江督魏元煜复奏，亦谓按乡分征，窒碍难行。以上陈、嵩、魏三人奏报俱见《议漕折钞》卷4。又据陶澍《陶云汀先生奏疏》卷9，《议复御史陈肇奏请饬禁征收钱漕积弊折》，谓安徽各县开仓四五十日，并无拥挤之虞，不必按乡征收。

④ 光绪《漕运全书》卷9，乾隆元年令随到随收以杜绝州县漕官蠹书刁及踢斛淋尖诸弊。

粮户自行执挡，以防斗级多收斛面。先是斛底面尺寸相等，量斛口面宽阔，易滋浮收之弊，乾隆年间专铸小口铁斛，颁发有漕各省一体仿造使用。又以苏、松各州县漕粮较多，各给铁斛一张作为样斛，所造木斛较量划一，然后使用。[①] 第五，使地亩所应征粮额明确化。如河南省漕粮，每县只一合邑总数，没有每亩应征的细数，某种田征粮若干系由州县酌量派征，办漕吏胥不免乘机舞弊。乾隆三年（1738），令祥符等州县漕粮按地按则分派，核明某则地每亩征米若干，征银若干，遇润加征银米若干，载在赋役全书，各有定额。用意在使田主熟知每年应纳粮额，以防止地方官吏任意勒派。第六，为预防豪右拖欠，雍正六年（1728），令于漕粮地亩花户名下，注明绅衿某人，于奏销时查明完欠情形，有抗欠者按律治罪。第七，改善征收漕项银两手续。原先征收漕项银两，由州县经承执戥秤收，经承每额外浮勒，小民无力争辩。乾隆二年革经承秤收之制，令纳户将银两自封投柜，届期一体监拆。并由各省布政使制定划一戥头，交各州县确实通行。

雍正、乾隆两朝，在整饬漕政方面十分注意，收到过一定功效。到乾隆中后期，伴随吏治腐化，漕政逐渐败坏。州县官吏征收漕粮，浮收勒折诸弊丛生。

第二节　漕粮的兑运[②]

一　派定水次与交兑上船

有漕州县，漕粮征收入仓，然后派船兑运。

---

① 光绪《漕运全书》卷9，量斛“如有参差敲动形迹，并木板未干等弊，即行据实查参”。如有量斛不用而用斗量者，不用平木板挡而收尖斗者，有暗开斛角密宽斤面者，将州县严加议处。

② 此节主要据光绪《漕运全书》卷14、卷15、卷18、卷72、卷73。

漕船派兑水次，有两种办法：一种是固定的，某帮船专到某水次兑运某府州县漕粮，从不变动；另一种是轮兑，某帮船今年兑运甲地漕粮，明年改兑乙地，将帮船和州县各分为六限轮兑，周而复始，六年一轮。清初先行轮兑制，采用这种制度的好处是，有利于预防运丁与州县漕书熟习勾串为奸。但此制也有它的缺点：一是帮船和派运水次距离有时过远，往返不便，迁延时日；二是帮船所属卫所不归兑粮府县管辖，对运军的约束督催不便。至顺治十二年（1655）改变为各省漕粮先就本地卫所派兑，船只不足时再派隔属卫所兑运，各帮船兑运某数州县漕粮，遂有一定，如表5－1所示。

表5－1　各帮船派定州县水次兑运

省　别	卫　　帮	兑　运　州　县
山　东	临清卫山东前帮	夏津、武城、馆陶、临清、利津、蒲台六州县
	临清卫山东后帮	章丘、青城、新城、平原、齐东、临清六州县
	东昌卫	长清、济阳、利津、聊城、堂邑、博平、茌平七县
	济宁卫前帮	冠县、历城、肥城、金乡、鱼台、单县、嘉祥、钜野、城武、平阴、阳谷、东阿、滕县、峄县、莘县、高唐十六州县
	济宁卫左帮	历城、章丘、邹平、齐河、商河、恩县、德平、临邑、惠民九县
	济宁卫右帮	长清、邱县、平原、商河、蒲台、历城、陵县、乐陵八县
	济宁卫后帮	邱县、冠县、长清、莱芜、济宁、菏泽、曹县、定陶、滋阳、曲阜、宁阳、邹县、泗水、高唐、清平十五州县
	东平所	陵县、阳信、长山、泰安、莱芜、汶上、东平、冠县八州县
	濮州所	青城、滨州、淄川、郓城、寿张、濮州、范县、观城、朝城九州县
	德州卫	德州、禹城、阳信、齐东、邹平、长山六州县
河　南	临清卫河南前帮	济源、河内、孟县、温县、修武等五县
	临清卫河南后帮	通许、祥符、封邱、陈留、原武、汲县、新乡、获嘉、淇县、许州、武安、涉县、浚县、滑县、扶沟、杞县、洧川、鄢陵、中牟、济源、武陟、长葛等二十二州县
	平山卫前帮	阳武、太康、中牟、杞县、洧川、兰阳、临漳、原武、济源、长葛、禹州、密县、新郑、郑州、荥阳、荥泽、汜水等十七州县
	平山卫后帮	汤阴、临漳、睢州、杞县、尉氏、许州、孟县等七州县
	任城帮	内黄、汤阴、洛阳、巩县、偃师、孟津、修武、商丘、辉县、滑县，淇县、延津、陈留、郑州、荥阳、荥泽、济源、武陟等十八州县
	德州左卫	修武、武陟、林县、内黄、滑县等五县

续表

省别	卫帮	兑运州县
河南	天津所	安阳、涉县、孟县、商丘、宁陵、浚县等六县
	通州所	安阳、武安、林县、涉县、陈留、通许、杞县、祥符、温县、巩县、睢州、河内、浚县、考城等十四州县
	徐州卫河南前帮	辉县、太康、汤阴、河内、商邱、浚县、杞县、阳武、尉氏、通许、祥符、考城、禹州等十三州县
	徐州卫河南后帮	河内、登封、武陟、睢州、新乡、安阳、临漳、汲县、巩县、孟津、滑县、汜水、获嘉、阳武等十四州县
江南	建阳卫宁太帮	当涂、芜湖、繁昌、广德、宣城、南陵、贵池、东流等八州县
	安庆卫前帮	潜山、怀宁、桐城三县
	安庆卫后帮	太湖、望江、宿松三县
	宣州卫	泾县、宣城、宁国、旌德、太平、南宁、建平七县
	新安卫池州帮	青阳、铜陵、贵池、建德四县
	江淮卫九帮	上元、句容、江宁三县
	兴武卫二帮	句容、六合二县
	兴武卫九帮	上元、江浦、江宁三县
	庐州卫头帮	无为、合肥、舒城、巢县、庐江五州县
	长淮卫原宿州头帮	宿州、灵璧、虹县、五河、盱眙五州县
	原宿州卫二帮	亳州、蒙城、怀远、太和、阜阳、寿州、定远、颍上、霍邱、凤台、六安、英山、霍山十三州县
	淮安卫三帮	清河、宿迁、睢宁、桃源、邳州、赣榆六州县
	大河卫前帮	山阳、盐城、阜宁、沭阳、泰州五州县
	扬州卫二帮	高邮、宝应、江都、甘泉、仪征、泰兴、兴化、天长八州县
	扬州卫三帮	泰州、兴化、江都、甘泉、如皋五州县
	徐州卫江北帮	铜山、沛县、萧县、丰县、砀山五县
	长淮卫三帮、四帮	萧县、丰县、砀山、铜山四县
	泗州卫前帮后帮 淮安卫头帮二帮	山阳、盐城、阜宁、海州、沭阳、泰州、高邮七州县
江南省苏松道	长淮卫三帮四帮	无锡、金匮、宜兴三县
	泗州卫前帮、后帮 淮安卫头帮二帮	常熟、昭文、元和、吴县、太仓、新阳、昆山、武进、宜兴、江阴、荆溪、阳湖、无锡十三州县
	江淮卫三帮、六帮	溧阳县
浙江	杭严卫头帮	仁和、钱塘二县
	杭严卫二帮	钱塘、仁和、海宁、余杭、新城、昌化、於潜、临安八州县
	杭严卫三帮	秀水、嘉善二县
	杭严卫四帮	富阳、石门、海宁三州县

续表

省 别	卫 帮	兑 运 州 县
浙 江	宁波卫前帮	嘉兴县
	宁波卫后帮	秀水、嘉兴二县
	绍兴卫前帮	嘉善县
	绍兴卫后帮	平湖、嘉善二县
	台州卫前帮	长兴、乌程、德清三县
	台州卫后帮	乌程、归安二县
	温州卫前帮	长兴、乌程二县
	温州卫后帮	德清、乌程二县
	处州卫前帮	桐乡、石门二县
	处州卫后帮	安吉、武康、德清三县
	海宁所	海宁州
	嘉兴卫帮	嘉兴、秀水、平湖、海盐四县
	湖州所	归安县
	金衢所	长兴、归安二县
	严州所	海盐、平湖、石门三县
	嘉兴府白粮帮	嘉兴、秀水、嘉善、海盐、平湖、石门、桐乡七县
	湖州府白粮帮	归安、乌程、长兴、德清、武康五县
江 西	南昌卫前帮	南昌、上高、上饶、弋阳、新喻五县
	南昌卫后帮	新建、武宁、高安、南昌四县
	袁州所	丰城、宁州、靖安、新淦、南丰、兴安、乐平、高安、安福、安义、新昌、玉山、广丰十三州县
	赣州卫	玉山、永丰、临川、金溪、崇仁、赣县六县
	吉安所	高安、永新、吉水、南城、东乡、新昌、乐平、临川、莲花厅八县一厅
	安福所	庐陵、建昌、新建、泸溪、奉新、新喻、新淦七县
	永建帮	峡江、永新、清江、广丰、永丰、万年、铅山、庐陵、上饶、余干、上高等十一县
	抚州所	高安、建昌、崇仁、庐陵、吉水、安仁六县
	广信所	浮梁、新喻、新城、奉新、进贤、泰和、龙泉七县
	铅山所	都昌、安义、建昌、新城、安福、万安、泸溪、莲花厅等七县一厅
	饶州所	清江、铅山、弋阳、贵溪、上高、奉新、靖安、丰城、进贤、新喻、新淦、峡江、庐陵、南丰十四县
	九江卫前帮	泰和、万安、鄱阳、高安、靖安、新建、清江七县
	九江卫后帮	鄱阳、德兴、新淦、永丰、乐平、浮梁、安仁、万年、永新、莲花厅等九县一厅

续表

省 别	卫 帮	兑 运 州 县
湖 北	湖北头帮	江夏、咸宁、嘉鱼、蒲圻、崇阳、通城、通山、汉阳、黄陂、孝感、当阳、安陆、云梦、荆门、应城、随州、应山、黄冈十八州县
	湖北二帮	江夏、汉阳、当阳、荆门、武昌、通山、沔阳、蕲水、天门、江陵、罗田、潜江、大冶十三州县
	湖北三帮	江夏、通山、大冶、汉阳、蕲州、沔阳、当阳、荆门、江陵、监利、松滋、兴国、公安、广济、石首、黄梅十六州县
湖 南	湖南头帮	湘阴、醴陵、宁乡、茶陵、湘乡、常宁、华容、澧州、安福、长沙十州县
	湖南二帮	善化、攸县、浏阳、益阳、临湘、巴陵、衡山七县
	湖南三帮	湘潭、衡阳、青泉、耒阳、安仁、平江六县

资料来源：光绪《漕运全书》卷10。

有些州县不通舟楫，征漕各州县须将粮米运至有水可通漕船处所，称为兑粮水次。如山东武定州漕粮运到德州水次，山东曹县、定陶、郓城、寿州、范县、濮州、朝城、观城等州县漕粮运到张秋安平镇水次，山东东阿、阳谷、平阴、肥城、莘县等县漕粮运至阳谷之七级镇水次，安徽广德州漕粮运至宣城之水阳镇水次，江西省各县漕粮运至省城河下及樟树镇水次，湖广省漕粮运至蕲州、汉口、城陵矶等处水次等。①

固定水次兑运的制度，后来复生流弊。尤其是兑运苏州、松江二府漕粮的运军，他们和本地收书多系亲故，每狼狈为奸。雍正五年（1727）因又改为轮兑制。各帮船兑运州县定三年调换一次，唯仍以兑运本府各州县漕粮为原则，最远不过百里，近则三十里，一则易于调动，同时久练情习盗卖钻营的弊端可以减轻。② 道光三年（1823）

① 以上系明代情形，据《天下郡国利病书》《英宗实录》《穆宗实录》《光宗实录》《武宗实录》《大明会典》等书。清代情形如何未见到具体记载，当相去不远。

② 唯各省兑运水次时有变动，如乾隆十年，江苏大河前帮所兑赣榆县漕粮改由淮安三帮受兑，淮安三帮所兑之沭阳县漕粮改由大河前帮受兑。如湖北之三帮，头帮原兑运江夏、咸宁等十八州县漕粮，乾隆十五年则减为十五州县（原有江夏、汉阳、荆门三县，今无）。第二帮原兑运江夏、汉阳十三州县漕粮，乾隆十五年减为十州县（原有江夏、汉阳、当阳、通山四县，今无；原无黄冈今增）。第三帮原兑运江夏、通山等十六州县漕粮，乾隆十五年减为十二州县（原有江夏、通山、汉阳、当阳四县，后无）。

改为各帮船抽签决定兑运州县法，仍是三年一轮，每届三年期满，复按道光三年抽签次序轮流兑运。[①]

漕船派定兑运州县后，由粮道派定各卫所运船兑运前后次序，以防凌越挤兑，各船即按指定地点、次序前往兑运。

兑运之前，先由漕运总督颁发全单到粮道，由粮道颁发号单，开明船米并赠耗数目分发各州县，州县即照数交兑。州县交兑时悬挂牌示，令帮船挨次轮兑，一县仓廒很多，一廒兑完，再兑二廒三廒。一船兑米完毕，由领兑运官出具一领兑好米甘结，谓之“通关”。更由卫官将各船收兑米数照实填注号单。

运军到各州县水次兑粮，严定期限，山东定翌年春季兑粮，江西、湖广、浙江、江南以冬季兑粮为原则。如届期船到而州县无米，责在地方官；十二月内军船未到兑米水次，责在卫所领运官丁。

州县交兑运军漕粮，以干圆洁净为原则。如米色正常无潮湿掺杂情弊，即兑交上船，由监兑官出具通关米结。如有掺杂潮湿情弊，未上船之前，责在州县，运船得不受兑；已兑米上船，发现情弊，责在领运官和运丁。州县和运丁交兑之时，如因米色发生纠纷，争持不下，由监兑官将漕粮取样封送漕运总督和巡抚验定。

漕粮兑竣，由运官将本帮兑粮运船行月银米数目，开兑、开行、过淮、到通、回空、期限，以及查验米色并无夹杂等款，依式填注于全单之上，由地方官盖印为凭，即可开离水次，按运程开始北上。

关于白粮部分，明代系实行民运，即由税户直接承担运送责任，给人民造成一种沉重负担。据明人记载：江南民户，“每岁漕粮完兑，囊橐已空，益以漕粮解办，脂髓尽竭之。民一点粮解，未有不赔累破

---

① 此制系漕运总督魏元煜所定。据《清史列传》卷35，《魏元煜传》。元煜谓军船领运漕粮，某帮应兑某仓应有定制，于是自道光三年（1823）起，定三年一轮之制，谓“三年一届，由后推前，挨次轮转，不必再掣。如船多米少，以后仓米数拨补，米多船少，以后帮船数找兑”。

家流涕殒命者”。[①] 顺治二年（1645），白粮也改为“官收官解”，由官府预雇船只运送。后来又改为随漕带运。税户将粮交兑入仓，即完成任务，减轻了挽运白粮的负担。

二　各帮漕船开行顺序

漕船运行，为预防发生拥挤争越情事，规定开行次第如下。

①山东德正帮。

②河南之通州、天津二帮［乾隆五十三年（1788）改令济左等帮在通州、天津帮之前］。

③山东之济左、济右等九帮。

④河南之德左、临前、临后等八帮。

⑤江南省帮船。

⑥浙江帮船。

⑦湖广帮船。

⑧江西帮船。[②]

航行次序系根据距离京通路程远近。山东、河南帮船在前，湖北、湖南、江西帮船最后。如江西船和江浙船一同由瓜洲入口，亦须先让江浙船开行。如湖北船先江浙帮船到淮，须在清江闸等处河身宽阔地方停候，俟江浙帮船过后再尾随北上。一省之中，又按各府途程远近排定行船次序，如浙江一省，嘉兴府在前，次湖州府，再次杭州府。一府的船又编成一帮、二帮、三帮、四帮，按帮的次序开行。为防止各帮抢先打乱航行次序，屡次颁发不得潜越的禁令。[③]

---

① 董其昌：《神庙（明神宗）留中奏疏汇要》，户部卷 5，《白粮民运苦累难支疏》。

② 光绪《漕运全书》卷 14，乾隆四十年令：在湖北漕船已入仪征河口抵三岔河时，如浙江帮船尚未全到，湖北船得越次先行。

③ 光绪《漕运全书》卷 14，“官员催攒漕船，无故容后帮之船前行，前帮之船后行者，其沿河地方系有左札等官专管，将专管佐杂等官及专汛官罚俸九个月，兼管之州县官罚俸六个月。如该地方无佐杂专管，系州县自行催攒，即将州县官罚俸九个月；其漕船（接下页注）

漕船航行由长江到淮安一段没有严格次第，全省帮船候齐便可开行。又漕船进瓜洲、仪征河口至三岔河一段，凡有一帮到齐，即催攒先行过淮，如一省之船前帮船只未曾到齐，而后帮船只已到齐全，则令后帮之船越过先行，勿令停篙守候致违过淮期限。但各帮船由于过淮安后不得潜越的限制，常守候不即开行，如江西帮船，探知湖广帮船已过九江才肯开行。江浙两省帮船亦然。①

行船次序，有因发生意外临时改变的。前帮船只如有失风沉溺抢救需时，后帮船得越次先行。

三　行船期限和稽迟情形

运船在州县兑粮，或在冬季，或在翌年春季，各省不同，依帮次先后、水程远近和运河挑筑时期而定。淮安是中途盘验的总站，通州是交粮的终点，在漕运上这是两个重要据点，所以过淮及到通的日期都有严格的规定，如表5-2所示。

表5-2　各省帮船过淮期限①

省　别	开船日期	过淮渡黄日期	到通日期
山　东	次年二月②	—	三月一日
河　南	次年二月	—	三月一日
江南江北各属	本年十二月	本年十二月内	四月一日
江　南 江宁、苏州、松江等府	本年十二月内	次年一月内	五月一日
安　徽	本年十二月内	—	五月一日
浙　江	本年十二月内	次年二月内	六月一日

（接上页注③）入境日期，该管官不行查明转报者，罚俸六个月；至前途州县不行力催有碍后船者，后次州县及后汛之员，申报仓场查明催攒不力之员题参议处。如不亲赴河催攒并坐视前船阻抵不行申报者，亦照催攒不力之例议处”。

① 光绪《漕运全书》卷15。

续表

省　　别	开船日期	过淮渡黄日期	到通日期
江　　西	次年一月内③	次年二月内	六月一日
湖　　广	次年一月内④	次年二月内	六月一日

资料来源：光绪《漕运全书》。

说明：①过淮抵通，遇闰得展限半月。

②嘉庆五年（1800），改冬兑冬开，十五年仍春兑春开。日期屡次变更，但以春兑春开时为多。

③原定冬兑冬开。乾隆四十年（1775），因鄱阳湖阻止，改为次年一月开船。

④湖南各州县漕粮限本年十一月内运至岳州水次储仓。

表5－2是清初的规制，嗣后复参酌各府县距淮远近和道路难易加以改定。如江南之松江府漕船，途程较远，几和浙江相等。湖南漕船须航行洞庭湖，江西漕船须航行鄱阳湖，有风涛之险。乾隆九年（1744），将二省及松江府过淮期限宽限十日。

漕船每日航行里数，因顺流逆流和运道难易而有不同。漕船运粮北上，谓之“重运”；到通卸粮南旋，谓之“回空”。重运北上，南段由山阳南至浙江，北段由天津至通州，每日航程定顺流40里，逆流20里。直隶安陵汛北至天津，计程578里，运道通畅，北上且系顺流，每日限行58里。其闸坝繁多航行困难之处，立限较宽，如临清州境内运道不过数十里，定为三日限；台庄到临清，谓之闸河，不过数百里，定限42日。至江西、湖广漕船，行经长江，因风挽运，难以逐程立限，仅令沿途地方文武官员速行督催。

漕船回空南下，每日规定航行里数较重运为多，亦因顺流逆流而有不同。

重运过淮抵通虽有一定日期，但各省漕船很少能如期挽运。或由于自然灾害粮赋难征而逾限期，如嘉庆十八年（1813）山东旱灾，征收稽迟。嘉庆二十年，曹州府瘟疫蔓延，影响收割，未能如期征粮。或由于运道难行而延期，如乾隆三年，淮、扬挑浚运河，江西、浙江、湖广等省漕船过淮日期均行展限。乾隆十八年，淮扬运河水大难行，浙江漕船过淮期限展缓一月。乾隆四十四年，高家码头等处沙淤水浅，江西在后各帮漕船须沿途起拨而延期。像上述情形记不胜记。

在全部运道中，尤以过淮渡黄以及山东闸河的航行最为艰难，漕船很难如期航行，如前述闸河一段原定为 42 日程，嘉庆十四年，湖南三帮漕船航行了 147 日；嘉庆十五年，航行了 125 日，超过原定期达数月之久。

漕船携带土宜过多，载量过重，是不能如期航行的又一原因。漕船由南而北，携带各种南货，湖广船还携带笨重的木料，河道稍一浅阻，即须起拨。运丁所带南货又须沿途停船售卖，因此时常稽迟脱帮。

漕船携带一定限额土宜出售，乃系国家特许。运丁为多获商利，每超额多带。沿途关卡官吏，为贪图贿赂，也每借口留难。如江西、湖广各省帮船，经过九江、芜湖、龙江等关，每因查验土宜纳税之事争执不下，致延时日。其他各省漕船，到瓜仪经淮扬以及山东、直隶等省各关卡，因查验土宜发生争执之事都时有发生。

国家为预防漕船延误航程，何日至何地，有日程限单的规制。如前所述，漕船北上，将航程分为两大段，由各州县兑粮水次到淮安为一段，由江西、湖北、湖南、江南、江苏、浙江各地巡抚衙门按帮各发给限单一张，到淮安向漕督衙门缴验；由淮安至通州为一段，再由漕督衙门按帮各给限单一张，到通州呈缴仓场衙门。漕船自通州回空亦然，在通州由仓场衙门按帮发给限单，到淮安缴验，漕督衙门另换给限单，回到原兑粮州县水次查验[①]，漕粮兑运至是全部完成。

清王朝虽然想尽各种办法催使漕船顺利运行，按限期过淮抵通，但每事与愿违，航行违限几乎成了惯例，并且一朝比一朝严重。乾隆四十四年（1779），江西帮船迟至八月二十日后才到通州，较原定期

① 山东漕船不由漕运总督给发限单，受兑之后，即呈报河道总督及巡漕御史稽查催行。

限推迟了两个多月。乾隆五十四年，山东、河南漕船抵通，比原定期限推迟了一个多月。乾隆五十八年、五十九年两年，各省漕船在白露节前后才到达通州，较限期推迟了两三个月。嘉庆十年（1805），南方漕船渡黄迟延了五十多天。嘉庆十三年，南方各省漕船于是年五月十五日才全部渡黄，迟延了三个月。嘉庆十四年，湖南三帮漕船，七月二十六日才离开山东省境，违限三个多月。嘉庆十八年，江广尾帮船于八月下旬始抵杨村，逾限两个月以上。

漕船稽迟，势将影响第二年新漕兑运，因此国家对此十分重视。[①]遇有此种情形，国家或下令加紧催攒，或动员人工挖河拨运，至万不得已时，甚至在中途卸粮暂存，留俟后日转运。如乾隆五十年（1785），浙江漕粮40万石卸存天津，江西漕粮10万石卸存泊镇，留俟明年春季雇船拨运；又江西、浙江、湖广各省漕粮之一部，共计28万石，分别卸存于清河、山阳、宝应、高邮、甘泉、江都、丹徒、仪征、上元、江宁等处，令俟后搭运。嘉庆十二年（1807），江西、湖广漕粮72万余石，卸存于江苏、安徽等省沿运之地。嘉庆十五年（1810），江西、湖广漕粮70余万石，卸存于天津、杨村。咸丰年间，漕船迟滞情形更加严重，经常到冬季才能运抵天津，稽迟达四五个月之久。只以京师需粮孔亟，在一般情况下，虽属严冬仍令破冰北上。

四　起拨和拉纤[②]

运河有几十道闸，各闸间水位悬殊，漕船过闸是一件极困难的事。在水源微弱的地方，一到干旱季节，更浅滞难行。为此专有拨船

① 光绪《漕运全书》卷15，咸丰二年上谕云："漕粮为天庾正供，近来重运漕船不能如期抵坝，以致回空归次兑收新漕节节耽延。本年帮船北上，开行已迟，沿途又不实力催攒，直至运河渐已冻合，尚未全数抵通。现将在后之江安重运拨船截卸天津北仓，浙省杭、严三等七帮由山东打冰拨运，并有嘉白等帮尚未报入东境，似此任意延玩，实从来所未有。刻下接近大雪，水势日消，若不赶紧攒令归次，来年新漕受兑必致贻误，关系匪轻。"

② 此节据光绪《漕运全书》卷14。

和纤夫的设置。

设置拨船计有通州、直隶、山东、淮关和黄河渡口数处，起拨地址各有一定。有时为应急起见拨船还远调他处，如山东拨船，乾隆五十五年（1790）调赴北河拨运；嘉庆十五年（1810）调赴天津杨村拨运。又南方各省漕船航行经常违限，驶至山东水势已减，则令直隶拨船南下迎接；或将漕粮截卸天津拨运。[①] 嘉庆十八年，江西、湖广尾帮各船八月下旬才到杨村，令安福帮以后各船截卸在杨村拨运，原船回空赶办次年漕运。咸丰二年（1852），浙省漕船延误日久，调杨村拨船到临清拨运。

官拨船不敷时则雇用民船协拨。乾隆四年定：遇天旱水浅船行迟缓之时，令地方官雇备民船拨运，将拨过船米货物数目和拨船雇价呈报督抚及漕河官吏，雇价由地方官酌定。嘉庆十五年令大名府雇募内黄一带商船北上济运。道光十二年、二十四年、二十五年，临清运河淤浅，雇民船轮流拨运。又令漕船各带小划子一只，以备自行拨运。

沿途纤挽漕船的纤夫，原由运粮旗丁自行觅雇。各汛催漕千总以责任攸关，为使漕船迅速出汛，有时代为招雇。各汛士兵每暗通纤夫抬高工价，从中分肥；甚至强以老弱充数，从中勒索钱文。嗣后朝廷为解决运丁困难，官为定价，自惠济闸至台庄计程 380 里，定每夫每里给制钱一文半，每夫合钱 570 文。自台庄至韩庄计程 80 里，定每夫每里给钱二文，每夫合钱 160 文。天雨路泞之时，工价得酌量增加，唯每里最多不得超过四文。[②]

---

① 政府在天津北仓设置仓库，专为转运漕粮。如道光五年，自杭、严头帮至湖南三帮，共十八帮，船 800 只，载漕粮 75 万石有奇，全数截卸北仓。咸丰二年，以漕船稽迟，河水冻合，将漕船截卸北仓。

② 纤夫人多势众，且勾结防汛兵弁，倚势把持，政府于此一再严禁。据光绪《漕运全书》卷 14，乾隆二十九年“漕船自清江浦至韩庄闸等处，允雇短纤，如有棍徒勒价聚众攒殴等事，即令押运员弁严拿交地方官审实，将为首之犯及下手伤人之犯俱处边卫充军，余俱问拟满加枷号两个月，于河干示众。其地方文武官自行查拿免议，如不能稽查弹压，经该抚查参，均照约束不严例降一级调用”。

水大之时，纤道每被淹没，则于逆水急流之处设置引纤小船，插立标记，等候顺风牵挽。[①] 或用小船在河中下锚，齐集纤夫挽行，并雇小船在两岸河滩指引护送。

河淤水小，则用挖浅办法。乾隆五十九年（1794），卫河水弱，政府特派专员督挖攒运。嘉庆九年（1804），运丁于山东省闸河内外自行刮挖，用小划轮流起剥。

五　漕船的救护设备

漕船北上，经过长江，横渡黄河，在淮安以南还有几个大湖泊，如遭遇风暴，或水流湍急之时，有覆没的危险。国家为预防意外，一方面严定漕船吃水限制，以防因超载而发生事故；同时注意风色水势，如江南漕船横渡长江，于瓜洲设有望楼，置立旗杆，作为渡江标志，择善测风信之人专司其事。运河其他各段，若遇风色不顺或水势过大之时，催攒押运文武官员须公同计议，暂令停船守候，何时入境出境，册内注明。并明令规定，不准各处官员不顾风浪横行催攒。[②]

为加强救护事宜，设有救生船只。康熙二十六年（1687），长江设护生船10只，每船置熟习水性头舵10名，该船于冬春三个月间分泊长江两岸京口瓜洲渡江之处，以便漕船渡江遇风之时，南北两岸船只齐出救护。[③] 乾隆五年（1740），以黄河水势过大，设置护生船2只，于每年正月、二月、三月保护漕船横渡，同时雇用民船渔船护

---

① 光绪《漕运全书》卷14，乾隆四十六年归次之时，河南省仪江漫口，下注山东境地，济宁以南之南阳，夏镇一带，纤道淹没，河湖相连，台庄以南至邳州一带，均无纤路，便用此法。又卷15，嘉庆三年，山东韩庄闸至济宁之石佛闸一带，河湖相连，纤道断续，各帮挽运维艰，派员前往纤道断续各处所，一面竖标，一面赶修，并多设纤船护漕引路北上。

② 光绪《漕运全书》卷14，乾隆十六年定："各营汛催漕弁兵，如遇漕船入境，不顾风信险急，因索诈未遂捆行催攒立即折损者，立即参究"。

③ 长江救生船每岁共给岁修银93.37两，舵水十名，每名月给工食银一两，均于六升米折项下支销。

救。为预防民船装漕船米货远飏，并令各州县查明船户姓名，取具地邻甘结，发给腰牌，填明各船水手年貌住址，船身两旁并编列号数，责令管河县丞与河标把总经管约束。[①] 按此项船只所抢救粮货，由运丁酌给雇价。

地方文武官吏对漕船也有救护责任。漕船渡江遭遇风暴，京口总兵官须督率标兵操舟抢救。

第三节　漕粮交仓

一　起卸和交仓[②]

各省漕粮运抵通州，某省某帮船只所运漕粮兑交某仓廒，在仓场主持下当众抽签决定。在抽签之时，运丁和吏役每每勾通舞弊。嘉庆十四年（1809），为防止上述弊端，更定章程，改令各省帮船未过天津以前即预先掣定所交仓廒。

漕船抵通，漕粮分两处卸交，正兑漕粮在石坝卸粮，改兑漕粮在土坝卸粮。漕船到坝，查验米石干洁即行起卸。起卸时由坐粮厅取样米送各仓监督，以备查对入仓。米色之好坏，未起卸之前责在运丁和运官，起卸上坝之后专责经纪。仓场侍郎等官随时赴坝抽查。

通州负责专办承运承交漕粮的经纪系由政府雇募。正兑漕粮，由石坝装船沿通惠河经普济、平上、平下、庆丰四闸至大通桥，皆责成经纪，上由坐粮厅监督。又大通桥专设监督，过桥时监督掣验无缺，即交由车户运京仓收贮。

改兑漕粮由土坝上船，沿里河至通州城南，改陆运运至交通仓收

① 光绪《漕运全书》卷14，漕船遇险抢救，如粮货被盗，由运丁报明运弁，通知所在地方追缉。

② 此节据乾隆《大清会典》卷12，同治《漕运全书》卷56。

贮。改兑漕粮的转运，路程较近，水陆皆责成车户承运[①]，上承坐粮厅监督。

无论正兑改兑米石，起卸上坝、斛量、掣验、换车之时，皆有贮米号房暂存。[②] 过坝、过闸、上岸、下船皆雇夫肩负。

漕粮运交京通各仓后，是年漕运即告一段落，此后漕粮缺失霉烂则由各仓监督及管仓官役负责。

运丁运漕到通起卸交仓，须向坐粮厅诸仓交纳部分银两作为交粮手续费，叫作"茶果银"。其交坐粮厅部分系按船计算，每稻米一船交银 8 两，粟米一船交银 4.6 两，全漕之年计可收银 47000 余两，其中以 30000 两作司漕各官养廉、河兵月饷、拨运苏米脚价、清漪园水手并闸夫工食等项开支，其余万余两作收买各帮余米之需。[③] 交仓的部分系按米数计算，每米 100 石交银 0.51725 两，每廒约可收银 60 两。该款以 70% 交官作为贮米修廒之用，以 30% 给书攒头役，以备造册刷卷等费。白粮则按船交费，原定每船交银 35 ~ 36 两，雍正七年（1729），酌减十分之六，每船减为银 14 两，以供雇募仓役之需。

漕船到通，运丁又按所运米额津贴转运漕粮的经纪和车户，叫"个儿钱"。原定按每米一石出个儿钱 22 文，嘉庆五年（1800）增为 27 文，作为经纪和车户的办公费用。

以上"茶果银"和"个儿钱"原是京通吏胥对运丁的额外勒索，嗣后得到朝廷承认变成为定制。

二　京通仓廒和贮米

贮存漕粮的仓廒，通州有中、西二仓，共 250 廒，专贮王公百官

---

① 船在通州石坝土坝起卸漕粮，经由大车和拨船装运交仓，计额设河拨船 173 只，官车 200 辆。

② 石坝、土坝、大通桥、朝阳门各有号房，作临时存米之需。

③ 光绪《漕运全书》卷 52。另光绪《漕运全书》卷 57，雍正二年（1724），稻米船增为 10 两，粟米船增为 7 两。

俸廪米石。京师有禄米等十三仓，共956廒，专贮八旗三营兵食、文武四品以下官俸禄米及官军马豆，如表5－3所示。

表5－3　京通贮粮仓廒

仓　名	原　廒	续增廒	共　计	仓　址
禄米仓	23	34	57	朝阳门内
南新仓	46	30	76	朝阳门内
旧太仓	68	15	83	朝阳门内
海运仓	40	60	100	东直门内
北新仓	60	25	85	东直门内
富新仓	21	43	64	朝阳门内
兴平仓	59	22	81	朝阳门内
万安仓	42	51	93	朝阳门外
太平仓	30	56	86	朝阳门外
裕丰仓	63	—	63	东便门外
储济仓	108	—	108	东便门外
本裕仓	30	—	30	德胜门外
益丰仓	30	—	30	德胜门外
西　仓	109	33	142	通　州
中　仓	64	44	108	通　州
总　计	793	413	1206	—

表5－3所列原廒栏指清初旧有仓廒，续增廒栏指康熙、雍正、乾隆三朝增建仓廒。三朝百多年间，休养生息，民殷物阜，漕粮源源北上，积储日多，旧有仓廒不敷存放，新建仓廒所占比重很大。每廒存米原定11600石，乾隆十四年（1749）改为洪斛米11000石［折合平斛13750石］。仓廒如以1206廒计，共可贮米13266000石，以平斛计为16582500石。此外又专隶户部仓一，专存贮供内府、祭祀及招待外藩属国廪饩米石和牧马豆料，此仓能贮米若干不详。

卸贮通州的漕粮定额为改兑米70万石，每年实际卸贮之额在50万石以内。通州仓每年应支放米为35万～36万石，收支相较，年有盈余。至乾隆二十五年（1760），通仓积贮米遂多至200万石。以通仓贮粮过多，从是年开始，每年进通仓之米减为20万石。至乾隆三十六年，通仓陈米逐渐支放，每年通仓进米额又定为30万石。

某仓某廒每年进贮米若干原有一定，但遇特殊情形每加以变通，如北京益丰仓，向例每年进贮米15万石，乾隆四年（1739），以该仓贮米过多，临时将进仓米额减少。嘉庆以后，以漕粮运额递减，各仓廒进贮米额日少，乃至逐渐不敷支放。

第四节　各项禁令和赏罚规程

一　勒收折色和偷盗漕粮的禁令

办理漕政在清代是有名的肥缺，不少人追求营充，漕务官僚吏胥人数遂逐年增多，贪污事件层出不穷，漕粮亏缺糜烂现象也日益严重。漕政的腐败趋势不能不引起清王朝的注意，为此在漕粮的征收、起运、交仓和保管等方面都制定了极为严密的规章。整个漕运制度是靠赏罚制度来维系的。

先从漕粮的征收谈起。征收之弊主要是浮收勒折。浮收指漕粮正额以外多收的部分，勒折指对漕粮强制折收银两。为防止上述弊端，国家明确规定，州县征收漕粮时州县官须同监兑官坐守，粮道须亲临水次稽查。关于勒折一项，倘事后发觉，凡与征漕有关的粮道、监兑、领运以及州县官吏，分别革职降级。顺治十二年（1655）定："粮船到通短少，如查系水次折乾有实据者，州县经征印官重处，仍勒令分赔搭解。监兑推官如私受运船重贿，复索州县陋规，以致折乾者，照粮道考成例一体参罚。"①

关于禁折色及惩罚章程，历年补充，雍正之后更加严格。雍正元

① 光绪《漕运全书》卷81。

年（1723）令："如有不肖奸丁……在南串通州县仓役，将米折算银两，或将原米盗卖掩过淮故买烂米充数者，令总漕密加察访，将弁丁胥役从重究处。"[①]

乾隆四十四年（1779）令："漕粮水次交兑不足，领运千总捏报兑足开行，希图折干分肥，其不行揭报之州县与听许折收无异，应与领弁一体科罪。"[②]

国家为预防运丁在水次兑粮折收银两，严禁运丁沿途买补，如查出有沿途违禁买补漕粮的，将所买米石同铺户卖价一律没收，短少米石仍令该运丁下年搭运。并制定十船连保法，使彼此互相稽查，十船中有一船折收银两的，其余九船一体责罚。头舵知情而不告发者连坐。

国家为预防对漕粮的侵盗掺和，也制定了严厉法令。一船盗卖漕粮不到100石的，运丁与买商皆枷号一个月，责打30板；盗卖在100石以上枷号两个月，责打40板。运丁所盗卖漕粮仍追交本船兑运，盗卖粮价追没入官。[③] 同时制定连坐法，一船盗卖九船并罚。本帮领运千总，视盗卖米石多寡坐以失察之罪，所领帮船盗卖粮额在50石以上者降一级，盗卖100石以上降二级调用，盗卖200石以上革职。[④]

在运途中盗卖漕粮，除对运丁及领运官惩治外，并追究沿运地方官的责任，规定漕船过境，地方文武官员须严加稽查，在辖境发生盗卖事件，州县官及专汛千总、把总坐失查之罪。[⑤] 按失察次数及盗卖粮额分别罚俸降级调用。

---

① 光绪《漕运全书》卷81。

② 光绪《漕运全书》卷81。

③ 乾隆四十五年（1780），更定从重惩处之制，运丁盗卖漕粮，发黑龙江给披甲人为奴。

④ 光绪《漕运全书》卷81。

⑤ 光绪《漕运全书》卷81，康熙四十三年（1778）定：一次失察，州县官罚俸六月，道府罚俸三月；二次失察，州县官罚俸一年，遭府罚俸六月；三次失察，州县官降一级留用，道府罚俸一年。失察四五次以上者，州县官降一级调用，道府降一级留用。乾隆年间略有变动。

二　米质掺和霉变的禁令和惩罚规程

关于漕粮掺和之弊：一是发生在征收之时；二是发生在远途之中。前者发生在州县征漕吏胥，后者发生在漕船运丁。

关于预防规定，据康熙三十一年（1692）令："官员收兑漕粮，多搀糠秕沙土者，该管官革职，监兑官降一级调用。"①

雍正十一年（1733），又定一条辅助规程："粮道抑勒丁船受兑丑米，将不验米色之粮道照例降一级调用，监兑各州县官均照例议处。"②

康熙年间的法令，旨在预防州县吏胥掺和。雍正年间的规程，旨在加重粮道监兑官的责任，但皆系预防州县吏胥将掺和劣米兑交旗丁。

所谓漕粮掺和指掺和糠土及灌水潮涨诸弊。对舞弊运丁用大枷枷号示众，并佥其妻室发黑龙江给披甲人为奴。对佥选运丁之千总，验看加结之守备，俱降一级调用。③ 其领运千总徇情不报者革职，并枷示运河沿岸。押运官漫无察觉者革职。④

漕粮掺和主要使用白土。漕运回空船只，每从直隶夹带白土卖与沿河镇店以备粮船掺和。乾隆七年（1742）下令查禁，令一帮之内有带运白土的，该帮领运及押空千总革职；带运之船，运丁舵工杖一百徒三年。漕船偷买白土，运丁舵工同罪。将白土搀入漕粮在100石以上的，照掺和例发遣黑龙江与披甲人为奴。其沿河各市镇买卖白灰之铺户，杖一百，枷一月。⑤

掺和之弊主要发生在漕船进入直隶之后。漕船运粮到天津，过拨转到通州，拨船偷窃掺和每肆无忌惮。国家对此特颁禁令："红拨船拨运米石，如有用石灰泡水及药水灌涨粮米者，领运弁丁呈报仓场查

① 光绪《漕运全书》卷82。
② 光绪《漕运全书》卷82。
③ 光绪《漕运全书》卷82。
④ 光绪《漕运全书》卷82。
⑤ 光绪《漕运全书》卷82。

究，将运船人夫发宁古塔等处与披甲人为奴，短少米石勒限著落正身船户赔完。”①

拨船偷盗掺和之弊几与漕运之制相始终，禁令并没有发生多大功效。

同掺和联系在一起的则是漕粮霉变。为预防霉变则采行分段责成制，和漕运有关的各种官吏，如州县官、领运千总、押运同知通判、粮道、巡抚、漕运总督、坐粮厅，以至于经纪和仓廒吏胥，各有专责，在何处掺和，因何故霉变，推究原委，酌量情形，分别惩处和勒令赔补。

州县征收漕粮兑交运船，双方以兑交为限，未兑交以前责在州县，如米质低劣潮湿，运丁得拒绝受兑；既兑之后，责在运丁，如发现米质问题，不能完全诿之于兑粮州县。有特殊情形，如因地理气候关系，以致米质碎嫩或米色不纯，并事前奏明而受兑的，运途中发生霉变折耗，由兑粮州县和运丁双方负责赔偿，州县赔十分之四，运丁赔十分之六。如未经奏明，责在运丁。②

其未经事前呈报的，过淮安盘验发现霉变，经征州县仍有责任，将经征州县监兑各官、押运领运官革职，粮道降三级，巡抚一并议处。霉变米石之赔偿，巡抚、粮道各赔一成，监兑领运官合赔二成，经征州县和运丁各赔三成。过淮以后发现霉变，经征州县再无责任，由押运同知、通判、领运千总及粮道一并参处分赔。

漕船抵通如发现米色潮湿，由仓场侍郎负责参奏，押运官坐不实力稽查降级，领运千总革职；如发现霉变，将漕运总督、押运领运各

① 光绪《漕运全书》卷82。

② 据《漕运全书》卷82，嘉庆二十三年（1818），兴武头帮领运无锡、阳湖二县米石，米色掺杂，漕督奏谓上年收获时值阴雨，米质潮湿，请将知县一并议处，上谕谓：“漕米未兑以前，责在州县，既兑之后，责在旗丁，此案米色霉变掺杂，业经刑部讯明，系在途蒸郁起拨所致，事在既兑之后，自应将该运丁治罪，千总、通判交议。今该漕督乃以米色本未干洁，请将经征之知县议处，即使其言属实，当受兑盘验时，何以不早行参奏，迨至事后追究，岂足服该县等之心……着仍照前议办理，知县韩履宠李廷等毋用议处。”

官分别议处，霉变米石责令赔偿，漕运总督赔一成，粮道赔二成，押运领运官合赔三成，运丁赔四成。

漕粮在通州起卸，经大通桥转运入仓，凡经三处查验。漕粮在通州或大通桥霉变，责在坐粮厅和经纪，分别按四六分赔，坐粮厅赔四成，经纪赔六成。在大通桥存放待运内仓米石，如车户挽运稽迟致生霉变，由车户赔偿；如大通桥监督和内仓监督迟误，两处监督一并议处。

漕粮霉变与掺和有直接联系，霉变多由于掺和，故对掺和之弊惩处特重。遇有漕粮霉变情形，领运官丁每托词米质脆嫩、起卸遇雨或保管疏忽以推脱罪责。雍正年间，清廷为预防斯弊，特定由疏忽而招致的漕粮损失令领运官丁赔补。规定："领运官丁，不谙漕务，封闭舱门，以致漕米霉变，弁丁按律究拟，亏折米石勒限着落旗丁赔补。"①

其因沿途欠风晾致漕粮霉变的，领运官革职，押运官降级调用，漕督、粮道坐失查降级，损失米额并令漕督、粮道、县、帮分赔。②

由以上论述可以看出，关于漕粮米质低劣与霉变的责任：在州县水次交兑方面地方官吏的责任最重，其次是监兑官；在运途中运丁的责任最重，其次是领运押运官。漕运总督虽总揽一切，但主要是淮安盘验，责任最重。总之，国家有关漕运规制，责任分明，惩罚严厉。这种政策在清代前期是收到一定功效的，这时漕粮掺和霉变情弊较少发生。清代中叶后尤其嘉庆以后，伴随政治腐败，官吏贪污，有法难行，漕粮的掺和与霉变成了一个严重问题。

---

① 光绪《漕运全书》卷 82。

② 光绪《漕运全书》卷 82，嘉庆十四年（1809），江淮三帮、六帮所运溧阳米石霉变，上谕："若系该县原交米色不纯，其咎在县官。若旗丁勒索兑费，不论米色纯杂，一概包收，以致霉变，则其咎在旗丁。……其责在县官者，本管粮道巡抚怠于督率；责在旗丁者，本管之道员总漕疏于稽查，均难辞咎，俱应分别着赔。"此案议由县、帮各赔四成，粮道赔偿一成，漕运总督及江苏巡抚分赔一成。知县、千总严处，同知，道员、总漕、巡抚分别议处。

三　漕粮的完欠和奖惩

国家对漕粮的拖欠、挂欠和掣欠，分别制定了严格的考成制，如表5－4和表5－5所示。

表5－4　漕粮拖欠计分惩罚

所欠分数	经征州县及卫所官		知府及督催粮道	
	初参之罚	参后违限之罚	初参之罚	参后违限之罚
不及一分	免议	—	免议	—
一分上	罚俸六月	住俸	罚俸三月	罚俸六月
二分上	住俸	降二级	罚俸六月	住俸
三分上	降二级	降四级	住俸	降二级
四分上	降三级	革职待罪督催	降二级	降四级
五分上	革职待罪催征	实降二级调用	降三级	革职待罪督催完日开复
六分上	革职待罪催征	实降二级调用	革职待罪督征	实降二级调用

表5－5　随漕各项钱粮拖欠计分惩罚

所欠分数	经征州县及卫所官		督催粮道及知府官		巡抚	
	初参之罚	参后违限之罚	初参之罚	参后违限之罚	初参之罚	参后违限之罚
不及一分	罚俸一年停升级	降一级调用	罚俸六月停升转	至三限不完者降三级调用	降级戴罪督催	同粮道知府官
一分	降一级	降三级调用	罚俸一年	降三级调用	罚俸三月	同粮道知府官
二分	降二级	降四级调用	降职一级	降四级调用	罚俸三月	同粮道知府官
三分	降三级	降五级调用	降职二级	降五级调用	罚俸六月	同粮道知府官
四分	降四级	革职	降职三级	革职	罚俸一年	同粮道知府官
五分	革职	—	降职四级	—	降俸一级	—
六分上	—	—	革职	—	降俸二级	—
七分	—	—	—	—	降职一级	—
八分	—	—	—	—	降职二级	—

资料来源：上二表据光绪《漕运全书》卷76。

说明：①随漕各项指轻赍、漕项等银米。

②经征州县及卫所官之罚系顺治十三年（1656）定。

③督催粮道知府之罚系康熙十年（1671）定。

拖欠指粮户而言。州县征收漕粮，全县粮户照额完纳的叫“全完”，不能全完而有亏缺的叫拖欠。因为漕粮的完欠事关京师粮储，因有“例不蠲缓”的规程。为达到全额兑运的目的，对经征官吏用奖完惩欠的办法进行督催。各级官吏以所辖区完欠情形为准，知州知县以本州本县论，守备千总以本卫所所辖屯田论，知府以全府论，粮道以全省论，漕运总督以有漕各省全漕论。漕粮征收有一点值得注意，漕粮完欠本是州县官的责任，而国家制定的奖惩章程则把这种责任扩大到粮道和漕督。由这种政策措施反映出国家对漕运制度的重视程度。

漕粮遇有拖欠情事，经征官吏和督催官吏按照所欠分数查参惩罚，参后须按以下限期全完：州县官限一年；知府粮道等官限一年半；巡抚限二年。限满如仍不完，不复作分数，即照所定惩罚规程处分。

雍正时期，政尚综核，对漕粮征收尤为认真，关于漕粮完欠情事下过一道严厉指令：“各官应征钱粮，民欠未清，该督抚题请革职留任者，勒限一年催完，准其开复；不完革任，按其未完分数照收粮违限律拟罪。督催各官照例议处。本员留于该处，与新任接收之员再限一年催完，如有不完，即将该员照所拟治罪。接征官照例议处。”①

各级漕务官吏，对所辖漕区漕粮全部催完的，按辖区漕额多寡及征收难易情形以定奖赏。康熙年间定：江南、浙江、江西等省漕粮及漕项银米，各州县一年全完的，州县官记录一次；一省一年全完的，粮道加二级；山东、河南、湖广等省漕粮及漕项银米，各州县二年全完的，州县官记录一次；一省二年全完的，粮道加一级。

挂欠指运丁而言。运丁运粮到京通交仓，粮食如有短缺谓之挂欠。有关官丁按挂欠分数实行惩罚，惩罚范围，运丁以所运本船挂欠情形论，领运官以所领运的通帮挂欠情形论，挂欠惩罚情况见表5－6、表5－7。

---

① 光绪《漕运全书》卷76。

表 5－6　漕船挂欠漕粮对运弁运丁的惩罚

所欠分数	惩罚与追赔	惩罚后仍不完之惩罚
不及一分	责 20、革职、追比	杖 100
一　　分	责 30、革职、追比	杖 100、徒一年
二　　分	责 40、革职、追比	杖 100、徒三年
三　　分	责 60、革职、追比	发附近卫所充军
四　　分	责 80、革职、追比、杖 100	发边远卫所充军
五　　分	责 100、革职、追比、徒一年	—
六 分 上	斩、籍没家产、妻子抵偿	—

资料来源：表据光绪《漕运全书》卷 80。

说明：①惩罚追赔制系康熙四十三年（1704）定。

②运弁挂欠漕米，以通帮粮米作十分计算；运丁挂欠漕米，以所驾之船所载粮米作十分计算。

表 5－7　漕船挂欠漕粮对领运千总的惩罚

所欠分数	惩罚与追赔	惩罚后仍不完之处罚
不及一分	责 20、革职、追比	杖 100、革职
一　　分	责 30、革职、追比	杖 100、徒一年
二　　分	责 40、革职、追比	杖 100、徒三年
三　　分	责 60、革职、追比	发附近卫所充军
四　　分	责 80、革职、追比、杖 100	发边远卫所充军
五　　分	责 100、革职、徒一年	绞
六 分 上	斩、籍没家产、妻子抵偿	—

资料来源：表据光绪《漕运全书》卷 80。

说明：①惩罚追赔制系康熙四十三年（1704）定。

②运弁挂欠漕米，以通帮粮米作十分计算；运丁挂欠漕米，以所驾之船所载粮米作十分计算。

漕粮在运输过程中所出现的挂欠原是运丁、领运官和押运官的责任，国家为加重各级官吏的责任，遇有漕粮挂欠情事，粮道、府、厅各官一体惩处。惩罚原则：一种是按挂欠帮数计算，一省粮船分若干帮，有一帮挂欠，该省粮道罚俸半年；如兑运某府粮船有一帮挂欠，该府官罚俸一年；如一府之中有数帮挂欠，罚俸照此递加。另一种是挂欠次数计算，如押运官，所押运帮船每挂欠一次，降一级留任；挂欠二次降二级留任；挂欠三次降三级调用。

漕船挂欠米额的赔补也以十分计，漕运总督、监兑官、总押运官、佥丁卫所官各赔5%，合计20%；粮道官赔10%；押运官赔15%；运丁赔55%。漕船出运，并令同帮运丁联名互保，有将赤贫之丁溷行出结签运以致挂欠无力赔补者，将本丁应赔之额令互保各丁摊赔一部分，并发文到兑漕州县有关机构追比，应赔之额限令次年搭运通州。如漕督粮道各官不能如限赔纳，交部议处；领运官与运丁无力赔补，由漕督粮道等官代赔。[①] 漕粮如系在江河漂没，得题请豁免。[②]

负责挽运漕粮的官丁照额全完的，国家给予奖赏。押运官所押运漕粮一次全完的加一级，二次全完的加二级，三次全完的升官。领运官的奖赏则以路程远近为差，领兑江南、浙江、江西诸省漕粮一运全完的加衔一次，二运全完的加衔二次，三次全完的议叙。领兑山东、河南二漕粮的，一运、三运、五运全完俱记录二次，二运、四运全完俱加衔一次，六运全完议叙。运丁连运二十年全完，给顶戴荣身。

漕粮运抵通州，经纪由坝运漕粮到大通桥，再由车户运米到仓，均用布袋装运。到桥到仓，每五袋掣验一袋。每袋所装米石俱有定额，如验有缺额，谓之掣欠。此袋短米若干，其余四袋不再验量，均照该袋缺数计算。

经纪运米到桥，每百石掣欠数以0.2石为限；车户运米进仓，每百石掣欠数以0.22石为限。如超过此数，谓之逾额掣欠。掣欠米石，

① 光绪《漕运全书》卷50，挂欠米石，正兑米一石，连筛扬折耗等项合计作平米1.225石计算；改兑米一石则作平米1.232石计算，按此数赔补。乾隆三年（1738）定，挂欠之数，不准买补别帮余米，各船旗丁除日用余米准其售卖外，其余各色漕米，一概不准买卖。

② 光绪《漕运全书》卷79，长江、黄河、洪泽湖漂没，沿途催攒官及汛地文武官员亲临确查，与运官详明该督抚得具题豁免。如在内河漂流不准豁免，除将本帮余米抵补外，下剩米石限次年搭运抵通。正兑改兑均照平米收受，仍免其筛扬折耗米石，以示轸恤。

须负责折价赔偿。额内掣欠，粳米每石折银 0.7 两，稜米每石折银 0.6 两，于经纪及车户应领脚价银内扣抵，或令买漕船余米补交。其逾额掣欠，每运米 100 石掣欠在 0.3 石以内的，每石令以银 1.4 两折交；如掣欠至 0.3 石以上，则追米交仓。超过 0.5 石以上，更照盗卖治罪。据光绪《漕运全书》，乾隆二十五年（1760）制定掣欠惩罚如表 5－8所示。

表 5－8　经纪和车户运米百石掣欠逾额惩罚规定

逾额米数	惩　罚		
	杖	枷(日)	徒(年)
0.5 石上	100	1	—
1.0 石上	60	—	1
3.0 石上	70	—	1.5
5.0 石上	80	—	2
7.0 石上	90	—	2.5
9.0 石上	100	—	3

表 5－8 所列惩罚虽重，国家为照顾实际困难每通融处理，遇车户、贫户或无帮船余米可买，逾额掣欠得折交或缓交。如嘉庆十三年（1808）大通桥土坝车户额内掣欠以无法补买，准令折交；嘉庆十四年，大通桥车户逾额掣欠米价银至 17000 两有奇，当年无力交纳，令分作八年补交。

道光年间，为杜防掣欠而加重了对欠米石的折价，规定漕粮逾额掣欠米石比照市价增加 50% 追赔归公；白粮逾额掣欠米石比照市价加倍折收，每石合银 4.35 两。

后来，国家为维持漕额，预防运丁挂欠米石，令运丁按所运米额每石交余米 3.8 升，专备抵补上项挂欠之用。这项余米，本帮挂欠抵补本帮，别帮挂欠抵补别帮。仍有盈余，则令经纪车户收买抵补掣欠。抵补完毕，再有余米，则由官府收买。此项余米价银统归原船运丁。

四 漕船延误期限的惩罚[1]

各省漕船何日到达通州有一定期限。其全省漕船不能按期抵通的被称为“稽迟”“违限”；一帮之中有数船未能随帮行进的被称为脱帮；全帮船未能按所排帮次开行的被称为脱空。漕船出现脱帮、脱空情形，按期赶运极为不易。全漕抵通违限，回空之时正是寒冬，运河之水很易结冰，赶运尤为困难。出现此种情形，翌年新漕便无法按期兑运。因此，国家对漕船延误期限严加预防，除从疏浚河道、设置拨船、按期催攒和令关卡迅速查验放外[2]，又按违限脱帮脱空延误时日情形制定惩罚规程。

关于漕船行进，朝廷最注意是否能如期通过淮安和到达通州。淮安是运道的中心，通州是航行的终点，某省某帮漕船何日过淮和抵通都有一定期限，如有延误，按延期时日制定惩罚，而以领运之官责任最重。乾隆四十二年（1777），江南、浙江、江西、湖广各省漕白粮船过淮违限，扬州卫三帮漕船违限十日以上，领运官照章捆打二十棍；大河卫帮漕船违限一月以上，领运官照章捆打四十棍。其因河道梗阻而违限的，与河道有关官员一并议处。如嘉庆十年（1805），江安粮遭所属漕船因河道梗阻过淮违限五十余日，将漕运总督及管理河道官员坐未能事先将河道疏浚畅通之罪交部议处。

漕船违限，沿运州县及专汛催攒各官并坐不能按时督催出境之罪议处。惩罚情形因河段而异，大致以过淮为限，淮安以南为一段，淮安以北为一段。淮安以北又分为淮津与津通二段。其中淮安至天津一段尤为重要，全长 2350 余里，是大运河的主要部分，也是航行最困难的一段，在这段运道，重运漕船有违限情事，对催攒官的惩罚曾制定过严厉规程。

至于脱帮的惩罚，以运官责任最重。乾隆三十八年（1773）定：

---

① 主要参考光绪《漕运全书》卷 15。

② 九江、芜湖各关，令粮船一到立即查验放行，不准羁留刁难勒索。

漕船脱帮一二日的，运官须严督运丁跟帮前进；其赶帮不力致抵通州脱空五日之久的，该领运官照溺职例斥革；押运官不行稽查致误漕务的，例降一级。[①]

漕船运行途中遭遇困难，沿运文武官员能出力催攒顺利完成任务的，国家酌予奖赏。嘉庆八年（1803），淮安地区，黄河倒灌运道，在各级官吏努力挣持下，使回空漕船如期渡黄南下，漕督及地方文武官员都交部议叙。嘉庆十三年（1808），是年漕船80余帮于五月十五日全数渡黄，漕运比以往数年俱早一二月，办理漕务官员俱交部议叙。

从以上国家关于漕运的各种禁令和惩罚章程，反映出清王朝对漕运制度的重视。清代漕运制是靠奖惩规程来维持的。

附

清档原件

一　漕运总督鄂宝奏报起运乾隆四十六年份漕粮折

乾隆四十八年二月初八日内阁下户部

乾隆四十七年十二月二十日兵部尚书兼都察院右都御史总督

淮扬等处地方提督漕运海防军务兼理粮饷臣鄂宝谨题：

为汇报乾隆四十七年起运四十六年份漕白船粮事：该臣查得河南、江南、浙江、江西、湖广等省，乾隆四十七年起运四十六年份实征起运漕粮，兑改正米麦豆二百一十七万四千九百一十四石四斗四升六合九勺，随正耗米麦豆八十二万九千五百七十八石九斗九合一勺，内交仓尖耗并三升盘闸作正新耗米麦豆二十九万三十七石七斗八升七

① 光绪《漕运全书》卷14。

合七勺，下剩运丁沿途盘剥晒飏耗米麦豆五十三万九千五百四十一石一斗二升一合四勺。又搭运乾隆十八等年份缓漕等项兑改正米四万六千五百四十五石九斗八升九勺，随正耗米一万五千一百九十七石五斗三升八合七勺，内交仓尖耗并三升盘闸作正新耗米六千三十五石四升四合五勺，下剩运丁沿途盘剥晒飏耗米九千一百六十二石四斗九升四合二勺。又搭解乾隆四十五年份德州仓行粮支军及缓交失风节省脚耗等米一万五千四百五十四石一斗二升二勺，共用船三千八百三十二只。又江南、浙江二省白粮正米五万二百二十八石，随正耗米一万九千五百六十四石六斗四升九合九勺，内交仓耗米二千一百二十二石七斗一升八合八勺，下剩运丁沿途盘剥晒飏耗米一万七千四百四十一石九斗三升一合一勺。又白粮改糙粳正米三万六千三百石一斗九升九勺，随正耗米一万四千五百二十石七升六合四勺，内交仓尖耗并三升盘闸作正新耗米五千一百五十四石六斗二升七合一勺，下剩运丁沿途盘剥晒飏耗米九千三百六十五石四斗四升九合三勺，用船一百五十四只。以上通共漕白并改漕正耗米麦豆并搭运米三百二十万二千三百三石九斗一升二合八勺，共用船三千九百八十六只，俱经节次题报在案。除照造清册送部外，臣谨缮具简明黄册恭呈御览，伏祈皇上睿鉴，敕部查照施行，再照兴武卫五帮等帮旗丁张彭年等失风拆板亏折米石各缘由，另案咨部归结合并陈明，为此具本谨题请旨。

朱批：该部查核具奏册并发。

二　漕运总督鄂宝奏报起运乾隆四十七年份各省新漕折

乾隆四十八年二月初八日内阁下户部

乾隆四十七年十二月二十日兵部尚书兼都察院右都御史总督淮扬等处地方提督漕运海防军务兼理粮饷臣鄂宝题

为恭报派发新运全单仰祈睿鉴事：窃查乾隆癸卯年起运四十七年

份各省新运漕粮，例应先期核派全单，俾各省军卫有司得以遵照兑运。经臣照例檄行山东、河南、湖广、江西、浙江、江南各粮道，将应运粮米数日造报，按粮计船核派全单，以凭照数催征以限兑运去后，嗣据山东粮道葛正华册报，山东省乾隆四十七年份，实征起运正粮一十四万五千九百三十五石二斗五合，正豆一十一万三千四百九石四斗四升九合四勺，用船六百四十六只。又据河南粮道赫尔敬阿册报，河南省乾隆四十七年份，实征起运正粮五万一百四十一石四升六勺，正麦八千一百一十九石四斗，正豆九万七千二百四十四石一斗四升三合二勺，用船三百七十五只。又据前署江西粮道汤萼棠册报，江西省除南昌等四府漕粮轮蠲外，所有瑞州等府乾隆四十七年份，实征起运正粮二十四万九千八百三十七石六斗八升五勺，用船三百三十七只。又据浙江粮道王廷燮册报，浙江省除杭湖二府属漕粮轮蠲外，所有嘉兴府属乾隆四十七年份，实征起运正粮二十九万八千五百三十九石五升九合七勺，用船四百七十八只，实征起运白粮改漕正粮二万二千五百六十七石四斗一升三合三勺，用船三十八只。又浙江省漕粮改折灰石银两，乾隆四十七年份系无闰之年，杭州、嘉兴、湖州三府属例该折粮一万三千三百二十三石七斗，照例在于各州县额粮内派折征银解部。又据湖北粮道郭世勋册报，湖北省乾隆四十七年份实征起运正粮九万四千五百三十九石八斗七升八合七勺，用船一百八十只。又据前护江安粮道印务江宁府知府李士珠册报，所属各府州乾隆四十七年份实征起运正粮三十九万五千九十三石一斗六升四合五勺，用船八百七十八只。又长淮卫三帮、四帮轮兑徐州府属漕粮，今该长淮卫四帮，又淮安卫头帮、二帮，泗州卫前帮、后帮，旧例轮转兑运苏州、常州、淮安、海州等府州属漕粮。今乾隆四十七年份，应淮安卫头帮兑运苏州府属漕粮，淮安卫二帮兑运常州府属漕粮，泗州卫前帮兑运淮安、海州等府州属漕粮，泗州卫后帮兑运苏州府属漕粮，照依轮转核派全单遵依兑运。又据前任苏松粮道王兆棠册报。所属各府州乾隆四十七年份实征起运并白粮改漕正粮一百一十三万一千八百八十四石五升三合六勺，用船二千三百七十二只。又苏州、松江、常州三府属并太仓州属例应改折灰石银两，乾隆四十七年份系无闰之年，该折粮二万一千一百一十六石三斗五勺在于各州县，照数派折征银解部，各等情（下略）。

朱批：该部知道。

第六章

漕运官制和船制

第一节　官　　制

为了把征收的漕粮运到北方，清王朝沿袭明制，设置了一套完备的执行机构，在北京和通州设有仓场衙门和坐粮厅，在淮安设有漕运总督衙门，各省设有粮道衙门，各州县收漕有专设机构。就各级官吏职权区分，大致可以分成为六类：①监督巡查官；②征收监兑官；③押运官；④领运官；⑤催攒官；⑥漕仓监收官。各级官吏，按其职权分别负责，从向税户征收起，至京通交仓止，制度严明，自成一个独立的体系。以上各级漕事官吏，在朝廷一级归户部主管。户部内设云南清吏司，除管理云南钱粮外，兼理全国漕政事宜。在户部尚书之下，云南清吏司就是设在北京的漕政直辖机关。

一　监督及巡察官

1. 漕运总督

漕运总督一人，是总管漕运之官，驻扎淮安。凡佥选运弁，修造漕船，征收漕粮，兑运开帮，过淮盘掣，催攒重运，抵通稽核，查验回空，核勘漂没，督追漕欠及随漕轻赍行月等项钱粮，由漕督总揽政令。凡直隶、山东、河南、江南、江西、浙江、湖广等省经理漕务的文武官员，都受他的管辖节制。

2. 各省粮道

山东、河南、浙江、江西、湖北、湖南各设督粮道一人，江南设江安、苏松粮道二人。其主要任务在总理通省粮储，监督一省漕粮的征收和起运。江安粮道驻江宁，苏松粮道驻常熟，山东粮道驻德州，河南以开、归道兼理，江西、浙江、湖南、湖北四省粮道并驻省城。新漕开兑，粮道监仓亲验，并监督兑粮上船，押运北上。山东、河南二粮道，押运粮船抵通州交卸；其余各省粮道押运过淮盘验之后，即回任料理新漕事宜。乾隆四十八年（1783）后改令各省粮道俱押运粮船抵临清盘验，然后回任。

粮道除以上任务外，并统辖各该省军卫遴选领运千总，佥选运军，监造漕船等事务。

3. 巡漕御史

顺治初年，设巡视南漕御史一员，北漕御史一员，雍正七年（1729）增为四员，分驻淮安、通州。乾隆二年，令一员驻通州，巡察通州到天津一段运输；一员驻天津，巡察天津到山东、直隶交界处一段运输；一员驻济宁，巡察山东境内运输；一员驻淮安，巡察长江以北至山东界一段运输。诸凡催攒漕船、弹压运丁水手、疏通运道及一切漕务事宜，四御史各按辖区巡游察访。

4. 河道总督和各省巡抚

河道总督的职责，主要是监督沿河文武官员挑浚淤浅，修筑堤岸，保护运道，同时负有催攒漕船挽运之责。各省巡抚则督催所属完纳漕粮交兑开船，并负责查禁水次折乾盗卖棍蠹把持官役勒索诸弊。

二　征收及监兑官[1]

征收漕粮事宜由州县正官负责。为预防浮收勒折，更定州县官坐仓监收之制。州县官因公外出始得委派佐贰官监收。粮多区域，州县官一人不能兼顾，得派书吏代收，但须令署内亲戚家人坐仓看守，以重责任。州县漕粮兑交上船，由各府派委同知或通判监兑。[2] 凡米色美恶，兑运迟速，皆监兑官之职责。其运丁勒索、吏胥舞弊、仓棍包揽以及掺和诸弊，都由监兑官负责严防，如表6－1所示。兑粮上船，并由监兑官员亲督到淮。[3]

表6－1　各省监兑官及监兑漕粮府别

省　别	各省同知通判	监 兑 府 别
山东	济南府通判[1],武定府同知	
	兖州府通判,东昌府通判, 泰安府通判,曹州府通判	以上六府同知通判各监兑本府漕粮[2]
河南	归德府通判	监兑开封归德二府漕粮
	卫辉府通判	监兑彰德卫辉二府漕粮
	怀庆府通判	监兑河南怀庆二府漕粮
江南	江宁府管粮同知,苏州府督粮同知, 苏州府管粮通判,松江府督漕同知, 松江府粮捕通判,常州府管粮通判, 镇江府粮捕通判,太仓州管押丞倅, 安庆府管粮通判,宁国府管粮通判, 池州府管粮通判,太平府管粮通判, 庐州府管粮通判,凤阳府同知, 淮安府军捕通判,扬州府管粮通判, 徐州府粮捕通判	以上同知、通判各监兑本府漕粮[3]

① 光绪《漕运全书》卷2。

② 监兑官一职，原由各省推官内委用，康熙六年（1667）改由各省同知、通判内委用。

③ 江西湖广漕船以远涉江湖，路途遥远，乾隆二十三年（1758）改令监兑官不再亲督到淮。乾隆三十二年（1767），安徽省监兑官也停止到淮。

续表

省　别	各省同知通判	监兑府别
浙江	杭州府局粮通判	监兑该府属和嘉兴府石门县漕粮
	嘉兴府通判	监兑该府漕白二粮
	湖州府同知	监兑该府漕白二粮
江西	南昌府通判，吉安府通判	南昌吉安二府通判南昌瑞州、临江、吉安、广信、建昌、抚州、南康等八府漕粮
	临江府通判	监兑饶州府漕粮
湖广	武昌府通判,汉阳府通判,黄州府通判,安陆府通判,德安府通判,荆州府通判,长沙府通判,卫州府通判,岳州府通判	以上九通判各监兑本府漕粮

资料来源：光绪《漕运全书》。

说明：①同治《户部则例》作东昌府清军同知。

②同治十三年（1874）《户部则例》19。济宁、直隶州州同监兑金乡、嘉祥、鱼台三县漕粮，临清直隶州州同监兑夏津邱县武城三县漕粮。

③江南省原包括江苏安徽地区，康熙年间分置二省。

三　押运、领运及催攒官吏

押运主要由各省粮道主管。继以粮道总理各省粮储，任务繁重，各省又兼设押运通判，计山东、河南、湖北、湖南四省各设一人，江西二人，浙江三人，江南七人。后又进行分工，漕船运粮北上由各省粮道押运，漕船到达通州，出具粮米无亏印结，任务即行完毕，然后由各通判负责将漕船押回本地，谓之回空。

领运官。挽运漕粮由各地卫所军承担，领运即由各卫所守备、千总负责。卫所军挽漕北上，船数十只编为一帮，全国船数千只，编为121帮，每帮设领运守备或千总1～2人，负责领运事宜。各省卫所帮数时有变动，或增或并或分，历年不同。乾隆以后逐渐固定下来，如表6－2所示。

表6-2　各省领运守备千总人数

单位：人

省　别	卫　数	所　数	帮　数	卫守备
直　隶	—	4	—	—
山　东	5	2	12	1
江　南	16	—	49	8
浙　江	8	3	10	—
江　西	4	8	14	—
湖　广	10	—	3	—
总　计	43	17	88	9
省　别	领运守备	守御所千总	领运千总	卫千总
直　隶	—	—	4	—
山　东	—	4	24	—
江　南	—	—	98	2
浙　江	2	1	20	2
江　西	3	8	17	8
湖　广	—	—	13	—
总　计	5	13	176	—

资料来源：《历代职官表》卷60。

每帮设领运千总二员，二人轮流领运。一员领运当年漕粮赴通州交兑；一员留省预备领运翌年新粮。每帮设随帮一人，专司押空。领运职务，在督率运丁修理漕船，监督帮船按期挽运，管束运丁水手不使滋生事端，并负责严禁帮船夹带私盐、盗卖漕粮诸弊。

催攒官职责，主要是督催漕船如期开行，以防拖延迟误。漕运河道两总督、巡抚御史，以及各省巡抚，都兼负有催攒漕船的任务。沿运道重要处所复设有催攒专官，如山东寿昌、东昌等处均遴选专员驻扎，各按河汛往来催攒；如安徽繁昌县荻港司巡检之兼司催攒。各重要闸坝，则派遣委员照应漕船过闸及催攒诸事。嘉庆十三年（1808），漕务委员多至八十余人。沿运道的文武官员都负有催攒漕船的责任，如：京口、瓜洲长江渡口由京口总兵督率地方文武官吏催护过江；临清、砖板二闸由临清副将催攒巡查；从张秋至七级闸由寿张营守备负责催攒；魏家湾、戴家庙由该管把总负责催攒。距离卫所遥远之处，另委专员负责。沿运道的知州知县，则负责辖境以内催攒事宜。通州坐粮厅则兼负河北运道内漕船催攒之责。

漕船开行，每船在各段运道逐日行驶里数，某月日到达某地，都有规定。沿运道负责催攒文武官员，一俟漕船入境，即须按规定时日催行，不得任使漕船停留。漕船在何省延误，由该省巡抚查出催攒不力之押运领运等官弁参奏惩罚。[①]

四　监收及漕仓官

漕粮运抵京通，兑收上坝及运交仓库，手续纷繁，官员众多。

1. 仓场总督

仓场设总督二员，满汉各一人，以户部侍郎充任。仓场衙门平时设于崇文门外，粮船到境时出巡通州，总理一切漕务事宜。漕运总督、各省督抚和沿运文武各衙门，凡有关漕务应上报户部的文件，俱照报部式样分报仓场。各省粮道并沿运道地方文武官员，都受仓场总督管辖。仓场总督每年春季出巡，查看五闸河道，点验河坝经纪、车户和拨船等，以便新粮到坝起运。漕白粮船抵通日期，起过漕粮石数，每隔五日须具折奏报。各帮漕船完欠情形，须造册送户部查核。有未完解省份，将该省巡抚粮道一并题参。各仓监督亦听仓场总督考核。

2. 坐粮厅官

坐粮厅官二员，满汉各一人，以科道部郎等官简任，二年任满更代。[②] 衙门设于通州新城内，下辖石坝州判一员、土坝州同一员、通济库大使一员、通流闸闸官一员、庆丰闸闸官一员。坐粮厅职责，诸如监督挑挖北河淤浅，催攒北河重、空漕船，督令经纪车户转运粮米

---

① 嘉庆十年（1805）宝应一带有积凌10余里，阻碍粮船运行；甘泉县运河上游有浮冰，下游凝结，漕船难行。该二县官以不乘冰薄之时，随冻随敲，致碍漕务，坐“玩误”治罪。

② 坐粮厅原定一年差满更替，康熙三十三年（1694）改三年一差，三十八年照各部院司官论俸升转，不定年限，雍正元年（1723）题定二年一差，永为定例。

交仓，兼督通济库收支轻赍由闸等项银两等。

3. 大通桥监督

大通桥监督二员，满汉各一人，衙门设于东便门外。[①] 其职务专经管运到石坝的漕粮米石，抽验斗量，并督催车户分运各仓库贮存。

4. 仓监督

京通共计15仓，每仓设监督二员，满汉各一人，职务是监管仓库，巡查防弊。汉监督从候选道府之同知、知州等官内派选，满监督由各部院笔帖式中差遣。乾隆元年（1736），监督改由各衙门现任员外主事或内阁中书部院监寺属官拣选补放。各仓监督原定一年差满更换，雍正元年（1723）定：各监督在任内有操守清廉粮储无亏者，得连任三年。又每仓各设都统或副都统一员，御史一员，都统职责系在仓监放八旗甲米，御史则于各仓收米放米之时逐仓纠查，防止弊端。

京通各仓，另设书办、攒典等员役，如表6-3所示。

表6-3　京通各粮仓员役

单位：人

仓　名	书　办	攒　典	皂　隶	花　户	铺　军	小　甲	各旗看仓章京	披　甲
禄米仓	2	2	5	29	—	2	4	70
南新仓	2	2	4	29	—	2	4	40
旧太仓	2	2	6	24	2	2	6	40
海运仓	2	2	6	24	2	2	2	40
北新仓	2	2	6	26	2	—	2	40
富新仓	2	2	7	20	—	2	4	40
兴平仓	2	2	6	26	2	2	4	40
太平仓	2	2	4	28	—	2	6	59
万安仓	2	2	6	30	2	2	8	79
本裕仓	1	1	共34名				4	60
裕丰仓	2	2	6	24	2	2	2	40
储济仓	2	2	6	24	2	2	4	80

① 康熙四十一年（1702）题准，裁汰大通桥监督，四十七年覆设，规定一年差满更替。

续表

仓　　名	书　办	攒　典	皂　隶	花　户	铺　军	小　甲	各旗看仓章京	披　甲
丰益仓	1	1	————共34名————				—	—
通州西仓	3	3	—	18	—	—	2	100
中　　仓	2	4	—	9	—	—	—	—

资料来源：光绪《漕运全书》卷51。

说明：通州原设中、西、南三仓，乾隆十八年裁南仓，归并中、西二仓。

从以上诸表，可以看出漕务机构的庞杂，漕运官吏的众多。以上还是在籍有编制的官吏。此外在每个漕务机构之下还豢养着难以数计的各种杂役吏胥，都以漕为利薮。

五　漕务官吏的考成

漕粮关系京师官员及八旗士兵供应，对有关官吏制定了严格的赏罚制度。顺治十二年（1655）制定漕务官吏考成则例。①关于漕粮征兑：若不能及时征兑，经征州县卫所各官，分别罚俸、住俸、降级、革职，责令“戴罪督催，完日开复”。②关于到淮盘验：粮船到淮，盘验之时如发现粮额不足或米质不纯，监兑官及押运官分别治罪。道、府、厅不揭报者，照失察例议处。③关于漕船沿途运输：令沿河镇道将领，遇漕船入境，按汛地驱行。“如催趱不力，听所在督抚纠弹”。④关于粮船抵通州：押运官及运船须出具粮米无缺印结；若粮米有亏或米质不纯，令旗丁赔补，并将押运官治罪。

以上漕运官制，由漕粮征收兑运、挽运到京通交仓，制度严密，赏罚严厉。但每一个有关漕务的衙门中的漕运总督、各省粮道、巡漕御史、征收及监兑官吏、押运及领运官吏、催攒及监收官吏，都把办理漕务视为利薮。尤其清朝中叶后，伴随政治腐败，漕官贪污日益严重。①

① 漕吏贪污俟详第九章。

第二节　船　制

一　漕船数目和变动情况

运粮漕船船数，因时期而不同。[①] 康熙以前全国漕船凡10455只，雍正以后逐渐减少。雍正四年（1726）为6406只，乾隆十八年（1753）为6969只，嘉庆十七年（1812）为6384只，道光十九年（1839）为6326只，咸丰元年（1851）为6296只。

漕船组织以帮计，每帮船数多寡不等，一般为30多只到60多只，但有的多至90多只，如扬州卫第3帮有船96只，最少者10余只至20只，如天津所帮只有船17只。兹将咸丰元年出运各省漕粮的各卫所帮数船只列表，如表6－4所示。

表6－4　各省卫帮船只（咸丰元年）

省　别	卫	帮	船数(只)	附　注
江安粮道	江淮卫	江淮头帮	65	瓜洲、京口两岸设护漕红船10只，黄河设护漕红船2只，每船岁修银9.307两，三年一次给发。北运河设催漕快船32只，每年每船岁修银4两，均十年期满拆造
		二帮	66	
		三帮	47	
		四帮	74	
		五帮	63	
		六帮	29	
		七帮	57	
		八帮	31	
		九帮	45	
	兴武卫	兴武头帮	23	
		二帮	38	
		三帮	56	
		四帮	59	

① 明代漕船数额也经常在变动。如成化年间（1465～1487）为12114只，嘉靖年间（1522～1566）为12140只，万历年间（1573～1619）为11688只。见《通漕类编》卷2。

续表

省　别	卫	帮	船数(只)	附　注
江安粮道		五帮	55	
		六帮	71	
		七帮	34	
		八帮	66	
		九帮	24	
	安庆卫	前帮	56	
		后帮	55	
	新安卫	池州帮	46	
	建阳卫	宁太帮	90	
	宣州卫	宣州帮	45	
	淮安卫	淮安头帮	50	
		二帮	51	
		三帮	36	
		四帮	26	
	大河卫	大河前帮	34	
		二帮	48	
		三帮	63	
	扬州卫	扬州头帮	74	
		三帮	96	
		仪征帮	74	
	凤阳卫	常州帮	77	
		凤中常帮	54	
		凤中二帮	68	
	长淮卫	长淮头帮	46	
		三帮	30	
		四帮	33	
		宿州头帮	26	
		二帮	42	
	庐州卫	庐州头帮	28	
		二帮	72	
		三帮	75	
	滁州卫	苏州帮	47	
	泗州卫	泗州前帮	52	
		后帮	56	
	徐州卫	江北帮	54	以上共漕粮船 2561 只，另抽派协运苏松粮道属白粮船 110 只

续表

省　别	卫	帮	船数(只)	附　注
苏松粮道	苏州卫	苏州前帮	75	
		后帮	74	
	太仓卫	太仓前帮	46	
		后帮	46	
	镇海卫	镇海前帮	36	
		后帮	36	
		金山帮	33	
	镇江卫	镇江前帮	88	以上共漕船521只,另抽派装运白粮船26只。又另轮减船11只
		后帮	87	
	苏州府	白粮帮	55	以上共白粮船136只,内江安粮道属各帮抽派协运船110只,本粮道属各帮抽派船26只
	松江府	白粮帮	45	
	常州府	白粮帮	36	
浙江省	杭州卫	杭州头帮	50	
		二帮	49	
		三帮	54	
		四帮	60	
	宁波卫	宁波前帮	58	
		后帮	54	
	绍兴卫	绍兴前帮	64	
		后帮	63	
	台州卫	台州前帮	47	
		后帮	50	
	温州卫	温州前帮	50	
		后帮	42	
	处州卫	处州前帮	45	
		后帮	46	
		海宁所帮	42	
	嘉兴卫帮		44	
		湖州所帮	39	
		金衢所帮	44	
		严州所帮	48	
	嘉兴府	白粮帮	76	以上漕粮、白粮船共1067只。另轮减船47只
	湖州府	白粮帮	42	

续表

省别	卫	帮	船数(只)	附注
江西省	南昌卫	南昌前帮	56	
		后帮	54	
	袁州卫	袁州帮船	43	
		九江前帮	45	
		后帮	56	
		吉安所帮	57	
		永建帮	50	
	袁州卫	安福所帮	39	
	赣州卫	赣州帮	60	
		抚州所帮	33	
		广信所帮	46	
		铅山所帮	50	以上漕粮船共 636 只，每只带三百石，拨船 1 只
湖北省		湖北头帮	60	
		二帮	60	以上漕粮船共 180 只，每只带三百石拨船 1 只
		三帮	60	
湖南省		湖南头帮	67	
		二帮	63	以上漕粮船共 178 只，每只带三百石拨船 1 只
		三帮	48	
山东省	德州卫	德州正帮	52	
	临清卫	山东前帮	64	
		后帮	47	
	济宁卫	济宁前帮	86	
		后帮	80	
		左帮	84	
		右帮	60	
	东昌卫	东昌帮	66	
		濮州所帮	53	
		东平所帮	54	以上漕粮船共 646 只
河南省		直隶通州所帮	20	
		天津所帮	17	
	山东德州卫	左帮	24	
	任城卫帮		43	
		平山前帮	43	
		后帮	43	

续表

省 别	卫	帮	船数(只)	附 注
河南省	临清卫	河南前帮	29	
		后帮	57	
	江南徐州卫	河南前帮	48	
		后帮	47	以上漕粮船共 371 只

资料来源：咸丰《户部则例》。

说明：据上表统计，漕船共计 6296 只，按出运漕船属有变动。据光绪《漕运全书》卷 17，道光九年出运漕船为 6326 只；据同书卷 28、卷 29、卷 30，出运船为 6283 只。

由上述情况，雍正以后，历朝出运漕船数以 6000 多只为常，但稍呈减少趋势。漕船裁减原因主要是田亩荒废漕粮减少。如乾隆十九年（1754），苏、松、常、镇、太五府州属，部分田亩坍废，漕额减少，将兑运该处漕粮的扬州、滁州等卫帮船裁汰 15 只。乾隆二十二年，长洲、元和等 9 州县因筑塘占地，漕额减少，将兑运该处漕粮的太仓、镇海等帮船裁汰 10 只。乾隆三十七年，山东临清、陵县盐碱沙压地亩免纳漕粮，将兑运该处漕粮的济宁右帮，临清前后帮及东平所帮裁汰漕船 3 只。有因漕粮截留不需北运而漕船裁减的，如乾隆二十二年，驻扎江宁的满洲八旗兵饷改发本色，截留漕粮 30304 石，因裁减江淮、兴武二卫漕船 30 只；又如嘉庆十二年，寿州所属州县漕粮改拨驻防兵饷，裁减宿州二帮船 10 只。有因运丁贫乏无力继续挽运而裁汰的，如乾隆十二年，江南江淮，兴武二卫 18 帮原有漕船 1184 只，因二卫无赡运屯田，运丁贫苦，令每 10 船裁减 1 只，将所裁之船应兑运的漕粮均配给其余 9 船兑运，应给之银米也分给该 9 船支领，共裁船 118 只。有的地区因船多米少而裁汰的，如湖北省实征漕粮 94600 石，漕船多至 228 只，每船只兑运米 415 石，同时湖南兑米漕船则装至 530 石，乾隆十三年，令湖北运船也以装米 530 石计，凡裁船 48 只，将所裁船只应领之银米津贴等均配给保留出运之 180 只船。此外有的漕船轮流出运，大概也是由于船多米少，如江南庐州卫三帮额船98只，每年以86只出运，其余12只轮歇。乾隆十二年（1747），将轮歇船裁汰，实留86只逐年出运。有的漕船所配兑粮州县路途过远，运输不便，而加裁汰，如江南大河卫前帮有船3只，原兑运扬州府属泰州、东台二县漕粮，即因路远于乾隆二十五年裁汰，将3船原装米石分配给扬州三帮船96只带运。

二　造船厂和漕船木料

打造漕船专设有造船厂。较大的造船厂，如江苏的淮安、清江、江宁，湖北的武昌、汉阳，山东的临清，浙江的仁和、钱塘。运船较多的卫所，如安庆、新安、宣州、建阳、金山、镇江、苏太、镇海等卫，及江西各卫所，则按船发给各丁料价，由运丁在当地设厂打造。江淮、兴武、庐州、凤阳、滁州、徐州、淮安、大河、扬州、仪征等卫船只，则分赴清江、江宁等厂打造。浙江省各卫所船只，例于仁和、钱塘二厂打造。雍正二年（1724），改由粮道发给银两，令自行打造。湖南、湖北各卫所船只，由粮道将料价分发武昌、汉阳二粮厅，在武汉二厂均分打造。山东省各卫所船只，原在淮安山东厂打造，后裁淮厂，发给各丁银两自行制造。兑运河南省漕粮的为徐州卫河南前后两帮船，两帮共船106只，向在淮安清江厂打造，乾隆间改在临清坞及戚城打造。咸丰元年各卫所帮船造船厂地址如表6－5所示。

表6－5　各卫所帮造船厂地址（咸丰元年）

卫所帮别漕船	造船厂	附　注
山东各卫所漕船	淮安山东厂	
徐州卫、河南前帮漕船	临清胡家湾	
徐州卫、河南后帮漕船	临清坞所	
徐州卫江北帮漕船	夏镇设厂	

续表

卫所帮别漕船	造船厂	附　注
江南、江淮、兴武、庐州、凤阳、滁州、淮安、大河、扬州、仪征等卫所漕船	江宁府及淮安、清江等厂	
安庆、新安、宣州、建阳、金山、镇江、苏州、太仓、镇海并江西省各卫所漕船	均在本地方设厂	
浙江各卫所漕船	仁和、钱塘二厂	
湖北、湖南各卫所漕船	武昌、汉阳二厂	

资料来源：咸丰《户部则例》卷22；同治《户部则例》同。

国家对船政极为重视。打造之时，政府派遣专官监督，或由各卫守备监造。① 漕船造成之后，须将监造官和匠作姓名及打造年月等刻凿于船尾，再由漕运总督衙门查验，加打印烙。查验共分九项：一验木，查看木料是否合乎规格标准；二验板，查看船板厚薄是否合乎规制；三验底；四验梁；五验栈，查看底长、梁宽、栈长三者是否合乎尺寸要求；② 六验钉；七验缝；八验舱法；九验头艄，查看船的坚牢程度，防止工匠侵欺使假。如造船不符合规制，或配用旧木料及杂木，或灰捻不紧密，则将监造官题参议处，并令与旗丁等一体赔造。③

三　漕船种类和容积

漕船大致可分为三种，江西、湖南、湖北三省的漕船叫江广船，江南、浙江的漕船叫江浙船，山东、河南的漕船叫浅船。江广船行经长江，船身最大；江浙船须经太湖，容积次于江广船；山东、河南浅

① 湖南省漕船，每隔十年一次大造，由各卫守备监造。乾隆二十四年（1759），改由出运之各帮千总监造。

② 打造漕船工匠，造船时每受旗丁贿赂，将尺寸加大，容量增加，以便沿途装载私货。因此船造成后，验其宽长，不得超越尺寸。

③ 乾隆十三年湖广船因制造不坚，入运之后无故朽腐，将监造卫备降级调用，原船责令该丁照例赔造。乾隆五十五年，东昌卫平山后帮旗丁房有道漕船，入运之后船身损伤，将从前成造不坚之该卫守备议处。

船容积较小。

江广船和江浙船容积屡次变更，康熙年间，各省船只相同，以装米400石为准。康熙二十一年（1682）规定船长为71尺。雍正二年（1724）定，江广船行经长江，有波涛之险，令将船身加长为90～100尺，江浙船长仍定为71尺。实际容积皆在1000石以上。

船身大小虽有定制，但各卫所运丁在打造新船之时为多带商货每私将船身加大。船身既重，水小易于搁浅，航行极不方便。雍正二年（1724）江苏布政使郑尔泰因上疏请改造船式，谓旧式漕船，每船装额米600石外，皆供运丁揽商载货，船大行迟，有碍航运，他建议改造舣子式新船，船窄而长，易于运行，容积以1000石为准，内装漕粮600石，运丁行月口粮100石，带商货300石，如此既便于督运，也有利于商民。①

雍正所定规制，漕船仍然偏大，吃水太深，运行不便。乾隆五年（1740），清廷下令各省督抚筹划，酌减漕船尺寸，恢复雍正间旧制，嗣经阿桂议准：江广船长95尺，深6.9尺，吃水3.9尺，并将吃水线刻在漕浅板上，随时查验。目的是预防运丁超带土宜，影响运输。②

关于漕船尺寸大小，乾隆中期以前吏治严明，所定规制尚能维持。嘉庆年间私弊渐多，运船容积日益增大，动辄搁浅，于是再次下令将船身缩小，各省船只尺寸大小如表6－6所示。

表6－6　嘉庆年间定各省漕船尺寸

单位：尺

省　别	船面全长	中　阔	船底长	栈　深	篷　高
江南、浙江船	80	15.0	59	6.0	2.8
江西、湖北、湖南船	90	16.5	70	6.6	2.8
山东、河南浅船	71	14.4	52	4.4	2.8

资料来源：咸丰《户部则例》卷22。

① 《清朝经世文编》卷47，郑尔泰：《改漕船修水利疏》。
② 《清朝经世文编》卷47，阿桂：《申明粮船定式疏》。

道光四年（1824）两江总督魏元煜再次请制定漕船吃水尺寸，湖广船以吃水4.3尺为度，江浙船以吃水3.8尺为度，较乾隆所定增加4寸[①]，容量虽不及嘉庆船，但比乾隆船可多装米货200多石。

关于漕船载运米额，因时期而不同，康熙间每船以装载400石为准，雍正间增为600石，但实际载量在1000石以上。嘉庆四年（1799），江西漕船每只装米至1263石。该省漕船之所以载重过大，乃由于帮船运丁为增加收入，要求裁减漕船40只，将该40船原载米石分装各船。该省帮船运丁呈报，每船除原装米石及土宜外，尚可增载200～300石，是时每船可载重1400～1500石。[②]

漕船的更新以十年为期，由国家发给运丁部分料价银，不敷部分由卫、帮自己筹划。为使卫帮对造费的负担逐年平均，不使一年全部重造，令各卫所每年抽造十分之一，每届十年全帮轮造完毕，谓之“加一成造”制。[③]

运满十年的船只叫满号船，为保证航运的安全，满号船不准继续出运。如镇江卫前后两帮漕船175只，按规定每年应打造新船17～18只接替。嘉庆二十年（1815），该两帮有满号船35只，运丁提出打造新船5只，其余30只加以修整继续出运。官府以不合加一成造规制，予以批驳。

但有特殊情形可以放宽多出运一次。如嘉庆二十年至二十一年（1815～1816），浙江台州卫满号船13只，宁波卫满号船12只，虽满十年，船身仍甚牢固，都继续出运一年，缓俟下年成造，但须经官府批准。

还有因特殊情形而运船延缓成造的。一是新船赶造不及，得雇民船接替，但以一年为限。[④] 二是运丁屯田发生灾荒，经济困难，而漕

---

① 《清史列传》卷35，《魏元煜传》。

② 祁韵士：《己庚编》上，《议驳江西裁减粮船折》。

③ 雍正四年，令湖广船只运满十年，一律成造。其余各省仍按加一成造制。

④ 乾隆三十六年，淮安头帮满号船四只，乾隆五十一年江淮卫八帮、淮安卫二帮数船，以赶造不及，漕粮暂雇民船装运。

粮派入截漕或轮减案内而停运的，漕船也得缓造。①

漕船出运不到十年而损坏的，追惩监造官和承造工匠。雍正十三年（1735）定：漕船毁坏经过，如运过五六年者责令赔造，运过七八年责令买补，运到九年者责令雇船代运。

四　修造经费

制造新船，料价由政府发给，打造费由关税、运丁行月银米节余、漕粮轻赍银及芦课等项银两拨补。每船料价各省多寡不同，至康熙二十六年（1687），始划一为银208.774两。轮造之年，由各省粮道按船数发给。各省排造漕船每年用过工料银两，俱入漕船奏销册内送户部查核。清代前期国家按船拨给料价银见表6－7。

表6－7　清代前期国家按船拨给料价银

省别	每船料价原额（两）	历年拨给额（两）					
		顺治十七年	康熙十一年	康熙十七年	康熙十九年	康熙二十二年	康熙二十六年
湖广	250.00	—	—	—	177.16	177.15	208.774
浙江	283.27	—	—	261.03	221.49	177.15	208.774
江西	283.27	—	—	—	240.37	177.15	208.774
山东	283.27	234.77	224.37	208.77	177.16	177.15	208.774
江南	283.27	234.77	224.37	208.77	177.16	177.15	208.774

资料来源：咸丰《户部则例》卷22。

注：通州、天津各卫所船系自备，不给料价。

清朝初期，造成一船已需银600~700两，后来物价昂贵，更增到1000多两。政府仅发给料价银200余两，不敷成造②，不能不另给

① 为例甚多，如乾隆五十一年之大河、建阳、江淮、淮安等卫帮，五十二年之庐州漕船，皆因截漕停运。又乾隆四十年之泗州帮船，则因漕粮轮减而停运。遇以上情形，漕船得缓造一年。

② 《清朝经世文编》卷47，郑日奎：《漕议》，按国家所拨造船之费时有变动。据《清史稿》卷122，《食货三》：嘉庆十七年，浙江省成造漕船，每船除例银208.774两外，再增给590余两。

津贴。江淮、兴武二卫，每新造一船另给钻夫银 50 两、底料银 51 两，后又有清屯加津银 174 两。以上各款与料价银合计为银 400 多两，仍不敷甚巨。嘉庆二十三年（1818），有运丁自造船 495 只，赔垫款项甚多，请准每船酌加造费银 300 两。朝廷为长久之计，将两淮盐规运费银及江安、苏松两粮道库存银提出 14 万两作造船基金，贷给商人，令按月一分起息，将每年所得息银按船贴补，计每年息银 16800 两，以 14850 两贴补造船。道光三年（1823），将特别贫困的淮安卫头帮、二帮按船贴给津造银 150 两，每年轮造十只需银 1500 两，即由此项息银提拨。

苏州、太仓、镇海三卫之船，十年大造，每船实需银 1600 ~ 1700 两，除由官府例给料价外，尚不敷银 1300 两。其中一部分向政府借贷、一部分向造船卫所征收①，并由同伍什军共同协助公帮银弥补。通常以由通帮协济的银钱最多。造船一事在运丁方面成了一种繁重负担。

卫所运船造费公帮，全赖屯田收入。田多的卫所尚可支应，田少的卫所颇感拮据之苦。如浙江各卫帮，每帮只有屯田 100 余亩，且非产木之乡，料价甚贵，国家所发料价不敷甚巨。乾隆五十九年（1794）定，每届造船时津贴公借银 360 两，由各该省粮道库借垫，购买船料，俟后由运丁行月粮内扣还。运丁打造新船，赔垫既多，力不能支。嘉庆十六年（1811），定每船除原发给料价银 208 两外，另贴给银 590 余两。

除新船打造费外，另给修艌银两，从新船第二次出运开始支给，逐年递增，至第十运次为止，作为漕船的修理费。运丁漕船每年所领修艌银额，各省不同，如表 6－8 所示。

① 如湖北荆州右卫每船给造费银 480 两，左卫每船银 600 两；沔阳卫每船银 400 两，岳州卫每船银 292 两零。

表6－8 各省漕船逐次出运补贴修舱银

出运次数	江南(两)	浙江(两)	江西(两)	湖广(两)	山东(两)
二	2.29	3.15	3.00	0.54	2.35
三	2.89	5.35	5.00	2.49	4.63
四	5.52	8.30	5.00	3.29	4.25
五	4.79	9.38	7.00	4.09	5.38
六	9.69	13.55	—	4.89	8.15
七	6.52	13.80	7.00	11.12	8.00
八	9.59	14.15	—	10.99	5.95
九	10.29	14.83	7.00	11.09	9.23
十	11.32	15.15	7.00	15.47	7.15

资料来源：咸丰《户部则例》卷22。

说明：①修舱银两包括修舱、篾篷、工食、黄白麻、修篷、大修银、三修银诸项。
②满十年后，如船只还坚固，尚可出运，修舱银两照第十次出运之数。
③湖广省满号船如仍继续出运，每船给工费、三修、大修什物等项银11.99两。
④山东船第一年有三修银0.6两，其余各省第一年无修舱费。
⑤河南省漕船，其由江南、山东二省卫所协运者，修舱银照旧，其由天津、通州拨运者，每船每年给修舱银27两。

表6－8所列系清初规制，嗣后稍有改变，康熙二十年（1681）定，各省漕船每出运一次支给修舱银7.5两。至山东济宁等卫所自备之船，所给修舱费较多，每出运一次给银27.97两。该款由各省粮道库支付。但政府所给修舱银两每不敷用，旧船回次，小修需银数十两，大修多至100两，故每次修舱运丁均须赔垫银数十两。

五 拨船

拨船是小型浅水船。当水浅漕船不易通行之时，将部分漕粮改装在拨船上。一般河水浅阻航行困难处所，政府专设拨船以备拨运。其专拨运通州到京师一段的船叫“里河拨船”，拨运通州以南至江南运河的船叫“外河拨船”。里河拨船之制定于清朝初年，以后很少变动。外河拨船清初仅有津通之间的“红拨”船600只。因该段运河浅滞，地势倾斜大，漕船逆水上驶非常困难，必须用小船分拨，将漕船载重减轻，才能航行，故拨船之设置独早。康熙年间，停废“红拨”船，由旗丁自雇民船拨运。[①] 但夏秋之交各省粮船齐集天津，一时所到米石过多，民船应雇者少，不够分配，运丁和民船夫为运费问题又屡次发生争执，于是改为由政府封雇的制度。[②] 但政府官吏每借封船事向商民勒索，盐商受害尤甚。乾隆五十年（1785），长芦盐商请求捐造官拨 1500 只，停止封雇。[③] 并定河水浅阻之时，漕粮起六存四，即起卸六成由拨船运送通州，存留之四成仍由原漕船直运通州。河水充足则起四存六。后来为加强运务，山东、江南河水浅阻之处也相继设置拨船。各处拨船情况见表 6－9。

表 6－9　各处拨船

类　　别	起 拨 地 点	船　　数(只)
通州拨船	通州至京师	173
直隶拨船	杨村至通州	2500
山东拨船	临清德州一段	300
淮关拨船	清　江	450
黄河拨船	白庄至黄河口	300

资料来源：光绪《漕运全书》卷 82；同治《户部则例》。

里河拨船，十年排造一次。造船经费，顺治十三年（1656）定，土坝石坝白粮拨船每船给成造价银 298 两零，大通桥拨船每船给银 200 两，其款于通济库积存桥坝办公银内给发，然后于经纪车户应领

① 康熙三十九年（1700）前，仅天津至通州有拨船 600 只，曰“红拨”船。每船给地 10 顷，免其征科。康熙三十九年，将“红拨”船地亩按亩征银名曰红拨银两，分派给有粮各省粮道库，给发运丁，由运丁自雇拨船。

② 乾隆二年（1737），照米数多寡计程远近，官为定价，船户不许额外勒索，运丁亦不得横夺装载。到时官为封雇，定为 2000 只，乾隆四十八年改为 1500 只。

③ 乾隆五十年，以官封民船流弊滋多，商贾不行，盐商受害尤甚，长芦盐商偶议捐款造船，共捐银 37 万两造拨船 1500 只。

脚价内扣还。后以物价昂贵，原发价银不敷成造，造费递年增加，石土两坝之船，嘉庆三年（1798）增为458两零，同治五年（1866）增为779两零，同治八年复增为1091两零。大通桥之船至是也增为574两。造船费用既大，经纪车户应领脚价有限，势难扣抵，后改由江西、湖北、湖南、江苏、浙江等省轻赍项下按年解部，作为造船经费。

外河拨船也十年一次排造。排造费用，直隶拨船起初由政府拨款。乾隆五十年（1785）改由长芦盐商捐款银37万两成造。此后嘉庆元年（1796）当满十年排造限期时，改为由天津道所贮油舱银、各直省藩库银及商人捐款三者共凑足银305000两排造。嘉庆二年，制定预筹造船银法，每年向富商派捐银30400两，积十年本息银合计为银37万两，作为历年排造经费，后以为常。嘉庆十六年，直隶另增拨船1000只协运，由山东盐斤加价项下拨款成造。其后山东、江南、黄河各处拨船，成造经费或由运粮漕船均摊，或向富商捐派，视当时情形而定。

拨船管理，外河拨船由沿运河各州县保管，如直隶先造拨船1500只，其中，天津县分管360只，通州分管240只，武清县分管220只，静海县、沧州各分管80只，青县、南皮、交河、吴桥、东光诸县各分管60只，大城、文安县各分管40只，任丘、新安各分管30只，香河、雄县、霸州、安州各分管20只。漕船未到以前，各拨船即开赴杨村等候起拨，拨完仍驶归原管州县水次收管。山东拨船分交附近之德州、恩县、武城、夏津、临清等五州县分管，每县60只。黄河口至台庄拨船交山阳、清河二县分管。江南拨船又称淮关船，由河厅及清河县分管。

里河拨船，每船设船头一人，名曰代役，由政府招募殷实民户充当，每年每名给工食银35两，在经纪应领脚价内扣除。外河拨船各设船户一名，由各地方官遴选有身家之人充当，须取具邻族甘结，给予腰牌，填注姓名、年貌、籍贯、住址及船只号数。[①] 船户每 10 名设一小船头，联名互保；100 船设一大船头。如有偷米逃逸之事，归船头负责。

直隶拨船，船户外每船另设水手 5 名。每拨米 100 石，由运丁给拨船饭米 1.2 石[②]，给水手工食钱 3000 文，另出 1000 文存道库为修舱等费。冬日河水结冰，拨船不能揽载客商，曰“守冻”。南粮未到之先，即须齐集候命，不得远离，曰“守拨”。每船每年另给“守冻”“守拨”银 18 两，1500 船共该银 27000 两，由长芦盐商捐款内动支。添造之 1000 只拨船，其“守冻”“守拨”之费由交商生息银内动支。山东拨船，每船水手 3 名，拨运时期每名按日给工食 0.08 两，此外每拨米一笆斗给制钱一文，为油舱绳索之费。黄河及淮关拨船，船户及水手每名日给饭米一升；此外每拨米一石，更由旗丁津贴制钱八文。拨船除上项收入外，粮船过后并得自由揽载客商。[③]

---

① 拨船编号，如直隶拨船 1200 只，编为子、丑、寅……十二类，每类船 100 只。

② 嘉庆五年（1800），按时价折给钱文。

③ 拨船经商有限制，如直隶拨船春、夏拨粮，仅准秋、冬两季揽载商贾，复为规定航运区域，南不得过临清关，西不得过武强县。

第七章

运丁和屯田

第一节　卫所与运丁

一　卫所军挽运漕粮

清代卫所军挽运漕粮乃沿明旧制。明初建国，刘基奏立军卫法，分驻要冲，借资防卫。其编制分卫、所两级，卫设指挥使，所设千户百户，上统于都指挥使司。在户籍方面，卫所军和州县民户是分开的。军有军籍，属于都督府，和属于户部的民籍不同。卫所军住在固定的卫所，不得自由迁徙。军丁的军籍具有家族性，子孙世袭，本人老死，由子侄替补。

卫所军原是一种正规军。明成祖（1403～1424）迁都北京，京师有庞大的政治机构，京师附近驻有重兵，每年须从南方挽运数百万石食粮以资供应，明帝即将运粮任务加在各地驻扎的卫军身上。宣宗（1426～1435）即位，采行南北卫军分工之制，北方卫军防边，谓之防军；南方卫军运粮，谓之卫丁，是时运粮的卫丁凡12万人[①]，上设漕运总督统之。自是有漕粮的各省，挽运漕粮变成卫所军的专职，遂由驻防军的性质改为服劳役的性质。清朝沿明旧制，有漕各省卫军继续挽运漕粮，唯将指挥官改名为守备，千户百户改名为千总百总，卫军改名为旗丁。由于这部分旗丁的任务是运粮，为使名副其实，本书统称运丁。

运丁运粮之编派，大抵以本省卫所军挽运本省各府州县漕粮为准，但也有例外。各省负责运粮卫所，计山东有德州、济宁、东昌、临清四卫，江安有江淮、兴武等十五卫，江苏有苏州、太仓等四卫，浙江有宁波、台州等七卫，江西有南昌、袁州等三卫和吉安、安福等七所，湖北有武昌、荆州等六卫一所，湖南有岳州等五卫。河南省漕粮则由山东德州、临清等卫和江南徐州卫协济。

运船组织，每一卫所之下分成若干帮，或称前后左右帮，或称头帮、二帮、三帮、四帮；每一帮船数一般为50～60只。帮数原有一定，唯历时既久，帮数渐有变动，有的帮因船少归并它帮，如凤中三帮只有船16只，乾隆二十三年（1758）分并于扬州二帮及宿州头帮、二帮；江西永新、建昌二帮合计有船52只，乾隆三十年并为一帮，改名为新建帮。有原无帮属办运不便而归并的，如淮安卫附载船14只，分并于淮安卫头帮、二帮。又各省每帮船数多寡不等，乾隆四年将帮船数加以调整，如将南昌卫后帮船拨入饶州卫14只，将平山前帮船拨入后帮8只，将苏州前帮船拨入后帮18只，将太仓前帮船拨入后帮20只，将镇江后帮船拨入前帮6只，拨入中帮6只。至是各帮所配船只大致相近，管运方便。

至清代后期，全国漕船共计118帮，船6283只。每船概以10～12丁配运[②]，轮流出运。如表7－1所示。

---

① 《明史》卷79，《漕运》；《明史》卷145，《朱能传》；《明史》卷153，《陈瑄传》。

② 原沿明制，每船佥卫所军十名出运。康熙三十五年（1696）定，每船佥旗丁一名，“余九名以谙练驾驭之水手充之”。每船旗丁，先是10～12名不等，嗣后议定，每船概以十丁轮运。

表 7-1　清后期各省卫、所帮船丁数

省　　别	卫　　别	帮　　别	运船(只)	运丁(名)	备　　注
直　　隶		通州所帮	20	200	
		天津所帮	17	170	
小　　计		2	37	370	
山　　东	德州卫	正　　帮	52	520	
		左　　帮	24	240*	
	济宁卫	前　　帮	86	860	
		后　　帮	80	800	
		左　　帮	84	840	
		右　　帮	61	610	
		任城帮	43	430*	
	东昌卫	东昌帮	66	660	
		濮州所帮	53	530	
		平山前帮	43	430*	
		平山后帮	43	430*	
	临清卫	山东前帮	65	650	
		山东后帮	47	470	
		河南前帮	29	290*	
		河南后帮	59	590*	
		东平所帮	55	550	
小　　计	4	16	890	8900	
江安粮道	江淮卫	头　　帮	65	780	
		二　　帮	66	792	
		三　　帮	47	564	
		四　　帮	74	888	
		五　　帮	64	768	
		六　　帮	29	348	
		七　　帮	57	684	
		八　　帮	31	372	
		九　　帮	45	540	
	兴武卫	头　　帮	23	276	
		二　　帮	38	456	
		三　　帮	56	672	
		四　　帮	59	708	
		五　　帮	55	660	
		六　　帮	71	852	

续表

省　　别	卫　　别	帮　　别	运船(只)	运丁(名)	备　　注
江安粮道		七　　帮	34	408	
		八　　帮	66	792	
		九　　帮	24	288	
	安庆卫	前　　帮	56	939.2	
		后　　帮	55	940.8	
	新安卫	池州帮	46	460	
	宣州卫	宣州帮	45	450	
	建阳卫	宁太帮	90	900	
	庐州卫	头　　帮	28	280	
		二　　帮	74	740	
		三　　帮	77	770	
	凤阳卫	凤阳常州帮	77	770	
		凤中常州帮	54	540	
		凤中二帮	69	690	
	淮安卫	淮安头帮	50	500	
		淮安二帮	51	510	
		淮安三帮	36	360	
		淮安四帮	26	260	
	扬州卫	扬州头帮	74	740	
		扬州二帮	58	579	
		扬州三帮	96	960	
		仪征帮	74	740	
	徐州卫	江北帮	59	590	
		河南前帮	49	490	
		河南后帮	48	480	
	滁州卫	滁苏帮	48	480	
	泗州卫	前　　帮	52	520	
		后　　帮	56	560	
	大河卫	前　　帮	38	380	
		二　　帮	48	480	
		三　　帮	63	630	
	长淮卫	长淮头帮	46	460	
		长淮三帮	33	330	
		长淮四帮	39	390	
		宿州头帮	26	259.4	
		宿州二帮	52	520	
小　　计	15	51	2697	29546.4	

续表

省别	卫别	帮别	运船(只)	运丁(名)	备注
苏松粮道	苏州卫	前帮	75	750	
		后帮	74	740	
	太仓卫	前帮	47	470	
		后帮	47	470	
	镇海卫	前帮	36	360	
		后帮	37	370	
		金山帮	34	340	
	镇江卫	前帮	88	880	
		后帮	87	870	
小计	4	9	525	5250	
浙江	宁波卫	前帮	58	580	
		后帮	54	540	
	台州卫	前帮	56	560	
		后帮	65	650	
	温州卫	前帮	52	520	
		后帮	50	500	
	处州卫	前帮	50	500	
		后帮	57	570	
	绍兴卫	前帮	64	640	
		后帮	63	630	
	杭严卫	金山所帮	54	540	
		严州所帮	51	510	
		杭严头帮	50	500	
		杭严二帮	54	540	
		杭严三帮	54	540	
		杭严四帮	60	600	
	嘉湖卫	嘉兴帮	44	440	
		湖州所帮	39	390	
		宁海所帮	42	420	
		嘉兴白粮帮	76	760	
		湖州白粮帮	45	450	
小计	7	21	1138	11380	
江西	南昌卫	前帮	56	560	
		后帮	54	540	
	袁州卫	袁州卫帮	43	430	

续表

省　别	卫　别	帮　别	运船(只)	运丁(名)	备　注
江　西	赣州卫	赣州卫帮	60	600	
		九江前帮	45	450	
		九江后帮	56	560	
	吉安守御所	吉安帮	57	570	
	安福守御所	安福帮	39	390	
	永新、建昌守御所	永建帮	52	520	
	抚州守御所	抚州帮	33	330	
	广信守御所	广信帮	46	460	
	铅山守御所	铅山帮	50	500	
	饶州守御所	饶州帮	47	470	
小　计	10	13	638	6380	
湖　北	五卫一所分为三帮	头　帮	60	600	
		二　帮	60	600	
		三　帮	60	600	
小　计	2	3	180	1800	
湖　南		头　帮	67	670	
		二　帮	63	630	
		三　帮	48	480	
小　计		3	178	1780	
总　计		118	6283	65406.4	

资料来源：光绪《漕运全书》卷28、卷29、卷30。

说明：①据《乾隆会典则例》卷41。康熙二十五年（1686）题准："各省运军名数参差不齐，江、浙二省每十一二军不等，应划一裁扣，每船概以十军配运，按名支给行月。"
②山东各卫，有＊记号者系协运河南省漕粮帮船。

由表7－1，清代后期每帮船数由20多只至60～70只不等，多者至96只，船数很为悬殊。

二　卫所军的编审和佥运

卫所军的编审：第一步是审定军籍户口；第二步是佥运。根据每户的壮丁人数和贫富情形佥选出运。

军籍的编审，乾隆三十七年（1772）以前，或四年一编，或五年一编，因地区而不同。乾隆三十八年编审后固定为四年一编。乾隆四十二年届编审之期，令各省所辖卫所军丁，按旧管、新编、开除、实在四项呈报。乾隆三十八年山东各卫进行编审，计旧管原额军丁 36537 丁。乾隆四十二年编审，计新增军丁 1537 丁，开除军丁 1857 丁，实在军丁为 36253 丁。[①] 同一时期，江西各卫编审，计旧管原额军丁 289834 丁，编审新增军丁21893 丁，开除军丁 19001 丁，实在军丁为 292726 丁。[②] 其余各省编审年代大致相同，唯江南苏松道所属各卫军籍至乾隆三十九年始清查完竣造报，计旧管原额军丁 11445 丁。至乾隆四十三年编审时，计新增 1633 丁，开除 971 丁，实在军丁 12107 丁。江南道所属各卫，经乾隆三十九年编审，计旧管原额运快［黄快丁奏明归运一并编佥］军丁 291803 丁。至乾隆四十三年编审时，新收运快军丁 42370 丁，开除 28481 丁，实在运快军丁 305692 丁。[③]

案乾隆三十七年六月曾经下令，一般民户停止编审人丁；唯以有漕各省军丁有关漕运，与民籍不同，仍维持四年一编审制。军籍人口时有变动，每届四年编审之时，军丁人数逐期不同，但增长率很低。

卫所军籍编审由各省粮道负责，届期造册汇送漕运总督核实题报。编审时除清查各军户住址、屯田坐落等项之外，并注意各丁贫富情形。置造户籍册时，按家庭经济情况分为几等，按等别轮流出运。[④] 由于运丁差役繁重，人多设法逃避，故编审之时特令“清查隐匿，勾稽潜逃”，必使归卫籍以备佥运。军籍的编审制具有一定强制性。

运丁的佥选，或由直属卫所千总百总负责，如湖广是；或由地方

① 清档，乾隆四十三年六月十七日大学士于敏中题。

② 清档，乾隆四十三年九月一日提督漕运鄂宝题。

③ 清档，乾隆四十四年漕督鄂宝题。

④ 佥选旗丁出运，以家道殷实为准，出运军丁有变贫寒的，随时佥选富丁顶运。

州县办理，如江西。佥定之后，更由该管知府和粮道验看起结，上承以漕运总督及本省督抚。

有挽运任务的卫所军丁，为逃避出运，每避入黄快军籍或别项差役。所谓黄快丁原是驾驶黄船快船的军兵。江淮、兴武二卫的贫穷运丁窜入黄快船籍者最多。[①] 乾隆年间，为预防运军脱籍和扩大勾佥范围，规定黄快丁一体佥运。[②] 唯快丁不谙运务，不善驾驶船只，以后特准快丁出银津贴运丁，免除运粮徭役，对出运粮船每年每船贴银130两，如逢造船之年更贴造费银300两以助工料。其投充别项差役的，如江西省卫所屯丁有的投充浔镇塘丁，勾回一体佥运。富裕的运丁，每遇佥选之时，则广行贿赂，以图逃避出运。因此出运者多系各卫所贫穷运丁。

按漕船配运丁，每船运丁数，康熙二十五年（1686）定为10丁。雍正四年（1726）略加更定，江南安庆前后两帮每船17丁，江淮、兴武等18帮每船12丁，其余各省帮船每船仍为10丁。每10船之中，选择家道殷实者一丁立为什长，自州县兑运到通州交粮皆责令监管。

每船一般佥选10～12丁轮流领运，每次由一丁领运，其余9～11丁出银帮贴济运。凡旗丁遇领运之年，除领运本人外，更于该丁兄弟子侄之中佥派一人随运。如运船抵淮米石短少，一丁驾船北上，留一丁买米赶帮。如抵通米石缺欠，留一丁追比，一丁驾船回空南下，将船交下届领运之运丁。

三　运丁出运的报酬——行、月粮和各项津贴

国家佥派运丁运粮，给运丁一定补贴作为运粮报酬，大抵可以分成三类：一是行粮、月粮、赠贴、修舱船只等费；二是准令携带定量

① 光绪《漕运全书》卷8。

② 江淮、兴武二卫运丁因贫疲，每有窜入黄快船丁逃避出运者。乾隆二十三年（1758）令各州县将黄快丁造册送粮道衙门存案，如帮船缺丁，一运一快挨次轮佥，以防其弊。

商货优免关税；三是分派屯田耕种以资补贴。

所谓月粮是按月发给的粮饷。月粮粮额，大抵每月 0.8～1.0 石不等，年在 9.6～12 石。出运之时另给行粮，是出差津贴，每名由 2.4～3.0 石不等。行粮、月粮两项合计，每名每年在 12～15 石。其中一半给米、一半折合银两，谓之“半本”“半折”。行粮、月粮折价因省而异，每石折银，多者 0.5 两，少者 0.3 两。[1] 折价是清初制定的，这时米价低廉，折价偏低。清中叶后，米价渐昂，而折价未变，原定每石折价只能买三四斗米，运丁的行粮、月粮收入无形减少。试参下列各省卫所运丁行粮、月粮表，见表 7－2。

表 7－2　各省卫帮每名运丁行粮、月粮

省卫帮	行粮				月粮				行粮、月粮合计	
	总计（石）	本色（石）	折色		总计（石）	本色（石）	折色		本色（石）	折色（两）
			米（石）	折银（两）			米（石）	折银（两）		
直隶山东及协运河南省各帮	2.4	1.2	1.2	0.96	9.6[1]	4.8	4.8	3.84	6.0	4.8
江南苏州镇海等卫前后帮及金山帮	3.0	1.5	1.5	1.8	9.6	4.8	4.8	4.8	6.3	6.6[2]
江南省镇江卫前后帮	2.975	1.487	1.487	1.784	9.504	4.752	4.752	4.752	6.24	6.536
江南扬州卫头帮、仪征帮	3.0	1.5	1.5	0.6	12	6	6	1.8	7.5	2.4
江南省长淮卫三帮、四帮	兑常 3.0 兑徐 2.8	1.5 1.4	1.5 1.4	0.6 0.56	9.6	4.8	4.8	1.78[3]	6.2	2.34

① 浙江之宁波等十二帮，及江南之江淮、兴武二卫，所支一半本色，以无米支给，向按每石 1.2 两例价折给。至嘉庆四年（1799），以米价高昂，折价不敷购买食米，该卫帮请将每石折价增为 1.6 两，政府以无米款可动用，未准。见祁韵士《己庚编》上，《议准添给浙江帮丁折色银两折》。

续表

省卫帮	行粮				月粮				行粮、月粮合计	
	总计（石）	本色（石）	折色		总计（石）	本色（石）	折色		本色（石）	折色（两）
			米(石)	折银(两)			米(石)	折银(两)		
江南大河卫二帮、三帮、淮安卫头帮、二帮，泗州卫前帮、后帮	3.0	1.5	1.5	0.6	12	6	6	1.8	7.5	2.4
江南江淮、兴武二卫十八帮	3.0	1.5	1.5	1.8	12	6	6	6	7.5	7.8
江南安庆卫前帮、后帮	2.8	1.4	1.4	1.68	9.6	4.8	4.8	4.8	6.2	6.48
江南新安、宣州、建州三卫各帮	3.0	1.5	1.5	1.8	9.6	4.8	4.8	4.8	6.3	6.6
江南庐州卫头帮	2.8	1.4[④]	1.4	0.56	12	6	6	1.8	7.4	2.36
江南庐州卫二帮、三帮	3.0	1.5[⑤]	1.5	0.6	12	6	6	1.8	7.5	2.4
江南滁州滁苏帮	3.0	1.5	1.5	0.6	9.6	4.8	4.8	2.2[⑥]	6.3	2.8
江南凤阳卫各帮、长淮卫头帮	3.0	1.5	1.5	0.6	9.6	4.8	4.8	1.84[⑦]	6.3	2.44
江南长淮卫原宿州头帮	2.8	1.4	1.4	0.56	9.6	3.225	4.8	2.85	4.625	3.45
江南长淮卫原宿州二帮	3.0	1.5	1.5	0.6	12	1.258	6	5.188	2.758	5.788
江南淮安卫三帮	2.8	1.4	1.4	0.56	8	4	4	1.2	5.4	1.76
江南淮安卫四帮	3.0	1.5[⑧]	1.5	0.6	2.4	1.2	1.2	0.36	2.7	0.96
江南扬州卫二帮、三帮	2.8	1.4[⑨]	1.4	0.56	12	6	6	1.8	7.4	2.36

续表

省卫帮	行粮				月粮				行粮、月粮合计	
	总计（石）	本色（石）	折色		总计（石）	本色（石）	折色		本色（石）	折色（两）
			米(石)	折银(两)			米(石)	折银(两)		
江南原凤中三帮归并扬州二帮	2.8	1.4	1.4	0.56	9.6	4.8	4.8	1.84	6.2	2.40
江南徐州卫江北帮	2.6	1.3	1.3	1.04	9.6	4.8	4.8	3.84	6.1	4.88
江南大河卫前帮	2.8	1.4	1.4	0.56	12	6	6	1.8	7.4	2.36
浙江省各卫帮	3.0	1.5	1.5	1.8	9.6	4.8	4.8	4.8	6.3	6.6
湖南湖北二省各帮	3.0	—	—	2.0	9.6	—	—	6.72	12.6	8.72

资料来源：同治《户部则例》卷22。

说明：①每船10丁，每丁之月粮。

②江南苏松粮道所属四卫九帮，运弁不支行月钱粮。

③内折银五钱者六斗，折银4钱者2.2石，折银3钱者2石，合计1.78两。

④内本色行粮名本实折，每石折价银5钱。

⑤内本色行粮名本实折，每石折价银5钱。

⑥月粮折色，前九个半月，每石折银5钱；后两个半月，每石折银3钱。

⑦月粮折色内，前五个月每石折银5钱，后七个月每石折银3钱。

⑧名本实折，每石折银5钱。

⑨名本实折，每石折银5钱。

注：上表所列卫帮不全，缺江西省卫帮。

对运丁的运粮报酬，除行粮、月粮外，另给赠贴，也叫漕项。赠贴数目，系按所运粮额进行补贴。每运粮一石或给米数升，或给钱20～30文，或给银数分。嘉庆四年（1799）整顿漕政，将赠贴数额加以调整如下：

江苏省征收漕粮，原按石征收公费银0.06两，折制钱46文，以24文津贴运丁，其余22文留给州县为漕务公费。嘉庆四年定，征漕一石随征备晒飏米4.76升，以2.76升给运丁自行粜卖，以资津贴，每船约可得米20石；其余2升随粮交仓。

安徽省征收漕粮，一石加耗米0.1石，原以5升给运丁为抵通花费，5升留给州县为修仓铺垫之用。嘉庆四年定（1799），将给丁之项增为7升，每船约可得米50石，其余3升留给州县。[①]

浙江省征漕，每石漕粮原收漕费钱20～30文，每船约可得钱14000～21000文。嘉庆四年，援江苏之例，按石拨给运丁备晒飏米2.76升[②]，每船可得米20石左右。

山东省漕粮原按每石征收津贴银0.4～0.5两，每船可得银200余两。河南省漕粮原按每石征收津贴银0.35两，又米2升，每船约可得银175两零，又米10石零。嘉庆四年，山东、河南二省漕粮皆按石另增给原备交仓晒飏米1.76升，每船可增加米8.8石。[③]

其余江西、湖北、湖南三省赠贴变动情形大致相同，嘉庆四年皆按石拨给原备晒飏米2.76升，以资调剂。

赠贴是征漕州县津贴运丁的部分，"晒飏米"是政府对运丁的额外补助。此外有润耗米、食米、赠军、剥浅、水脚、芦席、修艌等项银两，合计为数也颇不少，如江西漕船每船实装米1263石，每出运一次，应得耗米200余石（约合银448两），又应得各项银220余两，又应得屯田余租济运银50～350两不等。以上诸项合计，每船约可得银700余两至1000两。[④] 嘉庆四年，更按石拨给备晒飏米2.76升[⑤]，每船又可得米44.8石。如折合银两，与前者合计，约为银790两至1090两。湖北三帮180船，出运之年，每船应得行粮、月粮、水脚、

---

① 祁韵士：《己庚编》上，《议复两江津贴运丁折》，嘉庆四年。

② 祁韵士：《己庚编》上，《议复两江津贴运丁折》，嘉庆四年。

③ 祁韵士：《己庚编》上，《议复豫东津贴运丁折》：山东省漕船每船10丁，支给润耗米及食米30石，润耗银及津贴席片银34两零；又行月本色米60石，行月米折银48两；又征粮州县按石津贴银0.4～0.5两。嘉庆四年，又按石给晒飏米1.76升。以上数项合计，每船以装米500石计，每船可得米98.8石，银280余两。河南省漕船，每船应支润耗盘剥及行月粮本折，共为米80石零，银70余两；又各州县按石津贴米2升，银0.035两，约计每船又增米10石零，银17两零。嘉庆四年，又按石拨给晒飏米1.76升。以上数项合计，每船以装米500石计，计可得米98.8石，银87两。

④ 又漕船十年大造，每年应给料价银208.7两；又屯田余租济造银300～1000两不等。

⑤ 祁韵士：《己庚编》上，《议驳江西裁减粮船折》。

义帮、赠贴、耗米等各项银米合计，荆、岳等卫每船约为银 400 两，米 180 石；沔阳等卫每船约为银 350 余两，米 180 余石。嘉庆四年，复按石拨给晒飏米 2.76 升①，每船又可得米 27 ~ 28 石。与前米合计，凡 200 余石。如将米折成银两计算，每石以一两五钱计，湖北每船约可得银 650 余两，湖南每船可得银 670 ~ 710 两不等。

造船之费以及修艌银两，另外支给，已详船制节。又裁汰船只，将所载漕粮分加于现运各船，将原来给丁之各种赠贴，按各船分载米石平均分配。这种因多载漕粮而分得的运费叫“负重”银两。如江西漕船，每多载漕粮一石可多收耗米 2.32 斗，又银 0.8 ~ 0.9 两。其余各省大致相同。

运丁出运，准携带商货，叫作土宜。粮船北上所带货物为竹木、纸张、瓷器等；南下所带货物为梨、枣、核桃、瓜子、柿饼等，凡国家准令漕船携带的土宜，均按额免除关税。

清朝初年，原定每船载米 500 石，准带土宜 60 石，雍正七年（1729）增为 100 石，永著为例。又头工舵工二人，每人准另带土宜 3 石。水手不论人数，每船准带土宜 20 石。以上运丁舵工水手合计，每船可带土宜 120 石。此后漕船所带土宜数额屡有增加，至嘉庆四年每船增为 150 石。回空船只，乾隆三年定舵工水手人等共带土宜 60 石，寻又增为 84 石。运船携带土宜增加了运丁的经济收益，是对运丁的一种补贴。携带土宜情形，俟详本书第十四章漕运与商品经济，此处从略。

第二节　漕运屯田

一　田额和分配

卫所屯田制创设于明代初期，军饷的大部分即靠屯田收入。后来

① 祁韵士：《己庚编》上，《议复两湖津贴运丁折》。

有漕各省卫所军从事漕运，卫所屯田乃变成为津贴运军的土地，故又名运田。漕运屯田额时有变动，据乾隆三十年（1765）的一次清查，共计700多万亩，各省田额如表7-3所示。

表7-3　各省田额

省　别	屯田面积(亩)	省　别	屯田面积(亩)
直　隶	27864	江　西	604353
山　东	608691	湖　北	554658
江　南	4258311	湖　南	806542
浙　江	163049	总　计	7023468

资料来源：《户部则例》。按光绪《漕运全书》卷35为6836175亩。

说明：①江南辖今江苏、安徽二省。

②直隶屯田卫所军丁系协济他省运丁。

关于卫所屯田的分布，大多数同卫所连在一起，有的隔府乃至隔省。据光绪二十七年刘坤一、张之洞奏："卫所属屯田有隔在别府者，有跨别省者"，因此"卫官并不知其田在何处"。[①] 如湖南五个卫，有荆州、沔阳等四个卫皆在湖北境内。[②] 如江西九江等卫屯田，有错入浙江建德县的；江西南昌卫屯田，有坐落在安徽东流县境的。[③] 江南武平卫屯田，更远坐落在河南省睢州、鹿邑、柘城、太康等县。但这种情形是一种例外。

关于屯田的分配也多寡不等，有的运船帮丁分的地多，有的分的地少。以山东为例，以丁为分田标准，每丁分田20~30亩，多的可到50~60亩。江南则以船为分田标准，每船所分田额，少的数百亩，多的到数千亩。但也有的卫没有屯田，如江苏江淮卫和兴武卫就"向无屯田"。[④]

---

① 光绪《东华续录》卷169，光绪二十七年八月癸丑。

② 张之洞：《张文襄公电稿》卷31，《致长沙陈抚台》，光绪二十四年八月初五日。

③ 光绪《漕运全书》卷38。

④ 光绪《东华续录》卷180，光绪二十九年六月庚申。

各卫所屯田多系运丁自行执业。也有少数屯田由不出运的军丁耕种，而出津银济运。还有的由农民佃种，按亩收租，津贴出运的运船和运丁，其银或由卫所征收解粮道库转发运丁济运，或即分给现运运丁赡运。

屯田按船分配济运，经过一个时期以后每有所变动。有些卫所新开垦了一些土地，如乾隆年间，江南大和卫苇荡营新剔草地83177亩，湖北武左卫新淤田424亩；道光年间，江淮、兴武二卫江都县江心涨出沙洲5101亩。① 以上这些新增土地都暂交运丁承种济运。有些卫所清出了一些旧屯田，如山东济宁卫，乾隆年间清出屯田73853亩，即派给前后两帮船只，按亩征收津银贴补运船，计每船可得银12～13两。② 有些卫所因所运粮少而裁减船只，其船曰“裁船”“减船”，随船被裁的运丁曰“闲减丁”，闲减丁既不再出运，乃将原先所配屯田收回配给出运运丁，如山东济宁卫，乾隆十三年裁船八只，即将所配屯田285亩均给现运八只船的运丁营业，按亩征银济运。③ 也有仍由被裁船原丁管种征银济运的，如临清卫历年永裁减船41只，原派无粮田17739亩，船被裁减后，屯田仍由原军丁耕种，另出津贴即地租银济运。④ 也有的漕船被裁减之后，原配屯田不再行派拨，而是增加津租，解交粮道库，津贴其他各帮造船赡运的。⑤

---

① 光绪《漕运全书》卷37。

② 光绪《漕运全书》卷36，乾隆十六年（1751），济宁卫增多屯地73853亩，以36465亩派给前帮现运88只漕船，按亩征津银0.3两，共征银1093两，每船可得津银12.4两。以373顷88亩派给后帮现运88只漕船，每亩征银0.3两，共征银1121两，每船得13两。

③ 光绪《漕运全书》卷37，关于裁减漕船将屯田分派给现运各船之事例甚多，如乾隆二十九年将淮安卫减船屯田派给现运旗丁；道光八年（1828）庐州卫减船屯田3260亩，分给现运旗丁。

④ 光绪《漕运全书》卷36、卷37有很多事例，如乾隆三十二年，东昌卫濮州帮，临清卫东平帮，裁减漕船，屯田仍由原丁耕种，按亩征银给现运旗丁。

⑤ 光绪《漕运全书》卷38。

二　屯田济运

漕运屯田制，规定每船额设旗丁 10 ~ 12 人，每船分给数目不等的土地（依各卫所屯田多寡而定），旗丁轮流当差，“现运者赴运”，“候轮者”耕种屯田。后者每年除向国家完纳正赋外，另出“津银”即地租，作为出运官丁“俸廪及充饷之用”。①

屯田有各种类别。有熟地荒地之分，如山东平山卫，乾隆十二年（1747）共有屯田 37640 亩，其中熟地 25279 亩、荒地 12361 亩；有水田旱地之分，如镇海卫有“水屯”“旱田”之别②，湖南有“旱卫屯田”之名③，水田旱田每亩所征津银不同。④ 江安长淮卫田则有房产、茶地，宣州卫有池塘，皆按田等出津济运。屯田又有“有粮”“无粮”之分，如前举《漕运则例纂》所记，有粮田地除向国家完纳正赋外，又按亩出银津运，如江安粮道所属之建阳、长淮等卫，屯田即有“粮”“运”两种负担：“粮”指向国家交纳的正赋；“运”指交付运丁的津租。⑤ 江北扬州卫及兴化所有运田，“给田济运，并不征粮”。⑥ 山东东昌卫屯田有“有粮军地”“无粮军地”之分⑦，东平所有“起科地”“赡运地”之分⑧，“有粮军地”和“起科地”都指既向国家完纳正赋，又向运船交付津租银济运。

屯田一般按亩计征津租银，如扬州卫头帮屯田计租银若干两，麦

① 杨锡绂：《漕运则例纂》卷 7，《计屯起运》。

② 光绪《漕运全书》卷 37。

③ 光绪《漕运全书》卷 39。

④ 光绪《漕运全书》卷 38，浙江严州屯田，每亩所征津租银，计水田租银 0.04 两，旱地租银 0.015 两。

⑤ 光绪《漕运全书》卷 37，如泗州卫屯田，按正赋征收津银，“每钱粮（田赋）一分收津银三、四分不等”。

⑥ 光绪《东华续录》卷 180，光绪二十九年五月庚申。

⑦ 光绪《漕运全书》卷 36。

⑧ 光绪《漕运全书》卷 36。

豆秫租若干石，即按银租和实物租两者计出津银。[①]

屯田耕种方式，有运丁自行执业与不自行执业之别。自己执业者或自己耕种，或佃给他人收租。其不自行执业者，系由不出运的旗丁或农民佃种，由卫所经理，按亩征收津银即租银解交粮道库，然后转发运丁。如江安泗州卫屯田有“屯”“运”之分，运田系军丁自行执业，屯田则收租上交粮道库。[②]

屯田地租，有“赡运”与“非专赡运”之别。“赡运”屯田地租入专津贴出运船只，不作别项开支；“非专赡运”屯田地租，系征租解交该省布政司或粮道库，供该卫官丁廪粮及修舱船只等项开支。如山东任城卫屯田即系“非专赡运”屯田，但此田至乾隆十六年至十七年间又复分给运丁“赡运”。[③]

领种屯田人所出津银实质是地租，因为用来专作津贴运丁挽运漕粮的补助，故特名曰津银。有的卫所屯田不由运丁直接耕种管业时才出津银，如江安泗州卫，一般屯田须出津银。其由出运运丁耕种管业的运田则否。如山东濮州所，运丁自种的屯田不征津银，由佃户承种的屯田则按亩征津银0.05两济运。基于这个原则，凡屯田和运丁脱离则征收津银；田如赎归运丁执业，津银又行免除。嘉庆二年（1797），江安庐州卫头帮、二帮、三帮屯田，由国家垫款赎回101202亩，其中征收津银的屯田11497亩，改归运丁者则免除津银。又如江南建阳卫屯田100031亩，每年出运漕船128只，编配运丁1280名，每名配运田40亩，共该51200亩，例系津运，不另收地租；此外尚余田48831亩，由屯丁1221名佃种，共收租银1635两，作为出运官丁俸廪等项之需。[④]

---

① 光绪《漕运全书》卷37。
② 光绪《漕运全书》卷37。
③ 光绪《漕运全书》卷36。
④ 光绪《漕运全书》卷36。

每船所得屯田津租多寡不等，如江西省各卫所屯田 607440 亩，每年该征租银 130618 两，此项租银按各帮情形分配，计每船可得银 100 ~ 350 两不等；乾隆三十六年（1771），租银分配酌为变通，每船津贴银 50 ~ 350 两不等。

由于屯田关系运丁出运，因此国家对运丁屯田十分注意。原无屯田的卫所设法为之置办屯田，如江安江淮、兴武二卫，运丁原无屯田，出运各船由有田屯丁按亩津贴，运丁收入较少。乾隆四十八年，将没收徐述夔、程树越入官田派给二卫疲帮承买济运；嘉庆五年（1800），又奏准俟后凡有归官沙洲田产，交二卫承领济运。江安大河卫额船 157 只，因屯田坐落低洼瘠薄之地，每致歉收，乾隆间将苇荡营新开草地 83177 亩拨给垦种济运。江安淮安卫头帮也较为贫困，乾隆年间，将山阳县入官田 3030 亩拨给济运。[①]

再一种调剂办法是令有田之船津贴无田之船，如山东濮州所，无田船 7 只，有田船 30 只，每船有田 500 亩。由有田之船每船岁出屯租银2. 2 两，共计 66 两，分贴无田之船。其余如济宁、建阳等卫均有此种情形。[②]

最后是国家津贴，无田及田少之船，由官府补贴。如江南各卫所，乾隆三十九年有过如下规定："屯田津贴银两，查明各省自执之田多寡有无，通盘核计配给，以每船原额田数为准。执田多者津贴应少，执田少者津银应多，以一亩无执者方准全支。"[③]

清王朝为了维护漕运，乾隆三十九年还制定了强制性贮蓄制度，令各省将各卫所运丁每年应得屯田津贴酌扣十分之一存贮粮道库。这项贮银专供两种开支：一是备农产歉收之年发还运丁，以防因经济困难而影响运务；二是预防运丁遭遇风火事故作为补偿和造船费用。这

① 光绪《漕运全书》卷 37。
② 光绪《漕运全书》卷 36、卷 37。
③ 光绪《漕运全书》卷 37。

项贮款叫作“勷运”。

屯田收入主要开支是津运。同时将其中的一部分作津贴造船开支。如乾隆三十九年（1774）举办的加津案，凤阳卫若干帮每亩加征津银0.015两，以0.005两贴补造船，共计银330两。江南金山卫屯田每亩原征津银0.02两济运，该卫帮船系十年轮造，到轮造之年，每亩更津贴造船银0.03两；嘉庆十二年（1807），改为每年带征银0.03两，以备十年轮造之需。[①]

屯田收入的第三种开支是拨抵运粮官丁行粮和月粮，如建阳卫，领种屯田的运丁，不轮运之年，按户贴给出运运丁银4两，以抵运丁应领行月银米。不负出运任务的屯丁，所纳租银的一部分作官弁俸廪。山东任城卫屯田，乾隆十六年以前，原系征银解布政司和粮道库，作造船及该卫支给官丁廪粮之用。苏州、太仓、镇海等卫运丁月粮，也由屯田租内拨抵。[②]

屯田津银的征收，可分运丁自收和官府代收两种。由运丁自收的，如江安扬州卫二帮屯田中招佃的部分，金山卫屯丁和农民执业的屯田，江西赣州、九江、广信、铅山等卫出租的屯田，都由运丁自行收租赡运。[③] 有原为帮收后来改为运丁自收的，如安徽凤阳卫屯田津银，其中有数帮系由本帮征收发给运丁，但屯丁散处十数州县，赴卫完纳跋涉艰苦，乾隆三十二年改为由运丁自行收租银办运。江安长淮卫屯田租的征收也有这种情形。[④]

也有原由运丁自己收租后来改为官府收的。如江西某些卫所屯田，正赋由佃户向州县完纳，“赡运”租银由运丁自收。但屯田散处各州县，运丁自收诸多不便，乾隆二年，“赡运”租银改为随正赋带

① 光绪《漕运全书》卷37，如建阳卫出典屯田，由津银内每年提出造船饭费银400两。
② 光绪《漕运全书》卷37。
③ 光绪《漕运全书》卷37。
④ 光绪《漕运全书》卷36。

征，解交粮道库济运。又如江安建阳卫屯田租户应完租银，向由运丁自行讨取办运，乾隆三十二年（1767），以佃户历年拖欠，运丁应领之行、月粮未能按期到手，将该项屯租改为官收解粮道库转发运丁。①

始终由国家代为征收津租的，如江安泗州卫屯田，有的坐落于盱眙、天长、来安、高邮、宝应等州县，距离卫所过远，屯田租乃由地方官府征收解粮道库转发运丁。又镇海卫金山帮由屯丁农民执业各田，也由屯田坐落州县征解济运。②

屯租征收期限，其由州县代收的，一般限令每年八月前全数征解给发运丁。③ 蚕桑区情形比较特殊，如杭严卫坐落余杭县的屯田租银则分三期征收，春蚕既毕征收30%，秋收后征收50%，其余20%于次年三月征解。

运丁借屯田收入办理运务，国家又有补贴，原很丰裕。后来物价上涨，漕政又弊端重重，运丁办运开支日增，入不敷出，国家又制定加征津银办法，加重对屯田佃户的地租率。如浙江绍、温、宁、处四卫，原定上田每亩征津银0.3两，中田0.2两，下田0.1两。乾隆十八年（1753），上田增为0.5两，中田增为0.35两，下田增为0.25两。乾隆二十五年，江西、浙江诸省加征津银，台州卫每亩上田由0.06两增为0.1两，中田由0.05两增为0.085两，下田则由0.04两增为0.07两。江西屯田租叫作余租，全省各卫帮成熟屯田607438亩，原征余租银12887两，乾隆二十五年议加余租银117731两。以地均银，每亩平均原征余租粮0.021两，现增为0.215两，每亩合增津银0.184两，增加了十几倍。

乾隆三十八年，国家对各省卫所的屯田又普遍进行了一次加征津银措施，如表7－4所示。

① 光绪《漕运全书》卷37。

② 光绪《漕运全书》卷37。

③ 光绪《漕运全书》卷39，系乾隆三十九年定。

表7－4 乾隆三十八年按亩加征津银

卫别	地类	原征津银（两）	加征津银（两）	每亩津银总计（两）	增加
山东临清卫	无粮地	0.030	0.020	0.050	40%
洛宁卫	无粮地	0.030	0.020	0.050	40%
濮州卫	佃种者	—	0.050	—	—
江南长淮卫	运田	0.0112	0.018	0.0292	62%
长淮卫	运田	0.0088	0.016	0.0248	65%
徐州卫	出典田	0.050	0.020	0.070	29%
徐州卫	闲丁田	—	0.020	—	—
凤阳卫	—	0.020	0.035	0.055	64%
凤阳卫	—	0.037	0.052	0.089	58%
怀元卫 金山帮	散典田	0.052	0.067	0.119	56%
浙江衢州卫	屯地	0.080	0.150①	0.230	65%
衢州卫	—	0.080	0.043②	0.123	35%
严州所	屯田	0.040	0.1198	0.1598	72%
严州所	屯地	0.015	0.0548	0.0698	79%

说明：①改则田1700亩，普加租谷400石，折银260两，计每亩为银0.150两。

②派给绍兴、宁波、处州三卫帮丁田5277亩，普加租谷349.8石，折银227两，计每亩为银0.043两。

资料来源：光绪《漕运全书》。

表7－4所列是按亩加征津租的各卫所。此外也有按租银加征的，如扬州卫屯田，其由佃户承种的若干亩，除代完正赋外，原每岁共输屯租银14732两。乾隆三十九年（1774）定：每租银一两加津银二钱，全卫共加津租银2948两。有按钱粮核计的，如江南并卫屯田，原系快丁之产，后来多归百姓执业，乾隆三十九年议令按赋加津，每赋银一两或米一石加征津租银一钱，共征银18630两零。[1]

屯田加征津银目的在于津贴运丁，调剂运丁生计，运于自行执业之田遂免加征。如江南金山帮屯田，乾隆三十八年加以清理，有散典

① 光绪《漕运全书》卷37。

田 26097 亩，每亩加征津租银 0.2 两；此外尚有运丁执业田 7798 亩，免征津租银。

乾隆三十八年（1773）至三十九年屯田加津案并未普遍推行，至嘉庆十二年（1807）又进行了一次补加，如江南新安卫屯田每亩加征津租银0.08～0.09 两不等，和州屯田每加征津租银0.022 两，含山屯田每亩加征津租银0.014 两。金山帮屯田，据嘉庆十二年清查，典卖田 3125 亩，运丁自行执业田4672 亩，无论典卖田还是运丁执业田，皆增加津租银，计每亩加津租银 0.07 两。连同乾隆三十八年所加合计，每亩所征津租银达 0.27 两。[①]

三　屯田禁止买卖

屯田由于济运，关系漕运制度的正常持续，故严禁典卖。据清律："旗丁有将运田私典于人及承典者，均照典卖官田律，计亩治罪，该丁革退，其田追出交与接运新丁，典价入官。"[②]

乾隆二十四年，大概由于屯田典卖日多，又增加了一条补充规定："民间私顶军田匿不首报，一亩至五亩笞四十，每五亩加一等治罪，立杖一百"。[③] 这条规定特着重于私自典买屯田的一般民户，惩罚相当严厉。增加这条补充规定的目的很清楚，一是防止民户私买屯田；二是清出已经典卖屯田归运。

有些屯田是直接配给运丁的，运丁在轮运之年每将屯田出租。为防止屯田脱运，关于屯田出租也有规定："其旗丁出运之年，将运田租与民人，止许得当年租银，如有指称加租立券预支者，将该丁与出银租田之人，均照盗卖官田律，加二等治罪，租价入官"。[④] 这条规定

① 光绪《漕运全书》卷 37。
② 乾隆《大清律例》卷 9。
③ 嘉庆《大清会典事例》卷 603。
④ 乾隆《大清律例》卷 9。

的目的，是预防以出租的形式私行典卖典买，惩罚也相当严厉。

关于占种屯田不交地租，惩罚尤为严重，据《大清律例》：“用强占屯田五十亩以上不纳子粒者，照数完纳，完日发近边充军；其屯田人等屯田典卖与人至五十亩以上与典主买主各不纳子粒者，俱照前发问”。①

国家为维护漕运制而对运丁配置屯田，为维护屯田制的持续而严禁典卖，这种政策措施在清代前期是收到一定效果的。

第三节　漕运屯田的侵隐典卖和向民田转化

一　运丁贫困化与屯田的侵隐典卖

运丁除屯田之外，出运时期有月粮，有行粮，有漕赠漕截等银，收入不少，但由于漕政腐败，各处漕务官吏皆对运丁进行贪索，运丁的经济生活仍入不敷出。据包世臣记述：“旗丁所得津贴不敷沿途闸坝、起拨、盘粮、交仓之费，倾覆身家，十丁而六”。② 运丁冬出冬归，终年辛劳于征途，涉江过河，艰险无比，动辄“舟覆人亡”，“丧命倾家”。③ 因此屯丁每“视出运如畏途”，想方设法“窜入民籍”以逃避出运。④ 据杨锡绂记：“各省卫所绅宦富户因办运艰难，遂百计图维，思脱军籍，或将本有屯田转售于人而专置民产，向州县纳粮；或考试之时冒入民籍，入学中试；或以民籍报捐、贡、监职官”。⑤ 官府佥选运丁时，也积弊丛生，“官役上下通同，卖富差贫”。⑥ 仍据杨锡

① 乾隆《大清律例》卷 9。
② 包世臣：《安吴四种》卷 7，《中衢一勺》。
③ 《清档》，《顺治内阁题本》（上下残）。
④ 杨锡绂：《四知堂文集》卷 15。
⑤ 杨锡绂：《四知堂文集》卷 15。
⑥ 杨锡绂：《四知堂文集》卷 15。

绂记，“富且贵者以势力求脱，而所佥者皆无力之穷民”。[①] 运丁被迫出运，日益困窘，如江西赣州帮船运丁，“其穷彻骨，临至河西务剥米之时，米已上船，而剥价不能开发”；“回空则身工饭米全无，无所不卖，尚有遗弃之虞”。[②] 如江安粮道各卫帮运丁，“官项银两办理不敷”，为支付沿途耗费，不得不“重利揭债”；回空无资，“又不得不变卖篷桅什物”；“一船篷桅绳索在南置备，最少需银七八十金，而在北变售，得价不及一半，及至次年出运又复置备”；以至年复一年，“愈成疲困”。[③] 贫穷运丁，在州县兑粮之时则向州县勒索帮费，致帮费日益增多。州县则在征漕时浮收勒折，敲诈粮户，从而加剧了一系列的社会矛盾。

运丁经济困难，除借债典卖衣物外，最后则违禁典卖屯田。豪右吏胥对屯田的侵夺，就是在运丁典卖的情况下出现的。乾隆十二年（1747），清帝为清理屯田，曾颁布一道上谕：“各省卫所屯田，如有人民霸占措不许赎，州县官不为审断者议处”，“各卫所衙门书职人等隐占屯田，该管官治罪”。[④]

“措不许赎”不仅说明屯田系被典卖，同时说明土地购买者是具有权势之人；“各卫所衙门书职人等”说明卫所千总百总也参与购买屯田活动。正由于屯田购买者是权势之家，土地回赎才遇到极大阻力，不能不依靠国家法令的保护了，乾隆上谕即针对此而发。

乾隆年间，屯田失额问题已很严重。江苏丹阳县豪民某侵占镇江卫屯田 273 亩，为长期侵隐计，并编纳民粮。山东临清卫屯田，在乾隆三十九年清查时，失额屯田凡 7358 亩，其中地方豪右侵占 1400 亩、卫军侵隐 5958 亩。河南省睢州、鹿邑、柘城、太康四州县曾清

① 杨锡绂：《四知堂文集》卷 15。
② 杨锡绂：《四知堂文集》卷 19。
③ 杨锡绂：《四知堂文集》卷 25。
④ 光绪《漕运全书》卷 39。

出被侵隐屯田722300亩。湖南省各卫曾清出被侵隐屯田806542亩。[①] 以上所说侵隐都是同典卖联系在一起的，先有屯丁贫困典卖，才有权势户和吏胥的侵隐。侵隐是盗买的代名词。

关于屯丁典卖屯田，我们可以找到不少事例。由乾隆至嘉庆年间典卖最多，如扬州卫仪征帮屯田原额为171577亩，典卖32993亩，占19.23%，这是典卖最少的卫帮。扬州卫头帮屯田原额为37740亩，典卖多至29844亩，占到79.08%；镇海卫金山帮屯田原额为35944亩，典卖多至29222亩，占到81.30%；庐州卫头帮、二帮、三帮屯田原额为208700亩，典卖也到151100亩，占到72.40%；和州含山屯田原额为449473亩，陆续典卖，屯田所余无几了。运丁和屯丁典卖屯田，穷困者系图以典卖所得苟延旦夕，富裕者则为避免重租重税负担，宁预花钱置买民田，不愿佃种屯田。[②] 运丁出卖屯田，多系为了逃避挽运漕粮的徭役。[③]

屯田失额的再一个原因是荒废无收；屯田荒废则由于屯丁逃亡；屯丁逃亡则由于无力负担运粮徭役和沉重的屯田津贴。

屯田和普通民田不同，屯田所有权属于国家，屯丁系以佃户的身份耕种。如前所述：屯田分“有粮”、“无粮”两种。“有粮屯田”除按亩出津银之外，须向官府完纳正赋，屯丁按亩所出津银等于向地主交纳的田租。如长淮卫屯田，种田屯丁向官府完纳正赋外，又按亩征津银一分赡运；泗州卫屯田，于正赋之外，又按正赋银一分征津银三四分不等。是种屯田的人，承担着租和税双重负担，比普通的民田应

---

① 光绪《漕运全书》卷39。

② 据光绪《漕运全书》卷39，乾隆四十年，湖广地方政府奏准：“嗣后除本军名下尚有出典未赎之田，如系有力，应令随时回赎屯产，概不许另置民田。如本军名下无应赎屯产，有置买民田者亦听其便”。

③ 据光绪《漕运全书》卷37，记乾隆向镇海卫屯田之典卖，谓“从前各丁私相典卖，以图免运，于是田不归运”。

完纳的正赋高出三四倍。[①] 史书上有不少关于“丁逃地荒”的记载，租税繁重则是“丁逃”的主要原因。

屯田也有由于修闸筑堤挖废的，如荆州卫坐落监利县的屯田，乾隆及嘉庆朝因建闸挖废 290 亩。有日久坍没荒废的，如乾隆年间，武昌卫屯田因水冲废弃 1187 亩，苏州坍没屯田 210 亩，金山卫坍没屯田 132 亩，台州卫坐落临海县屯田水冲沙压 90 亩；嘉庆年间，赣县、兴国、广昌等县屯田坍废 1624 亩。有此种情形，赡运津租概予豁除。[②]

总之，漕运屯田，在乾隆、嘉庆两朝大为减少，不能不引起清王朝的注意了。

二　清王朝关于屯田归运的政策措施

屯田严重缺额，出现屯田和漕运脱节现象，这将影响漕运制度的正常持续。荒废的屯田如何垦复，被侵占的屯田如何清厘，被典卖的屯田如何回赎，总而言之，如何将失额屯田使归漕运，清王朝设想了种种办法，采用了种种政策措施。

首先是鼓励开垦。乾隆十年（1745）定：“军民自费工本开垦者，给照为业，免赎回船，照例津银贴运”，如山东东昌卫平山前后两帮荒废屯田，经人民自备工本开熟 90 亩，令照本帮有粮熟地完银 0.02 两外，每亩另出津银 0.04 两贴给运丁，并照例将地亩四至津租银数及佃户运丁姓名造册报部。[③]

对豪右吏胥侵占的屯田则从清查着手，雍正十三年（1735），乾隆十七年、二十四年、三十九年、五十四年，嘉庆十一年（1806），

---

① 如江苏苏州、太仓、镇海三卫之田，直至同治四年，仍在屯田项下编征租赋，科则之重每亩在 2～3 斗。

② 光绪《漕运全书》卷 39。

③ 光绪《漕运全书》卷 36。

道光十八年（1838）等多次清查，山东、河南、江西、湖南诸省查出不少被隐占的土地。

对于屯田的典或卖，如前所述，国家都严厉禁止。

典是典当，典当土地所立契约叫“活契”，出典人可以回赎；出卖是绝卖，出卖人无权回赎。国家规定，屯田无论是典是卖，犯者照盗卖官田例，买卖双方一同治罪。后来由于屯田买卖事件过多，于是改为从轻处罚。买卖双方为逃避惩罚，每设法隐瞒，买方不另立名户，仍在原屯丁运丁名下挂户完粮，有的仍出津银，被称为“挂户田”。

关于典卖屯田的清查，乾隆年间令各卫所按运船和运丁发“亲填单”一纸，令运丁和屯丁将自行执业及挂户田亩分析开报。其挂户项下，将现业何人，何年何月何人出卖，卖价若干，逐一填注明白，呈缴卫所送各省粮道查核。此项典卖田亩，并酌定年限令分年回赎。如江西省，各卫所屯田坐落本管地方者限一年回赎，坐落别府州县者限二年回赎，责成该管知府督同县卫逐细清查，将屯田归运。[①] 道光十八年（1838），更按典卖价格之多寡定回赎之年限，典卖价银在 100 两以内者限一年回赎，100～300 两者限二年回赎，300 两以上者限三年回赎。[②]

屯丁、运丁典卖屯田的回赎有两种办法。一是由国家借银给屯丁运丁回赎，乾隆三十八年，扬州卫仪征帮典卖屯田 32993 亩，由粮道库借银 56200 两回赎，配给现运各丁执业，其款于田租内分六年清还。若安庆、庐州、太仓、镇海各卫典卖屯田都有由国家借款回赎的事例。[③] 二是令屯丁运丁自己筹款回赎，并制定回赎年限，三年四年

---

① 光绪《漕运全书》卷 38。

② 董醇辑《议漕折钞》卷 8，道光十七年，《户部遵旨议奏事》。

③ 庐州卫于乾隆四十年借漕项银 60738 两回赎 40400 亩。乾隆五十八年（1793）扬州卫头帮借粮道库银 71544 两，回赎屯田 29874 亩。嘉庆二十四年（1819）续借道库银 60738 两，抽赎 40000 余亩，每亩约合 1.5 两。

不等。如不能按期回赎，对卫所官按所定应回赎分数分别罚俸降级以至革职。[①] 典卖屯田回赎价格，国家也加以规定，或令照典卖原价，而缓其交款年限；[②] 或令仅出原典卖价的一部分。如江西省，乾隆二十六年定：按典卖年限长短分别出价，年限近者减原价的20%，年限远者减原价的50%。[③] 这种回赎法，原典买田人收不回全部地价，国家就利用这办法预防民户典买屯田。

典卖屯田的回赎以原屯丁运丁为原则，如原屯丁运丁无力回赎，则令现在出运的运丁回赎，或由原典卖者同族同船回赎。回赎之后，由出款人承种出津租济运。

典卖屯田，一经查出，即使短期不能回赎，典卖人亦须交纳津租济运。如乾隆三十一年（1766）查出扬州卫典卖屯田若干亩，在未回赎之前，按亩征收津租，定上则田每亩征银0.12两、中则田每亩征银0.08两、下则田每亩征银0.04两，以济漕运。其余如江安建阳卫，苏松镇海卫，安徽和州、含山二州县卫所典卖屯田，都采行征收津租济运法，以维系屯田和漕运的联系。[④]

典卖屯田也有例外准免回赎的。一是民户典买屯田历年久远建有房屋坟墓难以拆迁的；二是原来屯丁运丁逃亡，屯田荒废，经民户出资开垦成熟的。符合上述两条件的可准免回赎，但该民户须同意将本户编入军户挽运漕粮，如不愿当差出运，仍须听原典卖之丁或同伍之

---

① 如湖北省，乾隆二十四年，令将未赎屯田作为十分，定限五年赎清归屯，如一年限满赎不及2/10者，该管官分别议处；二分以上者免，三分以上者议叙。道光十八年（1838）定，一年期满未回赎之田，占一分至二分者，卫所官弁罚俸一年；三分之内者罚俸二年；四分以内罚俸三年；五分以内降级，六分降二级，七分降三级，八分以上革职。

② 据光绪《漕运全书》卷39，乾隆二十八年，令军丁典卖屯田，原价取赎，原价在银百两以上者，令分三年交价，每交价一分即收租一分，价足即归船济运。

③ 据光绪《漕运全书》卷38，嘉庆十二年（1807），江西省典卖屯田，令查照旧章减原价2/10～5/10回赎，限一年全数归运。

④ 建阳卫由买田民户贴运，每亩概征津银0.12两，镇海卫金山帮每亩征津银0.2两，征解济运。

丁回赎。立法主旨在使屯田归运。

国家为禁止屯田典卖想过种种办法，但却没收到预期效果，最后采用了增税加租的政策措施。将屯丁运丁出卖的屯田特称为“违例典卖田”，国家承认购买者的产权，但要按田亩或原征租税额增加津银帮贴运军，名曰“加津”。此种办法从乾隆年间开始实行。出卖屯田加征银额，武昌、武左、蕲州、德安四卫所，每正粮一石加征津银1.3两；黄州卫每正粮一石加征津银1.2两。如黄州民户黄维周等典买屯田若干亩，该纳粮2石，照“违例”加征津银2.4两。当时米价每石约值银0.5两左右，1.2两银子可买2石多米，比原税额增加两倍以上。嘉庆四年又下令：“嗣后再有典卖情弊，仍从重加津之例办理”。①并规定：此种“违例典卖田”，增加津租银之后，如再行转卖，只许卖给运丁，使田归运，所增加津银照数豁免。如违例再典卖于民户，更从重加收津租。但回赎归运之田则又“豁除津银”。②

由以上论述可以看出，典卖屯田回赎制有几个原则：一是屯田“归运”，典卖的屯田须由原运丁回赎。其不再承担运粮任务者不准回赎，如乾隆八年（1743）定：“田去差存者准赎，田差俱去者不准回赎”。其原非津运的屯田，如班操军的屯田，其典卖与民户的，转售之时也只准卖给出运之丁。如乾隆二十四年下令清军同知：清查该项田亩坐落地段，秉公估价，造册备案，俟有转售，准运丁收买。其快丁屯田之售与民户的，乾隆三十九年令作为并卫屯田，每赋银一两或米一石各征津银0.1两，官为征解，津贴运丁作造船之费。③湖北襄

① 光绪《漕运全书》卷39。

② 据光绪《漕运全书》卷39，武昌、蕲州等卫，嘉庆十四年（1809）“赎回向已加津运绝屯粮二十四万一百八十六石，屯已归运，军丁执业……豁除津银”。十七年，“武左卫军丁樊绍玉等赎回运绝屯粮六万一千七百五十一石，豁免津银八千二十八两”。由同卫不同船之运军赎回，所加津银并不免除。

③ 光绪《漕运全书》卷37。

阳卫有掣留资役屯田29400亩，原只完正赋不出银津运，乾隆三十八年，改按屯田科则加征收津银济运。[①] 二是田随船转。如规定典卖屯田回赎权只限于原运丁或其同族同伍即同一运船之人，这样使屯田不脱离和原漕船的关系。又规定，如有彼船之丁，承买此船之田，即须当此船之差，负责此船的挽运。典卖给一般民户的田，民户虽无运漕之责任，但彼应出之津租，仍令津贴原船。国家设法维持屯田和漕运的联系，是煞费苦心的。

三　漕运屯田向民田转化

漕运屯田原有“有粮”及“无粮”之分。“有粮”的屯田和民田一样，须完纳正赋，即雍正以后的地丁；同时又须完纳津银济运。因为屯田的所有权归国家，津银即向国家交纳的地租。“无粮”的屯田，后来出现向民田转化的趋势，向国家完纳正赋。屯田转变为民田有各种不同情形，有久经荒废由农民开垦成熟而转为民业的，有被豪右侵占据为己有之后而完纳民粮的，有经过典卖逐渐变为民产的。屯田民田化，清中叶以后发展尤为迅速。至于正式承认屯田改为民业则始于乾隆十年（1745），这时山东省屯田多行荒废，清帝为鼓励垦复颁布了一道旨令：“军民自费工本开垦［屯田］给照为业，免赎归船，照例津银贴运。”据上列指示，民户所有权还是不完全的，“给照为业”须交纳地丁，从这方面获得了土地所有权；但仍须出“津银贴运”，这里的“津银”是变相地租，在这里民户又是以佃户的身份出现的。所以说民户对这种土地还不具有完全所有权。

有的卫所裁并原有屯田改为民田。据乾隆二十四年令，“如裁卫屯田钱粮在州县征收者，津银即由州县征收，均批解道库按帮发

① 光绪《漕运全书》卷39。

给”。[1] 由这个指令，仍征津银解粮道库，说明交纳钱粮的民户仍未获得完全的所有权。以后江南武平卫裁并之后，该卫坐落在河南睢州、鹿邑、柘城、太康四州县的屯田也改为民田，由各州县编征地丁钱粮，再无征津租解粮道库济运之类字样，完全摆脱了和漕运的关系，粮户取得完全的土地所有权了。

屯田也在随漕运制度的变化而变化。道光之后，部分漕粮改行海运，运粮改用海船，须另行招募熟习海运的水手，这时海运河运两者并行，部分卫所运丁逐渐失去存在的意义。同治年间，裁汰卫帮，部分屯田租赋改归坐落州县征收，渐与漕运脱离。[2] 光绪年间漕粮全部改行海运，卫所军再不承担运粮任务。

屯田私有化主要通过买卖。各地屯田买卖情形，如江苏省，据同治年间李宗羲奏：“上元、江宁、句容、江浦、六合等县，皆有屯田夹杂民田之内……除屯田最多之六合县并最少之句容县民屯间尚能区分……其余上元、江宁等实皆民屯错杂，莫可辨认。屯田为津贴运丁世产，例禁典卖，然私相授受，随处皆有，自知违例，每多隐讳，乾隆、嘉庆年间历次清理，卒未得实。”[3]如浙江嘉善县屯田，据光绪县志，自咸丰十年战役之后，“荒白居多，加以土民隐匿，客籍占垦，屯田之存益寥寥无几矣”。[4] 如湖广屯田，据张之洞记述：“卫所军丁，向完屯饷解藩司库；又完漕项杂款，如帮津、军三、安家等名，解粮道库。地段零散，分在各县，自明以来，历年已久，其田皆已辗转易主，并不逃绝。屯田例不准卖，故但书典契，其实与卖无异。卫守备向系漕督委署，路远地生，并不知地在何处。册籍全在书吏手中，其地之荒熟，户之完欠，但凭书吏所言，卫官茫然不知，

① 光绪《漕运全书》卷 27。

② 光绪《漕运全书》卷 39，两江总督李鸿章奏。

③ 光绪《续纂句容县志》卷 5，《田赋》，李宗羲：《奏请减征疏》，同治十三年（1874）。

④ 光绪《嘉善县志》卷 10。

惟索规费而已。”[1] 由以上数例，说明屯田典卖的严重程度，有的地区早在明代以来已“辗转易主”，有的地区在乾嘉年间即已难清理“得实”，有的地区屯田已“寥寥无几”。在这种情况下，屯田改为民田已成必然趋势。

漕运屯田正式改为民田有一个发展过程，先是光绪二十四年（1898）清廷采纳袁昶建议，令各省彻查屯田数额，征租充饷。[2] 光绪二十七年，刘坤一、张之洞上奏，建议改屯田为田民说：

> 一、卫所属屯田，有隔在别府者，有跨别省者，卫官并不知其田在何处，数有若干，其册皆在该卫数书吏之手……若屯田屯饷改归所隶州县征收，则每年丰歉完欠皆有可查考。前明屯田立法之始，本系官田给发运丁承种纳租，故定例准典而不准买。然相沿数百年来，辗转典当，久已屡易其主，视同民业；屯户既系用价所置，此时自不便绳以旧法，但令其报官税契，将屯饷改为地丁，将屯丁运军之名编审之例永行删除，卫守备卫千总等官一概裁罢，改为营守备营千总，分别补用。漕督遇事可与各粮道州县行文往来，亦不必有此卫官。民间买屯田者，既享世业之利，又除运军编审之累，受益已多。若令其于旧章屯饷之外，每亩酌加报效银二分，总计各省屯田二十五万余顷，岁可增银五十万两。[3]

光绪二十八年，清廷根据刘坤一、张之洞的建议，颁布了一道改制的指令。据是年正月上谕云：

---

① 张之洞：《张文襄公电稿》卷31，《致长沙陈抚台》（光绪二十四年八月初五日）。

② 光绪《东华续录》卷147，袁昶奏称：“现在漕粮既归海运，卫所半属虚悬，若改卫勾屯，征租充饷，于国用不无裨益。”

③ 光绪《东华续录》卷169，光绪二十七年八月癸丑。

> 各直省卫所屯田，原为转漕养赡运丁而设。自南漕改由海运以来，屯卫弁丁半成虚设……现又定章改折漕粮，急宜认真清查，改归丁粮，以昭核实而裕赋课。着漕运总督陈夔龙会同有屯卫省份各督抚，将各省屯田地亩逐一彻底查明，悉令该屯户报官税契，听其管业，将屯饷改为丁粮，统归州县经征。……此后屯丁运军名目概行删除，其原设之卫守备千总等官并着裁撤，改归营用，即由各本省督于各标内，仍以原班酌补。①

光绪二十八年（1902）至二十九年，有漕各省即遵令执行，裁卫所官，清理屯田，将屯田改为民田纳粮。下面列举几个事例。

第一，江苏省。分为两部分：一是原苏松道苏州、太仓等五卫屯田；二是原江南道徐淮等四卫屯田。关于苏州、太仓、镇洋、镇江、金山五卫各帮屯田，计田荡涂2863顷有奇。清理办法：一是“缴价酌定等差”，无论军执民执，分别上中下三等，每亩交价上田三两，中田二两，下田一两，调查清楚后，“饬令按亩缴价”。二是“纳税照民田完缴”。民间置买田地，每价银一两完税三分，“令屯田纳税自应仿照办理”。三是“屯粮钱粮照旧征解”。按各卫帮“应征屯折漕仓赡运等项科则轻重不等”，较民田为重，但“业户完纳相沿已久”，“拟请照旧制征收，分解司道各库兑收造报”。② 关于江苏淮徐等四卫屯田，共计屯田11621顷有奇。清理办法：一是“缴价宜酌分等则”。“按照各卫额设顷亩，无论军执民执，每亩缴价上则田三两，中则田二两，下则田一两”，令执业军民“照章勒限催缴”。二是“纳税宜量予限制”。“查民间执买田地，例应价银一两完税银三分，今屯田纳税自应仿照办理”。三是“屯饷宜照旧征解”。谓淮安大河等四卫屯

---

① 光绪《东华续录》卷171，光绪二十八年正月戊寅。

② 光绪《东华续录》卷180，光绪二十九年五月壬午。

田，应征屯折漕粮等款，编征款目相沿已久，“今若改照民赋，未免分更烦扰”；“应请仍照旧制征收，分解司道各库兑收造报，庶凡民不扰而赋有常”。四是“运田宜征收粮赋”。扬州卫仪征帮及兴化所有运田，从前给丁济运，“并不征粮”，“今既删除运丁名目，将屯饷改为丁粮”。①

第二，湖北省。据张之洞奏报，将查出屯田，“详请比照民田，分别上中下等则”按照奏定新章，完纳赋税。并令占耕者交纳契税钱，“凡田价每亩值二十千文以外者，均照二十五千文之价酌缴契税银一千五百文；每亩值十千文以外者，均照十五千文之价酌缴契税钱九百文；每亩值十千文以内者，均照十千文之价酌缴契税钱六百文”。并建议派员分赴各属，会同地方官，将所有屯田亲履勘文。“饬令各屯户将应完契税分三限缴清，以六个月为一限，缴税后给予印契，准其永远管业。”②

其他有漕运屯田各省，皆遵令清理，从此所有漕运屯田皆改变为民田完纳税粮。

① 光绪《东华续录》卷180，光绪二十九年五月庚申。

② 张之洞：《张文襄公奏稿》卷40，《清理卫田原章不便另筹简易办法折》，光绪三十一年三月二十一日。

第八章

潸粮运道[*]

第一节　清代对运道的修治[①]

一　定期挑浚和临时兴修

清代各省漕粮，经由大运河运抵京通。山东河南及江苏淮河以北漕粮由附近水次循运道直达京通。长江流域各省粮船则须远涉江淮。其由江入淮皆以扬州为咽喉，浙江漕粮由瓜洲以达扬州，湖北、湖南、江西、安徽各省粮船则由仪征达扬州。

---

* 南北大运河可以向上追溯到隋唐。隋唐皆建都西安，运道由东南而西北向。隋代开凿通济渠、邗沟、江南河，沟通东南至洛阳的运道。元代建都北京，开凿济州河、会通河和通惠河，把江南和北方联系起来。明代对会通河进一步加以疏通，又开清江浦，使南北大运河连贯起来。清沿明旧，继续加以修治。

① 此节主要据《清史稿·河渠志》；周馥：《周悫慎公全集·治水述要》。对于此节的写作，水利科学院姚汉源教授曾提出宝贵意见。

运河各段皆有专名。自扬州起，运道合一，经高邮、宝应以达淮安曰官河，计程 300 余里。[①] 淮安以西有明陈瑄所开浚的清江浦，由清江入淮，由此折而北为清口，乃淮河黄河汇合之地。由清口历清河宿迁而达邳州的泇口，计程 200 余里，这一段系康熙年间所开浚的中河皂河。自泇口至沛县的夏镇曰泇河，为明臣李化龙所开浚。自夏镇至山东鱼台县的南阳镇，计程 112 里，曰新河，此段系明臣朱衡所开。自南阳镇至临清州，计程 500 余里，曰会通河，为元代所开。自临清至天津计程 1000 里，曰卫河。自天津至通州张家湾计程 280 里，曰白河[②]。自张家湾入大通河，历普济、平津、庆丰诸闸而至大通桥。便靠近京仓。以上运河经过江苏北部、山东至通州，共经历四十四州县，共计 2882 里。[③] 其长江南，由镇江到杭州曰江南运河，其间，经过江苏的丹阳、常州、无锡、苏州、吴江，浙江的嘉兴、德清，计程 640 里。[④] 由杭州至通州，运河全长 3522 里。[⑤]

长江以北运道，因水源关系，修治最称困难。其间天津到通州，河道弯曲，水流不畅，容易淤积。山东南旺，地势最高，水势由此南北分流，多靠泉水，诸泉喷沙，易致淤塞。江北黄淮交界地段，黄河携带泥沙东注，更易沉淀。[⑥] 江南之徒阳河，因系凿山通道，两岸陡

---

① 春秋末期，吴王夫差开邗沟，把扬州与淮安连接一起，便利了水上交通。这是运河最早的一段工程。

② 运河终点，在明代初为通州东南之张家湾，再用车或剥船运达通州和京城的大通桥。隆庆五年（1571），由张家湾至通州河道畅通，运船可直达通州。自隆庆六年起，运船直达石土两坝。石坝在通州北关外，土坝在通州城东。然后分别运交京通各仓。

③ 一云 2758 里。

④ 关于贯通长江南北水道，系唐开元二十六年（738）润州刺使齐瀚开凿伊娄河始，沟通了润州（镇江）到扬州航程，以利于漕运。

⑤ 此外有长江运道。江西的漕船，由南昌经南康、湖口、彭泽等县入长江。湖北的漕船，集中于武汉，然后东下。湖南的漕船经湘水过洞庭湖入长江。三省的漕船经长江到瓜、仪入运河。

⑥ 光绪《漕运全书》卷 44，又关于黄淮运交汇处之清口航道，工程极为复杂。姚汉源：《中国水利史纲要》，水利电力出版社，1987，第 535 页。

立，容易倾颓，且江水携沙而来，每水去沙留。[①] 还有一些地区，由于地势和水源关系，挽渡也极为困难。清王朝为维持漕运，对运道的修治极为重视。

由于运道关系漕运，如臣僚一再指出："国家之大事在漕，漕运之务在河"[②]；"河道关系漕运，甚为紧要"。[③] 因此清王朝对运道勤加修治，务使畅通。

运河的修治，有定期挑浚，有临时兴修，定期挑浚有大修和小修，小修一般是一年一修，大修一般是隔一年或数年一修。

定期挑浚，如大通桥至通州一段，定十年大挑；江南徒阳运河定一年小挑，六年大挑。挑浚日期，山东境运河，康熙年间定每年十一月十五日开工，正月二十日开坝。江南徒阳河，则规定于江浙漕船回空之后挑挖。其他各段运河之挑浚，则视漕船通过日期和雨水季节而定。[④] 定期挑修，招募民夫及修浚用费都有定制，沿运各州县有额设埝坝浅夫等项钱粮，专供募夫挑浚开支。

临时性兴修多在运道发生梗阻故障之时，工程一般比定期挑修为大。如顺治八年（1651）招募民夫大挑运河；康熙五年（1666）修浚仪征至淮河淤浅运道；康熙十七年大挑淮南运河；康熙二十年挑修龙冈至张家店运道，长凡3000余丈。此后乾隆二年（1737）挑修淮阳运道300余里。[⑤] 余若山东省菏泽县之顺城河，武城县之冉家河，单县之涞河、嘉河，钜野县之蔡河，金乡县之金山河，济宁州之硕儿河，乾隆年间都曾令各县签派民夫挑浚。[⑥] 道光年间，伴随运道梗阻，挑修尤为频繁。

---

① 陶澍：《陶云汀先生奏疏》卷17，《现办漕情形折片》，道光六年十二月二十八日。
② 《皇清奏议》卷17，徐越：《敬陈淮黄疏浚之宜疏》。
③ 《清圣祖实录》卷106，康熙二十三年七月。
④ 光绪《漕运全书》卷44。
⑤ 《清史稿·河渠志》。
⑥ 光绪《漕运全书》卷44。

二　开凿新河及疏浚水源[①]

清代对运道的修治，可从几个方面进行论述。一是开凿新运河。顺治十五年（1658），董口淤塞，河道总督朱之锡于石碑口以南开新运道250丈。康熙十八年（1679）开凿永安河。从前由于黄河水倒灌和洪泽湖水泄入，造成江淮之间水流过急，航运不便，“重运出口，牵挽者每船常七八百或至千人，鸣金合噪，穷日之力，出口不过二三十船”[②]。永安河开成后，“运艘行乎其间，永无漂溺之患”[③]，“重运北上，扬帆直上，如历坦途”。[④] 康熙二十年（1681）开皂河，上接泇河，移运口干张庄。康熙二十五年，河道总督靳辅开中河 180 里。从前由清河口到宿迁张庄运口 100 余里，运船溯黄河逆流上驶，雇民夫牵挽，每天仅能运行数里，花费极大，且船只时被漂没。自中河开成，粮船出清口渡黄河后，进仲庄闸北上，不仅避免了黄河风涛之险，且行速费小，从此“中河内商贾船行不绝”。[⑤] 此后，河道总督于成龙又开新中河。康熙三十九年，河道总督张鹏翮以新中河浅狭，且盛家道口河头弯曲，挽运不顺，又改定中河以三义坝为断，三义坝以上仍用旧河，三义坝下至仲庄闸，旧河浅窄，于三义坝筑拦河堤一道，截旧中河入新中河，即将旧中河之上段与新中河之下段合而为一，在河两端建立石闸，按时启闭，又于两岸筑河堤一万多丈；是河告成，运道称便。

同时，清代还开凿了几条较大的引河。如康熙四十年（1701）开清江浦引河；康熙四十五年开杨家庙至马湖的引河 14800 丈；雍正五

---

① 关于开凿新河及疏浚水源，历代多有记载，如明嘉靖七年（1528），漕臣唐尤请于三汊河口仪征上游之地置闸以利漕运；崇祯七年（1634），明政府征发民夫引柴河宝带河水会于运河等。

② 乾隆《淮安府志》卷 6，《河防》。

③ 《河防述言·杂志》。

④ 乾隆《淮安府志》卷 6，《河防》。

⑤ 《清史稿》卷 127，《河渠二·运河》。

年（1727）开金铁岭引河二道；乾隆二十八年（1763）开临清引河五道。开凿引河目的是，或引他水济运，或宣泄运河盛涨之水，或加强运河水势以敌黄河之水不使倒灌，收到了一定功效。

运河是一条人工河，运河水源，主要利用沿运的河水、湖水和泉水。

所利用的河水，在北直隶有发源于昌平八达岭的温榆河，流至通州入白河济运；又大清、永定、子牙诸河，流到天津注入运河济运。由山东临清至天津一段，则以发源于河南辉县苏门山百门泉的卫河为主，将发源于山西上党县的漳水流经馆陶县境导入卫河济运。[①] 由临清到鱼台的会通河则借用汶、泗、沂、济诸河之水，汶、泗、沂诸河则赖引泉水济运，俟详下节。济河发源于河南滑县和开州，流至寿张导入运河济运。淮阴以南淮安、扬州两府运道，则西受豫皖和诸湖之水。至江都县境，运河西岸有小新塘、雷塘诸水注入济运。[②] 江南镇江运河，系凿山通道，引用长江之水济运。[③] 浙江运河，则引发源于天目山之河水济运。

通过开凿新河及疏导水源，加强了运河的水势，对挽运漕粮颇有助益。

三　潴蓄湖水和疏导泉水

为维持运道，国家对潴蓄湖水工作极为重视。

沿运湖泊繁多，是运河的重要水柜。按运河水量多寡恒视雨量多少而定。由山东至江北地区，受季节气候影响，伏秋降雨较多，春夏

---

① 周馥：《周悫慎公全集·治水述要》卷 4，明万历中，漳河北徙入滏阳。至顺治九年（1652），又从邱县北流经青县归海，不能入卫济运，卫水微弱，粮运涩滞，于是堰漳河分灌民田之水入卫济运。

② 据《河渠纪闻》：雍正五年（1727），议疏扬州五塘。按江以北水利，世皆盛言扬州五塘，潦则有潴蓄而不致泛堤，旱则资灌溉而兼可济运。

③ 林则徐：《林文忠公政书》卷 6，《筹办通漕长道折》。另据陶澍《陶云汀先生奏疏》卷 17，《办漕运情形折片》，此河名徒阳运河，凿山商成。

雨量稀少。运粮由南而北，以春季为主，正是缺雨季节，所以水的潴蓄极为重要。山东和江北数百里运道，湖泊是主要水源，诸湖的修筑遂成为一项重要政务。①

会通、新、泇河诸段湖泊最多。沿会通河有六个湖：一为南旺湖，在运河西岸，周围93里，围以长堤，设置斗门，收蓄汶河之水，设闸放水济运。二为马踏湖，在汶水北岸，上自徐建口、李家口收水入湖，由新河头宏、仁桥二闸放水济运。三为蜀山湖，在汶水南岸，周围65里，筑堤20里，上有永定、永安、永泰三闸收水入湖，由金线、利运二闸放水济运。（注：以上三湖都在汶上县境）四为马场湖，在济宁州境，周围40里，收蓄府、洸之水，漕船到境，由十里、安居二斗门放水济运。五为独山湖，在鱼台县运河东岸，收邹、滕沙河及鱼台各泉之水，水口筑坝19处，每遇伏秋水大，开坝蓄水；春秋水小，放水济运。六为昭阳湖，跨鱼台、沛两县境，在运河西岸，上收菏泽、城武、单县、定陶、钜野、嘉祥、济宁、金乡等九州县坡水及滕县泉水。会通河水源微弱，全赖诸湖之潴蓄。至新、泇二河，以微山湖为水柜，该湖跨滕、峄两县，在运河西岸周围180里，隶江南者十之七，隶山东者十之三，凡汶、泗涨溢之水皆入此湖，经徐、沛入运；邳、宿二县运道之通滞，即视湖水之盛弱而定。此湖又分郗山、吕孟、张庄、韩庄等湖，名称虽然不同，中间并无限隔。以上诸湖，秋后开闸不使外溢，入春开闸以济漕运，会通、新、泇诸河之水，遂得源源不缺。沿官河湖泊，以洪泽湖为主，在运河之西周围数百里，沿湖东岸筑高家堰石堤，长138里，高2.3～2.5丈，底宽13～

① 《治水筌蹄》：乾隆二十八年（1763）八月河东总河姚立德奏报各湖水势并陈蜀山、微山二湖挹注事宜，谓东省运河来源甚弱，全赖各湖水柜以资运行，微山、蜀山二湖尤关紧要。议以蜀山湖在汶河分水之旁，南北兼济；微山湖地处下游，以韩庄湖口闸宣泄，灌输东省八闸，及江省邳、宿河道，湖中多蓄一分之水，运行多受一分之益，应照章收益。

14 丈，顶宽8.4 丈；又临湖镶柴高 10 余丈，宽 0.8 丈。[①] 此堤作用，一者掩护淮、扬低地，使免受泛滥之灾害，同时约束淮水使速出清口，以抵黄河之水，不使南灌运道。于清口筑大墩一座，导清水七分敌黄，三分济运。[②]

洪泽湖以南，运河水源充足，这里湖泊对运河的作用与前者不同，注水济运的功能小，泄涨的作用大。如淮安、宝应间东岸的射阳湖和广阳湖，宝应县运河西岸的宝应湖[③]，湖面都比运河水位低，相差数尺至十数尺不等，只能接受运河的泄水。再南有高邮湖，湖在运河西岸，湖水和运河水面高低大致持平，在雨少季节有济运的作用。再南有北湖，在甘泉县境运河西岸，内分邵伯、黄子、赤岸、朱家、白茆、新城六湖，由湖入运有 13 个口，运河水涸则引湖水济运。[④] 甘泉县邵伯镇运河东岸有渌洋、葑塞、艾陵等湖，以渌阳最大，运河水大则泄水入湖。[⑤]

其江南运河，丹阳县境有练湖，造湖闸四座，蓄水济运，有“湖水放一寸，运河增一尺”之谚。[⑥]

关于利用泉水济运，在山东省最重要。泉水共分五大派：一是

---

① 洪泽湖东岸之高家埝，传系后汉广陵守陈登始建，至明永乐中平江伯陈瑄、万历六年（1578）总河潘季驯两次重筑。至清亦历次修筑。高埝大堤则于康熙三十九年兴修。

② 黄河自清朝初年，经徐州、宿迁、淮阴、涟水东注入海，运道经淮阴北上，黄、运两河在此成交叉情形。清初注意河口，运河修治得较好，水源充畅，不需借用黄河之水，只求黄河水能畅达东流而不淤垫。为了这种目的：一面疏通黄河本身的河道使更加通畅；一面利用洪泽湖的水刷涤黄河。洪泽湖之水称为清水，湖水入黄河之口叫清口，由洪泽湖至清口有引河五道，专引湖水注入黄河。在清口外建筑东清坝和御黄坝，两坝的作用：一是使黄、清二水隔绝；二是蓄积清水使高过黄水，一到夏季水盛，开坝放水，使清水灌注黄河东流入海，以收借清刷黄之效，不使黄河水入湖入运，致发生水过沙停的障碍。乾隆年间，清水比黄水位高七八尺至一丈以上。

③ 董醇：《江北运程》，引《扬州府志》，诸湖总名为宝应湖，周围 300 余里。

④ 《江北运程》。

⑤ 《江北运程》。

⑥ 林则徐：《林文忠公政书》卷 6，《筹办通漕要道折》。又谓“上接丹徒境者谓之上练湖，下接丹阳城者谓之下练湖，上湖高于下湖，下湖又高于运河，以节节传送”。

“分水派”，凡出于汶上、东平、平阴、肥城、泰安、莱芜、新泰和蒙阴西宁阳北诸泉属之，共有214泉，汇流至南旺分水口入河济运。二是“天井派”，凡出于滋阳、曲阜、泗水和宁阳南诸泉属之，共110泉，分注沂、洸、济、泗诸水，至会源闸入河济运。三是“鲁桥派”，凡出于邹、滕、济宁、鱼台和峄县西诸泉属之，分别于鲁桥闸左右入河济运。四是“新河派”，凡滕、峄二县东入泇河的泉水。五是徐、沛二州县由张庄等八闸入河济运的泉水属之，共9泉。以上五派泉水中前三派至关重要，是会通河的主要水源。[①]

清王朝对泉水的疏浚极为重视，设有管泉专官。[②] 凡有泉眼可开之处，由泉官相度地势，督民夫开浚，并于有水泉处所栽培树木，以兹保护。

以上是清朝关于修治运道的基本情况。诸如开凿新运河，疏浚水源，潴蓄湖水，疏浚泉水，以保持运道的畅通，对漕船挽运起着十分重要的作用。

四　黄、淮、运交汇处运道的修治[③]

清代黄、淮、运三河交汇于清口上下数里间，工程最为浩繁，为清代治理黄、淮沟通运道的重点。自康熙朝靳辅主持河政以后，治理黄、淮河，采用蓄清敌黄、引清刷黄法。在清口地区，力使淮水畅流，借以刷黄，减轻淤沙，黄河也可以顺畅，这是治理黄、淮以通漕运的关键。运道经过清口，既虑黄流湍急，更怕携带泥沙淤积南北运

---

① 《疏河济运篇》：“会通之源汶、泗也，汶泗之源泉也。细流不择，巨川斯通，而山下有泉，疏之愈出，若仍其湮滞，则日就消灭矣。”按山东一省，凡有泉济运者十七州县，凡425泉。

② 《泉河厅册》：兖州府设泉河通判一员，经管兖、泰、沂、济三府一州所属十七州县，共计泉484处，责成州同县丞经历主簿巡检等管泉泛官12员，分地经理，下设泉夫176名。

③ 此节并承姚汉源教授审阅修改。并参见姚汉源《中国水利史纲要》，水利电力出版社，1987。

口，盖南运口以水势南流更为重要。当时采行的办法主要是使运道避过黄水，引淮河水流入里运河，既为淮水找一支出路，又不致淤堵断航。国家为此进行了艰巨的治理工程。

为使漕船在清口顺利渡黄所采行的措施：一是使南北运口尽量接近，即使运道横渡黄河的距离尽量缩短，其法是在运口建筑控制闸坝，抵御黄水入侵；开河建堤引淮水入里运河，以保运道。二是防止黄水侵入洪泽湖，致淤堵淮水，为此建了挑黄御黄逼黄使远离湖口等建筑物，并修筑了许多引清水外出的引河和逼清畅流的堤坝，还修筑了加大流速的河道。但以上这种种措施只能收效于一时，并非长久之计。乾隆、嘉庆朝以后，黄水日淤，清口淤高。黄河水位既行淤高，乃向南倒灌南运口，向西倒灌湖口，致淮水不能出，运口不能开。道光年间，为使漕船便于航行，于西筑御黄坝拦断黄河，于南则利用“灌塘济运”法。

为保持清口运道，当时官府先后修建三大工程：

一是逼黄引淮工程。先是明代潘季驯修建高家堰。清代为防黄水淤积倒灌，更经常增筑。康熙十五年（1676），于湖口内开烂泥浅等四条引河，引湖水外出；又修湖口大墩，逼清水二分济运，八分敌黄。康熙中叶后，墩岸修建日高。经康熙历雍正至乾隆朝约百年间，为引清逼黄，河工一再修筑，工程巨大，用费浩繁。如乾隆初年修黄河南缕堤，筑砖工至20000余丈。嘉庆初，清口淤积严重，常开苏北黄河南岸减水闸坝，减黄助清，并借黄济运。先是乾隆中束清御黄两坝常夏启冬闭以蓄清刷黄，嘉庆时以黄河河床淤高，不再能收蓄清刷黄之效，乃改为秋启夏闭，仅用以济运。

二是南运口改建工程。为济漕运，南运口不断改建。明代在清江原设五闸，清初只剩天妃、福兴两闸。俟后黄河倒灌淤塞，当水盛之时，闸外水常高4~5尺至6~7尺，运船出口困难，有如登天。每渡一船需千人牵拉，水急时一昼夜仅能出船7~8只。为便利漕运，康熙时靳辅进行改建，把运口向南移3～4里，在运口建太平闸，闸内挑修两河，交替使用。此后终康熙朝一再改建。乾隆二年，移运口向南徙75丈，口内建束水草坝三道，各留金门（口门）4丈；又因旧河下段与黄河仅隔一土堤，有被冲决危险，乃开正河及月河1000余丈。新河内增建通济及福兴、正越等闸。起初新河与旧河并行，至乾隆三十六年，停走旧河，筑坝拦断。此后新河使用100余年没多大变动，仅于道光五年在口内增一钳口草坝。至是，其余运口旧闸坝俱废而不用（见图8－1）。

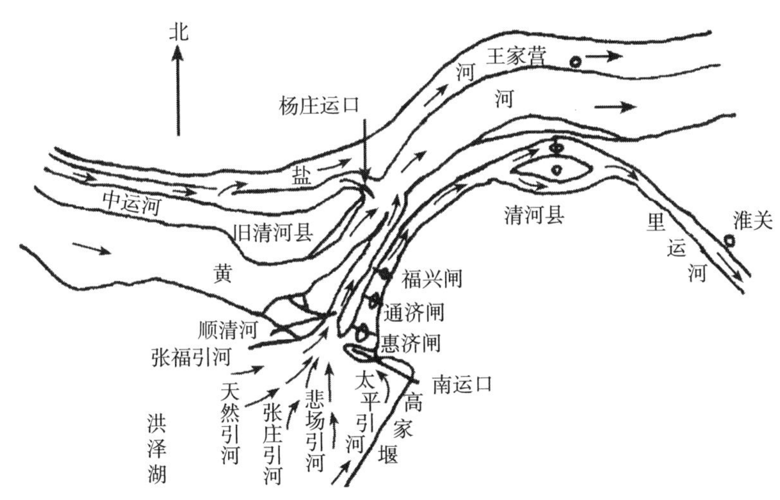

图8－1　山东省及江北闸坝

南运口内有一通济闸，由嘉庆末至道光中通济闸上下水位之差常在3尺以上；惠济闸初亦相同，后降一尺余。载重粮船向上拉挽出口，每船每闸需绞关20～60部，缰绳用至数十条至200条，人夫用至300～900名。

三是灌塘济运工程。道光四年高家堰决口，洪泽湖积水泄空，五年春乃改行引黄济运法。其法，二月开御黄坝，黄水入运南流；黄水携带大量泥沙，由是里运河各段及出江各河均淤。五月堵闭御黄坝，开引湖水，而湖水过少。是时运河淤垫高至 10 余尺，严重影响清江以南运道，自清江至高邮，粮船经常陷泥淖中。于是在河道中筑临时坝 6 道，积蓄湖水行船。但湖水不足，乃车水入坝中，并改从高邮剥运。漕船盘坝接运，用费极大，且为时过久，最后改为倒塘灌运法，工程浩大。

道光六年七月试行戽水通重运漕船，即于运口头坝以东筑拦水大坝（拦清坝），又将临黄钳口坝改建草闸，形成可容船 1000 只的内塘（塘河）。用水车车水入塘，水高于黄河 1 尺即启草闸放船入黄。次年不再戽水，改为开拦黄堰闸，引黄水入塘。操作程序是：黄高于清时，则堵临黄草闸及闸外拦黄土堰，开运口内的拦清堰挽重船进塘；然后再堵拦清堰，开拦黄堰及草闸放黄水入塘，放船出闸渡黄。一次灌放约需 8～10 日。道光十年（1830），以塘河内船只过多，又增开一河名替河，与正河轮流灌放。又于塘河东岸建泄水涵洞，降低塘水，形成清黄水位差，启拦黄草闸时可以冲刷淤积；又于草闸东侧建平水涵洞，可以引黄抬高塘水。道光十五年，又于替河外加挑新河一道，轮换行船。自道光五年后每塘灌船 400～500 只，十年后可灌船 1200～1300 只。这种办法持续近 30 年，至咸丰五年黄河北徙，中运河水可直通里运河，塘河遂废。

五　修筑闸坝[①]

运河经过几个省份，除江南一段外，各个地区多高低不平，地势悬殊。由通州到天津的白河系由高而低，由天津到临清的卫河海拔逐渐增高，但倾斜不大。由临清至鱼台南阳的会通河，中经南旺，海拔较高，河水即由此南北分流。由鱼台而南经新、伽、皂、中、官诸河，愈南而愈低。江南运河所经，地势大致持平而北部稍高，但倾斜度极小。

① 此节据董醇《江北运程》。

运河地势高低决定了水的流向。长江以北大致可以分成三段：通州到天津为一段，水流由西北而东南向；天津到山东南旺为一段，水流由南而北向；南旺到江北为一段，水流由北而南向。

因运河所经地势高低过于悬殊，加以有些地区水源微弱，为了解决这一困难，除整治运河水源外，则是逐段建闸。

闸的第一种作用是保持运河水量。于山陵及高阜地带，相度地势，随处建闸，控制水流，使积水不致宣泄。如南旺一地，南比台庄高 160 尺，北比临清高 90 尺，所以由台庄至临清建闸最多，不下 50 余闸，每闸相距十里至数十里不等。

为便于漕船运行，闸河蓄水皆有规定，水深总以 4 尺为度，南旺一段则以 7 ~ 8 尺为度。闸之启闭有定制。如漕船由上而下，则先闭下闸，再启上闸，放水使上下闸箱间水位相平，然后挽渡。如自下而上，则先启上闸，放水使上下闸箱间水位相平，挽船上渡，然后闭下闸，启上闸。如此节节灌输济运。

闸的第二种作用是调节水流。如于沂、泗二水，在兖州建筑闸洞（即泄水涵洞），夏秋水涨，启闸使南流出师仲闸；冬秋水小，则闭闸遏水入城，出济宁天井闸。又南旺地基最高，向有水脊之称，汶水至此南北分流。起初汶水北流至临清境者占水量的 60%，南流至济宁境者占 40%。后北高而南低，南流水量增为 70%，北流水量减为 30%。以上水量的分配即借闸板之启闭调节。①

如水势过大，有冲决河堤的危险，则筑坝以资宣泄。如德州恩县流水坝，导水入老黄河以归海；清平县田家口滚水坝，泄水以入马颊河；聊城县龙湾滚水坝，泄水以入徒骇河；寿张八里庙滚水坝，泄水以入大清水；泇河由黄村庄至窑湾一段之猫儿窝、万庄窑湾诸坝，泄

---

① 还有专供泄水之闸，如张秋、平水等三闸，甘泉邵伯镇之湾头闸，皆为消减运河之水而设。

水以入骆马湖；桃源钳口坝，泄水以入盐河等。

表 8 – 1 是《清史稿》中关于修筑闸堰的记录。

表 8 – 1　清代修筑闸堰

年　份	筑闸坝地方名称	备　注
康熙十八年	开滚水坝于江都鳅鱼骨，创建宿迁、桃源、清河、安东减坝六	
十九年	创建凤阳厂减坝一，于邳州东岸马家集建减坝十一	
二十年	增筑高邮南北滚水坝八对	
二十二年	于石砌筑拦黄坝	
二十三年	建石坝于清河运口	因运口水盛涨
三十八年	高邮减坝及茆家园等六坝均改为滚水坝	
四十年	建中河南岸石闸	
四十三年	建直隶运河杨村减坝	建坝以分水势
四十五年	于中河横堤建草坝二，于鲍家营引河处建草坝一，于文华寺建石闸，于德州哨马营、恩县四女寺建坝	以运河水涨，堤岸难容，开支河以杀漳、卫合流之势
雍正二年	于骆马湖东陆塘河通寄桥西高地筑拦河滚坝	
八年	于西宁桥西建拦湖坝	
十一年	于八里湾、十里铺两废闸间建石闸一，曰安济闸	
乾隆二年	修浚三教堂减坝	
二十二年	添建高邮东堤石坝	
二十五年	移金线闸于柳林闸北	目的在使独山诸湖水全注北运河
二十五年	于鱼台、辛庄桥北改建滚坝一	
二十七年	建筑齐家庄桃溜埽坝、接筑清口东西坝，修李家务石闸	
三十三年	开临黄坝	以黄水入运，开临黄坝以泄盛涨
三十七年	拆董家口石坝	因该坝阻泗水南下
道光三年	添筑戴村坝、北官堤碎石坝	
六年	筑温榆河上游果渠村坝埽	

续表

年　　份	筑闸坝地方名称	备　　注
十四年	筑两重蓄水坝，又于湖之东堤建减水石坝二，于入运处修复念七家古涵，以作水门，并建石闸	目的在放水济运
十八年	闭临清闸，于闸外添筑草坝九，于韩庄闸上朱姬庄迤南筑拦河大坝一	
十九年	增高戴村坝	

资料来源：《清史稿》卷127，《河渠志》。

以上闸坝的设置，对漕船的航行起了很重要的作用。

第二节　运河河政

一　设置官吏

管理河道的最高长官是河道总督，计江南一人，驻淮安；山东、河南一人，驻济宁；直隶河道总督以直隶总督兼理。他们的职责是总揽一切有关河道的政令①，诸如疏浚堤防、治理河渠等，并兼管黄河、永定河事务，而修治运道以保证漕运畅通则是河督的一项重要任务。

总督下设置各种官员。设河道库一人，驻清江浦，掌出纳沿河款项；设置专司或兼管河道六人，分驻徐州、淮安、济宁、兖州、天津、通州。长江以北运河，南起瓜洲，北至通州大通桥，计程二千余里，全程分十七段，每段长者百余里至数百里，短者十余里至数十里，分设同知、通判，分段责成，诸如修筑汛河堤埝、闸坝，挑浚淤泄，导引泉水等事务，皆归管理。每段下设闸坝汛，计江南14闸，设闸官11人；山东48闸，设闸官31人；又直隶1人。共计43人，

① 《清史稿·职官志》。

其职责是专司各闸之启闭，按时蓄泄。[①] 守汛防汛，专设武职，计置河标、河营等副将3人，参将2人，游击5人，都司4人，守备33人，千总53人，把总71人。[②]

一切河政事宜，上由河道总督督率，下由分段同知、通判责成，其职责最为重要，如表8－2所示。

表8－2　运河逐段设置同知通判

管辖区起止	里数(里)	管辖官吏	辖区闸坝汛
瓜洲{扬州府 三汊河	27	江防同知	瓜洲二闸:通惠、广惠
三仪征—三汊河	72	江防同知	仪征四闸:响水、通济、罗泗、拦潮
汊河—黄浦(山阳) (淮安府、山阳县交界)	260	扬河通判	汛五:江都、高邮、永安、氾水、宝应
黄浦—清口 (甘罗城西山清河交界)	96	淮安里河同知	汛三:里河下汛、里河上汛、运口汛
黄河口(清河)—三岔 (桃源)	17	安清中河通判	
三岔—张庄、运口 (宿迁)	140	宿桃中河通判	
张庄、运口—窑湾口 (邳州交界)	47	宿虹同知	
窑湾口—黄林庄 (峄县交界)	120	邳睢同知	猫儿窝滚水大坝,万庄石坝,上下竹络坝三,窑湾竹络坝一[①]
泇　河 (历、峄、滕、沛)	196	兖州泇河通判	共有11闸:台庄、侯迁、顿庄、丁庙、万年、张庄、德胜、韩庄、夏镇、杨庄、珠梅
辛庄桥王家口—东平州 (南旺湖)	275	兖州运河同知	共有18闸:邢庄、利建、南阳、枣林、鲁桥、师家庄、仲家浅、新闸、新店、石佛、赵村、在城、天井、寺前铺、南旺上下闸、开河、袁家口
东平靳家口—聊城县 (张秋河)	155	兖州捕河通判	安山闸、戴家庙闸、靳家口闸、积水闸、荆门下上闸、阿城上下闸、七级上下闸[②]

① 另据《山东运河备览》，山东运河官吏，有同知27人，通判25人，州同10人，州判20人，县丞73人，主管69人，巡检25人，吏目2人，典史4人，又兼管知县48人。

② 《历代职官表》卷6；《清史稿·河渠志》。

续表

管辖区起止	里数（里）	管 辖 官 吏	辖 区 闸 坝 汛
阳谷官窑口铺—临清盐店（上河）	177	东昌府上河通判	周家店、李海务、通济桥、永通、梁家乡、土桥、戴家湾等闸及砖闸、板闸
临清盐店—吴桥县降民口铺（下河）	327	东昌府下河通判	
德州王—光坟—天津白洋桥（河间、东光、景州、吴桥、交河河道）	184	河间府管河通判	
武清三岔河—交河白洋桥（天津运河）	345	天津同知	
天津街—通州石坝（武清、香河、通州运河）	342	杨村通判	
由大通桥东下—通州（通惠河）	50		自通州以上共十闸：通流、普济、平津下、平津上、庆丰、澄清、高梁、白石、广源、青龙

资料来源：董醇《江北运程》卷40。

说明：①俱泄运河出岸之水，由隅头河入骆马湖。

②其中积水闸，每年伏秋，郓、濮等处倒坡之水，接流至此济运。

二　修建用费

为了维持运道畅通，动用了巨大的人力物力，消耗了数以万计的银钱，在农民经济及国家财政方面都是一项巨大支出。一是修治运道本身的开支；二是为维护运道借黄济运而修治黄河方面的开支。

为借黄济运，导黄河南徙，经苏北入海，使黄河失其自然之势，由河南省境到苏北地区遂经常决口。为预防和堵塞决口，国家支付了巨大的河工费。这种关系，清后期金安清作《黄运河利害议》一文曾论之甚详。他说："自明及本朝，南北两岸，决口殆七八十次。黄河之南流贻害于国家者大矣。北流（指由山东入海）乃河性之常。而南流［指导由苏北入海］则仅始于前明及本朝三四百年间。即以嘉庆一朝言之，曹工、邵工、唐工、丰工、睢工、减坝、李家楼、马港口、陈家浦、兰仪、马营坝，几无三年不决者，一决则挑河筑堤两项必开帑七八百万，而人民庐舍蠲缓丁赋尚不与焉”。[①] 以上所说决口处多在河南省境。金安清主旨在于说明运河和黄河决口的关系，因为要保证运道而引黄南流济运，黄河因南流而屡次决口，因决口而修治河道开支大量金钱。这笔款项虽非直接用之于运道本身的修治，但毕竟是为维护运道畅通而支付的。

直接用之于运道的兴修费，款额之巨也很可观。运河工程，有两处支出最大。一是淮南一段，即由仪征至淮河的运道。如康熙十六年（1677）计划大挑，预计“日役夫三万四千七百［两］有奇，三百日竣工”。[②] 这项工程用银凡98万余两。如乾隆二年（1737），挑修淮阳运道，长达300余里，用费也为数不小。或谓淮安和清口黄淮交汇之处，“施工之勤，靡费之巨，人民田庐频岁受灾，未有甚于此者”。[③] 二是修治江北运河，花费之大，清代有不少人论及，此处从略。这里专就山东运道各种修治用费作为典型事例加以论述。

据《山东运程备览》，所有境内运河，定一年小挑，隔年大挑。大挑分三段：第一，自德州柘园至馆陶为一段，运河经流卫水，漳水全流入卫济运，水势浩大，以防汛为主。临清砖闸外之长河，每至冬季，先挑古浅之处；干旱年代，则用混江龙挑挖。第二，自临清砖闸至南旺为一段，即会通河的北段，引用汶水北流济运。第三，自南旺至台庄为一段，引汶水南流，经南阳至夏镇，在两湖之中，地平水缓，河水足资浮送，例少估挑。夏镇到韩庄则多含泥沙，时常淤积，须年年挑浚。通济以北地势陡峻，须择浅而挑。

山东省境运道，为了便于分段责成，把以上三大段又分成为五小段，成立运河厅、捕河厅、泇河厅、上河厅、下河厅，各厅皆设专官，专司辖境运河的修治。各厅又专置修河夫役，名曰长夫。康熙十五年（1676）长设长夫7640名。后渐裁减，如表8－3所示。

① 《清朝经世文编》卷95；金安清：《黄运河利害议》。

② 《清朝通志》卷96，《食货·河工》。

③ 《清史稿》卷127，《河渠志》。

表 8－3　山东省各河厅属额设修河夫役及费用

河　　厅	长夫名额(名)	工食银(两)	器具银(两)	备　　注
运河厅属	1034	14212.1	829.6	运河厅辖济宁州、济宁卫、汶上、嘉祥、鱼台、钜野等县
捕河厅属	573	7079.0	425.6	捕河厅辖阳谷、寿张、东阿、东平等县和东平所
泇河厅属	666.5	7686.0	533.2	泇河厅辖滕县、峄县
上河厅属	699	5818.8	562.8	上河厅辖临清州和聊城、堂邑、清平、博平、馆陶等县
下河厅属	239.5	3480.5	223.6	下河厅辖德州、德州卫,以及武城、夏津二县
总　　计	3212	38276.4	2574.8	

资料来源：陆朗夫：《山东运河备览》，乾隆四十一年。

说明：长夫有浅夫、军夫、闸夫、徭夫、轿夫等名称。原书谓额设长夫 3158 名，与表不符。

在有泉水诸州县，设置泉夫。道光年间，设八州县泉夫共 734 名，如表 8－4 所示。

表 8－4　山东省设泉夫州县及泉夫名额

州　　县	名额(名)	州　　县	名额(名)
汶上县本管泉夫	43	东台县本管泉夫	40
汶上县代泰安县募泉夫	121	济宁州本管泉夫	9
汶上县代平阴县募泉夫	10	济宁州代曲阜县募泉夫	40
东平州本管泉夫	78	济宁州代邹县募泉夫	30
东平州代莱芜县募泉夫	90	济宁州代滋阳县募泉夫	36
东平州代肥城县募泉夫	35	济宁州代蒙阴县募泉夫	16
东阿县代新泰县募泉夫	75	滕县本管泉夫	40
嘉祥县代宁阳县募泉夫	61	峄县本管泉夫	10

资料来源：《山东运河备览》，乾隆四十一年。

逐年小挑，用夫 1255 名，募夫工价及器具银 2659.5 两，如表 8－5所示。

表8－5　小挑募夫及用费

河　　厅	募夫名额(名)	募夫价(两)	器具银(两)
捕河厅属	596	1309.30	108.20
泇河厅属	270	410.00	54.00
上河厅属	389	700.20	77.80
总　　计	1255	2419.50	240.00

资料来源：《山东运河备览》。
说明：原书缺上河厅属名额。

大挑之年，另增募夫6024名，募夫价和挑挖器具等项银共计17212两。此款由山东省司库拨银15019两，由粮道河库项下拨银2193两，临时给发濒河州县，募夫挑浚。各厅县募夫名额及各种费用如表8－6所示。

表8－6　大挑之年募夫及用费

河厅别	州县卫	募夫名额(名)	募夫工价(两)	器具银(两)	备　　注
运河厅属	济宁州	696	2366.40	139.20	运河厅属工价银每名每日给银5分,工作68日
	济宁卫	99	336.60	19.80	器具银每名给银2钱
	汶上县	370	1258.00	14.00	
	嘉祥县	68	231.20	13.60	
	鱼台县	297	1009.80	59.40	
	钜野县	202	686.80	40.40	
捕河厅属	阳谷县	644.5		128.90	捕河厅属工价每名每日5分
	寿张县(募夫)	452		90.40	
	寿张县(乡夫)	50	10.75 } 1983.38 2533.00	10.00	
	东阿县	154		30.80	
	东平县	397		79.40	
	东平所	20		4.00	

续表

河厅别	州县卫	募夫名额(名)	募夫工价(两)	器具银(两)	备注
泇河厅属	滕县	370	795.50	74.00	泇河厅属每名每日给工价5分。滕县370名,工作45日;峄县300名,工作23日。器具费每人2钱
	峄县	300	345.00	60.00	
上河厅属	聊城县	515.5	1108.33	103.10	上河厅属每日每名发给工价5分,共工作43日;器具费每名2钱
	临清州	456	980.40	91.20	
	堂邑县	323	694.45	64.60	
	清平县	209	449.35	41.80	
	博平县	220.5	474.08	44.10	
	馆陶县	181	389.15	36.20	
总计		6024.5	15641.44	1144.9	

资料来源:《山东运河备览》。

说明:①缺下河厅属。按下河厅各汛河身宽阔,不能筑坝兴挑,例无募夫,止需长工驾船捞浚,每船1只抵夫1名,每年3000名,支给雇船工价银150两。

②寿张县50名系乡夫。

挑河用费,或由户部拨款,或于通济库税课项下报销,或即由地方设法筹款。挑浚募夫器具等项银两,称为河银工食银,由各州县征解者如表8-7、表8-8所示。

表8-7 山东各州县卫所应征河银

州县卫所	银额(两)	州县卫所	银额(两)
德州	669.0	鱼台县	1856.1
德州卫左所	117.5	济宁州	2166.6
德州卫中所	75.9	嘉祥县	222.3
德州卫前所	43.7	汶上县	2481.8
德州卫	18.0	阳谷县	3026.8
滕县	976.4	济宁卫	20.9
峄县	250.8	东平州	6761.2
金乡县	1157.7	东平所	32.5
聊城县	323.2	武城县	786.5

续表

州县卫所	银　额(两)	州县卫所	银　额(两)
堂邑县	560.8	恩　县	364.0
博平县	527.9	泰安县	967.8
清平县	903.8	新泰县	819.8
临清州	1236.4	莱芜县	578.2
馆陶县	458.5	肥城县	223.1
莘　县	490.6	东阿县	1286.8
冠　县	99.6	平阴县	81.9
夏津县	630.1	总　计	30216.2

资料来源:《山东运河备览》。

表8－8　山东各州县应解兵夫工食银

项　别	银　数(两)	项　别	银　数(两)
浅闸夫工食银	23828	旷书银	3181
兵夫工食银	2829	解费饮食裁夫等银	1110
河兵饷米银	992		
船夫工食银	451	总　计	32391

资料来源:《山东运河备览》。

以上是山东省境运河经常挑修额设浅夫、闸夫、泉夫等及开支情况。其临时性挑夫及开支无法估算。从江北淮南运道临时修浚工程情形考察，当为数不少。

附一

蓄清敌黄、借黄济运与黄河改道

黄河自北宋南徙，夺淮河下游而入海，淮始受病。淮河在淮安注入洪泽湖后而与黄河交汇之口曰清口，与运河之口运口相距甚近，淮河病而运河亦病。宋都汴梁，漕粮北运除河运之外别无他策。明于永乐年间（1403～1424）开始建都北京，汲汲于漕粮河运，唯恐黄河北移影响运道，遂不得不致力于河防。逆黄河北流惯性挽之使南，河遂屡决，为害农业。这时治黄治运二者相互牵掣，形成两难局面。清代相沿不改。据《清史稿·河渠志》二："终清之世，治河［黄河］、导淮、济运三策群萃于淮安清口一隅，施工之勤，縻帑之巨，人民田庐之频岁受灾，未有甚于此者。盖清口一隅，意在'蓄清敌黄'；然淮强因可刷黄，而遏黄，甚则运堤莫保；淮弱莫由济运，黄河又有倒灌之虞"。

自康熙年间（1662～1722）经靳辅治理后，黄淮交汇处清水高于黄河之水，能收蓄清敌黄之效，治河兼以济运。乾隆（1736～1795）后期，黄河河床日淤日高，由清口泄出的淮水冲击力日趋微弱。至乾隆五十年六月，清水竟至涓滴无出，又值黄水盛涨，倒灌进入运河，直达淮扬。粮船进入淮河，全借黄水浮送，方能过淮渡黄。所谓"借黄济运"自此始。嘉庆九年（1804）后，黄高于清，借黄济运乃成常制。黄河水携带泥沙，黄水灌入运河，运河床沙日淤日高，旋挑旋淤，泄阻溃决，成为常态。漕船航行十分困难。道光四年（1824），因迟堵御黄坝，致黄河水倒灌淤积，酿成巨患。此后御黄坝竟至终岁不敢开启，漕船渡黄河只可改用灌塘之法，泄黄河之水入洪泽湖，洪泽湖由于黄沙淤积，湖身顿高，而运河之水日少，不堪载运漕船。咸丰五年（1855）六月，黄河决口，北由长垣东明至张秋横穿运河，注山东大清河东流经历津县入海。

附二

清代粮船水手与罗教

一

清代漕粮的运输，每年约需六七千只船，每船佥卫所军一名领运，谓之旗丁；另由旗丁雇募水手若干名，协同挽运。领运旗丁需六七千人，舵工水手约需五六万人。此外，沿河另有专以拉纤为职业的人，谓之短纤，遇有浅滞，临时雇募，和水手的性质大致相同。漕船旗丁与雇募水手合计当在十万人以上。

水手长途挽运，往返通州一趟需时八九月，多或经年，长期过着离乡背井的流浪生活，这样年复一年。但是他们的收入是可怜的，虽然得顺路带运免税的土宜，但为数极少。雍正八年（1730）定：旗丁得带土宜一百石，而舵工水手亦准带二十六石。此外有身工银，雍正年间（1723～1735），舵工每运可得银三四两，水手不过一二两。后以物价日昂，身工银酌予增加，道光年间（1821～1850）渐增为十两左右。饭食一项，船上仅供食米，其余花费全由自己设法，以十两银子的收入，维持一年的生计，是相当困苦的。

水手舵工，虽然是五方杂处，籍贯不同，但贫穷家庭出身，窘迫的经济状况，大致相同。他们聚集一起，过着共同的流浪生活，遂紧密联系在一起，或因地域，或因船帮关系，而互相结合。开始是粮帮的组合，据陈一帆《清门考源》所述，康熙十五年（1676），清廷征发民夫，怨声载道，漕运夫役，感受一切有形无形之苦，清江民夫首组粮米帮；山东、河南及江苏之扬州各埠船夫民丁起而效之，帮的组织遂渐普遍。[①] 由此知帮的组织原是一种职业组合，目的在保护自己的利益，抵抗暴力。

水手舵工，在经济生活压迫下，精神需要寄托，在当时历史条件下，他们这种企求只有寄托在宗教方面。恰好这时江南一带有一个佛教支派在流行，名曰罗教。水手聚居的杭州，漕粮最多的苏州，都发现这种组织。杭州的罗教，后来更和另一种秘密结社天地会融合一体，被称为清门。清门所持道义，如扶危济困，患难相助，以及英雄

---

① 陈一帆：《清门考源》。

侠义等思想，与穷苦水手之脾胃正相适合。其师徒如父子，众信士如兄弟，整个组织有如一大家庭，更使此无归依之人衷心向往，因此清门在粮船水手方面获得迅速发展。

罗教源于禅宗之临济派，供奉罗祖。据《清门考源》：罗祖名清，甘肃渭源人，明嘉靖朝官户部侍郎，后辞官隐修，皈依碧峰禅师，法名净清，为清门第二代祖师。碧峰禅师名金纯，应天人，为清门始祖。案罗清并非创始清门之人，因清门杂糅罗教教义，遂远托为教祖。

罗教之传播，渐分宗派，其流传江西者又名大成教、三成教，其流传江苏者又名大乘教、无为教。罗教以佛教为本，而杂糅道教教义，故其经卷如净心、苦工、去疑、泰山、破邪均系杂引释道言语凑集成文。[①] 据乾隆三十三年（1768）浙江巡抚永德查报杭州庵堂情形，谓系不僧不俗之庙宇，徒众有吃素念经者，有不吃素不念经者；[②] 同年江苏巡抚章宝呈报苏州查获教堂十一处，谓主管之人非僧非道。[③] 此前雍正七年（1729）江西巡抚谢旻更有请令罗教徒改崇佛教之议；[④] 由上诸奏，知罗教非纯粹之佛教甚明，其世俗之程度亦至深。永德又谓罗经内容大率轮回地狱劝人为善修行之俚语，盖系适应下层社会之读物。

罗教和粮船水手发生关系在清朝初期，其有明晰记述可供参考者如苏、杭二府。二府为漕运重地，水手最多，罗教之发展最速，为朝廷所注意，这种违禁的组织遂得在时人奏章中保存下来。杭州罗教传播情形，并见于闽浙总督崔应阶、浙江巡抚永德奏折。永德奏折上于

---

① 故宫博物院文献馆：《史料旬刊》第 2 期，雍正七年十二月六日，江西巡抚谢旻折。故宫博物院文献馆：《史料旬刊》第 15 期，乾隆三十三年九月十日江苏巡抚章宝折。

② 故宫博物院文献馆：《史料旬刊》第 12 期，乾隆三十三年九月十日浙江巡抚永德折。

③ 故宫博物院文献馆：《史料旬刊》，彰宝折。

④ 故宫博物院文献馆：《史料旬刊》第 2 期，雍正七年十二月六日江西巡抚谢旻折。故宫博物院文献馆：《史料旬刊》第 15 期，乾隆三十三年十月一日江苏巡抚彰宝折。

乾隆三十三年九月十日，摘录于后："旋于（乾隆三十三年）九月初三日据王庄（仁和知县）禀称：访问北新关外拱宸桥地方有不僧不俗庙宇十余处，俱系供奉罗教罗经之所……讯据李庵之刘天元、刘庵之丁天佑等供称：尚有老庵即钱庵、万庵即翁庵、王庵即潘庵及清凉庵等十余处，俱系奉依罗教……俱不悉始自何时。从前共有七十余庵，闻昔年有密云人钱、翁二姓及松江人潘姓，先创钱、翁、潘三庵，为粮船水手回空居住之所。因粮船水手俱系山东、北直各处人士，回空之时无处住歇，疾病身死亦无处掩埋，故创设各庵，俾生者可以托足，死者有地掩埋。在庵俱习罗教；嗣因水手众多，续又分为七十余庵。自雍正年间前任李抚院禁止之后，现在止存剩二十余庵"。①

崔应阶之奏上于三十四年五月二十二日，摘录于后：

"杭州府北新关外拱宸桥地方，向为粮船停泊之所。明季有密云人钱姓、翁姓，松江人潘姓，三人流寓杭州，共兴罗教，即于该地各建一庵，供奉佛像，吃素念经，于是有钱庵、翁庵、潘庵三名。因该处逼近粮船水次，有水手人等借居其中，以致日久相率皈教，该庵遂为水手己业。后因不敷居住，醵资分建至数十庵之多，外各置余地，以为看守人日用，并为水手身故义冢。每粮船回空，其闲散水手皆寄寓各庵，积习相沿，视为常事，此水手皈教之由来也"。②

同时苏州府的粮船水手也和罗教发生关系，但和杭州罗教之宗派不同。乾隆三十三年十月一日江苏巡抚章宝奏："窃照苏州城外访出久经奉禁之大乘、无为二教，经堂十一处……该管堂之人，非僧非道，藉称各有宗派，开堂施教，平日茹素诵经，招徒传授……该犯等坚供：伊等原系驾船出身，年老无依，赴堂入教。现在所传徒弟及招

① 故宫博物院文献馆：《史料旬刊》第 12 期，乾隆三十三年九月十日浙江巡抚永德折。

② 故宫博物院文献馆：《史料旬刊》第 12 期，乾隆三十四年五月二十二日闽浙总督崔应阶折。

接入教人等，仍系粮船水手及内河驾船之人……伊等止是修斋念经，并寓歇帮船水手取资过活等语。”①

在苏州查获之十一庵堂，系分建于康熙、乾隆两朝，和粮船水手之关系，至乾隆中叶已极密切。

和粮船水手发生最密切关系的，首为清门。清门的创始人为钱坚、翁岩和潘清，称清门三祖。据《清门考源》，钱是江苏武进人，翁是常熟人，潘是杭州人，三人籍贯与崔应阶等奏折不同。又谓三人为异姓手足，同隶天地会，后以部分天地会会员及部分罗教徒为基础，组织清门教。是清门虽出于罗教，其内容已掺杂新的成分。又因兴于杭州，浙帮水手中信徒最多，在八省粮船中占着主要地位。至清门教（本文概称罗教）之内容，《清门考源》一书记述极为详尽，可补崔折之不足。

按天地会又名洪门，创始于清康熙间，较罗教为晚。据陈氏《考源》：翁、钱、潘三祖融天地会与罗教所创之清门，即崔折中之罗教。清门由天地会脱出，与天地会之宗旨遂多相同。至清门名称，或源于教祖罗清之名，或源于清门创始者潘清之名，则不甚可考。至天地会之性质，原是一反清的秘密组织，洪门红帮各书保存反清复明之史料极多，清门中此种史料亦偶有发现，如《清牵绳词》中有“七盘梅山亡国恨，八盘勤王郑成功”之句。② 天地会具有《水浒传》式的集团思想，指天地为父母，众徒如兄弟，标忠义为人生行为的规范。此种宗旨，在清门歌词刍言中犹处处可见。清门传道，尤重师徒关系，师如父，徒犹子，诸徒如兄弟，因旨在互助合作，故门内兄弟最重义气。兄宽弟忍诗云：“凡我同参为兄弟，友爱当效手足情，宽忍和睦真铭训，安清义气美名存。”对于世人则抱扶弱济贫之旨。济老怜贫

---

① 故宫博物院文献馆：《史料旬刊》第15期，彰宝折：“究其立教之始，据称起于明人罗孟洪，以清静无为创教劝人，修正来世，称为罗祖。”

② 《清门考源》第13章，《香堂歌集》。

诗云："老弱饥寒与贫苦，孤独鳏寡身无主，济老怜贫功德重，转生来世必报补"。[①] 门内之人称"光棍"，似是英雄好汉之意。从清门流传成语中，尤可窥见其重气节及侠义之风尚，兹举数条，如："穷安清，富道情"，即重仁义不重富贵；"光棍赚钱大家用"，有钱大家共用，为互助合作之极致；"光棍有四得"，即"苦得、受得、穷得、富得"；"光棍有三让"，即"让老、让小、让妇女，不与争斗"；"光棍要名不要命"，轻生命而重名誉。[②] 这些，把侠义二字充分表现出来，和天地会之宗旨甚相契合。

关于潘清等融会罗教、天地会创立清门教之目的，据《清门考源》谓在反清，借教为号召，以避世人耳目。考此说颇近事实。后复将此义灌输于粮帮船夫民丁，以清门之教义组织之，为之立帮，各埠粮米帮尽行归并，清门子弟日增。[③] 官书中则仍以罗教称之。

清门崇拜罗祖而具有天地会之性质，为融合二者另创之新组织甚明。至清门和粮帮之关系，亦与崔应阶所奏暗合。盖清门和粮帮原为各自独立之团体，清门为一带有种族思想宗教性质之秘密结社；粮帮则为一同业之经济组合。粮帮水手运毕回杭，栖息庵堂，和罗教素多接触，且粮帮和罗教同系下层社会组织，其本质大同小异，故易受感染，遂纷纷入教。于是罗教借粮帮而获发展，粮帮因罗教而益团结。二者之糅合为一，相得益彰，固非偶然。

二

罗教创立较早，故潘清等融会天地会及罗教创立清门之后世人仍以罗教称之，清门之名不显。至其发展情形，康熙以前不得而详，至雍正元年（1723），有一道禁教上谕说："闻尤有不法之事，凡各省漕

① 二诗见《清门考源》第 11 章《清门法规》。

② 《清门考源》第 17 章，《刍言》。

③ 《清门考源》初版及再版自序。

船多崇尚邪教，聚众行凶，一呼百应。……嗣后粮船务于本军择其能撑驾者，不许雇募无籍之人，更严禁邪教，谕令归业，务为良民；如仍怙恶不悛，该地方官不时查拿，从重治罪。”① 上谕所说邪教，即指罗教而言。据此谕推断，最迟在康熙年间，罗教已开始在水手中传播。水手借宗教结合成团体，所谓违法犯禁，是对于统治者的反抗，所以下谕严禁。

罗教在粮船水手方面之发展至速。案粮船水手之组织，源于运船之帮。漕船每帮有船数十只，如浙江杭州卫有头帮、二帮、三帮、四帮，头帮有船五十只，二帮船四十九只，三帮船五十四只，四帮船六十只。道光年间，江苏、安徽、浙江、江西、湖北、湖南、山东等省，共辖三十八卫一百一十八帮，六千三百二十六船。罗教在粮船上之组织，每帮有一首领，谓之老官，因入教皆拜老官为师，故亦谓之师傅。② 每帮皆特设老官船一只，供设罗祖。一帮水手数百人，都听其指挥。至一切用费，由各船水手联名资助。水手滋事，送老官处治，私刑极重，轻则责杖，重则处死。官书率以罗教称之，至有清末叶，民间始渐弃罗教之名而称清门。清门发展全赖粮帮，清帮之名即导源于此。

雍正年间，国内太平无事，对罗教的传播虽下令禁止，并不十分严厉，故雍正五年（1727）杭州仍有庵堂、神像、罗经存在，经查出后，仅销毁神像、罗经，仍留庵堂为水手栖息之所。③ 此后继续发展，至雍正七年，直隶、山东、河南、浙江、江西各省也都有教徒的踪

---

① 雍正《大清会典》卷40。

② 或谓分潘安、老安、新安三教，每教内各有主教，名曰老官。据陶澍《陶云汀先生奏疏》卷11，《复奏粮船水手敛钱恃众大概情形折子》，“至老官之称，即凡丁舵水手之年长者，彼此相呼，均称某老官，乃指年老之意，非谓头目也”。

③ 故宫博物院文献馆：《史料旬刊》第12期载，浙江巡抚永德乾隆三十三年九月十日查获罗教人犯折：“查雍正五年间前抚臣李卫曾访闻浙帮水手皆信罗教，杭州北新关外有庵堂三十余处，各船水手于冬月回空时在内安歇，因恐尽行拆毁，则此辈水手皆各省异籍之人，饭铺不敢容留，回空之日无所依归。止毁其经像，不许仍称罗教。”

迹，并开始建立庵堂。[①] 在江西省南安、赣州、吉安、瑞州、南昌、抚州各府州县教徒最多，或在城习手艺，或居乡务耕作。江苏省以苏州教徒最多，乾隆三十三年（1768）查出庵堂十一处，教徒七十余人，都是年老无依的水手，并谓所传徒弟及招接之人，皆系粮船水手及内河驾船之人。浙江省则集中于杭州，前文业已述及，在有漕诸省，以浙江教徒最多，当雍正五年，浙帮水手已全体皈依，或谓因水手中多山东及北直人，驾船回杭，无亲友投奔，以庵堂为寄身之所，遂多参加罗教，因之庵堂日增，乾隆年间增至数十庵。据乾隆三十三年浙江巡抚永德奏：原只钱、翁、潘三庵，至是钱庵因年久改称老庵，翁庵因经万姓改建改称万庵，潘庵经王姓改建改称王庵。以三庵为总汇，分建数十庵，兹将可考者列如表8－9、表8－10和表8－11所示。[②]

表8－9　由钱庵分出诸庵

庵名	主持人	庵名	主持人
李庵	刘天元	陆云庵	缪世选
刘庵	丁天佑	入仙珠庵	仲寿成
周庵	韩德山	滚盘庵	陈起凤
阎庵	沈世荣	刘庵	宋起文
石庵	吴吉士	李庵	李文

表8－10　由翁庵分出诸庵

庵名	主持人	庵名	主持人
刘庵	杨钦	黄庵	黄裔祠
李庵	李应选	虞庵	虞少亭
王庵	周成龙	彭庵	彭应葵
章庵	戴成武		

① 故宫博物院文献馆：《史料旬刊》第2期，雍正七年（1729）十二月六日谢旻折：南安、赣州、吉安、瑞州、南昌、抚州等府查出罗教徒王耀圣等123人，僧人海照等68名。时福建罗教亦盛，雍正七年十月二十一日福建总督史贻直折，汀州、泉州、漳州三府均有很多罗教徒。

② 故宫博物院文献馆：《史料旬刊》第12期，乾隆三十三年九月十日永德折。

表 8-11　由潘庵分出诸庵

庵　名	主持人	庵　名	主持人
清凉庵	高万成	刘　庵	张国柱
王　庵	丁文学		

时钱庵主持人为朱光辉，翁庵为唐湘，潘庵为王世洪，他们都是上年纪的水手。以上共二十二庵，主持人二十二名，于乾隆三十三年（1768）被查获，并搜出罗经一百二十七卷，罗像二轴，一并销毁。至于庵堂房屋，因系回空水手托足容留之处，不便拆毁，浙江巡抚永德请毁其庵名，改为公所，以供水手栖息。上谕谓所议办法欠妥，如留为公所，数年之后查察稍疏，伊等势必故智复萌，再事活动，非正本清源之道，令从重办理，遂概行拆除，并拿获为首之人分别治罪。在罗教发展上，这是一次大的厄运。

罗教既不能公开存在，遂改变为秘密方式，在下层社会传播。至乾隆后期，卫所官兵也有入教的。乾隆五十二年，遂有“武职所属营卫人等，有犯邪教案件者，仍照文职例议处”① 的法令。

嘉庆年间（1796～1820）白莲教起事反清，他们以反满为号召，因此朝廷对于秘密宗教团体更加注意，罗教无法活动，故终嘉庆之世，其发展不速。

道光之后，政治败坏，农村凋敝，罗教的传播转盛，尤以老庵、潘庵二支为最。这时又新兴新庵一支，人数众多，号称武勇，遇有斗争，以红箸为号，人即立集。庵或改称安，如老安、潘安、新安是。②罗教的组织日益扩大，构成分子亦渐复杂，据道光五年（1825）之估计，水手有四五万人，游帮数倍之，合计当在十余万人至二十万人之

① 光绪《漕运全书》卷86。

② 陶澍：《陶云汀先生奏疏》卷11，《复奏粮船水手敛钱恃众大概情形折子》，“粮船舵水设有三教，一曰潘安、一曰老安、一曰新安”。

间[①]，后且发展到捕快方面，道光八年漕督奏筹备江、浙等帮水手章程八款，其第七款云："沿河捕快，多有老安、潘安等教之人混迹充当，暗为粮船水手护符，勾串渔利。"[②] 此外，沿途拉纤以及依水为生的人也多入教，如自山东闸河至北坝，河道长数百里，短纤短橛在岸上随行觅食的，恒数倍于水手，总曰游帮，都是罗教徒[③]，并推曾经械斗受伤者为头目。罗教传播既广，沿运河村镇亦纷建庵堂。

道光年间，苏北、皖北、豫东之地教徒渐多，淮、徐、凤、颍、扬州各属，尤为罗教传播之区。道光五年（1825），安徽的宿州、亳州，河南的永城、颍上，都发现异姓结盟的秘密组织，并率众携刀和官兵对抗[④]；这些人很可能是罗教徒。道光八年，在淮、徐一带捕获贩卖私盐之徒三百多名，皆与粮船往来，其中并有在永城传教之人。[⑤] 直至咸丰、同治年间，淮河下游仍为罗教徒聚集的地方。

三

水手之所以能有坚强的组织，能在政府严禁之下继续发展，乃基于共同的利害关系。他们没有可倚恃的家产，正项收入有限，不足以资衣食；为谋求生存，不能不加强组织，赖以协作互助。所以说罗教的兴起和发展，除掉宗教和民族性质之外，其经济的意义尤属重要。以出现最早的杭州庵堂为例，水手每把它作为栖息之所，庵堂之营建遂多由水手集款，乾隆前期所建数十庵即由水手捐造。年老水手，不能出运，留庵看守。为维持生计，并置买地亩，种植谷类，从事耕作。回杭水手至各庵寓歇，由守庵之人供给饭食；俟粮船开船北上之时，水手拿到雇价，计日偿还饭费。如乾隆三十四年闽浙总督崔应阶上奏所说：

---

① 宣宗《东华录》卷 11，道光五年六月壬戌上谕。

② 光绪《漕运全书》卷 86。

③ 林则徐：《林文忠公江苏奏稿》卷 8，《稽查防范回空粮船折》。

④ 陶澍：《陶云汀先生奏疏》卷 10，《拿获结盟匪犯折》。

⑤ 陶澍：《陶云汀先生奏疏》，卷 21，《奏续获凶匪办理折片》。

尚存二十二庵……（看守人）共计二十二人，均系水手皈依罗教之人，因年老有病，遂各进庵看守……皆赖耕种余地以资糊口。每年粮船回空水手人等，内有无处佣趁者，即赴各庵寓歇，守庵之人垫给饭食，俟重运将开，水手得有雇价，即计日偿钱，借沾微利。其各庵借寓之水手，亦不尽归教之人，而每年平安回次，则各出银五分，置备香烛素供，在庵酬神。①

此外，更置有义冢，为水手病故葬埋之所。对无家可归的人，是极为必要的。

水手平日出钱捐献教首，也具有储蓄互助的内涵，道光五年（1825）江苏巡抚陶澍奏云："闻老管所司每水手所得雇值，按名提出若干收存生息，遇水手患病医药，或身故买棺，即于此项内酌量资助。其平时未经出钱者，即无人为之照管，是以顽蠢之辈，利其缓急有恃，乐于从事，当角力斗狠时，执箸传呼，挺身相助"。②

水手赖庵堂养病防老，是他们积极参加罗教的一个主要原因。同时通过罗教组织从事其他活动以增加经济收入，如贩运私盐是。运船夹带私盐，多系运丁与舵工水手合谋。这时有一种贩卖私盐的"风客"，与粮船贯通，搭载私盐，为时甚早，康熙年间（1662～1722）已屡次下令严禁，令凡有回空船只，至德州栢园一带加以搜查。雍正三年（1725）并严定法令，灶丁卖私盐给粮船的，杖一百，流两千里；回空船夹带私盐的，照贩卖私盐人等例加一等治罪，亦杖一百，流两千里。雍正七年特降上谕云："前又有人奏称，贩卖私盐之弊，在粮船为尤甚。有一种积枭巨棍，名为风客，惯与粮船串通，搭有货物运至淮、扬，托与本地奸徒，令其卖货买盐，预囤水次，待至回空

---

① 故宫博物院文献馆：《史料旬刊》第12期，乾隆三十四年五月二十二日闽浙总督崔应阶折。

② 陶澍：《复奏粮船水手敛钱恃众大概情形折子》，《陶云汀先生奏疏》。

之时，一路装载，其所售之价，则风客与水手丁舵三七朋分。粮船贪风客之余利，风客恃粮船为护符，于是累万盈千，直达江、广，私贩日多，而官引日滞”。[①]

所谓风客，多是本地有钱有势之人。水手素极穷困，有赖风客之资本，风客则恃粮船为护符。在南则装载木植纸张瓷器杂货，抵津易盐。在津专有人预先将大批食盐窝囤河边，以备装载过往粮船。乾隆元年（1736），下令沿途文武官弁，严加查缉，查出盐斤，除留食用外，余皆没收入官。至嘉庆朝（1796～1820），此风益炽，江、广船只所带尤多，如湖北运船有夹带私盐两千多斤的，私盐充斥，淮纲滞销至数百万引。政府以私盐影响税课，一再令沿途稽查。帮船水手以利益攸关，或不服查验，或殴伤公差。[②] 船上押运官弁，为从中分肥计，每包揽纵容；即使因此革职，粮船每以私盐余利按股摊资，代为捐复。[③] 地方文武以及沿途催攒各官员，也有“得规卖放”情事。[④] 因此贩运私盐之事愈演愈烈，道光十一年（1831）江督陶澍奏之甚详：“窃照江西、湖南、湖北、安徽等省回空军船，夹带私盐，日有甚焉。……天津商人利于鬻私，甚至在于公埠，明目张胆而为之，其弊一；公埠虽有印票，限以斤数，而带私者并不请票，鬻私者并不填票，徒法难行，其弊二；青县、静海、沧州、交河、南皮各州县，临河商店，存盐过多，并不按应领应销实数，率付粮艘，以邻为壑，其弊三；私盐窝囤河干，专候粮船经过，千夫运送，万人共见，兵役巡查翻无知觉，其弊四；粮船装私，均用小船载送天津，河下私船如织，围绕粮艘，白昼上载，地方文武熟视无睹，

① 光绪《漕运全书》卷83。

② 光绪《漕运全书》卷88，嘉庆十五年上谕：粮船过扬州，不服查验，拒捕伤差。又卷87，嘉庆十二年，浙江海宁所旗丁林茂森，舵工钱万中等，夹带私盐，停船销卖，讯弁捕拿，拒伤弁兵。

③ 陶澍：《陶云汀先生奏疏》卷32，《筹议粮船夹带私盐请扼要稽查折子》。

④ 光绪《漕运全书》卷88。

其弊五”。[①] 粮船明目张胆贩运私盐，为数之多，或云几及淮全纲之数。

其次，为私贩硝磺。硝磺产于山东、山西、河南诸省，因可制造火药，政府早经严令禁运，这完全是一种预防政策。但禁令愈严，则私利愈厚，运丁水手私贩事件越多。据雍正十一年（1733）上谕，山东沿河镇集之人预先收囤，俟粮船经过，即暗运入船。清中叶以后，私运的案件更层出不穷。

以上夹带私盐和硝磺，虽经旗丁与水手合谋，但两者每因经济上的利害关系发生矛盾。

领运漕粮的旗丁是一船的主人，而舵工水手是他花钱雇募来的船夫，水手和旗丁两者间的关系，是处于对立地位。旗丁是官差，气势凌人，非平民可比；而水手是平民，没有权势可以凭借，为维持自己的利益，不能不团结起来和旗丁抗争。水手对旗丁的要求，一是增加雇值，谓之身工。清朝初年，每名水手原定雇值银一两有零，后屡向旗丁要求，递年增加，渐至十数两。据道光九年（1829）御史陆祖煊奏：浙江等帮素称穷困，办运竭蹶，近年来，水手于应发身工等项外，在途中屡次额外勒索，一经增加，永为定例，年复一年，竟有加至十万文以上者，约折合银数十两。奏又云：“向来帮船沿途发给水手钱文，由各帮头船开写一单，递交在后各船照发，谓之溜子，水手一遇水浅停滞，或催赶闸坝，辄加索钱文，逼写溜子，溜子一出，即须挨船给付。倘头船溜子未遂所欲，一两次后怀怨即深，每于停泊旷野处所聚众闹，以泄其忿，打船进舱，持刀恐吓，无所不为。不但旗丁畏之如虎，甘心隐忍，即该管之丞倅运弁亦以人役无多，莫敢过问，间有能知大义出而弹压者，仓促之间，声援莫及，往往受其欺

① 陶澍：《陶云汀先生奏疏》卷32，《筹议粮船夹带私盐请扼要稽查折子》。

凌。”[①] 浙江帮船水手，向多招募无业贫民充当，性情勇悍，恃众滋事的案子最多。至逼写溜子之事，则是各省帮船水手普遍的现象。

此外，向旗丁要求款项名目尚多，旗丁带运土宜，致船重难行，水手请增给钱文，谓之“窝子钱”。浙江帮船，如遇徒阳河水浅，绕行江里数里，要旗丁增加脚费，谓之“性命钱”，逆水过闸，又请添绞关钱文。[②]

航行运河的商船民船，也须向粮船水手送致财物。因运河是官修的运粮河，漕船所载是政府官粮，漕船在航行方面获有优越权，遇有浅阻地方，船重难行，水手每强截商船起驳，商船为航行顺利，不免花钱贿赂，否则强迫执行，将商船货物抛置河边，或为风雨所损伤，或为人所抢夺，商民损失反而更大。[③] 水手向商船敛钱之法，道光十三年（1833）御史金应麟奏云：“江浙两省漕船，较他省为多，而水手之强悍亦较别帮为甚。……或将漕船横截河中，而往来船只非给钱不能放行，名曰买渡钱。或择河道浅窄之处，两船直长并泊，使南北船只俱不能行，必积至千百号之多，阻滞至三四日之久；有沿河地棍，名曰河快，向各船科敛钱文，给付漕船，命其抽单分泊，以便各船行走，名曰排帮钱。迨至受兑开行以后，前项讹诈无处不有。又曾以捉船剥米为名，如遇重载商船，该水手用米一斗倾入舱内，非给费不能前行，否则加以抢米名目，人船并锁，借称送船究治，即可得钱。设遇无货船只，虽给费亦不放走，缘漕船揽载货物甚多，即留作分载私货之用。”[④] 受损害的商民，以州县不肯查拿，未敢上控；州县兑粮畏其排斥，置若罔闻。

总之，水手们由于本身利害关系，需要有一个严密组织，罗教便

① 董醇辑《议漕折钞》卷 6，道光十二年，漕督朱桂祯：《通筹漕务利弊疏》。

② 董醇辑《议漕折钞》卷 3，嘉庆二十五年（1820），御史费丙章折。又林则徐《林文忠公江苏奏稿》卷 8，《稽查防范回空粮船折》。光绪《漕运全书》卷 86。

③ 乾隆《大清会典则例》卷 43。

④ 《荐华堂文钞》卷 7，《漕船讹诈折》。

成了他们互相团聚的核心，罗教庵堂则是他们共同栖息的变相大家庭，同时又是聚议公事的地方。至贩运盐硝，闯关抗税，全赖强有力的组织，以对抗官府；向雇主旗丁要求雇值，向商船索要各项花费，也都需要团聚的力量。就此而言，罗教的经济功能远超过它的宗教功能。

四

成千成万的水手，有共同信仰的神，有相同的宗旨和意向，因而组织严密，势力庞大。在雍正年间，统治者即深为隐忧。据雍正十三年（1735）的上谕，是时不但沿河人民不敢与之相争，即领运的官弁也不敢加以约束。朝廷为预防罗教势力继续扩大，首先是加重运官查禁约束的责任，有放纵的，严加议处。并令沿途文武地方官员于漕船经过之时多派兵役监视，水手有违政府禁令的，严加查缉。

其次是在雇募水手方面。各省帮船水手，原定在本军内选择谙练驾船的人充当；后来法令松弛，多雇用无籍游民。道光四年（1824），责成头舵雇用确知姓名籍贯之人，保结存案，然后由运弁将头舵水手年貌籍贯造册送呈上司，按名发给腰牌，十人中有一人犯法，诸人连坐。水手犯法，头舵能查明禀报的，酌给奖赏；连保之十人有联名禀报的，免其连坐，仍给奖赏。其能将重犯缚送运官究办的，从优奖赏。知情徇隐的，加倍治罪。

再次是查缉罗教首领。道光八年（1828），责成粮道督同运弁及地方官，按名查缉各帮老官师傅，解交原籍地方官，以“水手老官”四字刺面，然后取具乡约地方保结，严加约束，不准外出。俟后帮船再有老官师傅把持一帮水手入教听从指挥的，即捕获解送官府，以教首论罪。①

道光、咸丰年间，罗教之发展最速，违法犯禁的案件最多，政府

---

① 光绪《漕运全书》卷86。

对他们的预防和惩罚更加严厉。罗教崇尚武侠，水手多挟带武器，道光十五年（1835），江苏巡抚林则徐仅在镇江前后两帮即搜获大小刀械数百件。

道光之后，运道梗阻，由运河运输漕粮之制势难持续，因有改行海运之议。兴议之始，时人一种最大的顾虑，是水手失业和安插问题。道光五年，江苏巡抚陶澍上奏疏说：来岁实行海运，运船歇业甚多，众水手“难保不流为匪类”，“自当事先绸缪，设法防范，免致稍酿事端”。① 道光六年，部分漕粮实行海运，由于官府事先做好安排，没有发生意外。

由咸丰至同治，湖北、湖南、江西、安徽诸省漕粮逐渐实行改折，江浙漕粮改行海运，漕船水手失业。这时太平军占领长江下游某些地区，接着捻军崛起徐、海，后来有不少运丁和粮船水手参加了捻军。②

① 陶澍：《陶云汀先生奏疏》卷11，《复奏粮船水手敛钱恃众大概情形折子》。

② 《新辑时务汇通》卷67，黄临甫：《海运河运议论》，“自停运以来，漕卒无所得食，河南、山东诸省盗贼蜂起，十数年而始灭，中原之元气日伤”。即指粮船运丁和水手参加反清而言。

第九章

清中叶后吏治腐败与漕运体制内部矛盾的加剧

第一节　漕运体制内部矛盾的发展过程

清代漕政，由整肃到败坏有一个转化过程。这种变化的产生，政治腐败官吏贪污是其中一个关键性问题。

顺治年间，漕政弊端较多，盖清朝初建、前明后期漕政诸弊沿袭未变，这种关系在清代档案中屡有反映。顺治九年（1652）漕粮由军民交兑改为官收官兑，州县官吏借征收漕粮贪污浮收，中饱私囊；上级官吏则乘机向州县及运丁贪索，如户部尚书车克等所奏："各衙门人役皆以漕为利薮。"[①] 以重漕区江南而论，顺治十三年，苏松粮道张懋忠，在征漕时住松江府月余，贪索了巨额赃私，于是民间有"不是粮道是强盗"之谣。[②] 顺治十八年六月康熙帝即位后，对绅衿户拖欠

① 清档，顺治九年二十六日，户部尚书车克等题。

② 清档，顺治十三年五月初八日，漕运总督蔡士英题。

侵蚀粮赋事严加禁革，据江宁巡抚朱国治奏报，苏松常镇四府并溧阳县“未完钱粮文武绅衿共一万三千五百一十七名……衙役人等二百五十四名”。康熙帝遂即下令，“绅衿抗粮殊属可恶，该部照定例严加议处”。[①] 康熙帝对苏绅的严厉打击，对漕政的整饬也产生了一定功效。雍正帝即位，对吏治贪污进一步整顿。雍正二年（1724），经过户部怡亲王允祥等题报，对运丁中途盗卖漕粮事故严加禁止，仓场监督如有短少浥烂等情弊即交刑部治罪。[②] 雍正帝对绅衿抗欠钱粮事处罚更加严厉。雍正二年，下令各省直，“革除儒户官户名目，如再有抗顽生监，即行重处，毋得姑贷。倘有瞻顾不即革除此弊者……治以重罪”。[③] 雍正四年、六年、七年一再下谕严禁。雍正帝对钱粮的整顿对漕政的整饬也会产生一定影响，前明漕政积弊基本革除。雍正帝在这方面的功绩，此后屡有人道及，如道光元年（1821）江西道监察御史王家相奏报：自雍正七年江苏抚臣尹继善奏革江苏漕弊，“每米一石加津贴银六分，半归旗丁，半归州县，令纳户行概，官吏不得颗粒浮收，自此漕弊悉除，官民便利者五十余年”。[④] 据此，雍正以后漕政整肃，一直持续到乾隆中期。

乾隆中期后，漕政又日趋败坏，此后曾有不少人论及乃至上疏奏报，如道光元年曹振镛等奏，乾隆三十年（1765）以前“尚无所谓浮收之事”，以后虽有浮收，尚不严重，“不过就斛面浮收而已”。曹氏又说：“未几有折扣之法，始于每石不过折耗数升，继乃至五折六折不等。户应完粮百石，彼既如数运仓，并外赍一二十石不等，以备折收书吏。”[⑤] 据此，征漕浮收主要发生在乾隆三十年以后。先是浮收斛面，后来发展到打折扣，漕弊日益严重。又据道光元年（1821）汪廷

① 《清圣祖实录》卷 3，顺治十八年六月庚辰。
② 清档，雍正二年正月二十八日，总理户部事务怡亲王允祥等题。
③ 《清世祖实录》卷 16，雍正二年二月戊午。
④ 清档，道光元年六月十日，江西道监察御史王家相奏。
⑤ 清档，道光元年六月十九日，曹振镛等奏。

珍奏，谓漕政弊端始于和珅掌权之时，当时“大吏多簠簋不饬，因而不能禁县之浮收，因而启弁丁之勒索，由弁丁之勒索因而致群蠹之贪求，辗转相因，遂成痼弊，丁力疲乏职此之由，并非所颁分例不足敷用之故也。臣隶淮安，戚友半为旗丁，知之最真最悉。地方大吏不知严杜弊源，而惟讲求津贴，是徒竭百姓有限之脂膏，以填群蠹无厌之溪壑，而于旗丁究无毫丝之益”。[①] 汪廷珍所说得之于充当旗丁的众亲友，比较真实可据。按和珅于乾隆五十一年任文华殿大学士，其专政在乾隆后期，这时政治腐败，官吏贪污，遂直接影响于漕政败坏。嘉庆年间（1796～1820）朝臣曾建议整顿，但功效不大。道光年间漕政问题更加严重，漕运体制内部矛盾日益加剧，积弊已难挽回。

漕运体制的败坏体现于与有关的各处官吏重重贪索。以山东漕船由兑收、起运到通州交仓的花费而论，据嘉庆四年（1799）上谕：“该帮漕船三十九只，得过各州县帮贴陋规银五千余两。而［漕船］用项内，如通州坐粮厅验米费银四百两。仓场衙门科房漕房等费自八十两至二十余两不等。又本帮领运千总使费银七百两，及本卫守备年规四百二十两，生节规十六两，其总漕巡漕及粮道各衙门皆有陋规，下至班头军牢轿马，自数两至数十两，不一而足，实为漕务蠹弊。”[②] 这时漕运的整个体制已变成一个贪污网。

各处漕务官吏的贪索，最后都通过征漕浮收勒折转移到粮户身上。据道光元年曹振镛奏：漕运之制，“日久弊生，州县则任意征求，旗丁则藉端勒索，民间受累日甚。因而挟制州县，州县既有浮收之弊，遂不能不受勒索于旗丁；旗丁既有需索州县之事，则沿途各衙门奸胥蠹役亦不免勒索旗丁。是浮收之弊一开，竟至逐层剥削，无所底止”。[③] 又道光二十六年（1845）山西道监察御史朱昌颐奏：银贵米

---

① 清档，道光元年六月二十五日，汪廷珍奏。
② 清档，嘉庆四年十二月十六日，谕内阁。
③ 清档，道光元年六月十九日，曹振镛等奏。

贱，民以数石之米仅易数两之银，“州县取之于民，弁丁取之于州县，部书仓役又取之于弁丁，层层需索，无非闾里之脂膏”。[①] 由嘉庆至道光，整个漕运体制，由漕粮征收到兑运，由长途挽运到京通交仓，几无处无弊，无官不贪。深受盘剥之害的一是负担漕粮的粮户，尤其是劳动农民；二是负责挽运漕粮之役的辛勤运丁。

总之，清代中叶后，伴随政治腐败与官吏贪污，漕运体制内部矛盾日益加剧了。

第二节　州县征漕各种加派及官绅勾结对税户的贪索

一　征漕加派名目繁多及各级官吏胥役的各项贪索

乾隆中期以前，吏治整肃，绅衿户对拖欠漕粮及吃漕规等鄙行具有戒心。乾隆中叶后，吏治日趋腐败，弊窦丛生，征漕之时，各种杂派名目繁多。据工科给事中于可托奏：“江右漕粮杂费之苦，较正项而倍甚。开仓有派，修仓有派，余米有派，耗米有派。每年征米，或委县佐，或差本官，仆役经承俱有常例，名曰漕费。”[②] 又据福建道御史胡文学奏：“过淮监兑有派，修船使费有派，官役规例有派，他如踢斛、淋尖、垫仓、扬簸种种名色，以致截头、水脚使用，多寡不等，故应纳粮一石，必须用数石，应折银一两必需费数两。”[③]

因此民间“兑漕之苦，不在正赋之难完，而在杂费之名多”。[④]

① 清档，道光二十六年九月初九日，山西道监察御史朱昌颐奏。
② 乾隆《漕运全书》卷12，《征纳兑运，历年成例》。
③ 乾隆《漕运全书》卷12，《征纳兑运・历年成例》。
④ 乾隆《漕运全书》卷12，《征漕兑运・历年成案》。

关于征漕加派频繁，主要由于与漕政有关的各级官吏的贪污。其中大致可以划分为两大类：一是和完粮户进行直接接触的州县官吏胥役；二是州县官吏各级上司。关于州县上司的贪索是同州县官吏的贪污联系在一起的。嘉庆年间江西道监察御史王家相奏报：州县官吏征漕贪污，“虑上司之参劾也，则馈送之”。[①] 一方面州县官吏畏惧上级官吏的弹劾而进行贿赂，另一方面上级官吏也急于乘州县征漕中饱私囊。实际是州县官吏与诸上司为贪污分赃而沆瀣一气。

关于州县各上级的贪索和州县官吏向上司的贿赂，乾隆以后历朝皆有记载。关于乾隆朝事，据《漕运全书》：“起解之时，本府刑厅或四五十金、七八十金不等。运解到省，粮道投批挂号有例，铺班拨兑有例。常例未完，延不拨兑。当拨兑时，每发官斛一只，索银五六钱。及其剥卫，有监兑之供应，卫弁旗军之勒索，舵工水手之陋规，种种弊端，难以枚举。”[②]

嘉庆朝据漕运总督许兆椿奏报：“州县对上级派来的漕粮监兑官催漕官，对本省巡抚布政各衙门，对诸上司有关官吏书役家人等，都须行贿打点。”[③]

道光朝据山西道监察御史朱昌颐奏报：“州县办漕，道府本有规礼。至收漕时，粮道到仓有费，本府催漕有费，抚藩及漕督委员又有费，而州县之私用悉取盈焉，此费之在官者也。”[④]

咸丰朝据湖北巡抚胡林翼奏：“而粮道有漕规，本管府道有漕规，丞倅尹尉各官俱有漕规；院署有房费，司署有房费，粮道署及本管道府署书吏各有房费”。[⑤]

---

① 董醇辑《议漕折钞》卷3，嘉庆二十五年（1820），御史王家相：《奏陈漕弊极宜革除疏》。

② 乾隆《漕运全书》卷12，《征纳兑运·历年成例》。

③ 董醇辑《议漕折钞》卷2，嘉庆十五年（1810），《漕督许兆椿查议复奏折》。

④ 清档，道光二十六年（1846）九月初九日，山西道监察御史朱昌颐奏。

⑤ 《道咸同光奏议》卷27，胡林翼：《湖北漕弊拟办减漕密疏》，咸丰七年（1857）。

以上事例，从乾隆历经嘉庆、道光到清代后期，州县各上级官吏藉征漕贪索始终在延续。此项款额为数不小，据嘉庆年间王家相奏报，各州县向知府粮道等官赠送漕规银自数百两至一二千两不等。[①]州县官各上级的贪索，道光之后日益加剧，银额日益增多，所谓“同治中兴”时期也不例外。

关于监押各官向兑粮州县勒索。嘉庆年间有臣僚奏：“臣闻向来监押丞倅，出运员弁，需索兑粮州县，以米色干洁而有贴费为上次，米色潮嫩而有贴费为下次。仍视运官之强弱，以定陋规之多寡，其得项有数倍于旗丁者，大局总借米色为词。在旗丁量加贴润，当借口长远拨运之资。至押运员弁，当此功令森严之候，尚敢腼然索取州县陋规。”[②]

押运各官向兑粮州县勒索种种陋规，在《漕运全书》中记有不少事例，这种弊端同样加重了州县官对粮户的增派。

州县官吏为了应付各有关上司的贪索，同时也为了满足自己的私囊，在敲诈粮户方面使了种种手法。有捏报灾荒而照常征收的，据咸丰五年邵灿奏报：江苏丰收，“州县办漕，利其征收而浮收，往往捏报灾荒，希图肥己”。[③]有的已经因灾豁免而仍征收归己的，河南涉县知县札清阿，咸丰六年（1856）将豁免漕粮照旧征收，并令民间加钱完粮。[④]江苏长洲县书吏顾桂岩，咸丰四年隐匿缓征谕旨，“被灾各区仍照常纳粮，民间畏其凌虐，有顾老虎之目”。[⑤]州县诈取粮户一种更为卑鄙的手法，是粮户运粮到仓拒不受兑，“稽留以花销其食用，呈验以狼藉其颗粒”[⑥]官僚吏胥这种卑行，无非是为了浮收勒折、贪索陋规以满足他们的贪壑。

---

① 董醇辑《议漕折钞》卷3，嘉庆二十五年，御史王家相：《奏漕弊极宜革除疏》。
② 光绪《漕运全书》卷88。
③《清文宗实录》卷185，咸丰五年十二月。
④《清文宗实录》卷210，咸丰六年十月。
⑤《清文宗实录》卷140，咸丰四年闰七月。
⑥《清仁宗实录》卷40，嘉庆四年三月。

州县敲诈粮户主要通过帮办漕务的书吏，伙同分赃。据道光二十四年陈岱霖奏："而各州县，在省需项，积累者多，即调任升任之员，亦有此任亏挪；恃彼任以为弥补者；又或办理差务，供应上司，一切支销，半由垫办。至计无所出，辄向管漕书吏称贷银钱，盈千累百，迨征漕之日，一任书吏包揽，高下其手，州县利于借贷之便私，书吏乐于取偿之加倍，官吏朋比，竟成痼习。"①

关于各州县帮办漕务书吏营私舞弊问题，当时有不少臣僚进行揭露。其江苏、浙江两省，据道光二十六年（1846）山西道监察御史朱昌颐奏陈：

"若收漕兑漕皆靠托书吏。如江、浙大县书吏，一官到任，数千百金俱其垫用，开仓时累万用度先由借垫，本官入其彀中，一切唯命是听。于是串通劣衿，包揽短折；懦弱良民，百般鱼肉。又与旗丁一气，恐吓争闹，从中调停，总使利归于己，怨归于官。"②

这里列举乾隆后期江苏句容县一个具体事例，该县每年额征漕粮11000余石，"书吏竟侵用八百余石"。③ 书吏的侵蚀显然得到县官的默许和分肥。

关于湖北省情形，咸丰朝湖北巡抚胡林翼奏陈："查湖北近年钱漕征解多不足额。各州县因循怠玩，任听奸书蠹役等把持舞弊，私收入己。……书办曰散失无存，官亦曰散失无存。于是听其颠倒户名，而不知完欠之为谁矣。书办曰板券烦重难稽，于是听其改用活券，而不知催比之何据矣。侵欺锢蔽，百弊丛生，官不过稍分其余润，而小民之脂膏，遂尽归书役之中饱，而国赋转致虚悬，书役等转得肆无忌惮。"④

由以上事例，州县征收漕粮主要通过地方的奸书蠹役，他们是州

---

① 《清朝经世文编》卷39，陈岱霖：《请严革征漕积弊疏》。
② 清档，道光二十六年九月初九日，山西道监察御史朱昌颐奏。
③ 《清高宗实录》卷1356，乾隆五十五年六月庚戌。
④ 《道咸同光奏议》卷27，咸丰七年，胡林翼：《湖北漕弊拟办减漕密疏》。

县官吏贪婪漕利的得力助手，而州县正官才是营私舞弊的首恶，并非如胡林翼所说州县官“稍分其余润”而已。江苏、浙江、湖北三省州县官吏贪索如此，其他征漕各省莫不皆然。

有的州县有专办漕务的总漕，在各村镇有地总、里总、图总等，这种关系道光十九年（1839）鸿胪寺卿金应麟作过详细奏报：“苏省各州县向有漕总包办漕务，承认交米若干，折钱若干。本官恃为熟手，或令一人永远承充，或令一家先后接顶，潜布党羽，加折多收，市买坏米掺和交仓。串通幕友官亲门印家丁，飞米偷粮，无恶不作。甚或将已交官粮侵蚀肥己，以完作欠，不掣串票，列入漕尾，历任辗转交代，日久遂成亏空。”①

金应麟所说“漕总”即州县吏胥书吏之类，乃是州县官办理漕务的代理人。其下有“里总”、“图差”等，多系地方士绅卵翼下的刁民市侩。地方士绅和州县官吏通过这类征漕组织沆瀣一气。

有的州县专有垄坊米店包漕代完。仍如金应麟所奏：“乡间小民应完零趸粮米……恐赴仓交纳挑剔需索……不得不聚同村阖族诸户统交砻坊米店代为完纳……无如市井不肖之徒垄断居奇，或上三折七，或上四折六，所谓上三、上四者，每一百石上米三十石、四十石，其余概行折钱，每石折制钱九千至十一二千不等，至所上之米每石亦复倍至二三百之多，串同书役家丁人等朋比分肥，并为浮勒之倡，更有短交拖欠，先给串票，州县亦受其累。”②

金氏所说砻坊米店的主持者这类地方刁民，既和封建官府有着一定联系，同时又获得地方绅衿的扶持。

历咸丰、同治至光绪前期，继续征漕省份，图差、保差染手漕务事仍在继续。光绪十年王邦玺奏：“利于钱漕速完者官也，利于钱漕

① 清档，道光十九年六月十三日，鸿胪寺卿金应麟奏。
② 清档，道光十九年六月十三日，鸿胪寺卿金应麟奏。

之多欠者差也。一县之中，承催钱漕之差名目甚多，有总头，有总总头，有都差，有保差，有帮办之差，有垫办之差，有比较上堂代受枷之假差，如此等众皆指望百姓积欠丁漕以养身者也。图、保差下乡催征，辄先饱索贿赂，名曰包儿钱，包儿钱到手，公项即可央缓。”[①]

这里王邦玺把州县官和地方吏胥的利害关系对立起来，这并不完全符合历史实际。双方利害关系总是联系在一起的，这种关系前面已经涉及。

为数更大的是帮费，即兑粮州县付给帮船的用费。运丁长途挽运，沿途过淮和各处闸坝以至抵达通州交粮，各处漕务官吏都把运丁作为贪索对象，而且数额极大。运丁为支付这种种花费，则转索之于兑粮州县，州县则转加之于粮户。

二　地方绅衿勾结官府借征漕渔利

在征漕过程中，地方绅衿勾结州县官吏从中渔利。州县官吏征漕贪索则给予绅衿地主以可乘之机。绅衿地主对漕赋的侵蚀表现在三个方面：一是对自己应完漕粮依势拖欠短交；二是包揽农民户漕粮中饱私囊；三是向州县政府强索漕规银两。

地方绅衿上述恶行是同州县官吏互相勾结进行的，如嘉庆年间王家相所说：州县官吏征漕贪污，“虑地方讼棍之控告也，则分饱之”。[②] 王氏所说“讼棍”即指地方绅衿。地方绅衿每借征漕渔利，如不满所欲，即相互勾结进行上控，州县官“则分饱之”即为此而发。

关于绅衿户依势短交，如道光十九年（1839）金应麟奏：吴江县绅户完粮有所谓“倒八折”，即名下应完粮一石，而只交米八斗。[③]

---

① 《清朝经世文编》卷37，王邦玺：《条陈丁漕利弊疏》。

② 董醇辑《议漕折钞》卷3，嘉庆二十五年（1820），御史王家相：《奏陈漕弊极宜革除疏》。

③ 清档，鸿胪寺卿金应麟奏，道光十九年六月十三日。

或谓绅衿大户只完“正额”漕粮而拒完附加。绅衿大户少交部分则转加一般粮户身上。如道光二十六年柏俊奏：“江苏向来完漕，绅户谓之大户，庶民谓之小户，以大户之短交取偿于小户”。[①] 又如同治年间闽浙总督左宗棠所奏：“赋重之处未能全漕起运，遂岁报灾歉，蠲缓频仍。然朝廷虽屡沛殊恩，而小民未尽沾实惠，盖一县之中花户繁多，灾歉蠲免悉听经书册报，世家大族丰收者亦能蠲缓，编氓小户被歉者或全征。且大户仅完缴正额，小户更任意苛求。迟到廒满停收，即须改征折色，每石价至五六千文不等，以小户之浮收抵大户之不足。”[②]

关于绅衿大户依势包揽其他庶民小户漕粮事，清初沿前明之旧，已有记载。经康熙、雍正年间对绅衿地主的打击，侵蚀钱粮活动适当收敛。至清代中叶，伴随绅权嚣张，包揽之弊又行猖獗。据太仓州志，嘉庆、道光间，在征漕时，绅衿“包纳花户，藉以肥家润身”。[③] 如宜兴县，嘉庆四年臣僚奏：“且有刁生劣监广为包揽。官吏因有浮收，被其挟制，不能不通融收纳。”[④] 道光以后，绅衿包揽活动并屡见于臣僚奏疏，如道光六年（1827）江苏巡抚陶澍奏：“大约富豪之家与稍有势力者，皆为大户。亦有本非大户而诡寄户下者……每于开征之始，［大户］兜收花户由单，以同姓为一家，集零户为总户。一经揽收入手，或丑米掗交，或挂筹短数，或任意迁延。挨至漕船紧迫时，勾通吏胥，不呈由单，硬开户名包交。呼朋引类，昼夜喧呶。稍不遂意，非逞凶闹仓，即连名捏控不休，竟有田无一亩而包揽数百石者。”[⑤]

又道光十九年鸿胪寺卿金应麟奏：“大户包揽及漕规宜禁也。江苏大户包揽乡民漕粮代为完纳，往往将小户列入己身名下，恃符把

---

① 光绪《漕运全书》卷9，道光二十六年，柏俊等：《奏请禁绝江苏完漕大小户名色折》。

② 光绪《桐乡县志》卷7，《减赋》，闽浙总督左宗棠奏折。

③ 光绪《太仓直隶州志》卷6，《风俗》。

④ 《清仁宗实录》卷49，嘉庆四年七月丙子。

⑤ 清档，道光六年，江苏巡抚陶澍奏。

持。甚或指为公产。如苏州文范氏义庄，松江之张氏义庄，以及大姓祠田义产，本属绅民善举，而若辈缘以为奸，藉词影射，挟制官长，希图减少。”①

到清代后期，绅衿包揽钱漕卑行日益严重。道光二十四年（1844）陈岱霖奏：各州县绅衿，“代各花户包揽完纳，一切帮费任其入己，阳避食漕之名，阴收渔利之实，谓之情米”。② 咸丰年间湖北巡抚胡林翼奏：“有刁生劣监，包揽完纳，其零取于小民者重，整交于官者微”。③ 绅衿包漕是被国家禁止的，对州县官吏也是不利的，绅衿为达到他们的卑鄙目的采取了种种手法，如道光年间陶澍所说：地方绅衿动辄“告漕”；“藉控为抗，以遂其包揽之私”。此风并且“积弊已深，人繁势重”。④

地方绅衿这种包揽情弊，在清初已有记载。顺治十三年（1656）刑部尚书图海等题：州县蠹役“包揽收漕”，将大户漕粮“驾派无辜，名为飞兑”。⑤ 清代中叶后有关记载更多。道光二十八（1848）年内阁侍读学士董瀛山奏：“若夫强而恶者，串通粮户包米上仓，不惟正米之外不容加折，即应纳之米亦不足色足数……臣闻湖州有包漕之职员杨炳照与已革库书耿七皆乌程县人，嘉兴有刘姓行二之武生与监生陈姓等，每岁包揽纳粮，挟制官吏。”⑥

有的州县吏胥也从事包揽渔利。道光十九年金应麟奏：江苏各州县，“四乡催漕差役，有地总、里总、图差、庄差、粮差等名色，其他包揽折收与漕总同，为官民之蠹。（粮户）设不交伊完纳，则以抗粮违欠禀官提究。小民畏受扰累，不得不交伊代完”。⑦

---

① 清档，道光十九年六月十三日，鸿胪寺卿金应麟奏。
② 《清朝经世文编》卷39，陈岱霖：《请严革征漕积弊疏》。
③ 《道咸同光奏议》卷27，咸丰七年，胡林翼：《湖北漕弊拟办减漕密疏》。
④ 清档，道光六年十二月，江苏巡抚陶澍奏。
⑤ 清档，顺治十三年，刑部尚书图海等题。
⑥ 清档，道光二十八年九月二十九日，内阁侍读学士董瀛山奏。
⑦ 清档，道光十九年六月十三日，鸿胪寺卿金应麟奏。

地方绅衿的贪索活动，更严重的是向地方官府索取漕规。而州县官吏的酷暴贪污则为地方绅衿要挟索取陋规创造了条件。下面列举一些事例。

江苏太仓州属，“嘉庆、道光年间，州县浮收勒折，开仓之时，绅衿告漕者纷纷，尤其狡者名曰白头，官吏惮其滋扰，啖吻厚贿，谓之漕规”。[①]

道光以后，有关地方绅衿贪索漕规记载甚多。道光二年（1822）御史孙贯一奏：刁生劣监，要挟州县官吏，“瓜分漕利”。[②] 道光十九年鸿胪寺卿金应麟奏：“更有向州县讹索漕规，如吴江谓之倒八折，江阴谓之白规。或一人而幻作数名，或一人而盘踞数县，动以数百数千计。不满所欲，则挟嫌诬告，并私将素日安分守已之人牵连列名上控。”[③]

关于地方绅衿索取漕规情形，因地区而不同。在地方上绅权愈大，吃漕规弊端愈多。以江苏而论，道光七年，江苏巡抚陶澍将该省按绅权大小分成三类地区：第一，江北各属及江宁府属，包揽与吃漕规之风甚少；第二，常州“只有包揽，而白规尚少”；第三，苏州府之常熟、昭文，“已实繁有徒”，若松江之青浦、南汇等县，太仓、镇洋、嘉定、宝山等州县，吃漕规之事最为严重，“且有举、贡在内”。[④]

吃漕规人数之众多，漕规银额之巨大，也一再有人论及。嘉庆十年（1805），江苏省吴江县有生监 300 多人争索漕规，该县因支出漕规帮费为数过大，致挪借公款银 2 万两。[⑤] 又据道光七年江苏巡抚陶澍奏，江苏省漕粮繁重诸州县，一般有生监 300 ~ 400 人，漕规银多至 2 万 ~ 3 万两。[⑥] 这些绅衿不只索取一个县的漕规，在苏州、松江、

---

① 光绪《太仓直隶州志》卷 6，《风俗》。
② 清档，道光二年九月二十七日，御史孙贯一奏。
③ 清档，道光十九年六月十三日，鸿胪寺卿金应麟奏。
④ 清档，道光七年六月六日，江苏巡抚陶澍奏。
⑤ 光绪《漕运全书》卷 85。
⑥ 清档，道光七年六月六日，江苏巡抚陶澍奏。

常州、太仓四府州有的生监兼索几个县的漕规。[①] 这种情形道光年间金应麟也曾经道及，谓绅衿“讹索漕规”，“或一人而幻作数名，或一人而盘踞数县，动以数百数千计”。[②]

地方绅衿为达到吃漕规目的，每行联名告漕，在道光年间相当频繁。据道光六年（1826）江苏巡抚陶澍奏：“溯查数年以来，无岁不有告漕之案，自百起至数百起不等。”陶澍又说，道光六年漕粮改行海运，绅衿无可挟持，控案减少，“然已不下数十起”。[③] 由道光至咸丰，绅衿告漕之案层出不穷，咸丰七年（1857）湖北巡抚胡林翼奏：州县生监，除包漕短交之外，“更有挟州县浮收之短，分州县浮勒之肥，一有不遂，相率告漕，甚或聚众哄仓，名虽为民请命，实则为己求财也，官谓之蝗虫费”。[④] 还有很多人谈到地方绅衿联名告漕事，这里不一一列举。

州县官吏为满足自己的贪壑，对绅衿包揽拖欠及贪索漕规事每听之任之，甚至有的州县官吏把地方绅衿邀到署中面议，各送规银若干两，如咸丰四年（1854）陈岱霖所奏：“至若地方之刁生劣监，平时出入衙门包揽词讼。一遇收漕届期，州县官广张筵席，邀请至署，面议粮价，分送漕规，多者数百两，少者数十两，谓之漕口。”陈岱霖所说“漕口”是漕规的一种名称。

第三节　各处漕务官吏胥役对帮船运丁的贪索

一　漕务官吏榨取运丁综述

在农民被地方官绅压榨的同时，从事长途挽运的运丁则遭受各处

① 光绪《漕运全书》卷85。董醇辑《议漕折钞》卷6，奇成额：《请查办直省漕务以苏民困以端士习疏》。

② 清档，道光十九年六月十三日，鸿胪寺卿金应麟奏。

③ 清档，道光六年十二月，江苏巡抚陶澍奏。

④ 《道咸同光奏议》卷27，咸丰七年，胡林翼：《湖北漕弊拟办减漕密疏》。

漕务官吏的残酷贪索。

各省漕粮，由各帮船运丁在各州县总粮运抵京通，路经漫长的大运河，沿途有关卡闸坝，到京通交兑有仓场衙门和坐粮厅，各处官吏胥役都向帮船运丁需索各种使费。关于每帮运船由起运及抵通的各项花费，嘉庆四年（1799）陈大文列举山东省漕船事例上奏说："通州坐粮验米费银四百两，仓场衙门科房漕场等费，自八百两至二千余两不等。又本帮领运千总使费银七百两，及本卫守备年规四百十二两，生节规十六两，其总漕巡漕及粮道各衙门皆有陋规，下至班头军牢轿马，自数两至数十两者不一而足。"①

按山东漕船尚无过淮之费。若湖广、江南漕船，加上过淮诸闸坝以及催攒等费，支出更大，遭受贪索更多。嘉庆十四年，太常寺少卿马履泰上过一封奏疏，揭露漕船过淮抵通各种花费，大者凡十九处。清帝即据马氏奏疏颁发上谕说：

> 近年漕务之弊，各督抚等皆以旗丁苦累需索州县帮费为词，追究其苦累之由，则惟称旗丁等于提溜打闸以及沿途拨浅等事，路费不敷，势难裁减，而于此外概未论及。今据马履泰奏，则自巡抚藩司粮道总漕仓场等各衙门，以及沿途文武各员书吏经纪人等，内外共十九处，每处需索使费或数百两，或数十两，皆有一定之数，不能短少。旗丁被迫追呼，如同逋欠，其苦累之处莫甚于此。……该督抚等不先查办及此，徒以旗丁路费不足为言……殊未得其要领。②

马履泰的奏疏原件没有见到。关于各处使费详细情形，据道光十四年（1834）抽查漕粮御史翔凤、李儒郊二人奏报：

---

① 清档，嘉庆四年十二月十六日，陈大文奏陈查明山东漕弊旗丁经费陋规开列清单。
② 清档，嘉庆十四年□月□日，谕内阁。

一、州县收漕半由折色，及兑漕时令积惯包漕家人携带银钱上米铺贱价备低潮米石。恐众丁不肯受兑，遂勾通各帮头伍刁丁暗中议给每石津贴银四五钱不等……与头伍刁丁私相授受，秘而不宣，乃刁丁蚕蚀大半，其散给懦丁者不过十分之二三……一、查各帮领运千总，每需索陋规之外，另有藉言生日或婚嫁等事，演戏设席；领取分金，而头伍刁丁又复以中冒滥开销，格外添派，扣去（旗丁）应领水脚银两竟至百余金之多。至空运千总，其费较少，然亦不免苛派，若累旗丁……一、查漕船行抵内河，提溜打闸，头伍刁丁勾串运弁及漕标员弁各闸夫头虚报人数，冒开夫价，拟定传单，向各船勒取。懦丁明知以少报多，无可如何。向年每大闸夫价不过需钱二三千文，今则用至二十余千之多，丁力焉得不疲。……一、查漕船各帮皆有走差之人，因水次及沿河大小衙门有与漕事相涉者，其家丁书役人等无不向帮船索取使费，而众丁未能认识，不能不依靠走差之人为耳目，而其人竟沿途包揽科敛分肥，大为旗丁之蠹。……一、漕艘挽入天津，或于杨村、河西务一带将米寄载拨船……撑驾拨船多系无奈之徒……乘隙偷窃……则用药水灌涨，复搀以糠土，又贿商经纪朦混交卸，漕米之所以潮杂者大率如此。①

此疏论述虽然详细，但不够全面，即没把压榨运丁最为要害的漕务衙门诸如淮安漕运总督衙门及京通收兑漕粮的仓场坐粮厅衙门揭露出来。这两处衙门长官位高权重，史、李二人大概有所顾忌。

道光年间，孙鼎臣为揭露漕弊，写了《论漕》一文，谓“而蠹之穴有六，征漕之州县一，司漕之官一，领运之官一，催运之官一，仓场一，尖丁一。一穴而蠹常数十百出其中”，由于蚀漕者众多，而且

① 清档，道光十四年五月二十八日，抽查漕粮御史宗室翔凤、李儒郊奏。

积弊日深，运船向州县所索取之帮费日增，由雍正初的20两银子，至道光渐增至700～800两。该文说：

> 前后数十年，多寡悬殊如此，而闾闫之征敛可知矣，而运军固未尝受其利也。辖运军者有各卫各帮之守备千总，有押运之帮官，有总运之同知通判，有督运之粮储道，有漕运之总督，有仓场之总督，有坐粮厅之监督。自开帮以至回空，又有漕督河督及所在之督抚所遣迎提催攒盘验之官。官多而费益广，计扬州卫二三两帮计之，领运千总规费银八百两，空运千总损四之三，卫守备损三之一；坐粮厅验米之费二百有八十，仓场经纪之费一千五百有奇，其它不与焉。欲运军之不罢其可得欤！[①]

另据其他记载，押运领运之官，一方面向运丁勒索；另一方面又向沿途管理漕务的上司进行馈赠。粮道官既向运丁勒索，又向上司送礼，至有“客货人”之称。其间淮安之盘验，通州之验收，运丁花费尤多。运丁先将钱物献之幕僚吏胥，幕僚吏胥再以侵蚀之余献之上司。整个漕务机构变成了一个贪污网，紧密地交织在一起。

为实现贪索，漕务各机构多安置私人，漕督、仓场、粮道等衙门莫不皆然，名为协理漕务，实际协助搜刮。每当漕务终了，漕督、仓场侍郎又借机保举出力有功人员，给予奖叙。

帮船运丁为了应付各处漕务官吏胥役的贪索，则向兑粮州县索取帮费，这种种费用最后都转移到粮户农民身上，如乾隆《漕运全书所记》：“东南办漕之民，苦于运弁旗丁，肌髓已尽，控告无门，而运弁旗丁又有所迫而然”。[②] 所谓“有所迫”主要指各处漕务官吏的贪索。

① 《清朝经世文编》卷52，孙鼎臣：《论漕》。

② 乾隆《漕运全书》卷12，《征纳兑运・历年成例》。

二　领运官和押运官对运丁的贪索

领运官指各卫所帮船领运的守备、千总，押运官指有漕各省粮道和各府委派的押运同知、通判，两者统称运官。他们的责任是押运漕粮北上到京通交仓。

领运的守备、千总是运丁的直接上司，他们对运丁的贪索，一是克扣漕项银两。运丁出运有行粮和月粮，此外还有由国家发给的漕项银两，以上银两的发给均由领运官等人经手，他们以提溜打闸、雇船备拨、过淮抵通久有公账等名义扣存其中一大部分。[①] 二是克扣运丁屯田津贴银。卫所军皆由国家配给屯田，屯户须按亩出银贴运，谓之津运，此项银两应直接发给出运的运丁，领运的守备千总则从中克扣。以荆州卫所屯田为例，屯粮共计5955石，每石应出贴运银8分，共该银476两，该卫守备只发给运丁运银300两，自己侵吞了176两。[②]三是领运官向运丁勒索各项陋规。漕船在停泊水次未开行之前，领运官以演戏设席的名义宴请运丁，借机向运丁敛钱，谓之“分金”。遇到运官生辰以及家中婚丧嫁娶等事，也向运丁勒索陋规。[③] 此外，有的运官购置皮槁散给各船，索取高价，有的纵容家丁衙役买烟散给各船舵工水手，借机敛钱。[④] 漕船到达天津，水浅处需要起拨，运丁须向运官奉送拨规礼银。或谓运官为了贪索这

① 《清朝经世文编》卷52，孙鼎臣：《论漕》。

② 清档，乾隆十四年十月四日，湖广总督唐绥祖题。

③ 清档，乾隆三十四年五月二十四日，漕运总督梁翥鸿奏参贪婪不足之劣弁疏：“安庆卫后帮随帮于水次开行之时，请旗丁吃酒，向每丁索钱一千五百文。”又董醇辑《议漕折钞》卷2，山东道御史李鸿宾《胪陈南漕各弊疏》，“又船在水次时，空重运弁，演戏设席，名则邀请旗丁，实则敛取各船分金。该头伍刁丁又藉端冒滥开销，硬派每船各出银若干两，名曰各衙门使费”。

④ 清档，还有派装木料营利的。乾隆廿四年三月十九日，江西巡抚阿思哈题：江西建昌所领运千总周棽，于所领一帮24船，每船派装皮槁大木10余根，大木枋2~3块；其乘生之船，派装大木枋70余块，皮槁数十根，从中渔利。

笔银两，即使北运河水势充足无须起拨时也强行起拨；乃至唆使家丁，对运丁“呵斥责打，任意凌践”。[①] 余如开船时期的饭米银、篷税银、装带土宜银、沿途贴印花银等，勒索运丁，名目繁多，不一而足。[②]

领运官向运丁贪索的陋规有递年增加之势。如山东帮船，嘉庆四年（1799）共船 39 只，运船向各州县领取帮费银 3000 多两，对这笔帮费，领运千总索取 700 两，领运守备索取 428 两。由于领运官是一个肥缺，卫所千总每争着攒营这项差事。未曾领运的贿赂托求，乃至不惜花费巨额款项贿买营充；[③] 已经领运的则设法保留继续领运权，甚至有的领运千总俸满多年应升任守备的，犹故意坐事受挂欠处分以达到继续领运的目的。[④]

押运官由各府同知或通判担任，谓之总运。他们向运丁勒索陋规的名目与方法和领运官略同，唯银额较少，嘉庆十四年，每押运一次约可得银 100 两。

粮道是各省总管一省粮政的官吏，兼负押运责任。各省运丁的行粮月粮运费等项都通过粮道亲手发放，他们每从中克扣而不如数发给。[⑤] 粮道将所克扣银两，部分购买各种礼物，如江南所产绸缎茶叶等，向沿途有关漕政官员赠送，故人们把这种押运粮道特称为“货客”人，否则沿途漕官多方掣肘，困难重重。[⑥]

---

① 董醇辑《议漕折钞》卷 3，嘉庆二十二年，监察御史熊墀：《奏陈漕务积弊疏》。

② 据《清史稿》卷 122，《食货三》：各卫既有千总领运，而漕臣每岁另委押运帮官，分为押重押空，一重运费银 2000～3000 两，一空运费银 1000 余两，“帮丁之脂膏竭，而浮收之弊日滋”。

③ 清档，道光二十六年九月，山西道御史朱昌颐奏。

④ 清档，道光十六年十一月二十八日，工科给事中张琴奏。

⑤ 董醇辑《议漕折钞》卷 2，嘉庆十四年十一月四日，江西道监察御史汪彦博：《奏陈漕务事宜疏》：“惟帮丁应领行月折色并运费等项银钱，向由粮道亲放，近闻有假书役家人需索克扣等事，该丁等未敢遽行呈告。”

⑥ 董醇辑《议漕折钞》卷 10，道光十九年六月，金应麟：《奏陈漕政弊端疏》。另据《清史稿·食货三》：清代中期，江南粮道刘朝俊贪污漕贴银 12000 余两。

各种运官向运丁勒索财货多通过他们所豢养的家丁书役人等，运丁为逃避运官刁难，则设法进行联络，或备为酒席，或聚赌嫖娼，以获取各官家丁书役的欢心。运丁在这方面花费不少银钱。[①]

漕船按运粮区分为帮，每帮船自20余只至90余只不等。帮船上代表运丁和运官进行联系的有所谓首事，是各帮船共推的总代表。有丁头，是行船时公推的头船运丁，是一帮的负责人；有伍长，是丁头的助手。[②] 一帮交兑漕粮，支领钱粮、筹措运费及向各衙门进行联系交涉等，都由丁头、伍长出面。在帮船之内，丁头权力最大，全帮受兑开行沿运行止，都听丁头指挥。[③] 丁头也借机舞弊，如未开船以前，与州县吏胥互相勾结，协同向州县增索帮费，从中分肥。[④] 开船以后，关于过河过闸过坝各种花费，向各漕务衙门所花用各项使费，由帮头向漕船运丁勒索，然后与运官分肥。[⑤]

丁头、伍长对运丁的剥削，如克扣运丁的行粮、月粮，如贪索各帮船应领各项漕项银两。道光二十八年（1848），某帮应发给每船津贴银400多两，丁头私扣300两，每船只领到100多两。如克扣修船费，官府按期向运丁发放修舱船费银两，丁头、伍长每不按时发给。[⑥] 如浮开账目任意摊派，运船在水次兑粮之后，未开之前，丁头、伍长

---

① 光绪《漕运全书》卷88。

② 光绪《漕运全书》卷88，嘉庆十四年，巡漕御史程国仁奏："查各帮办事之人，在船头总办者名曰粮头，各船协办者名曰伍长，又有往来奔走者名曰走差，一切向州县索费、各衙门打点，以及雇夫揽货，均经其手。"又董醇辑《议漕折钞》卷2，嘉庆十五年山东巡抚吉伦奏："查各帮例系选派老练办事一人，名曰头船；领兑各州县者，名曰伍长。缘船只众多，水次远近不一，头船一人难以照料，必须酌派伍长，以便分头领兑。"

③ 董醇辑《议漕折钞》卷2，嘉庆十五年三月十六日，山东巡抚吉伦：《遵旨查议复奏事》。

④ 清档，道光十九年六月，金应麟漕政弊端疏；道光二年闰三月七日，又福建道董国华奏陈漕船帮丁积弊疏。

⑤ 清档，道光二十六年九月，山西道御史朱昌颐奏。

⑥ 光绪《漕运全书》卷88，嘉庆十五年，运丁陈永福等俱控伍丁周子钊等吞扣公项银两一案："查空运千总王尚德于领到接济银两并不亲自散给，辄委伍丁，致给发稽迟。重运欧阳瑄领到修舱银两，延不给发。"

先向各船派向各衙门馈赠的使费；[①] 或将一路提闸、打溜、过淮、抵通、催攒、验收等费，捏报则例，增收分肥；或托词补贴办公，令运丁将已兑收漕粮变卖20～30石交丁头收存。[②] 丁头还同运官互相勾结，向运丁增索过闸添雇纤夫等费，从中分肥。因此纤夫之费日增，过去每船每闸不过花钱数百文，清江等处水急难挽之闸，纤挽费也不过2000～3000文，嘉庆十四年（1819）增加到20余千文，其他各闸之费也增加数倍。[③] 关于运船在兑粮州县所索取的大量帮费，有相当一部分为帮船丁头、尖丁所侵蚀。

三　沿途催攒稽查官及闸坝吏胥对运丁的贪索

运河由南而北数千里，沿途设有催攒漕船的文武官员，如管河官吏、漕务委员，还有沿河驻扎的武官，都以催攒漕运的名义向运丁索取陋规，如银钱土宜礼物之类。漕船拨浅过闸，有漕运总督衙门派遣的文武官吏监督催攒；拨船之多少，吃水之深浅，就由他们主持决定。运丁为顺利挽渡不致阻膈，预先向这批官吏花钱疏通，否则各官设法刁难，花费更大。[④] 运道阻滞之处，漕督衙门又派拨文武官吏分段驻扎查催，他们也向运丁勒索财物。上级所派遣查漕官吏，多系安置私人，通过他们"调剂囊橐"。[⑤] 因此漕务官吏数额日增，漕运总督衙门所派漕务委员原为数名，嘉庆十二年，由于该衙门长官亲友纷

① 董醇辑《议漕折钞》卷2，嘉庆十四年五月四日，山东道御史李鸿宾《胪陈南漕各弊疏》。

② 清档，道光二年闰三月七日，福建道董国华奏：《陈漕船帮丁积弊疏》。

③ 董醇辑《议漕折钞》卷2，嘉庆十四年五月四日，山东道李鸿宾：《胪陈南漕各弊疏》。又据《清朝经世文编》卷52，钱宝琛《漕运论》："漕船即开行以后计之，淮以南无所为费也，费自闸坝始，有添关之费，有启板之费，有漕委供给之费，一切取足于夫头，夫头浮其数以责之伍长，伍长益浮其数以科之散丁，至起驳交兑皆然。"

④ 光绪《漕运全书》卷88，嘉庆十四年，巡漕御史程国仁奏。

⑤ 光绪《漕运全书》卷85，道光二十六年，给事中董宗远奏："分段稽查多至数十人，上司既借以调剂，若辈遂任意贪婪。"又《议漕折钞》卷6，道光十二年五月二十五日，陕西道御史鲍文浮：《请汰漕委冗员疏》。

纷攒营谋充，骤增至80余名。[①]

催攒官吏对运丁的贪索，据嘉庆二十二年（1817）监察御史熊墀奏："催攒员弁，借攒运为利薮，其差委半由钻营请托而来。一经得委，即设立公馆，添雇走役，逞暴作威，需索帮费，邀求土仪。稍不如意，即于关闸危险之处，风雨深黑之夜，粮船休息，指为逗留，恣行责打，逼至深处，船碎人溺，米须重赔。旗丁畏累，先送规费，名为催漕，实乃漕蠹"。[②]

催攒委员所勒索的陋规有各种不同的名目。如江南河口猫儿窝等处水浅，专设漕委监督起拨，起拨时运丁须向漕委送呈一笔"浅费"。此事后成惯例，即遇水大无须起拨之年，此项浅费仍须照给。委员驻扎地方，遇风雨暴至，或黑夜难行，反故意驱催，俟运丁呈送银两，始准停泊，谓之"收帮费"。各闸纤挽夫役，系由夫头包揽，其费向运船派分，这部分纤挽费的一部分须呈献漕委，谓之"闸坝费"。[③]

道光年间，有漕各省巡抚、布政、粮道以及知府各衙门都设置委员，专司督攒。[④] 道光四年（1825），清政府以此类委员私弊过多，有害漕政，一度下令禁革。但据此后道光十七年御史陶士霖奏报，沿运道仍设有漕委、督委、抚委、河委等名色，各运丁勒索陋规，如运行河内有"量水费"，渡过湖口有"放水费"等[⑤]，其中一部分入了各委员的私囊。

沿运闸坝吏胥也向运丁勒索，据道光十六年（1836）工科给事中张琴奏称："查帮船行抵闸所，需关缆人夫，向来每船不过给钱数百文，即清江三闸水势较陡，夫役较多，亦不过给钱二三千文。近来多有无赖棍徒把持包揽，而粮头走差又与运弁标员勾通一气，批单向各

① 董醇辑《议漕折钞》卷1，嘉庆十二年，严烺疏。漕委后又减为四十余员。

② 董醇辑《议漕折钞》卷3，嘉庆二十二年，监察御史熊墀：《奏除漕务之弊疏》。

③ 董醇辑《议漕折钞》卷4，嘉庆二十四年，御史费丙章：《奏陈粮艘积弊疏》。

④ 清档，道光四年十二月二日，江西巡抚成格奏。

⑤ 董醇辑《议漕折钞》卷8，道光十七年，御史陶士霖：《奏请严整漕船耗费丛弊疏》。

船勒取。臣闻自江南潆流闸以至山东济宁闸，凡二十余闸，每船需用制钱四五十千文……而自清江闸以至杨家庄不过三闸五坝，每船须用制钱七八十千文、八九十千文不等，其费更加数倍，此皆贪婪之辈，彼此串合，藉以分肥。”[①] 管理闸坝的胥役是一种服役性吏胥，并无多大权力，但由于漕政腐败，贪污已经形成一种风气，闸坝吏胥遂也受其影响，勒索漕船运丁银两。

四　淮安漕督衙门对运丁的贪索

淮安位于苏北，乃系漕运总督驻扎重镇，是长江流域各省漕船必经之地。漕船至此，所运漕粮质量是否符合要求，都须经过检验。漕船运粮北上，到达淮安，漕督即派属下参将、游击、都司、守备等官带同兵役书吏上船盘验。诸将吏为勒索陋规，每放纵兵役故意刁难。乾隆七年（1742）漕督标营诸将向漕船所勒索银两，按船帮计：江南船每帮索银 20～24 两，浙江船每帮索银 24～30 两，白粮船加倍，江西、湖南、湖北船每帮索银 40～50 两[②]，这时陋规银额尚属有限。此后漕船过淮花费日增，嘉庆十五（1810）年，漕船过淮，每帮向盘粮书吏花费陋规银增至 500 两。[③] 道光十七（1837）年，漕船过淮，给盘粮吏胥银若干两，查漕士兵银若干两，谓之“兵胥对比费”[④]，陋规总额当又超过嘉庆朝。

漕船过淮，支出较多，上至漕运总督，下至书吏士兵，都能分到多寡不等的陋规银，他们把每年一度的“盘粮”陋规视为一项主要财源，如道光十二年御史鲍文淳所奏：

---

① 清档，道光十六年十一月二十八日，工科给事中张琴奏。

② 清档，乾隆七年二月十日，漕运总督顾王宗奏。

③ 光绪《漕运全书》卷 88，漕运总督许兆椿奏。另据《清史稿》卷 122，《食货三》：“逮漕过淮，又有积歇、摊派、书吏、陋规、报文过堂种种费用，总计每帮须费五六百金或千金不等，此过淮之苦也。”

④ 董醇辑《议漕折钞》卷 8，道光十七年，御史陶士霖：《请严整漕船耗费丛弊疏》。

> 至于帮丁既有津贴，计其沿途提溜拨浅等项正用原已可敷。乃今格外需索而犹不免于困者，则由过淮盘验。凡漕运总督衙门标弁委员以及书役长随人等，皆有陋规，莫不以重运经由为一年出息。人数既众，规费日繁。而所谓盘验者，大率该标中军随带弁役按帮抽签一二船，搜取米样呈验。其米样皆帮丁另为存贮，故与州县呈验之米色相符。实则未经抽验，先讲使费，使费既给，虽有不甚纯洁之米，米数不足之船，并无挑剔，否则多方留难，必使出费而后已。即漕运总督亲临签验，无如众人通同蒙蔽，积习终难破除。是盘验徒属虚名，而规费则为实害……此帮丁因漕属陋规而日致疲困之实情也。[①]

总之，漕船过淮，漕运总督衙门吏胥上船盘验米石，实际并不以米质好坏为准，而按所给规银多寡而定，漕船运丁深受其害。

五　通州仓场衙门和坐粮厅对运丁的贪索

仓场衙门设仓场总督，由户部侍郎兼任，负责总理一切仓谷贮积及北河运务。下属坐粮厅，厅官由科道等官简任，兼理经纪车户转运粮米交仓及通济库出纳事宜。仓场衙门和坐粮厅每通同舞弊，对粮船运丁进行勒索。按通州为各省漕船总汇之所，各省漕船都要聚集通州，然后将漕粮转拨北京，因此通州交卸漕粮积弊最为严重。嘉庆十七年（1812）御史陆泌曾慨乎言之，谓自山东河南第一批漕船到通之日起，至湖广、江西最末一批漕船到通之日止，数月之中没有一天不在舞弊，没有一人不在贪索中饱。[②] 陆泌的概括颇中要害。

---

① 董醇辑《议漕折钞》卷6，道光十二年五月十五日，陕西道鲍文淳：《请汰漕委冗员疏》。

② 董醇辑《议漕折钞》卷3，嘉庆十七年八月十四日，监察御史陆泌：《通坝验收诸弊疏》。

关于通州漕务官吏舞弊情形，道光二十八年（1848）内阁侍读学士董瀛山作了详细奏报，他说：

> 每帮丁头与仓场之官人暗地讲论使费，先令舍人查验米色之高下，实因规费之有无。用签抽足，粮厅则有带彩钱。及至经纪打载斛米则有后手钱。各项安置妥当，方肯验收。若不满意，即百般挑驳，任意刁难，禀请停斛，风筛狼戾既多，亏折愈甚，通盘合算，赔补之数较诸陋规之数而更浮，反不如暗给使费之为愈也。乃至陋规到手，则瑕变为瑜。即本管官斥其米色低潮，经纪必巧言花语，多方掩饰，辄以天时阴雨为辞。……明系因短欠而搀合，因搀合而发涨。米质损伤，何堪久贮仓廒，仓场明知其欺，而以为数过多，未便概行驳回，遂勉强验收。①

运丁所交粮米潮湿低下不合规格，仓场之所以未加驳回而予验收，是因为仓场衙门各级官吏都拿到了使费，董瀛山未便明言而已。

总督仓场衙门和坐粮厅对漕船运丁的勒索主要通过以下两种人：一是各衙吏胥差役之类；二是从事催攒验收漕粮的经纪。

仓场衙门所索陋规，有“科房”“漕房”等费。② 又仓场侍郎亲监验米，携带大批舍人、门丁、书吏、差役、轿夫等，帮船运丁都需出钱打点。③

坐粮厅长官是亲临负责漕粮验收、转运及交仓的大官，权限

---

① 清档，道光二十八年九月二十九日，内阁侍读学士董瀛山奏。另据《清史稿》卷122，《食货三》：“漕船到通，向仓院、粮厅、户部云南司等处投文，每船需费十金……至于过坝则有委员陋规。伍长常例、上斛下荡等费，每船又需十余金；交仓则有仓常例，并收粮衙署官办书吏种种需索，又费数十金，此抵通之苦也。”其实漕船运丁到通州的花费远不止此。

② 清档，嘉庆四年十二月十六日，陈大文：《奏查明山东漕弊旗丁经费陋规开列清单》。

③ 董醇辑《议漕折钞》卷 3，嘉庆十七年八月十四日，监察御史陆泌：《通坝验收诸弊疏》。

尤重。漕船未到通州以前，坐粮厅先派吏胥前往通州东南杨村一带催攒，向漕船勒索“船价钱”。漕船到通州起卸，又索“验米费”。[①] 坐粮厅上船验米，所携带门丁、吏胥、轿夫也都向运丁勒索陋规。[②]

坐粮厅所使用的经纪是一种肥缺，有人充当经纪均系花钱贿买。经纪之权甚重，斛量盈缺，米质好坏每为他们所左右，遂乘机索取各种使费。[③] 如漕船挽抵通坝停泊之时有“落地钱”，交卸漕粮时有“兑收费”，经纪中的头目伍长又额外索取“折帮钱”等。[④]

经纪原有定额，他们手下却使用着大批夫役，即由经纪给他们开支。据道光二十六年（1846）朱昌颐奏：“查军粮经纪例定一百名，白粮经纪例定二十五名……风闻经纪以盈字一号为首，每次坐粮厅点充盈字一号之役所费巨万，若非能肆意婪贪何以肯花费如此之多。且盈字一之经纪名下所用数千百人；推之一百二十五名，所用闲役不知凡几，而过坝之车户，入仓之花户，俱可概见矣。”[⑤]

一个经纪名下所役使的闲散夫即不下“数千百人”，一百二十五个经纪所使用的夫役至少有数万人，他们都把运丁作为侵蚀对象。

关于经纪人对漕船运丁的贪索，曾经过不少臣僚多次揭发，清廷是清楚的，为预防斯弊，曾定十年轮换制，十年期满不准连续充当。但经纪和漕官互相勾结，狼狈为奸，到十年期满仍继续留充，只不过

① 清档，嘉庆四年十二月十六日，陈大文：《奏查明山东漕帮旗丁经费陋规开列清单》。

② 清档，道光三十年十一月二十八日，工科张琴：《奏陈漕河情形疏》。

③ 光绪《漕运全书》卷85，道光二十八年上谕：“至漕粮抵通验收，经纪需索陋规，有各种名目，以规费之有无，定米色之高下。致使搀和发涨，不能久储。”又二十九年上谕：“至通坝为交粮总汇，帮丁运米交仓，该处经纪以费之有无高下其手，是通坝陋规为诸弊之归宿”。

④ 董醇辑《议漕折钞》卷3，嘉庆十七年八月十四日，监察御史陆泌：《通坝验收诸弊疏》。

⑤ 清档，道光二十六年九月初九日，山西道监察御史朱昌颐奏。

另改用一个名字罢了。①

伴随着漕政腐败，漕船运丁在通州仓场衙门和坐粮厅交卸漕粮所使用的陋规数额日益增加，这种情弊道光二十六年（1846）山西道监察御史朱昌颐曾作了如下概括：“臣闻向年抵通漕米，每船不过交费数两或七八两。近则逐渐加增，每船数十两或数百两不等。节年以来，船虽开行，如运员旗丁银未措齐，必将船沿路耽延，须俟银到方敢抵通。”②

每船到通州的各项花费以银100两计，又按道光十九年漕船6328只计，各船在通州兑交漕粮支付的各项陋规为银632800两。

关于漕船在通州漕务衙门历年所花用陋规，下面再列举数例：嘉庆五年（1800），漕船到通，每帮船各项花费，计坐粮厅验米费银280两，仓场经纪贿银1500两。③ 嘉庆十七年（1812），仓场侍郎亲临验米，携带舍人门丁书吏差役人等，向全帮勒索使费钱240千文；仓场经纪人等向漕船索要花地钱、兑收费、折帮钱等，每帮用银80～130两；坐粮厅到船验米，所带吏胥门丁夫役等，向漕船索取陋规钱，每帮用钱120千文。④ 道光十六年，坐粮厅所索各项陋规，每船约费银80～90千文。⑤

道光二十六年，漕船抵通各种花费，每船支出由数十两至数百两。⑥

由以上事例，嘉庆至道光数十年间，漕船运丁在通州各漕务衙门支付的陋规，增加几倍乃至十几倍。

---

① 董醇辑《议漕折钞》卷7，道光十六年七月初九日，山东道监察御史况澄《奏请查办犯罪蠹役违例仍留办运疏》：“据移文内开经纪头役卢敬即卢信，道光元年充当经纪，十年役满，更名卢敬复充；又经纪张廷华，嘉庆二十一年充当经纪，道光五年役满，是年十一月更名张廷琨复充。”

② 清档，道光二十六年九月初九日，山西道监察御史朱昌颐奏。

③ 《清朝经世文编》卷52，孙鼎臣：《论漕》。

④ 董醇辑《议漕折钞》卷3，嘉庆十七年八月十八日，监察御史陆泌：《通坝验收诸弊疏》。

⑤ 清档，道光二十六年十一月二十八日，工科张琴：《奏陈漕河情形疏》。

⑥ 清档，道光二十六年九月初九日，山西道御史朱昌颐奏。

对通州仓场和坐粮厅两衙门的勒索，漕船运丁深以为苦，或谓漕船把抵通交粮视为畏途，在未抵通之前即先设法筹措应付通州漕务官吏的使费，或借高利贷，或盗卖漕粮，预计所筹款项已足够满足各衙门官使胥役的贪壑，才敢把漕船开抵通州。

对各处漕务官吏的贪污积弊，封建统治者曾力图禁革，据道光元年（1821）曹振镛等奏："嘉庆四年以后，内外臣工节次奏明，酌筹调剂裁革陋规，或严禁浮收勒折，以恤民艰。"① 清朝为革除漕弊，道光元年特颁上谕：

> 惟法以久而滋弊又相因而生，则欲杜其弊必先察其致弊之由，而严为之禁，著谕有漕省各督抚，破除情面，力矢公忠，州县如有浮收勒折，立即严参重惩；其旗丁勒索州县，州县绅衿包纳漕粮者，亦各执法严办，勿稍徇纵，均不得借言调剂，轻改旧章。……仍责成漕运总督及仓场侍郎，凡沿途抵通官役人等需索使费者，有犯必惩，使群知警惕以塞漏卮。②

漕政腐败之危害，封建统治者虽然意识到并力图改革，但积弊已深，有如病入膏肓，已积重难返。

六　帮船运丁向兑粮州县增索贴费

运河由江北扬州北至通州，全长 2882 里，江南运道尚未计算在内。沿运各处关卡甚多，而以淮安、通州最为要害，到处都向漕船运丁贪索。运丁则转取偿于兑粮州县，这笔款项通称为帮费。

国家对运丁运粮原给予一定报酬，如月粮、行粮之外，又发给

---

① 清档，道光元年六月十五日，曹振镛等奏。

② 清档，道光元年六月二十五日上谕。

部分漕项银两，原敷沿途支用。清中叶后，有关漕务官吏的贪索日益加剧，漕船运丁支出骤增，乾隆年间，漕船由州县兑粮到通州交仓，“总计每帮漕（船）须费五六百金或千金不等”。[①] 平均每船开支银 10 ~ 20 两，为数尚不甚多。嘉庆以后数额骤增，运丁入不敷出。如兑运湖州府粮船，嘉庆五年（1800），由州县兑粮上船到通州交仓，沿途及在通州各项开支增至银 810 余两，每船出运一次应领各类款项银380 ~ 420两，尚不敷银 390 ~ 430 两。[②] 嘉庆十二年，苏松粮道邱树棠将江南各府帮船入不敷出的情形作了一次估算，兑运松江府漕粮船不敷银 400 余两，兑运苏州府、太仓州漕粮船不敷银 200 余两，兑运镇江府丹徒、丹阳县漕粮船只不敷银 100 余两。因各处粮船运途开支多寡不等，运丁向兑粮州县索取的帮费也不同，以松江府属最多，苏州府和太仓州次之，常州府又次之，而以镇江府丹阳、丹徒二县最少。[③]

运丁向兑粮州县增索帮费，每每以米质不符合要求为借口。道光二年（1822）御史董国华说：“遂其［运丁］欲则低色为佳，拂其意则讫圆亦丑。”[④] 所谓“拂其意”指所给帮费偏少。州县官怕因贻误漕运受到惩处，乃设法增加帮费以“遂其欲”。[⑤] 这种积弊一直在持续，据同治三年（1864）左宗棠奏，谓漕粮行河运之时，“旗丁需索帮费，如咸丰初年，每兑漕一石，除给报部截漕银三钱四分六丝外，尚须由州县贴给费钱千文，帮费一日不清，帮船一日不开。州县惟恐有误运期，不得不浮收以填谿壑”。[⑥]

---

① 乾隆《漕运全书》卷 12。

② 光绪《漕运全书》卷 85。

③ 董醇辑《议漕折钞》卷 3，嘉庆二十二年九月十七日，两江总督孙玉庭：《奏陈恤丁除弊疏》。

④ 清档，道光二年闰三月初七日，福建道董国华奏。

⑤ 清档，道光元年，姚文田奏。

⑥ 《清朝经世文编》卷 37，左宗棠：《议减嘉、杭、湖三属漕粮疏》，同治三年。

漕船运丁向兑粮州县索取帮费有各种名色。在收兑漕粮之前先要“铺舱费”，在兑粮上船之时“米色银”，在开船离境之时要“通关费”和过淮安关“盘验费”。如挽运江南地区漕粮，嘉庆二十四年（1819），每船所得铺舱费为 80～120 两不等，又米色银数十两至 100 两不等，通关银 40～90 两不等。[①]

漕船帮费逐年增加。帮费增加情形，据孙鼎臣论述：“雍正初一船才银二十两，及嘉庆五年议增至三百矣，十五年复增之为五百，递增至道光初乃七八百。”[②] 下面列举几个具体事例，嘉庆四年，兑运常州府宜兴县漕粮运丁，“因见米色不纯，遂尔借端需索，从前每船一只不过帮贴一二十两，后则增至一百数十两及二百两”。[③] 嘉庆五年，兑运苏松太三府州漕粮，每船得帮费银 300 两。[④] 嘉庆十四年，兑运苏州、松江、嘉兴、湖州等府漕粮，每船得帮费银 500～800 两[⑤]，或谓嘉庆朝每船所得帮费银700～800 两。[⑥] 嘉庆二十四年，兑运江苏昆山县漕粮帮费，“每船洋银九百余元至一千余元之多”，兑运新阳县漕粮运丁所索帮费，“每船银洋六百余元至一千余元之多，仍称未满其欲，将通关米结留难”。[⑦] 道光四年（1824），高堰溃决，漕粮需要盘剥，运丁增索帮费；道光六年，减坝未合，回空船滞河北，运丁又增索帮费，这时每船帮费增至银元 1000 元。道光十二年，兑运苏松二府漕粮每船帮费更增至银元 1300～1400 元，运白粮的船每船帮费则

---

① 董醇辑《议漕折钞》卷 3，嘉庆二十四年三月初二日，山东道李鸿宾：《胪东南漕积弊疏》。

② 《清朝经世文编》卷 52，孙鼎臣：《论漕》。

③ 《清仁宗实录》卷 49，嘉庆四年七月丙子。

④ 董醇辑《议漕折钞》卷 3，嘉庆二十二年九月十七日，两江总督孙玉庭：《奏陈恤丁除弊疏》：“查江苏省嘉庆五年，曾议苏、江、太等属每船贴银三百两。”

⑤ 光绪《漕运全书》卷 88，御史程国仁奏。

⑥ 光绪《漕运全书》卷 88。

⑦ 《清仁宗实录》卷 358，嘉庆二十四年五月壬午。

增至3000元。[①] 道光二十九年（1849），兑运浙江省漕粮帮费，每米一石合银2两，每船约为银1300～1400两。[②]

运船帮费额因地区而多寡不等，这项支出在各州县开支中占着极大比重。道光十九年，苏州府元和、吴江等县，松江府之上海县，每县支出帮费银元14万～16万元，是年江苏全省共支出帮费500多万元；浙江嘉兴府各县，每县支出帮费6万～8万元，是年浙江全省共支出帮费100多万元。[③] 清代中叶后，征漕州县帮费支出过大，变成一个严重问题，有的州县靠预征地丁银或靠借贷支付，道光十二年御史鲍文淳上奏说："风闻苏松等属每船给洋银一千三四百元之多，浙江、江西、安徽等省皆然，想他省亦无不然。船数较多，即费银巨万，是以州县每值兑漕，必先筹措帮费，非令书吏借贷，即截串预征地丁。然可以预征者皆富户，而不能不让其加头。可为借贷者皆蠹书，而不能不任其重剥。"[④]

为了解决这个问题，嘉庆四年（1799）蒋兆奎建议把帮费固定下来，每漕粮一石增收一斗，计每船载米1000石共可收米100石作为帮费，此奏未经批准。此后屡有人建议酌减帮费，道光二十九年，浙江巡抚吴文镕请将嘉兴府帮费减少三成，杭州、湖州府帮费减少二成。后经朝廷议准每船帮费固定为银400两。[⑤] 事实证明，由于漕政败坏和官吏贪污，所有建议和决定都变成一纸空文。

值得注意的是，帮船向兑粮州县所索取的帮费并没有全部分给现运运丁，有相当大的一部分为帮船丁头、尖丁等所中饱。关于这个问

---

① 董醇辑《议漕折钞》卷6，道光十二年，鲍文淳：《请汰漕委冗员严禁需索疏》。

② 光绪《漕运全书》卷85。

③ 董醇辑《议漕折钞》卷10，道光十九年六月，鸿胪寺卿金应麟：《奏陈漕政弊端疏》。另据道光二十六年九月，山西道御史朱昌颐：《漕务积弊疏》："通计苏、松、常、太帮费合银一百数十万两，杭、嘉、湖帮费六七十万，方能受兑开行。"

④ 董醇辑《议漕折钞》卷6，道光十二年五月，御史鲍文淳：《请汰漕委冗员严禁需索疏》。

⑤ 清档，道光二十九年，浙江巡抚吴文镕疏。

题前面已经涉及，这里再补充几个具体事例。

道光十九年（1839）鸿胪寺卿金应麟奏："帮船正负丁之外，复有尖丁，一帮之行止视头船为向背，而头船之受兑开行与否，尖丁实操其进退之权，肆意挑剔，勒索帮费，一帮竟至数十万之多，其少者亦以十万八万计。尖丁而外，更有尖上尖名色，尤系刁恶枭徒，与漕总通同一气，暗中挑唆播弄，坐享其利……帮丁固任其主使，州县亦受其欺蒙。"①

道光二十六年山西道监察御史朱昌颐奏："江浙漕多州县，向时帮费每船洋银一二百元不等，近竟添至每船八九百元及一千数百元，通计苏、松、常、太帮费银一百数十万；杭、嘉、湖帮费六七十万，方能受兑开行……而每帮群推一人为头船，合数帮之头船又推一人为首事，凡为首事之丁皆漕务中积年蠹棍，在水次则串通奸吏，讹索官长，更有事先以银借库，盘剥官项，官给以库票，则事事为其挟制；书吏又内外侵欺入己，遂为不可解之痼疾"。②

道光二十八年内阁侍读学士董瀛山奏："粮船一帮约计三四十只不等，每帮伍丁五人，其中有一人为首。各帮俱有丁头承办各项陋规，从中坐扣渔利，如每船发给钱粮四百余两，系丁头总领散给众丁，而丁头暗中克扣，仅给银一百余两。又将兑准漕粮每船扣出二三十石变价，名为贴补办公。是受兑之初额已亏短。众丁因钱粮短少，难养身家，由是沿途偷漏以为日用之资。员弁收丁头陋规，隐瞒包庇，奸弊丛生。"③

帮船头目尖丁、首事、丁头等勾结漕务官吏对众运丁的盘剥活动日益加剧。据道光年间孙鼎臣论述，尖丁在州县兑粮时勾结漕务吏胥，从中渔利；到通州交粮时又勾结仓场吏胥，进行贿赂。结果所

① 清档，道光十九年六月十三日，鸿胪寺卿金应麟奏。

② 清档，道光二十六年九月初九日，山西道监察御史朱昌颐奏。

③ 清档，道光二十八年九月二十九日，内阁学士董瀛山奏。

至，“故州县之兑米无美恶，以尖丁之言为美恶而已；仓场之收米无美恶，以尖丁之贿为美恶而已”。因为他们从中榨取运丁，“而运军疾之如仇”。①

漕船运丁虽然向兑粮州县索取大量帮费，但在各处有关漕务官吏的贪索，在帮船内有丁头、尖丁的侵渔，经济状况仍十分恶劣，如包世臣所说：运丁长途挽运，艰苦万状，“倾覆身家，十丁而六”。② 因此彼等“视出运畏途”，千方百计地设法摆脱卫所军籍以逃避运粮徭役。

第四节　州县征漕浮收勒折与农民粮户负担的加重

以上州县及其他各级有关漕政官吏的贪索，地方绅衿对漕赋的侵蚀，还有帮船运丁为应付沿运官僚吏胥的贪索而向兑粮州县所索取的大量帮费，最后都通过浮收勒折加在一般粮户身上，使粮户的实际支出为正漕的好几倍，如陆世仪所说：“朝廷岁漕江南四百万石，而江南岁出一千四百万石，四百万石未必尽归朝廷，而一千万石常供官旗及诸色蠹恶之口腹。”③ 岁漕400万石系全国正额漕粮，而不限于江南。陆氏所说虽欠确切，但却有力地揭示了与漕政有关的各级官吏贪污数额之巨大。

州县征漕浮收使用了种种手法：一是加大量斛容积，早在乾隆前期即有关于这方面的记载。据乾隆七年大学士徐水等题：上级颁发兑斛到县，收漕吏胥或先实以干豆用水浇灌，或铲削斛底，或追击使

① 《清朝经世文编》卷52，孙鼎臣：《论漕》。
② 包世臣：《安吴四种》卷7，《中衢一勺》。
③ 《清朝经世文编》卷39，陈岱霖：《请严革征漕积弊疏》。

阔，设法使容积扩大，以达到多收米石的目的。[①] 这种现象到清代中叶后更加严重。二是在量米时使用手脚，或使用踢斛法，以加大量米密度；或使用淋尖法，使量米高出斛面。两者都是为了达到浮收目的。关于踢斛、淋尖之弊，清人一再论及。道光元年江西道监察御史王家相奏：现在州县收漕有增无减，“而仓斛斛本大，又兼斛手之重，故加一斗者须加米二斗五升至于加六七斗者”。[②] 王氏所说“斛手之重”即指踢斛淋尖之类。三是兑收漕粮时对粮户进行刁难，以达到多收米石的目的。如嘉庆十二年御史纪产博奏：“民米到仓，虽洁净干圆，记书总嫌米丑……及再换米，刁难如故。退换数次，或愿六扣和七扣，而淋尖撒地踢斛抄盘，一石之米又去其半。”[③] 四是计算粮额时以零作整。据道光二年河南道孙贯一奏：州县征漕使用“将零作整”法多收米石，农民有地一亩以上，无论一亩一分或一亩一厘，升作二亩计；粮户完粮一升以上，无论一升一合或一升一勺，均作二升计。因此农民有以正供数升而实完粮数斗者。[④] 这是征漕浮收的一种变相形式。

漕粮浮收之重，就目前所见到的几条资料，按年加以排列：

乾隆五十五年，浙江嘉善县粮户陆某运交漕粮161石，该县书吏“仅给一百石九斗九升串票”。[⑤] 书吏侵蚀了60石。

嘉庆四年，州县征漕，“多有每石加至数斗及倍收者”，因此“所收米未至三分之一，本色已足”。[⑥]

---

① 清档，乾隆七年七月十九日，大学士徐水等题。

② 清档，道光元年六月十五日，江西道监察御史王家相奏。

③ 光绪《漕运全书》卷81。又董醇辑《议漕折钞》卷3，嘉庆二十一年，礼科给事中张源春:《奏漕务切弊疏》，所说略同。

④ 清档，道光二年九月二十七日，河南道孙贯一奏。道光二十八年八月十九日漕督杨殿邦所奏同。

⑤ 《清高宗实录》卷1354，乾隆五十五年五月丁亥。

⑥ 《清仁宗实录》卷40，嘉庆四年三月丁卯。

嘉庆四年，江苏宜兴县征漕，“竟有每石加至七八斗者”。[①]

道光元年，由于漕斛大，加以胥役斛量作弊，粮户“则二石完一石，在官吏已视为定额矣”。[②]

道光二年，山东河南二省征漕，有的正漕1石，粮户实交3石。[③]

道光十六年，江苏常州府属，正漕1石，粮户须交米2石。[④]

道光二十八年，董瀛山奏，粮户完漕，正米之外，“有大样米小样米尖米各名色，有九折八折七折各扣头，又有书差之茶饭钱串票钱各花项，约纳一石正粮而所费加倍”。[⑤]

道光二十九年，江苏浙江二省，粮户正漕1石需用米2~3石完纳。[⑥]

咸丰五年至六年，湖北正漕1石，连浮收合计为2~3石。[⑦]

浮收之弊，对漕政起着严重腐蚀破坏作用，于是大臣有禁革之议。据《太仓州志》，“道光二十六年为均漕之议，绅民一律均收，无大小户之别，漕规革除净尽，然浮收如故也”。所说：“漕规革除净尽”乃系美化之语，事实并非如此。又在道光初有八折之议，即正式承认浮收合法化，规定一个最高额，按八折计算，即实交米1.25石作正漕1石计。监察御史王家相提出反对意见，他说如果按八折收漕作为定制，州县官吏会把浮收视为当然，而且要在八折之外另加浮收，原来浮收六七斗的现在要浮收一石。[⑧] 总之，由乾隆至清代后期

---

① 《清仁宗实录》卷49，嘉庆四年七月丙子。

② 清档，道光元年六月十五日，江西道监察御史王家相奏。

③ 清档，道光二年九月，河南道御史孙贯一奏。又见《宣宗圣训》卷122，上谕。

④ 董醇辑《议漕折钞》卷18，道光十六年，江苏巡抚陈銮奏：《常州府收漕情形疏》。

⑤ 清档，道光二十六年九月，山西道御史朱昌颐奏。另据《浙西减漕纪略》，戴槃：《裁漕粮浮收疏》，同治初期，浙江民间加收耗米最多为8~9斗，连正米不及2石。

⑥ 《道咸同光奏议》卷27，胡林翼：《湘北漕弊拟办减漕密疏》，“其催收本色，每石浮收米或五六斗，或七八斗，或加倍收，竟有多至三石零者，此外又有耗米水脚等项”。

⑦ 光绪《太仓县志》卷6，《风俗》。

⑧ 《清朝经世文编》卷39，王家相：《敬陈八折收漕不可者十事疏》。又道光《东华录》卷3，《宣宗圣训》卷122。

一百多年间，漕粮浮收不但不能制止，而且日益加剧。

与浮收并行的，粮户又须花销各种使费，吏胥和斗级索要茶饭钱，粮仓胥役索要各项花费，又有口袋花红各种名目。如不满所欲，即以米质低劣为辞拒绝斛收，使粮户拖延时日难以完纳。农民远道而来，苦于资斧，等候无期，迫不得已，只好满足吏胥的要挟。[①]

粮户完漕，以上各种花费，以银两计，据江南巡抚马腾升奏：江苏苏、松、常等府州县，“计米一石，除赠耗外，杂费至二三两不止”。[②] 或谓“应纳银一两，必需费数两”。[③]

州县征收漕粮敲诈农民的再一种手法是勒折，即强迫农民以数倍折价交纳银钱。在清代，漕粮折征现象出现得很早，但早期折价不高，为害不大。清中叶以后不同了，折征事例增多，折价日益增高。因为地方所收银钱带有强制性，臣僚奏章一般被称为“勒折”。

由于征漕浮收，为勒折创造了条件。如王家相所奏：州县征漕，“每石加至数倍，所收米及三分之一，本色已足，则变而收折色”。[④] 据此，其余三分之二要令粮户完纳折色。州县为达到勒折目的，使了种种手法。如“铺仓”法，以苏州府属为例，嘉庆年间，“州县未到开仓，私嘱总漕，按数广籴，谓之铺仓，以为勒折之地”。[⑤] 如缩短收粮期限，使民户不及交纳而改交银两。据道光四年（1824）河南巡抚程祖洛奏，州县征漕，开仓三五日即行封仓，使粮户赶运不及能及时完纳的只有绅衿户和权势包揽户。[⑥] 又据光绪十年王邦玺奏：州县每

---

① 光绪《漕运全书》卷84，据嘉庆十四年上谕：民户完粮，“皆由官吏多勒措，有意刁难，以致民户守候需日，不得不听从出费”。

② 乾隆《漕运全书》卷12，《征纳兑运·历年成案》。

③ 乾隆《漕运全书》卷12，《征纳兑运·历年成案》。

④ 清档，道光元年六月十五日，江西道监察御史王家相奏。

⑤ 嘉庆《吴门补乘》卷1，《田赋》。

⑥ 清档，道光四年十月二十二日，河南巡抚程祖洛奏。

年只开仓二三日，“花户之强有力者争先交米……过此即行封仓，概行改折”。[①]“强有力者”指绅衿地主。

最酷暴的手法，是粮户运米到县，百般刁难，拒不收兑。乾隆五十二年彭绍升记述，苏州“去冬收漕，其米纳者拒之满街，迫令折价……农夫野老莫不忍泣吞声”。[②]是年湖南湘乡县粮户童高门运粮 10 石到县兑交，粮书“延搁不收”，童氏被迫以高价折交。[③]这类事例甚多。嘉庆十二年御史纪彦博奏：“民米到仓，虽洁净干圆，记书总嫌米丑，每使守候旬日，及再换米，刁难如故……折挫百方，必期勒令折价。”[④]道光元年王家相奏报：“小民不肯遽交折色，则稽留以花销其食用，呈验以狼藉其颗粒，使之不得不委曲听从”，改交银两。[⑤]道光二年孙贯一奏，州县征漕，民户如期运到，州县官吏故意挑剔搁压，不予兑收，最后仍勒令改纳折色。[⑥]

州县勒收折色的恶行，仅及于农民小户。据道光二十六年山西道监察御史朱昌颐奏，谓绅官及生监户皆收本色，独令农民完纳折色，结果所致，“于是小户并大户，弱户附强户，而包揽之风日炽。……州县虑有赔累，因将愚懦乡农勒折浮收，无所底止……近闻江浙民间愿以二三石完一石额漕，犹必勒令折色”。[⑦]

粮户完纳折色，支出要增加好几倍，下面列举几个事例。乾隆年间福建道御史胡文学奏：“应折银一两”之粮，“必需费数石”之米。[⑧]乾隆五十二年彭绍升论谓，苏州府属迫令粮户折交现银，“每米

① 《清朝经世文编》卷 37，王邦玺：《条陈丁漕利弊疏》。

② 嘉庆《吴门补乘》卷 1，《田赋》，彭绍升：《论纳粮银价》。

③ 《清高宗实录》卷 1359，乾隆五十五年七月丁未。

④ 光绪《漕运全书》卷 81。又《议漕折钞》卷 3，嘉庆二十一年，礼科给事中张源长：《奏漕务切弊疏》。略同。

⑤ 《清档》，道光元年六月十五日，江西道监察御史王家相奏。

⑥ 《清档》，道光二年九月二十七日，河南道御史孙贯一奏。

⑦ 《清档》，道光二十六年九月初九日，山西道御史朱昌颐奏。

⑧ 乾隆《漕运全书》卷 12，《福建道御史胡文学疏》。

一石银至四两”。[1] 这时每石稻米时价为银一两有余。前述湘乡县粮户童高门应交漕粮10石，粮书延不兑收。童氏只得折交现银47.5两“作米十石”。又交银之时，“每两须纹银一两三钱”。即须61.75两，每石该折银6.175两。[2] 乾隆五十三年，湖北荆门州应征漕粮，书役勒收折色，“这时每斗卖制钱一百文，交纳时要交八百文”；“又多出田单卡票，索诈常规钱文”。[3] 嘉庆十二年御史纪彦博奏：州县征漕勒收折价，“计市价好米每石二千文之时，折价则四五千文”。[4] 嘉庆二十五年，山东、河南二省每石粟米折收制钱4000多文，约两倍市价；至道光二年每石折收制钱6000～7000文，三倍市价。[5] 咸丰六年，河南涉县漕粮每石折收制钱9800文[6]，为市价的数倍。咸丰十一年，山东武定一带每石折收制钱20余千文或白银7～8两。[7] 湖北省某些州县，咸丰七年每石折收制钱或6千～7千文，或12千～13千文，有多至18千～19千文的。[8] 浙江某些县份同治元年（1862），漕粮每石折收5千～6千文，“逾迟则逾多”，每石所交折价约合当时米价2～3石。[9] 光绪十年王邦玺奏，州县征漕，每年只开仓二三日即行封仓，概收折色，“每石定价七八千，有多至十余千者”。[10] 所说“定价”系官定折价，已远较一般市价为高；勒折至“十余千”，当为市价的数倍。

州县征收漕粮，强令农户高价折交银钱，为时价的2～3倍乃至

① 嘉庆《吴门补乘》卷1，《田赋》，彭绍升：《论纳粮折银》。
② 《清高宗实录》卷1359，乾隆五十五年七月丁未。
③ 《清高宗实录》卷1300，乾隆五十三年三月戊辰。
④ 光绪《漕运全书》卷81。
⑤ 《清档》，道光二年九月二十七日，奏收漕余弊重请严禁仰祈圣鉴疏。
⑥ 《咸丰实录》卷210，咸丰六年十月。
⑦ 丁宝桢：《丁文诚公奏稿》卷1，《查复济阳县征收钱漕折》。
⑧ 《道咸同光奏议》卷27，咸丰七年，胡林翼：《谨陈湖北漕弊拟办减漕密疏》。
⑨ 《浙西减漕纪略》。戴槃：《裁漕粮浮收记》。
⑩ 《清朝经世文编》卷37，王邦玺《条陈丁漕利弊疏》，光绪十年。

4～5倍，荆门州事则高至8倍；州县向运丁兑粮时则以低价向市上购买，从中渔利。

勒折对民户造成的危害尤甚于浮收，这种情形当时戴槃曾经指出过，“收米浮，收折更浮”。道光二十六年，朱昌颐也曾经指出：江浙民户，宁愿用2～3石米完纳一石漕粮，也不愿交纳折色银两。[①] 至咸、同之际，浙江完漕民户，原先完本色米之户不肯改完折色，于是州县规定：原先已改完折色之户不准再恢复完米，已改完折色民户有数十年欲改交本色而不可得者。[②]

如前所述，州县征漕，地方绅衿包揽渔利，索取漕规；州县官吏为满足个人贪壑和贿赂上司，则设法浮收勒折，从而大大加重了一般民户的负担。有的农户甚至将所有山地、坟墓、住宅占地也列入田亩册，一并纳粮。农民小户在重税压迫下，有的被迫投靠绅衿大户受其包揽。被包揽的小户，对包揽的绅衿大户要支付一定贡献，诸如样米、扣头、茶饭费、串票钱等，不一而足。[③]

由于以上诸弊端，大大加重了农民漕赋负担，他们对州县官吏和地方绅衿遂深致不满。以对绅衿而论，据《太仓直隶州志》，由于彼等依势包揽转嫁，损害粮户，“小民则吞声饮恨而已”。[④] 如胡林翼所奏：“有刁生劣监，包揽完纳，其零星取于小民者重，整交于官者微，民谓之蝗虫。”[⑤] 如金应麟所奏，农民给绅衿地主加上各种丑化称号，诸如“绅棍、衿匪、米虫、谷贼、破鞋党、大帽子、稻草索、大张嘴、鱼鲠骨、鬼见愁、水浸牛皮、油泡砒霜、刮地无常、分配太岁等名目”。[⑥] 由以上种种，反映出广大农民对绅衿地主以及地方官吏的激愤。

① 《清档》，道光二十六年九月，山西道御史朱昌颐奏。
② 《浙西减漕纪略》。戴槃：《征收漕粮改折本色纪》。
③ 光绪《漕运全书》卷85。
④ 光绪《太仓直隶州志》卷6，《风俗》。
⑤ 《道咸同光奏议》卷27，胡林翼：《湖北漕弊拟办减漕密疏》。
⑥ 《清档》，道光十九年六月十三日，鸿胪寺卿金应麟奏。

第五节　漕粮的缺失霉变

一　漕粮的掺和与缺失

运丁为应付各处漕运官吏的贪索，除向兑粮州县索要帮费外，有的并盗窃所运漕浪。关于运丁盗卖漕粮事。在吏治整肃的雍正朝也未能禁绝，据雍正二年上谕，运丁已有因官弁剥削经费不够开支而盗卖漕粮的。乾隆二十二年，常州运白粮的帮船发生盗卖漕粮事，四船共出卖 160 包，合米 120 石。[①] 嘉庆以后更加严重，嘉庆五年，兴武三帮漕船亏米 1300 石。道光十三年，漕运总督恩铭奏："本年各帮到通亏折米石，盈千累万，更为向来所无。"[②] 恩铭所说亏折即系运丁盗卖。是年运抵通州的漕粮亏折而无法买补的即达 36000 多石。[③]

运丁盗卖漕粮，则用掺和方法弥补。一是掺和杂物，如沙土、石灰、糠秕、米屑之类；二是将发胀药品拌入米中，使米的体积胀大，如五虎、下西川、九龙散等药物；三是渗水使体积增大，此种掺和法最为普遍。运丁这种盗窃掺和法主要发生在嘉庆以后，兹将见于《漕运全书》者列表如表 9－1 所示。

表 9－1　漕粮掺杂潮湿示例

年　　份	漕 船 帮 别	掺和米数(石)	掺和情形	备　　注
嘉庆五年	兴武五帮、六帮	800⁺	灰暗黑腐掺杂	
六年	苏州白粮帮	13000⁺	—	
九年	淮安头帮	1000⁺	灰黑掺杂	

① 清档，乾隆二十二年十一月，大学士郑弥达题。

② 董醇辑《议漕折钞》卷 6，道光十三年，漕运总督恩铭：《禁旗丁折色折》。

③ 董醇辑《议漕折钞》卷 6，道光十四年，御史李儒郊：《请杜回漕积弊疏》。

续表

年　份	漕船帮别	掺和米数(石)	掺和情形	备　注
十四年	江淮三帮、六帮	20000⁺	潮湿霉变	系所运溧阳县米
	江南常州白粮帮	—	掺杂灰土、颗粒细粹掺和糠土	由领运守备等照数赔交
十五年	江南金山、江淮两帮	8500⁺	有黑丁	先开放
	兴武四帮	12400⁺	掺杂黑丁	先开放
	长淮四帮	—	掺和霉变	由运丁赔交
十七年	兴武六帮	2408	掺杂黑丁	先搭放
	江淮五帮	2092	掺杂黑丁	先搭放
	浙江湖州白帮	—	掺和、扇飏过后，白米一石仅得八成半至九成	
二十二年	凤阳常州帮	2000⁺	夹杂、潮湿	
	凤阳常州帮	4000	夹杂、潮湿、碎米	江苏宜兴、荆溪二县漕粮
二十三年	兴武头帮	—	掺杂霉变	
道光二年	江南庐州等四帮	—	潮湿	
	凤中常帮	—	潮湿	
四年	河南徐河前后两帮	17000⁺	掺杂、潮湿	
	河南徐河前后两帮	17000⁺	黑豆、掺杂、潮湿	
六年	浙江漕粮	—	有不堪受兑之米	晒飏
	浙江漕粮	—	有不堪受兑之米	晒飏
七年	凤阳常州帮	244	潮湿	
八年	浙江漕粮	16144	筛出碎米稻谷	令县帮分赔
二十九年	头进尾帮	800⁺	潮湿、掺和	经纪交刑部议处
咸丰元年	扬州二帮	—	潮湿、掺和	经纪舞弊、凡30余船

资料来源：光绪《漕运全书》卷36、卷58、卷82。

表9-1所列系在运途及在通州入仓时被查出的。其经运丁花钱行贿蒙混入仓的次数更多，掺和潮湿米额也更多。

漕粮运抵通州，先下石土两坝，一俟仓场查验完毕，经手各衙书吏、各仓花户、通州经纪等每再次串通舞弊，进行掺和。[①] 运贮通州仓的漕粮，仓场监督以既经验收，自己又曾从中得到一些好处，明知米色不符也不验驳。运贮京仓的漕粮，经过大通桥进行抽查之后，仓场监督以同样的原因蒙混兑收。大通桥监督所用抽查人员仍系原来坐粮厅共同舞弊的官吏，如道光间御史朱成烈所奏："系铃盗铃，统归一人。"[②] 重重舞弊遂难发觉。

漕粮运抵通州，交由经纪和车户分别转运京仓和通州仓。经纪系经船运，车户系经陆运。经纪运米经船入仓，每运米一石准折耗二升，谓之"挚欠"；如超过二升，谓之"逾额挚欠"。车户运米经车入仓，每米一石准"挚欠"二升五合，超过二升五合，亦谓之"逾额挚欠"。一般"挚欠"准作报销，"逾额挚欠"须负责赔偿。经纪每事先串通运丁，将例准"挚欠"米石事先廉卖给运丁，运丁即借此弥补缺额。车户当也不例外。此外经纪、车户在转运米石时还在中途偷盗，一如运丁。因此经纪和车户"逾额挚欠"米石日增，尤其是嘉庆以后，动辄万石，表9-2是"逾额挚欠"的一些事例。

表9-2　漕粮经纪、车户逾额挚欠事例

年　　份	挚　欠　人	逾额挚欠数	
		米(石)	折　银(两)
嘉庆十四年	大通桥车户	10300	17000+
十六年	大通桥车户	9600	16000+

① 《江苏海运全案原编》卷1，道光二十四年，仓场侍郎德诚奏收海运粮米杜绝诸弊章程："查剥船抵通，竟有米原干洁，验后使水……"

② 董醇辑《议漕折钞》卷7，道光十六年，御史朱成烈奏陈管见事。

续表

年　　份	掣欠人	逾额掣欠数	
		米(石)	折　银(两)
道光四年	大通桥车户	5460	9005
十八年	经纪	59040	228093
咸丰三年	车户	770	3313
四年	经纪	40047	—
七年	车户	34400	—
同治元年	经纪和车户	300000 +	—
二年	经纪和车户	100000 +	—

资料来源：光绪《漕运全书》卷36、卷58、卷82。

表9－2所列只是经纪和车户“逾额掣欠”的少数事例，很多掣欠没有记载下来，如嘉庆十三年（1808）、道光二年（1823）、咸丰八年（1858）皆有关于“逾额掣欠”的记载，唯米额不详，均未入表。

道光年间，由于经纪和车户逾额掣欠漕额过多，道光二十九年遂制定规程，提高掣欠粮米折价借资预防。此前逾额掣欠米石，每石按银1.65两折赔，低于当时京师的市场价格，是年提高按每石作价银4.35两折赔。这种措施在当时曾经收到一些功效。但咸丰后期至同治间，逾额掣欠之弊又趋严重，由咸丰七年至同治二年（1863）前后七年间，每年运漕总额正耗约为400万石，逾额掣欠达40多万石，掣欠率高达10%。

二　漕粮霉变

漕粮发生霉变有两种情形：一是漕船抵淮安时发生霉变；二是漕粮在通州起卸后发生霉变。

漕粮抵通入仓前发生霉变，关于霉变责任每向上追溯，甚至令兑粮州县也负包赔责任。这时州县征漕，绅衿大户每依势掗交低潮劣米，一般粮户则通过行贿以潮湿米石交纳。运丁兑米上船之时虽十分注意米质优劣，但在索取州县大量帮费的条件下也每行变通，因此漕米刚一兑上漕船已不干洁。这种情弊清朝统治者也是清楚的，如嘉庆十四年（1809）仁宗上谕说："今［漕船］甫经开行到淮盘验之时，即托称阴雨连绵，致有潮湿，明系地方官于收米之时，或因索受粮户钱文，听其将丑米交纳；或勒措粮户多收折色，买不堪之米交旗丁。而旗丁又得受地方官帮贴钱文，每不论米色高低概行兑收。其弊不在粮户，而在州县旗丁。"

以上所谈是指在苏北淮安查验时的情形，表9－3是有关漕船过淮尤其抵通时漕米霉变的一些事例。

表9－3　漕船过淮抵通漕粮霉变事例

年　份	漕船帮别	霉变米数（石）	霉变情形	备　注
嘉庆四年	江西永建帮	8610	在淮验出	
五年	兴武五帮、六帮	800+	霉变	
	兴武三帮	540+	黑腐	
	兴武五帮	—	到通霉变	县帮六四分赔
嘉庆六年	永建帮	—	到通霉变	三年搭解
九年	台州后帮	—	到通霉变	驳回之米，复搀入漕粮至坝，加等议处
十四年	江南淮安等五帮	56000	到通霉变	
	杭州、台州等帮	—	灰暗霉变	令该船装回买赔
	江淮三帮、六帮	20000+	到淮霉变	县、帮、粮道、漕运总督、巡抚分赔
十五年	兴武七帮	4800+	到通霉坏	
	长淮四帮		到淮掺和霉变	运丁赔交
十六年	浙江帮船	100000+	到淮灰嫩霉黯	县帮分赔
十七年	江南太仓前等帮	—	霉变	
	兴武六帮	—	米色灰暗	

续表

年　份	漕船帮别	霉变米数（石）	霉变情形	备　注
十七年	浙江台前等帮	—	到通米质灰嫩	七成收贮，三成赔交
	镇海前帮	13000	到通米色灰暗	先搭放
	苏、松两属	—	到通灰暗数千石	权宜搭放
道光五年	绍兴后帮、杭州三帮	—	到通霉变	令三成带交

资料来源：光绪《漕运全书》卷36、卷58、卷82。

有的漕粮是在通州起卸后发生霉变的。过淮抵通时漕粮霉变，主要是运途中发生的问题。在通州起卸后发生霉变，主要是负责运米的经纪和车户勾结漕务官吏使水舞弊所致，因此每令经纪与车户包赔。表9－4是在通州起卸后漕粮霉变的几个事例。

表9－4　漕粮在通州起卸后霉变

年　份	潮湿霉变地区	潮湿霉变米数（石）	潮湿霉变情形	备　注
嘉庆十年六月	通州大通桥	—	遇雨沾湿	令坐粮厅、经纪四六分赔
	通州仓	52000^{+}	存米受潮	先搭放
十一年	通州	—	霉变	令坐粮厅、经纪四六分赔
二十年	大通桥存贮号房之米	—	霉变	令车户赔补
道光元年	石坝里河运京漕粮	650	霉变发块	令经纪赔补
二年六月	盘坝过闸运到大通桥米	63（斛）	被雨不堪受兑	令经纪赔补
三年八月	—	40300	被雨淋湿	令经纪、车户赔补，每石折银1.4两
三年六月	—	1596	筛飏湿米	令经纪赔补，每石折银1.4两
五年十一月	石坝里河拨船运京米	125（斛）	被雨发块	令经纪折赔

资料来源：光绪《漕运全书》卷36、卷58。

以上是漕粮在未贮入通州仓、北京仓以前发现的霉变事例。其蒙混入仓后发生霉变者更多，京通仓贮粮霉变亏折之巨骇人听闻。如旧太仓居字、盛字二廒，咸丰九年，米石霉变占20%，凡4576石，又亏折若干石。[①]

清廷为防止漕粮掺和与霉变，制定严厉的禁令，犯者运丁发配为奴，官吏革职追赔。惩罚尽管很重，但清代中叶后，以吏治贪污，收效甚微。

总之，阅清代中叶后，尤其是嘉庆、道光数十年间，是官吏贪污加剧了漕运体制内部矛盾，清代后期而愈甚。

附一

清道光前对漕政的整顿

一　雍正朝整顿漕政的成就

清代中叶以前，漕运改制尚未提到日程上来，则针对漕政存在的问题，着重于整顿。

在清代，办理漕政是肥缺，和贪污结了不解之缘。从漕粮的征收起运到交仓，几乎无处无弊，漕运之费变成税户和运丁的一种沉重负担，以致漕粮运到京、通，缺额累累，潮湿霉变。针对上述情弊，清朝臣僚累次提出整顿建议。据我们接触到的史料，较早的一次是顺治十一年（1654）漕运总督蔡世英请罢长运制改行转运制的建议。他着重于运输及交仓之弊，他说：“臣建此议，自揣不大拂乎人心，独是内外管粮衙门之臣蠹；以及京、通二仓之积棍，数百年来寝食于此。疲军积弁者，一旦改为官运官交，尽翻其窟穴，而破

① 《清文宗实录》卷275，咸丰九年二月。

其奸贪，定倡为奸论危害，朦胧作梗。臣不惮以身府怨，惟望皇上与在廷诸王大臣屹然如山，而不令其摇夺，是则臣之幸，亦国计民生之幸也”。[①]

蔡世英之后，还有一些关于整顿漕务以除积弊的建议，但都没有收到什么功效。只有雍正朝的整顿收到了较好的效果。

雍正二年（1724）的整顿是从漕粮征收着手的。一是严禁州县征漕贪污舞弊，州县官吏再不准借“盈余”名色加收斛面，犯者从重治罪；经收吏胥有侵盗漕粮者以“监守自盗律治罪”，有此种情弊，州县官照溺职律惩处。[②] 二是革除“儒户”“官户”名目，官绅户有依势抗欠和掗交劣米者严加惩处。同时严禁各处漕官舞弊及对运丁的贪索等。是年颁发一道整顿漕务的指令：

> 朕惟漕运关系重大，经费本无不敷，而运丁恣行不法者，皆由官弁剥削所致。如开兑之时，粮道发给钱粮任意克扣，而签丁之都司，监兑之通判，又多诛求。及至启行，沿途武弁借催粮为名，百计需索。又过淮盘查私货，徒滋扰累。运丁不能支，因而盗卖漕粮，偷窃为匪。嗣后各督抚不时查案，如有仍前需索等弊，立即指参从重治罪。庶运丁渐有起色，保守身家，凛遵约束。禁官吏之侵剥，即所以戢旗丁之刁悍。[③]

清代漕政病源：一是现任官吏；二是地方绅衿。这两种人都把征漕视为利薮，从中贪婪。雍正朝的整顿政策措施正是从漕务病源方面着手的，所以收到一定功效，如袁栋所记：

---

① 《清朝经世文编》卷47，蔡世英：《请罢长运复转运疏》。

② 各州县向民户收漕率多取升合，故州县兑交运丁之时每有盈余，政府令将该项盈余为修理仓廒赈济之需。州县官吏即借此名义向粮户额外勒索。

③ 光绪《漕运全书》卷85。

吾吴漕运……日久奸胥作弊，勒索漕规，米石有止完八九斗者。雍正中，苏松粮道冯景夏力除其弊，定以正供之外每石加制钱五十四文，半为漕卒之脚耗，半为胥役之食费。水次远者再加挑钱五文。后遵行之。前弊未绝之时，民间固已多费，而吏胥作奸不已，侵欺正供，遂尔流充之罪不绝。自后吏胥无权，仅守民规，乃无滥志；反得晏然矣。故曰宽以济猛，猛以济宽也。

由袁栋所论反映出来，雍正以前，吏胥贪索，侵欺正供；地方绅衿，依势短欠，石米“止完八、九斗”；一般民户，漕粮负担沉重。雍正改革，在一定程度上杜绝了漕弊，农民负担大为轻减。乾隆中叶后，吏治松弛，漕政又趋腐败。这时各处漕务衙门向运丁勒索陋规，运丁则转而向兑粮州县增索帮费，乃至为支付各衙门贪索陋规而盗卖漕粮。为杜绝漕弊，乾隆十七年（1752），裁革各处陋规五十七款，并令漕运总督于沿途重要地带镌石立碑，严禁各处官吏勒索运丁。从以后事实反映出来，乾隆革弊的政策措施远不如雍正朝，没有收到多大功效。整顿失败原因，关键是吏治腐败，各处漕官对朝廷指令置若罔闻。

二　嘉庆、道光朝对漕政的整顿与失败

嘉庆年间漕政日益败坏，从各处漕务衙门陋规的增加及漕粮的短欠、掺和、霉变情形等方面反映得十分清楚。嘉庆五年（1800）三月丙辰上谕说：

因思总漕专司漕务，发审未结事件即有六百六十余案之多。地方有司词讼纷繁，其历年积压者更不知凡几。州县惟以逢迎上司为急务，遂置公事于不问。视陋规为常例，以缺分美恶为得项多寡，总思满载而归，视民生如膜外，而督抚司道等亦止知收受

属员规礼，并不随时督察上紧严催。而吏胥等又利于案悬不结，可以两造恣其需索，以致拖累多人，日久积尘，上下相蒙。其弊已非一日，此朕所深悉者。①

把嘉庆上谕和前述雍正上谕加以比较，有一个很大区别。从雍正上谕看，这时漕政上的私弊主要是地方绅衿抗欠和沿运漕务官吏的勒索，尤其是下层吏胥的贪污。从嘉庆上谕看，各级高级官吏，诸如督抚司道等官，也都收受规礼，参与了贪污活动；漕政日益腐败，有关漕务案件久而不决，严重影响漕运制度和京、通粮储，嘉庆四年至五年，清朝遂又发动一次整漕措施。

嘉庆整漕措施从两方面着手：一是勒令各级漕务衙门对积压案件速加清理；二是革除漕务陋规。这次整漕先从江西、安徽、江苏、山东等省开始，接着清理湖北、湖南两省漕务，计涉及裁革州县兑粮帮费及沿运陋规各十款数十款不等，裁革帮费陋规银额如表9－5所示。

表9－5　嘉庆四年至五年各省按船裁减兑粮帮费及沿运陋规银

省　别	裁革帮费银(两)	裁革陋规银(两)
江　西	40～70	500～700
安　徽	200⁺	105
江　苏	230～280	230
山　东	128	—
湖　北	40～50	58
湖　南	—	150

上表所列系根据各省督、抚查报。经过这次清查裁革，清廷接着发布一道命令："自此次清厘之后，凡有漕省份，督抚及总漕仓场等，务当实力稽查，督率办理。如敢仍蹈前辙，准旗丁据实控告，必当按

① 嘉庆《东华录》卷9，嘉庆五年三月丙辰。

律计赃论罪，决不宽贷。”①

由表9－5，江西省按船裁革各种陋规银500～700两，湖南按船裁革陋规银150两，两者如此悬殊，说明各省督、抚的奏报是不真实的，有的奏报把陋规银额缩小了。

这时各级漕务官吏，由于致力于贪婪陋规使费，对上级命令虚事敷衍，因此这次整顿连暂时的功能都未能收到。此后不过数年，陋规和帮费迅速增加。各省督、抚得到规银之后，对其下级衙门陋规以及州县征漕时浮收勒折都避而不谈，只在如何提溜打闸、费用浩繁、运丁苦累、增给帮费等问题上大做文章，敷衍奏报。② 至嘉庆十四年，太常寺少卿马履泰才进一步把黑幕揭穿，他将各处官吏如何勒索运丁及陋规数目列举十九款上奏。于是政府又进行一次厘清工作。

这次整顿措施注意到从清除贪污着手了。湖广总督汪志伊、御史程国仁等人上疏指陈漕政弊源在于官吏贪污，若想整顿，第一步必须革除沿运各衙门官吏对运丁的勒索。清帝于是又一次颁布整顿漕政的指示：

> 近日有漕省份督抚指陈漕弊，无非称旗丁提溜打闸费用繁多，其所谓设法调剂者无非多给兑费。殊不知弊端之大、费用之广，总由粮道之克扣于先，员弁之需索于后。至提溜打闸等项未尝不稍有所费，而丁力之不足实在此而不在彼也。旗丁等花费既多，复隐有自肥之计，一遇交兑之际藉端讹索……而州县官既为旗丁所苦，复藉旗丁为名，当征收之时多方浮折，其实在受累者惟花户而已。是则恤民之道全在恤丁，而裁弊之源必须裁费。前

① 光绪《漕运全书》卷85。

② 光绪《漕运全书》卷85，嘉庆十四年上谕：“近年漕务之弊，各省督抚皆以旗丁苦累需索州县帮费为词，追究其苦累之因，则惟称旗丁等于提溜打闸以及沿途拨浅等事，路费不敷；事难裁减，而于此外概未论及。”

经屡降谕旨，将各衙门需索款项，并粮道克扣旧习，一切禁革净尽。仍交该督抚严查密访。若再有隐蹈前辙者，务当据实纠参，从重治罪。使旗丁刁悍之习不戢自除，州县苛敛之风不禁自止，漕运庶日有起色也。①

这次整顿涉及兑收、运输，裁革陋规帮费、漕粮贮存等问题，对京通各仓廒彻加清理，委派大臣侍卫等官分班盘验，查出亏缺米石甚多，计嘉庆三年至十四年前后 11 年之间，通州中、西仓共亏白米 130000 石有奇，私出黑档米 9000 石有奇；又霉烂漕粮 90000 石有奇，并查出仓廒短收、浮出以及偷盗等案。为此将嘉庆三年以后历届仓场侍郎按年月久暂及弊端轻重分别议处，除宜兴傅森、刘秉恬均已病故外，达庆、蒋予蒲先已黜革，邹炳泰、赓音托津、萨彬、吴傲、李锡简等人均严加惩处。② 从高级官吏惩处之众多，足征京、通漕仓舞弊之严重。到嘉庆朝后期，漕政更加败坏。道光年间，清廷鉴于漕政贪污积习过深，各种陋规帮费无法根除，乃改行限制措施。据道光元年上谕：

旗丁帮费准其津贴三钱四钱，不得有逾四钱之数。其从前调剂钱米之兑费、加兑、封尖、样米各名目，俱永远裁革。沿途陋规总须照旧存之数实加删减，至少亦须裁去十分之三四。州县收漕，每石余米二斗五升，无分绅士农民，概以八折交收，此外不得浮收颗粒。此缘积弊已深，一时不能骤革，不得已且示以限制。③

---

① 光绪《漕运全书》卷 85。

② 嘉庆《东华录》27，嘉庆十四年六月乙未谕。

③ 光绪《漕运全书》卷 85。

由道光上谕，允许州县征漕浮收，每石以增收米 2.5 斗为限；承认运丁向兑粮州县索取帮费，每船如以载米 1000 石计，可得帮费银 400 两。并令先从江苏、江西二省着手减裁，陋规帮费各减一半。并定州县征漕禁止绅衿包揽挜交，革除沿运各闸、坝刁横夫头，规定各处关缆人夫用费，并将整顿规程刊刻木榜通行晓谕。其实到道光年间，在吏治贪污漕政败坏的条件下，这类规定也只是例行公事，收效甚微。

道光六年至七年（1826～1827），漕运总督讷尔经额、江苏巡抚陶澍都曾致力整顿漕政。陶澍注意从征收方面着手，对绅衿的包揽和吃漕规情弊一度严厉禁革。讷尔经额则从禁革漕务官吏勒索运丁使费方面着手，他说："漕船帮丁，欲不使其多取，必不先令其多用"。二人的整顿虽然都抓住要害，但官吏贪索积习已成，付诸实践是相当困难的。

道光中后期，漕弊日深。道光十九年，清廷为此下令各省督抚体察各地漕务情弊加以变通整理，在诸督抚中以两广总督林则徐覆奏最称详尽，上"正本清源""补偏救弊"之策。他的"正本清源"主要是建议改革漕制，在漕粮征收方面他建议改用"县督帮收"之法，就粮船为仓廒，粮户将应交额漕直接向帮船兑交，运丁和粮户亲相授受，州县官吏从旁监督，使用这种办法革除州县官吏的染指勒索。州县既不浮收，则理直气壮，地方绅衿包揽挜交及吃漕规之弊可以革除，运丁也无从需索帮费。同时酌减闸坝关缆费，裁革漕委人数，以减少运丁开支。他的"补偏救弊"主要是禁绝贪污。在州县方面：一是革除大小户的差别和影射拖欠；二是裁抑乡里经造的把持舞弊；三是杜绝地方绅衿勒索漕规和对应完漕粮的逃避抗延；四是稽查漕务官吏的婪索侵盗；五是严截票以绝预亏；六是清漕尾以实库贮。在帮船方面：一是限令冬兑以符攒限，预防运丁故意延迟向兑粮州县索取帮费；二是固定帮费数额以防运丁任意勒索；三是加一免雇及轮减存次之船不得混索帮费；四是运丁行粮月粮禁止折干以防亏蚀正粮；五是严禁水手勒加身工以减轻运丁开支；六是兑收漕粮以帮为单位，不使跨兑数县致延时日。① 林氏建议既切实又具体，如能付诸实践是能收到实效的。但腐朽的政治体制阻碍了建议的实现。

道光后期，伴随政治腐败、漕官贪污，运丁向兑粮州县索取之帮费有加无已。州县官转索之粮户，农民无力支撑，动辄抗粮抗漕。地方政府则以报灾减征的手法连年上报，结果起运到京通的漕粮日少，京师粮储空虚。道光二十八年，清廷再次下令整饬。② 这时主要是从减轻粮户负担着手，其法则是令各省酌减帮费，如浙江省嘉兴府帮费减收 30%，杭州、湖州二府帮费减收 20%，规定每船在兑粮州县所取帮费银最多不得超过 400 两。国家的目的是想通过减少帮费多起运漕粮。再一种办法是对起运征收额进行考核，本省本年额征漕粮若干石，缓征若干石，拖欠若干石，实征若干石，令逐一奏明，并令将上三届起运缓缺情形一并上奏，借资比较。道光朝整顿漕政的政策措施，最后也以失败而告终。

附二

清档原件

一　鸿胪寺卿金应麟奏请清除漕务积弊折

道光十九年六月十三日鸿胪寺卿臣金应麟跪奏：

---

① 林则徐：《林文忠公政书·使粤奏稿》卷 8，《遵旨体察漕务情形通盘筹划折》。

② 光绪《漕运全书》卷 85，道光二十八年上谕："本年征收漕粮，只准循照旧章，不准丝毫增益。兼须剀谕旗丁，不得需索州县，该州县等禁其取之于民，何能为尔辈鱼肉。其在漕运河道总督，又应严禁委员闸盲巡漕等员，告以旗丁既无取利，该员等如敢诈取分毫，准旗丁立即喊诉惩办；其有藉端需索暨勒不放闸等弊，从严治罪。至于仓场侍郎，尤应饬令坐粮厅洁己奉公，禁止收受漕规。并严查经纪人等勒索旗丁财物，旗丁不取之于州县，何能为经纪等所挟持。"

为敬陈漕政弊端请旨饬禁事，窃维漕粮为维正之供，日久弊生，江南尤甚，有亟宜厘剔整饬者为我皇上陈之。

一、大户包揽及漕规宜禁也。江苏大户包揽乡民漕粮代为完纳，往往将小户列入己身名下，恃符把持，甚或指为公产，如苏州之范氏义庄，松江之张氏义庄，以及大姓祠田祭产，本属绅民善举，而若辈缘以为奸，藉词影射，挟制官长，希图减少；更有向州县讹索漕规，如吴江谓之倒八折，江阴谓之白规，或一人而幻作数名，或一人而盘踞数县，动以数百数千计，不满所欲，则挟嫌诬告，并私将素日安分守己之人牵连列名上控。乡俗所称如绅棍、衿匪、米虫、谷贼、破靴党、大帽子、大张嘴、鱼鲠骨、鬼见愁、水浸牛皮、油泡砒霜、刮地无常、分肥太岁等名目，实为地方之害，不可不严行拿禁。

一、州县苛索小户宜禁也。苏省小户，智者将田附入大户，愚者将田献之绅宦，其名下有田者非乡居住户，即负贩小民，大受州县之累。故浙东之田谓之富字底，以田多为富，而富字之形田在下也。苏省之田谓之累字头，以赋重为累，而累字之形田在上也。大户日多，而小户日少，州县于小户完粮勒索苛派无所不至，甚且将坟山住屋菜地一并入田册，任意加增，此等积习宜早饬禁。

一、漕总等名目宜禁也。苏省各州县向有漕总包办漕务，承认交米若干，折钱若干；本官恃为熟手，或令一人永远承充，或令一家先后接顶。[彼等] 潜布党羽，加折多收，市买坏米搀和交仓，串通幕友官亲门印家丁，飞米偷粮，无弊不作。甚或将已交官粮侵蚀肥己，以完作欠，不掣串票，列入漕尾，历任辗转交代，日久遂成亏空。至于四乡催漕差役，有地总、里总、图差、庄差、粮差等名色，其包揽折收，与漕总同为官民之蠹；设不交伊完纳，则以抗粮违欠指名禀官提比，小民畏受扰累，不得不交伊代完。迨经本官发觉，上司访查，绅民举告，该书役等则以办漕赔累为词，纷纷告退，暗中霸占把持，不令他人承当。纵或有人愿充，然非其亲戚，即其党类，狼狈为奸，最为可恶，是宜早为惩治。

一、米店砻坊居奇宜禁也。乡间小民应完零趸粮米，既难以斗斛计，米色亦未能纯一，小民恐赴仓交纳挑剔需索，且距仓较远，各村镇因往返跋涉，负担维艰，不得不聚同村阖族诸户统交砻坊米店，代为完纳。州县官因该坊店均系殷实之家，既可责令一律交纳好米，且民间乐于从事，揆情酌理，似为两便。无如市井不肖之徒，垄断居奇，或上三折七，或上四折六，所谓上三上四者，每一百石上米三十石四十石，其余概行折钱，每石折制钱九千至十一二千不等。至所上之米每石亦复倍至二三石之多，串同书役家丁人等，朋比分肥，并为浮勒之倡。更有短交拖欠先给串票，州县亦受其累。以正大漕粮为市侩营私图利之计，此不可不严禁也。

一、尖丁等需索宜禁也。帮船正副丁之外，复有尖丁，一帮之行止视头船为向背，而头船之受兑开行与否，尖丁实操其进退之权，肆意挑剔，勒索帮费，一帮竟至数十万之多，其少者亦以十万八万计。尖丁而外，更有尖上尖名色，尤系刁恶枭徒，与漕总通同一气，暗中挑唆播弄，坐享其利。迨至已满所欲，则又面面说项调停息事，帮丁固任其主使，州县亦受其欺蒙，即有精明强干之员，亦束手坐视而莫可如何较尖丁之出场露面者，尤为机械变诈，是宜访查究办。

一、漕米沿途抛洒偷窃宜查禁也。漕米收贮船底，暑气熏灼，见风恒易霉烂，宜待蒸变后再加筛晾，则气头熬底，抵通交纳，仍可不致亏短。然行抵山东、直隶一带，或遇水浅必须起剥，正当夏令暑热之时，一经簸扬，易滋污蠹，上年首进南粮米多发块，即其明证。且漕米起剥，用席片苫盖封钉，以杜偷漏，第船户皆无业贫民，往往乘间将船板凿孔，用竹筒灌米藏贮米底，深夜潜行取出，名曰“下蛋”。甚或包载土娼作为家眷，勾引水手盗卖米石。至于抛洒折耗，更不待言。此等弊端，皆有一定地方积惯猾蠹为之主谋，所当严拿究治也。

一、漕项钱粮处分宜认真也。查苏、松、常、镇、太五府州岁征漕项及耗羡银六十余万两解交道库，以备给发帮丁领用脚费及轻赍银两、杨村剥船价茶果银等用，连年征解不及十分之五六，统计每年不过三十余万两，每届出运时不敷支放，该道驻苏守催，巡抚委员分提，经旬累月，屡催罔应，以致粮道藉词闲住数月，不能催趱漕船。推原其故，漕项复参处分多系降革，然届限满已有四年之久，其中因升调及有故离任者，仅止罚俸一年完结，以故积习相沿，漫无顾忌，江苏如此，各省恐亦皆然。应令各督抚随时查参，停其升调，使粮道无可藉口，而漕船可以速行矣。

以上各条皆臣闻见所及，相应请旨饬交有漕督抚及漕督等一体访究，实力稽查，破除情面，力加整饬，官则从严参劾，蠹则加等重惩，务使漕政肃清，转输咸利，以节浮费，而安民业，伏乞皇上圣鉴，谨奏。

二　山西道监察御史朱昌颐奏陈清除漕务积弊折

道光二十六年九月初九日山西道监察御史朱昌颐奏：

为谨陈漕务积弊，请旨严行禁革以苏民困而裕仓储事。窃查南漕定额四百数十万石，现当南方连岁丰收，如果各省粮数如额运通，岁额支放外足可有余，乃近年江，浙漕额最多之州县每有展缓，以致南粮入仓之数不过三百数十万，照定额几悬七八十万至百余万，递年短少，毋怪仓储之渐绌也。夫遇丰收而州县转请展缓者，则以费用繁重之故耳。小民之所有者米也，州县之所费者银也，银愈贵则米愈贱，以数石之米仅易数两之银。州县取之于民，弁丁取之于州县，部书仓役又取之于弁丁，层层需索无非闾里之脂膏。于是狡者包揽悍者抗违，更有刁猾串通胥吏捏报灾分，地方官恐其滋事不得不预请展缓，督抚亦以敷衍。目前为计不得不据详入告。皇上轸念民生，无不恩膏立沛，岂知额数虽减，而民间所纳实倍于向时未减之数，是江、浙频岁减漕有损于国，无益于民，而官又惴惴焉视若畏途，皆徒饱内外奸蠹之囊橐而已矣。若不严加禁革，恐数年间民力难堪，将贻患不独漕务也。臣谨就其积弊所在酌拟应裁者三条，恭呈御览。

一、仓储诸费应裁也。臣闻向年抵通漕米，每船不过交费数两或七八两。近则逐渐加增每船数十两或数百两不等，节年以来，船虽开行，如运员旗丁银米［不能］措齐，必将船沿路耽延，须俟银到方敢抵通；甚有船已到而运员尚未能到。迭经仓场侍郎以迟误奏参者，职此之故。臣以为迟误固应参处，而需索尤必严惩。查军粮经纪例定一百名，白粮经纪例定二十五名，原于定额外不准闲人掺杂。风闻经纪以盈字一号为首，每次坐粮所点充盈字一之役所费钜万，若非能肆意婪索，何以肯花费如许之多。且盈字一之经纪名下所用数千百人。推之一百二十五名，所用闲役不知凡几。而过坝之车户，入仓之花户，俱可概见矣。臣思此等人役原资以办公，但人数过多则索费愈重，莫若将人役量予删除，或可易于防范。应请敕下仓场侍郎督同坐粮所，将一百二十五名经纪酌裁数十名，闲杂者量为驱逐，即将盈字一名目革除以杜把持之弊。其平日需索帮船规费，确实查明，请旨禁革，并议定章程具奏，颁发有漕省份晓谕遵行。嗣后帮船抵通如敢仍前需索，许弁丁赴部院控办。至收验运仓事宜本系仓场专责，户部云南司祇须查核米数分别札放，所有各帮送部样米及回批盖用部印，徒滋书吏索费，无关实政，应请敕交户部查明停止。

一、帮弁诸费应裁也。臣闻江浙漕多州县，向时帮费每船洋银一二百元不等，近竟添至每船八九百元及一千数百元。通计苏、松、常、太帮费合银一百数十万，杭、嘉、湖帮费六七十万，方能受兑开行。其实帮丁非无良懦，而每帮群推一人为头船，合数帮之头船又推一人为首事。凡为首事之丁，皆漕务中积年蠹棍，在水次则串通奸吏讹索官长，更有先以银借库，盘剥官项，官给以库票，则事事为其挟制。书吏又内外侵欺入己，遂为不可解之痼疾。其开船以后，包娼宿妓，无所不为。领运武弁与之换贴交结，方能敛钱馈送。所有过淮过闸过坝，以至抵通，该丁门径甚熟，从中打点分肥，此旗丁之积弊也。至卫所领运武弁本有定额，同一领运缺分，又有优劣，各武弁谋一优缺领运，百计钻营始能到手，此等恶习前数年最甚，近时稍为敛息。第臣闻领运武弁半由旗丁捐纳补用，彼于漕务中积惯舞弊，一为领运如虎附翼，适中其狼狈为奸之计，是今日运弁之积弊，犹然曩日旗丁之故态也。应请敕下漕运总督严查各项规费，妥议章程，请旨禁革，凡贪饕恶劣之员大加澄汰，如旗丁出身尚无过恶者，咨回兵部以营员选用。嗣后本身旗丁及子弟等均不准捐漕务官员，请敕交兵部核议遵行；其有向州县恣行扰索者，请通饬有漕督抚率同所属随时拿究惩办。如有沿途耽延淫荡并贿通交结等事，即由漕督责成粮道及管运丞倅确查究办。所经闸坝夫役需索不遂，致漕船碰损沉溺，应由漕督会同河道各员究明严办，著落河员赔补。至催攒委员不得过多，以杜滋扰。

一、地方诸费应裁也。臣闻州县办漕，道府本有规礼，至收漕时，粮道到仓有费，本府催漕有费，抚藩及漕督委员又有费，而州县之私用悉取盈焉，此费之在官者也。若收漕兑漕皆靠托书吏，如江、浙大县书吏，一官到任，数千百金俱其垫用，开仓时累万用度，先由借垫，本官入其彀中，一切唯命是听。于是串通劣衿，包揽短折，懦弱良民，百般鱼肉。又与旗丁一气恐吓争闹，从中调停，总使利归于己，怨归于官。近时钱漕抗拒之案迭出，愚顽陷于囹圄，而书吏则扬扬如故，此积蠹之尤堪痛恨者也。至民间交米，绅宦照额稍加，谓之“公米”，生监控告后量予加收，谓之“讼米”。而官之所需用者在银而不在米，善良诸户必勒令折色，于是小户并大户，弱户附强户，而包揽之风日炽。并有读书不知立品者，科名一得，便吃漕规，恬不为耻。州县虑有赔累，因将愚懦乡农勒折浮收，无所底止，滋生事端。臣思漕政之坏，故由于官之不能洁己，而所以不能洁己，规费使然也，官不能洁己，人人挟制以为利薮，则耗散愈多，而小民益受其累矣。近闻江、浙民间愿以二三石完一石额漕，犹必勒令折色，计一亩岁租不过一石，除完银米外，所余无几，故迩来南方业户以有田为累。似此日重一日，民不聊生，所关非细。今如仓场及帮船诸费蒙恩饬令禁革，则兑费既轻，臣愚以为无论绅士乡愚，皆应一律办理。请敕下有漕各督抚察看议奏，务须秉公遴选州县廉洁自矢者方准收漕，立将蠹书惩革，择其必不可已之费，就各属情形确占应收应折之数按户匀摊，详明照办，如稍有浮加，即科州县以应得之罪，向时上下陋规及绅衿等一切规费，概行革除。

以上三条势本相因，而事贵并举，仓役不敢需索，则弁丁之费自轻；弁丁之费既轻，则州县取之于民自宽。在该大臣等受恩深重，当此积重难返之时，未尝不力思整顿。如蒙乾断施行，自必彼此同心协谋共济，将民困渐苏，漕额自能足数。现今瞬届新漕，并请谕令各将应议者各自迅速覆奏，请旨遵办，臣管见所及，是否有当，伏乞皇上圣鉴。谨奏。

第十章

清中叶后农村经济的变化及其对漕粮征收的冲击

这里所谈农村经济的变化主要指征漕各省，尤着重于太湖流域重漕区。如江苏南部苏州、松江、常州、镇江、太仓五府州，以及浙江杭州、嘉兴、湖州三府。在清代，全国漕粮正额400万石，其中江苏五府州为1201950石、浙江三府为630000石，两者合计达1831950石，占全漕的45.8%，这个地区的开发有其历史渊源，早在隋唐时代即已开始将余粮北运，有国家粮仓之称。一直到明、清时代，太湖流域由于蚕桑及棉纺织业的发展，产粮逐渐减少，但民户仍能靠蚕丝及棉纺织业的收入买外来商品粮补充食用和完纳漕粮。大致从嘉庆、道光年间开始，这个地区的农村经济，逐渐走向下坡路。其他征漕六省也发生不同程度的变化，照旧完纳漕粮渐感困难。这种发展变化具体反映为漕粮的拖欠，到咸丰、同治年间更加突出，最后则促成漕运制度的改革。

第一节　江浙棉纺织及蚕丝业的发展变化

一　江南棉纺织收益在完漕方面的重要作用

江南棉纺织业首先在松江府和太仓州发展起来，后来苏州府属也很快发展[①]，并渐及于浙江某些府县。明清之际，黄河流域各省植棉、纺织也逐渐发展。关于中国各省植棉及纺织发展过程在前面第二章业已论及，这里为突出道光后的变化，兹再加以补充说明。

早在明代后期，徐光启关于太湖流域棉纺织及蚕桑业的作用作了详述概括，他先谈到松江府，谓“壤地广袤不过百里而遥，农亩之入非能有加于他郡邑也，所徭其百万之赋，三百年而尚存租息者，全赖此一机一杼而已”。他接着谈到其他地区：“非独松也，苏、杭、常、镇之币帛枲纻，嘉、湖之丝纩，皆视此女红末业，以上供赋税，下给俯仰，若求诸田亩之收，则必不可办。”[②] 到清康熙年间，松江府“所出布匹日以万计”。[③] 如上海县民户植棉、纺织业之重要，“而民间赋役公私之费亦赖以济”。[④] 如宝山县，农民植棉、纺织，“借以资衣食，完赋税”。[⑤] 如川沙厅属，据道光厅志，“人仰耕织而食”，“田所获，输官偿息外，未卒岁室已罄，俗有六十日财主之称，其衣食全赖此”。[⑥] 道光三年，包世臣论及松江府及太仓州棉纺织业在农民经济生活中的重要意义时说：“而今数百年，红粟入太仓者几当岁会十二，朱提输司农者当岁会亦且三十而一，而士民仍得各安生业称东南乐

---

① 徐鼒：《未灰斋文集》卷 3，《务本论上》。
② 徐光启：《农政全书》卷 35。
③ 光绪《华亭县志》卷 23，《杂志》引郭府志。
④ 叶梦珠：《阅世编》卷 7。
⑤ 乾隆《宝山县志》卷 4。
⑥ 道光《川沙厅志》卷 1。

土；其以宦游至者又皆絜驾齿肥以长育子孙，凡所取给皆出机杼”。[①] 道光十三年，林则徐论及太仓、镇洋、嘉定、宝山等州县民户纺织情形，所说大致相同，谓该四州县“向来多种木棉，纺织为业，今小民终岁勤动，生计全在于棉”。[②] 浙江省也有些地区的民户赖纺织收入弥补生计。如海盐县，县属产棉甚少，农民买棉纺织，乃至“习为恒业”。因此“往往商贾从旁郡贩棉花列肆吾土，小民以纺织所成，或纱或布，侵晨入市，易棉花以归，仍治而纺织之，明旦复持以易，无顷刻间……田家收获，输官偿债外，卒岁庐舍已空，其衣食全赖此”。[③]

江南的纺织技术也有所发展。明代纺车有“句容式”，一人可当四人；有“太仓式”二人可当八人；一架纺车的纺锤由一锭增加到三锭。[④] 到清代又有进一步发展，松江府纺车的发动由手力进而用足力，一架纺车可装三锭，每日可纺纱八两。[⑤] 熟练的女工可管四支锭子。[⑥]

江南由于棉纺织业迅速发展，纺织品运销外地。上海一县产量尤大，各处商贾前来贩运。江南布匹销售区域，西到江西、湖广，南至广东、广西，北到陕西、山西、直隶，因有“衣被天下之称”。[⑦] 外销量之大，早在明朝，国内商人到上海从事棉货贸易者，尝以白银“数万或数十万计”。[⑧] 从康熙四十年（1701）起，江南棉纺织品并运销海外欧美各国。棉布输出量之巨，由乾隆六年（1741）至嘉庆十二年（1807），嘉庆二十二年至道光十年，每年输出量常在100万匹以

① 包世臣：《安吴四种》卷29，《上海县新建黄婆专祠碑文》，道光三年。

② 光绪《宝山县志》卷3，林则徐：《请缓新赋疏》，道光十三年。

③ 光绪二年《海盐县志》卷8。

④ 徐光启：《农政全书》卷35。

⑤ 张春华《沪城岁事衢歌》注：“纺纱他处皆有，然以巨轮手运，只出一纱，足车出三纱，惟吾乡倡有之”，张系上海人。

⑥ 褚华：《木棉谱》。

⑦ 叶梦珠：《阅世编》卷7，《食货五》。

⑧ 叶梦珠：《阅世编》卷7，《食货五》。

上，棉布对外贸易是出超的。[①] 江南某些地区粮户所负担的繁重漕赋，即靠棉纺织的收入来弥补。如道光二十六年包世臣所说：“木棉梭布，东南杼轴之利甲天下，松、太钱漕不误，全赖棉布。”[②]

二　道光后江南棉纺织业衰落、农家收入减少

上述情况逐渐发生变化。清代前期黄河流域各省植棉、纺织逐渐兴起。山东定陶、历城、齐东等县，河南正阳和孟县，直隶肃宁、滦州、乐亭、元氏、南宫等县，都生产棉布，有的还向外地运销。[③] 如直隶元氏县，“男女多事织作”，晋商前来购买，“布甫脱机即并市而去”[④]，如乐亭县，该县所产布匹，“本地所需一二，而运出他乡者八九”，以运销关外为主。[⑤] 如河南孟县多产棉布，俗称孟布，“山、陕驰名，商贩不绝”，“自陕、甘以至边疆一带，运商云集，每日城镇市集收布特多，车马辐辏”。[⑥] 正阳县所产棉布称为“陡布”，其销路“东达颍亳，西至山、陕，衣被颇广”。[⑦] 黄河流域植棉纺织业的发展，对苏、松、太棉纺织业形成严重威胁，如同治年间松江人秦荣光所说：“木棉之利，在元、明间吾乡曾独擅之。徐光启著《农政全书》早忧其利尽有日。事势推移，无久而不变者。今关陕诸郡，艺吉贝者所在皆是，故常揣度，后此松之布无所泄……至今日其言大验。外地产棉愈多，本地棉销愈滞，无论岁遇大荒也，就使薄有所收，而滞销价贱，入不敷出。”[⑧] 其实松江府棉花布匹滞销早在同治以前即已发生。

---

① 此种情形，道光后逐渐改变，详后。

② 包世臣：《安吴四种》卷28，《致前大司马许太常书》，道光二十六年。

③ 北方早在明代后期已开始植棉，据明人宋应星《天工开物》卷10，《乃服》：植棉织布，“织机十家必有”。明代后期，直隶保定有关于纺织自给之类事例。

④ 乾隆《正定府志》卷12，《物产》。

⑤ 乾隆《乐亭县志》卷5，《风土》。

⑥ 乾隆《孟县志》卷4，《田赋・物产》。

⑦ 嘉庆《正阳县志》卷9，《物产》。

⑧ 同治《上海县志・札记》卷1。

苏、松、太三府州棉纺织业不仅受国内其他地区植棉纺织发展的影响，而且逐渐受到外国棉纺织品输入的打击。道光、咸丰年间徐鼒说：雍正、乾隆年间，“松江以织布甲他郡，后夺于苏州之布，而松民失其利。近洋布行，而苏民亦失其利”。[①] 道光年间，外国棉纺织品向中国运销情形，计由道光元年至十年（1821～1830），英国输入中国的棉织品，以价格计，由 19 万余元增至 44 万余元。从道光十年起，中国棉货对外贸易，由出超变为入超。道光十三年至二十一年，由俄国运销中国的棉纺织品增加三倍以上。自道光二十二年鸦片战争失败及五口通商之后，外国棉纱棉布输入更多，对苏、松、太棉纺织业的打击更加严重，有不少关于这方面的记载，下面列举几个事例。

据道光二十五年敬斅奏，自道光二十三年以后，英国棉布运至厦门销售，“其价复廉，民间之买洋布洋纱者十室而九，由是江浙之棉布不复畅销，商人多不贩运”；闽省向销江浙棉布，现在市场“因被夷货所占，不克畅销”。[②] 又据道光二十六年包世臣论述：“江浙之漕，今年幸得蒇事。然新漕瞬届，其事殆有不可知者，松［江］太［仓］利在棉花梭布，较稻田倍蓰，虽暴横尚可支持。近日洋布大行……吾村专以纺织为业，近闻已无纱可纺，松太布市，消减大半。去年棉花客大都折本，则木棉亦［无］可恃。若再照旧开折，必无瓦全之理”。[③] 包世臣又说：“木棉梭布，东南杼轴之利甲天下，松太钱漕不误全仗棉布，今则洋布盛行，价当梭布而宽则三倍，是以布市销减，蚕棉得丰岁而皆不偿本。商贾不行，生计路绌……不二三年，恐当由少入无。”如此则田赋漕粮“势必贻误”；“中外大吏，颇亦忧

① 徐鼒：《未灰斋文集》卷 3，《务本论》上。

② 清档，道光二十五年三月十七日，福州将军兼管闽海关敬斅奏。

③ 包世臣：《安吴四种》卷 26，《答族子孟开书》，道光二十六年。

此”。[①]

咸丰以后，情形更加严重。如上海县，据同治年间记载：“种稻者止十之三，种棉者居十之七，小民抢布贸丝，已经贫窘，而自西域各国通市之后，洋布盛行，夺其生计，民情益形困乏”。[②] 如嘉定县，向以棉产为大宗，“纳赋税，供徭役，仰事俯育，胥取给于此。……往者匹夫匹妇，五口之家，日织一匹，赢钱百文。自洋布盛行，土布日贱，计其所赢，仅得往日之半耳，如是而欲其既富且谷［裕］，更有异乎”。[③] 浙江省如平阳县，农妇勤纺织。清代后期，“棉利夺于外来机器之棉纱，而纱棉之业遂替”。[④]

光绪年间，据薛福成记述：由于洋布洋纱畅销，“而中国之织妇机女束手坐困者，奚啻千百万人”。[⑤] 又据郑观应记述：在通商以前，“大布衣被苍生，业此为生计者何可数计。自洋布洋纱入口，土布销场遂止，纺绩稀少，机轴之声几欲断矣”。[⑥] 郑观应又说：“自洋纱洋布进口，华人贪其价廉质美，相率购用，而南省纱布之利半为所夺。”[⑦]

关于洋纱洋布进口对农民经济生活的打击，还有很多记载，这里不一一列举。[⑧]

三　杭、嘉、湖三府蚕丝收入的作用及后期受外丝输入的冲击

在浙江杭州、嘉兴、湖州三府，蚕桑收入在农民经济生活中也占

① 包世臣：《安吴四种》卷26，《致前大司马许太常书》，道光二十六年。

② 民国《上海县续志》卷5，《水道》下。

③ 光绪八年《嘉定县志》卷8。

④ 民国《平阳县志》卷19。

⑤ 薛福成：《庸盦海外文编》卷2，《强邻环伺谨陈愚计疏》，光绪十九年。

⑥ 郑观应：《盛世危言》卷2，附录《杨然青茂才论太西善堂》。

⑦ 郑观应：《盛世危言》卷3，《纺织》。

⑧ 其他省依靠棉纺织收入弥补家庭生计的农户有的也受到影响。如四川新繁县，据光绪《新繁乡土志》卷9，从前贫妇以纺织为生，“近来洋线稍夺其利”。又民国《续修大竹县志》卷12，从前贫妇多事纺织，“近来洋纱实夺其利”。

着极其重要的地位，这种关系，在第二章中已经论及，这里为了和后期进行对比，也加以简略介绍。

早在明代，在某些地区，蚕丝收入在农民经济生活中已占居极其重要的地位。如湖州府，明万历年间（1573～1620），很多农户已赖蚕丝为生，“官赋私负咸取足焉”。[①] 清代情形略同，如乾隆年间汪中在《浙江始祀先蚕之神》碑文中所说：“蚕之丰歉，利恒倍于稼事。”[②] 有些县属，在农家经济中，蚕桑收入超过稻禾。蚕丝丰收与否甚至可决定一岁的丰歉。如嘉兴府之桐乡县，据清初张履祥记述：“余里蚕桑之利，厚于稼穑，公私赖焉。蚕不稔，则公私俱困，为苦百倍。”[③] 如湖州府属民户，蚕丝丰收三五载“迄可小康”。因此，如逢桑叶价昂，“则典衣鬻钗，不遗余力”。蚕不兴旺，便“忘食废寝，憔悴无人色”。农家所以如此重视蚕桑，“所系于身家者重也”。[④] 杭州府西湖附近民户，春季多从事蚕桑，余杭县物产蚕丝占据首位，临安县妇女尤以缫丝见长。[⑤]

湖、杭二府，适应蚕丝发展的需要，并且发明机杼工业，织成各种绸缎向外运销。杭州府东郊农家，以纠线为业的占十分之九。[⑥]

中国蚕丝业的发展，和棉纺织业相比，要稳定得多，但也稍受国际市场的影响，如道光后期包世臣在论述洋布盛行时说：“蚕棉得丰岁而皆不偿本。”[⑦] 包氏所论可能有些夸张。后来无锡的蚕丝业就直接受到生丝市场的牵制，受国际生丝价格下跌和国内丝厂停工倒闭的影响。

---

① 王士性：《广绎志》卷4。

② 汪中：《述学别录·浙江始祀先蚕之神》。

③ 张履祥：《杨园先生全集》卷50，《补农书》下。

④ 同治《湖州府志》卷30，《蚕桑上》。

⑤ 光绪《杭州府志》卷81，《物产四》。

⑥ 光绪《杭州府志》卷81，《物产四》。

⑦ 包世臣：《安吴四种》卷26，《致前大司马许太常书》，道光二十六年。

前面已经一再谈到，在鸦片战争以前，如重漕区苏、松、太等府州县的农家纺织业，或谓“以绵易布，以布易银，以银籴米，以米充兑”；或谓农户纺织，“以布贸银，以输赋而买食米”。杭、嘉、湖等府的农家蚕丝业，或借以“上供赋税，下给俯仰”。鸦片战争后，农副业尤其是棉纺织的发展变化，对农民经济生活乃至漕粮负担形成严重冲击，国家征漕更加困难了。

第二节　水利失修、灾荒频繁与农业生产下降

一　水利失修

农村水利失修，尤其是漕粮中心区太湖流域水利的破坏，是农村经济衰落的又一个重要因素。如前所述，隋唐以后，尤其从宋代开始，国家特别重视江南农田水利。明代以至清代前期，国家经常拨款兴建大规模水利工程。清中叶以后，国家财政支绌，逐渐忽略对水利工程的兴建，很少再为此拨款。以苏州府而论，由道光元年至同治十三年前后 50 多年间，较大水利工程共计 25 次，其有款额记载者 11 项，共用银 327288 两、钱 251902871 文，款项虽然不少，但只有两次记明由厘金或藩司拨款，其余多次或由绅董捐办，或由地方官捐廉，或按亩摊征。[①] 农田水利工程和其他生产技术不同，一条沟洫涉及一村乃至数村，一条河流涉及千家万户，非一户所能独办，个体农户也无兴修能力。国家既然忽视不再拨款兴修，灌溉沟洫遂渐被毁，有的地区至淤为平陆。

浙江水利工程，嘉庆后逐渐失修，道光三年的大水灾则是一个转折点。

① 李文治：《历代水利之发展和漕运的关系》，《学原》1948 年第 8 期。

道光三年，江、浙之所以发生大水灾，系由于水利工程多年失修，瞿中溶曾经作过论述，他说，浏河为太湖入海要道，顺治、康熙以至乾隆朝屡次疏浚；嘉庆十七年后再未疏导，多处淤成平陆，最后导致道光三年大水。水灾发生后，“中溶反复推求，如此大水，虽系天灾，而水不能即消，淹浸至两三月之久，实为数十、百年来未有之事，而乃见之于浏河闭塞未久之后”。[①] 水利多年失修和道光三年水灾的相互关系，瞿氏论述得十分清楚。

此后，咸丰年间清王朝镇压太平天国的长期战争，对水利工程起着更大的破坏作用。如华烨所奏：“中国水利，惟江南各省最为讲求。自发匪［太平军］构乱以来，旧日河渠亦多湮塞，民既无力修复，官亦置若罔闻。”[②]

关于东南水利失修问题曾有不少人论及。道光三十年大学士卓秉恬奏：东南各省，“每遇水潦盛涨，便有泛滥之虞，而所以莫遏其患者，不由于疏浚之非时，即由于保障之不固。近年来，海口受淤，江防屡决，被灾之区，民困已极，诚宜即时补救”。[③] 如江苏宝山县，据时人张朝桂论述，“邑之干河不下数十，支港不下数百，支分脉布，农田所资以灌溉”。干河支港，向例五年或六七年一浚。但道光年间，“今邑之河，有十余年不浚者矣，有数十年不浚者矣，有如线如绠而涝不能泄者矣，有如潢如污而旱不能溉者矣，有河底俱成町畦而种棉种稻者矣，有河面俱盖屋庐而成廛市者矣”。由于水利失修，“旱涝不足以蓄泄，而田畴荒”。结果农民靠买粮而食，“以薅荒之民，食至贵之物，而任数倍于他邑之役，民将何以为生耶”。[④] 张氏这里所说的“役”主要指漕粮负担。

---

① 瞿中溶：《瞿木夫文集·浏河记》。

② 《道咸同光奏议》卷26，华烨：《请讲求务本至计以开利源折》。

③ 清档，道光三十年四月二十九日，大学士卓秉恬等奏。

④ 光绪《宝山县志》卷4，张朝桂：《水利徭役积论略》。

水利破坏失修之见于地方志书者，如上海县，境内流水上承吴淞江，下沿黄浦。自嘉庆十八年修筑后，河底日浅，据同治县志："今距前志五十余年，淤浅日甚。"[①] 又上海县浦东北二十二保、二十三保、二十四保土塘，以御咸潮，维护农田。"从前设立塘长，以时修筑，今则久未增修，塘身残啮殆尽，仅就海塘浜挖泥培护。"[②] 如吴县横金镇的塘河，自乾隆年间修浚之后，此后百多年再未挑修，一遇淫雨便田埂淹没，天旱则无水灌溉。[③] 如金山县，从前水利兴修，农民种棉植桑，"妇馌夫耕"，民无游惰。"乃近年来泖涨成田而渔户困，海滩沙积而灶户困，水利不修而农民又困……获时雨多患在腐穗，往往夏秋间满拟丰收，转瞬顿成欠岁。"[④] 青浦县，境内有五大浦，"支干交流，其谷宜稻"。后以年久失修，水渐微弱，"潮汐淤沙，几成平陆。岁旱则涓滴绝流，潦则停潴而无所宣泄，水利不修，农田大病"。[⑤] 如昆山县，县境水利称七浦，"浦旁旧有支渠四十六，溉田万顷"。七浦北通白茆港，"自白茆塞而西北之潮不至，堰址仅存，无复初制"。[⑥] 如丹徒县，咸丰以前，水利工程完善，至光绪间，"历年既久，沙滩淤涨，潮汐不通，山水下注，宣泄维艰，旱无引水之方，涝乏泄水之策，旱涝均灾，十难一稔，以硗瘠之产，而供加倍之赋，民困奚苏"。[⑦] 常熟县，旧高乡有二十四浦，"通潮汐，资灌溉，而旱无忧"。低乡"田皆筑圩，足以御水，而涝亦不为患，以故岁常熟，而县以名焉"。"厥后潮汐沙淤，失于浚治，各浦漫以湮塞，至于今有故道不可复见者；而低田之圩亦日益坍废，至于今无尺寸存。"[⑧] 江苏江

① 同治《上海县志》卷3，《水道》上。
② 同治《上海县志》卷3，《水道》上。
③ 同治《苏州府志》卷11，《水利三》。
④ 光绪三年《金山县志》卷17，《志余》。
⑤ 光绪三年《青浦县志》，《图三》。
⑥ 光绪六年《昆新两县续修合志》卷2，《山水》。
⑦ 光绪五年《丹徒县志》卷12，《恤政》。
⑧ 光绪《常昭合志稿》卷9，《水利志序》。

北如山阳、盐城二县，境内河水“蜿蜒百里，东注于马家荡，沿河民田数千顷，旱则资其灌溉，潦则资其宣泄。自乾隆六年大挑以后，迄今一百余年，河淤田废，水旱均已成灾”。①

以上各县水利破坏主要由于年久失修，也有由于地方豪强占田而被破坏的。如武进县水利工程，自前明周忱兴修，于阳锡江十七圩筑湖成田，清道光前仍在拨款兴修。咸丰年间，阳邑刘行方、江邑刘春松，私开三缺，“以致下流附近四万余亩毫无勺水”。② 又丹徒县以南有万顷洋，阳湖县有徐湖，“皆受长山高骊山西之水而为湖”。咸丰年间，“近则四面占垦而为田，不知始于何时，山水暴发，无所容纳，旁溢四出，决堤破圩之患岁有所闻。而徒阳交界沃壤之区，十年计之，荒恒六七”。③ 又如淮扬一带，咸丰年间屡次歉收，乃由于“劣绅土豪复藉买水为名，图饱谿壑，以重赂营谋，竟敢于官河筑坝拦截，使下游涓滴无沾。而下游八坝，概不堵筑，致运河水无停蓄，上游灌溉无资”。④ 又由于地方官侵吞工程费而导致水利破坏的。如上海、华亭、娄县、青浦四县境内的蒲汇塘，定例五年一浚，由四县民户出资，其款“中饱于吏胥泥头者六七，实用于河才十之三，故随浚随淤，徒竭膏血”。⑤

以上江苏省情形可作为这一时期水利失修的典型示例。浙江省情况大致相同。由于水利工程破坏，水旱灾害日益频繁。关于其他各省水利工程破坏失修情形，不一一论述。

二 灾荒频繁

关于水旱灾害，有关江、浙记载较多。灾害情况，道光三年大

① 刘锦藻：《皇朝续文献通考》卷15。

② 光绪《武阳志余》卷6，《永禁芙蓉圩开坝碑》，咸丰六年。

③ 李遵义：《垦余闲话》。

④ 《清文宗实录》卷225，咸丰七年五月。

⑤ 同治《上海县志》卷3，《水道》上。

水，据李富孙记述："江、浙十余郡稻田多被淹没，秋获仅三之一，饥民满路"。[①] 以富庶的湖州府而论，严可均谓受灾"为江、浙九灾郡之最，大江灌而南，海潮溢而西，郡治以东数百里间，平地水深一二尺三四尺不等，浩洪滔天，无注泻处"。[②] 道光四年、五年又连年灾荒。其江北地区，道光四年洪泽湖溃溢，淮扬灾荒。道光十一年江淮之间再次大水，致"流民蔽江而来，每日以万计，自秋至冬资送出境者即达60余万"。[③] 是年江南也发生水灾，吴江县是灾区中的一县，致农民无力完纳田赋，"按是年以后，民力凋敝，加恩蠲免，遂成年例"。接着道光十三年水灾，十四年春饥，十八年至二十四年连年水灾，二十九年又大水，据当时人赋诗："水利久不讲，恒雨辄损田。"[④] 这一时期江南水灾之频繁，及影响之深远，据李鸿章奏："至道光癸未［道光三年］大水，元气倾耗，商利减而农利从之，于是民渐自富而之贫，然犹勉强支撑者十年。……迨癸巳［道光十三年］大水而后，始无岁不荒，无县不缓，以国家蠲减旷典遂为年例，夫癸巳以前，一二十年而一歉；癸巳以后，则无年不歉。"[⑤]

此后，左宗棠也谈到道光十三年大水及所造成的严重影响。谓"至乾隆、嘉庆年间，家给人足，曾历办全漕，道光癸巳、辛卯［道光十一年］以后两次大水，民间元气大伤，重赋之处未能全漕起运"。[⑥] 江、浙经过道光年间多次水灾，农田水利工程再无力修复，此后灾荒日益频繁，这是江、浙农村经济日趋衰落的一个转折点。

关于清道光后江苏南部自然灾害情况，在清档中保存下来大量记载，试参下列事例，如表10－1所示。

---

① 李富孙：《校经庼文稿·诗文注》，道光三年。
② 严可均：《铁桥漫稿》卷3，《与姚秋农侍郎书》，道光三年。
③ 梁章钜：《退庵随笔》，《年谱》。
④ 光绪《吴江县志》卷28，《灾祥》。
⑤ 李鸿章：《请减苏、松、太浮粮疏》，或谓此疏乃幕僚冯桂芬代作。
⑥ 左宗棠：《议减杭、嘉、湖三属漕粮琉》，同治三年。

表 10－1　江苏南部地区水旱灾荒

被灾年份	被灾地区	被灾情形	奏报人
道光三年（1823）	吴江、震泽、常熟、昭文、昆山、新阳、华亭、奉贤、娄县、金山、上海、南汇、青浦、川沙、宜兴、荆溪、丹德、金坛、溧阳、太和、镇洋、宝山、嘉定、吴县、元和、长洲、镇海等二十八县	水灾	巡抚陶澍
道光四年、五年	洪泽湖溃溢，淮扬灾荒		
二十七年	上海、南汇、武进、阳湖、无锡、金匮、江阴、娄县、奉化、上元、江宁、句容、靖江、荆溪、青浦、华亭、昭文、昆山、吴江、元和等县	水灾、旱灾、风灾	巡抚陆建瀛
二十八年	上元、江宁、句容、溧水、高淳、江浦等县	水灾、河湖漫溢	巡抚陆建瀛
二十九年	太仓、吴江、震泽、常熟、新阳、华亭、奉贤、娄县、金山、上海、南汇、青浦、沙川、无锡、金匮、江阴、宜兴、荆溪、靖江、丹徒、丹阳、金坛、溧阳等州县	大雨成灾、江潮海水同时并涨	巡抚傅绳勋
咸丰元年（1851）	江宁、苏州、松江、常州、镇江、太仓等府州所属各县	夏秋雨多，江潮异涨，山水汇集	巡抚杨文定
四年	江宁、苏州、常州、镇江、太仓等州所属各县	水灾、旱灾、风灾	巡抚吉尔杭阿
九年	句容、山阳、南汇、青浦、江阴、元和等县	水灾、旱灾	巡抚徐有壬
十一年	长洲、元和、吴县、吴江、震泽、常熟、昭文、昆山等县	水灾、旱灾	巡抚薛焕
同治三年（1864）	太仓、丹徒、长洲、元和、吴县、震泽、常熟、昭文、昆山、新阳、太湖、华亭、奉贤、娄县、金山、青浦、无锡、金匮、江阴、靖江、镇阳、嘉定、宜兴、荆溪、丹阳、金坛、溧阳等州县	五年以来，兵水旱灾，民多未复业	巡抚郭柏荫
七年	上元、江宁、句容、溧水等县	水灾、旱灾	巡抚丁日昌

续表

被灾年份	被灾地区	被灾情形	奏报人
八年	太仓、元和、吴县、吴江、震泽、常熟、昭文、昆山、新阳、太湖、华亭、娄县、金山、青浦、武进、阳湖、无锡、金匮、江阴、宜兴、荆溪、丹徒、太仓、镇阳、嘉定、甘泉、奉贤等三十四州县	水灾、旱灾	巡抚丁日昌
光绪六年(1880)	奉贤、上海、南汇、川沙、宝山、长洲、元和、吴县、吴江、震泽、常熟、昭文、昆山、新阳、娄县、金山、青浦、武进、阳湖、无锡、金匮、江阴、宜兴、荆溪、丹徒、丹阳、溧阳、太仓、镇洋、嘉定等四十九州县	两泽愆期	两江总督刘坤一、江苏巡抚吴元炳
七年	长洲、吴县、元和、吴江、震泽、常熟、昭文、昆山、新阳、娄县、金山、青浦、武进、阳湖、无锡、金匮、江阴、宜兴、荆溪、丹徒、丹阳、溧阳、太仓、镇洋、嘉定、太湖、华亭、靖江、奉贤、南汇、宝山、镇海等三十四州县卫	水灾、风灾	两江总督刘坤一、江苏巡抚谭钧培
八年	长洲、元和、吴县、吴江、震泽、常熟、昭文、昆山、新阳、娄县、金山、青浦、武进、阳湖、无锡、金匮、江阴、宜兴、荆溪等二十六县	水灾、风灾、歉收	两江总督左宗棠、江苏巡抚卫荣光
九年	长洲、元和、吴县、吴江、震泽、常熟、昭文、昆山、新阳、娄县、金山、青浦、武进、阳湖、无锡、金匮、江阴、宜兴、荆溪、丹徒等二十六县	水灾、风灾、歉收	两江总督左宗棠、江苏巡抚卫荣光
十年	长洲、元和、吴县、吴江、震泽、常熟、昭文、昆山、新阳、娄县、金山、青浦、武进、阳湖、无锡、金匮、江阴、宜兴、荆溪、丹徒、丹阳、金坛、溧阳、太仓、镇洋、嘉定等二十六州县	水灾、风灾、歉收	两江总督曾国荃、江苏巡抚卫荣光

续表

被灾年份	被灾地区	被灾情形	奏报人
十二年	长洲、元和、吴县、吴江、震泽、常熟、昭文、昆山、新阳、娄县、金山、青浦、武进、阳湖、无锡、金匮、江阴、宜兴、荆溪、丹徒、丹阳、金坛、溧阳等二十九县	水灾、旱灾、风灾	江苏巡抚嵩骏
十三年	长洲、元和、吴县、吴江、震泽、常熟、昭文、昆山、新阳、娄县、金山、青浦、武进、阳湖、无锡、金匮、江阴等二十五县	水灾、旱灾、风灾	江苏巡抚嵩骏
十四年	长洲、元和、吴县、吴江、震泽、常熟、昭文、昆山、新阳、娄县、金山、青浦、武进、阳湖、无锡、金匮、江阴、宜兴等二十五县	旱灾、歉收	江苏巡抚嵩骏
十五年	长洲、元和、吴县、吴江、常熟、昭文、昆山、新阳、太湖、娄县、金山、青浦、无锡、宜兴、荆溪、靖江、丹徒、丹阳、太仓、镇洋等二十七厅州县	水灾、歉收	江苏巡抚刚毅
十六年	长洲、元和、吴县、震泽、常熟、昭文、昆山、新阳、娄县、金山、青浦、武进、阳湖、无锡、金匮、江阴、宜兴、荆溪、丹徒、丹阳、金坛、溧阳等二十五县	旱灾、风灾	江苏巡抚刚毅
十七年	长洲、元和、吴县、吴江、震泽、常熟、昭文、昆山、新阳、娄县、金山、青浦、武进、阳湖、无锡、金匮、江阴、宜兴、荆溪、丹徒、丹阳等二十七厅州县	旱灾、水灾	江苏巡抚刚毅
十八年	金坛、溧阳、武进、丹徒、丹阳、长洲、元和、吴县、吴江、震泽、常熟、昭文、昆山、新阳、娄县、金山、青浦等三十县	旱灾、歉收	两江总督刘坤一、江苏巡抚奎俊

续表

被灾年份	被灾地区	被灾情形	奏报人
十九年	长洲、元和、吴县、吴江、震泽、常熟、昭文、昆山、新阳、娄县、金山、青浦、武进、阳湖、无锡、金匮等二十五县	水灾	两江总督刘坤一、江苏巡抚奎俊
二十年	长洲、元和、吴县、吴江、震泽、常熟、昭文、昆山、新阳、娄县、金山、青浦、武进、阳湖、无锡、金匮、江阴、宜兴、荆溪等三十五县	秋收减歉	两江总督刘坤一、江苏巡抚奎俊
二十一年	长洲、元和、吴县、震泽、常熟、昭文、昆山、新阳、娄县、金山、青浦、武进、阳湖、无锡、金匮、江阴、宜兴等二十五县	风、雨、旱灾	两江总督张之洞、江苏巡抚赵舒翘
二十二年	长洲、元和、吴县、吴江、震泽、常熟、昭文、昆山、新阳、娄县、金山、青浦、武进、阳湖、无锡、金匮、江阴等二十五县	水灾	两江总督刘坤一、江苏巡抚赵舒翘
二十三年	长洲、元和、吴县、吴江、震泽、常熟、昆山、新阳、金山、青浦、武进、无锡、金匮、江阴、宜兴、荆溪、丹徒、丹阳等二十五县	旱灾、水灾	江苏巡抚奎俊
二十四年	长洲、元和、吴县、吴江、震泽、常熟、昭文、昆山、新阳、娄县、金山、青浦、武进、阳湖、无锡、金匮、江阴等二十五县	水灾、风灾	江苏巡抚德寿
二十五年	长洲、元和、吴县、吴江、震泽、常熟、昭文、新阳、太湖、华亭、娄县、金山、青浦、武进、阳湖、无锡、金匮、江阴等二十七县	水灾、风灾	江苏巡抚鹿传麟
二十六年	长洲、元和、吴县、吴江、震泽、常熟、昭文、昆山、新阳、太湖、华亭、娄县、金山、青浦、武进、阳湖、无锡、金匮等二十七县	秋收减歉	江苏巡抚聂缉规

续表

被灾年份	被灾地区	被灾情形	奏报人
二十七年	长洲、元和、吴县、吴江、震泽、常熟、昭文、昆山、新阳、太湖、华亭、娄县、青浦、武进、阳湖、无锡、金匮等二十七县	频年水灾、旱灾	江苏巡抚刘坤一
二十八年	长洲、元和、吴县、吴江、震泽、常熟、昭文、昆山、新阳、太湖、无锡、金匮、江阴、宜兴、荆溪、丹徒等二十七县	旱灾、歉收	江苏巡抚恩寿
二十九年	苏、松、常、镇、太五府州属	秋收减歉	江苏巡抚恩寿
三十年	长洲、元和、吴县、吴江、震泽、常熟、昭文、新阳、华亭、娄县、金山、青浦、武进等二十六县	旱灾	江苏巡抚效曾
三十一年	长洲、元和、吴县、吴江、震泽、常熟、昭文、昆山、新阳、太湖、华亭、娄县、金山、青浦、武进等二十七县	水灾	江苏巡抚陆元鼎
三十二年	长洲、元和、吴县、吴江、震泽、常熟、昭文、昆山、新阳、太湖、华亭、娄县、金山、青浦、武进、靖江、阳湖、无锡等二十八县	水火	江苏巡抚陈夔龙
三十三年	长洲、元和、吴县、吴江、震泽、常熟、昭文、昆山、新阳、太湖、华亭、娄县、金山、青浦、武进等二十八县	水灾	江苏巡抚端方
三十四年	长洲、元和、吴县、吴江、震泽、常熟、昭文、昆山、新阳、太湖、华亭、娄县、金山、青浦、武进、阳湖、无锡等三十县	水灾歉收	江苏巡抚陈启泰

资料来源：清档，据督抚奏报整理。

其他各省，若安徽省，光绪八年，皖南水灾，农户纷纷出卖耕牛。“比播种需牛，又乏巨资购买，因而膏腴土壤任其荒芜，半由于此。”[①] 光绪十二年，太平县南乡获家墩官圩溃决。该圩共田487000亩。光绪十三年，圩再次溃决，圩内之民“哭声震野”。同时县东二圩亦被冲决，“田庐器用悉数靡遗”。[②] 同年安庆府广济圩也被冲决，该圩位于桐城、怀宁二县，长150里，宽80里，“为粮赋大宗之所出”。洪流陡入圩中，“四望田庐尽成泽国”，被难者十余万户。[③] 光绪十四年，全椒县一带因旱歉收，“其小民之卖驴牛以度日者已不知凡几”。[④] 湖北省所属州县，光绪三年，“入夏以来，赤地千里”。[⑤] 光绪八年，潜江县林家埠溃口，“洪涛浩淼，全邑被淹，豆粟麦禾，秋成无望”。[⑥] 光绪九年，长阳县洪水为患，农民剥树皮为食，或吃观音土，或流为匪类。[⑦] 光绪十一年，“两江两湖两广，大水成灾，为数十年所未有”。[⑧] 光绪二十一年，宜昌施南两府所属十三州县，及郧阳所属竹溪、保康、房县，夏旱秋雨，稼禾全毁，农民至以草根、树皮、观音土充饥。其京山、潜江、天门、荆门、江陵、监利、松滋、石首、汉川等九州县，以江汉并涨，“堤垸溃决三百数十处”。[⑨] 黄河流域若山东省属，咸丰二年至三年，茌平、东平、东阿、汶上等州县，“沿途饥民纷纷求食”。滋阳、邹县、滕县、峄县等处，男妇老幼，成群乞讨。以上诸州县，因“迭遭水旱，十室九空”。[⑩] 光绪二年至三年，青州灾荒，农民以树皮、高粱根草子等为食。[⑪] 光绪三年，益都三村共200余家，饿死170余人；临朐七村共500余家，饿死逃

---

① 《益闻录》，光绪八年七月十七日。
② 《益闻录》，光绪十三年五月二十六日。
③ 《益闻录》，光绪十三年六月初三日。
④ 《益闻录》，光绪十四年十一月三日。
⑤ 《申报》，光绪三年七月二十三日。
⑥ 《益闻录》，光绪十年正月十七日。
⑦ 《申报》，光绪十年正月十七日。
⑧ 《王先谦自定年谱》卷中，《三海工程请暂行停罢折》，光绪十一年。
⑨ 张之洞：《张文襄公电稿》卷28，《致上海盛京堂》，光绪二十二年正月十四日。
⑩ 《皇朝续文献通考》卷100，雷以诚、晋康奏。
⑪ 《申报》，光绪三年正月二十五日。

亡者341家。[①] 光绪初期，山东河决为灾，经年未塞。至光绪九年夏，又决数口，“灾民数十万，流离昏垫，惨不可言”。[②] 河南省属，光绪年间灾荒也极频繁。光绪初，由郾城至南阳，日久缺雨，“哀鸿遍野”，河陕一带，以旱灾饥逃出潼关者“以二十万计”。[③] 河南北路之彰、卫、怀，西路之河、陕、汝，“其间有四五季未收者，有二三季未收者”。报灾者凡八十七厅州县，“待济饥民不下五六百万”。[④]

以上各省水旱灾害，有的一省涉及数十州县，有的灾荒持续数年之久，反映出灾荒的严重性。有些记载虽在清代后期，实际乃是此前水利长期失修的结果。

各省自然灾害，在清档中保存下来大量的记录，下面是从道光至光绪朝四省地方官奏报中摘录的资料，制成表格（见表10－2），以供参考。

表10－2　清代征漕四省历年灾荒

年　份	江苏		浙江		安徽		江西	
	被灾州县（个）	灾　别	被灾州县（个）	灾　别	被灾州县（个）	灾　别	被灾州县（个）	灾　别
道光二十七年(1847)	56	水、旱、风	17	水、旱、风	43	水、旱	22	水、旱
二十八年	65	水	31	水、风	38	水	21	水
二十九年	57	水、风	28	水	36	水、旱	18	水
三十年					43	水、旱	21	水、旱
咸丰元年(1851)	55	水	28	水、旱、风、潮	34	水、旱	12	水
二年			27		26	水、旱	13	水、旱
三年	53	兵						
四年	53	水、旱、兵			17	水、旱、兵	20	水、旱、兵

① 《申报》，光绪三年二月二十日。

② 张之洞：《张文襄公公牍稿》卷2，《札清源局筹济山东灾赈》，光绪九年七月初四日。

③ 袁保恒：《文诚公集》，《函牍》卷1，《致豫省当道诸公》，光绪三年。

④ 袁保恒：《文诚公集》卷6，《陈明河南赈务情形并请筹备巨款折》，光绪三年。

续表

年份	江苏		浙江		安徽		江西	
	被灾州县（个）	灾别	被灾州县（个）	灾别	被灾州县（个）	灾别	被灾州县（个）	灾别
五年			59	水、旱、风、潮	25	水、旱、兵	36	兵
六年	66	旱、兵			23	水、旱、虫	7	水、旱、兵
七年			96	水、旱、风、潮、虫	35	水、旱 虫、兵		
八年	52	兵						
九年	59	水、旱、虫	78	水、旱、风				
十年	31	风、兵			36	兵		
十一年	54	水、旱、兵						
同治元年（1862）	30	水、旱						
二年							20	水、旱、兵
三年	77	水、兵	36	兵	58	水、兵		
四年	25	水、兵	38	水、旱 风、虫				
五年								
六年								
七年	73	水、旱						
八年	40	水、旱			46	水、旱、风、虫		
九年	40	水、旱						
十年	39	水、旱						
十一年	39	水、旱	38	水、旱、雹、风、虫				
十二年	39	水、旱						
十三年	39	水、旱			59	水、旱、风		
光绪元年（1875）								
二年					60	水、旱、风、虫		
三年					53	水、旱、风、虫		
四年					59	水、旱、风、虫	29	水
五年							30	水、旱、虫

续表

年份	江苏		浙江		安徽		江西	
	被灾州县（个）	灾别	被灾州县（个）	灾别	被灾州县（个）	灾别	被灾州县（个）	灾别
六年	84	水、旱、虫	30	水、虫	66	水、旱		
七年	72	水、旱、风	16	水、虫、潮	50	水、旱、风、虫	35	水、旱
八年	62	水、风	47	水、虫	35	水	35	水、旱
九年	57	水、风					19	水、旱
十年	64	水、旱、风			89	水、旱、风、虫	24	水、旱
十一年	29	水、旱	17	水、风、潮、虫	69	水、旱、虫	14	水、旱
十二年	60	水、旱、风	16	水、旱、风、潮	18	水、旱、虫	34	水、旱
十三年	63	水、旱、风	33	水、旱	34	水、旱	33	水、旱
十四年	68	水、旱						
十五年	57	水、旱	68	水、旱、风、潮	39	水	14	水、旱
十六年	55	水、旱、虫	69	水、旱、风、虫	42	水、旱、风、虫	18	水、旱
十七年	57	水、旱	27	荒	43	荒	21	水、旱、风、雹
十八年	62	水、旱	31	水、旱、风、潮、虫	29	水、旱、风	20	水、旱
十九年	55	水、旱	29	水、旱、风、潮、虫	30	水、旱、风、虫	21	水、旱
二十年	74	水、旱	54	旱、潮、虫	43	水、旱、风、虫		
二十一年	53	水、旱、风	13	荒	38	水、旱、风、虫	21	水、旱、虫
二十二年	57	水、旱	25	水、旱、风、虫	36	水、旱、风、虫	17	水、旱
二十三年	57	水、旱	51	水、旱、风、虫	37	水、旱、风、虫	27	水、旱、虫
二十四年	47	水、旱	56	水、旱、风、虫	35	水	28	水、旱、虫
二十五年	55	水、旱、风	40	水、旱	36	水、风	35	水、旱、风、虫
二十六年	57	水、旱					31	水、旱、风、虫
二十七年	62	水	35	水、旱、风、潮、虫	44	水、旱、风、虫	29	水、旱、风
二十八年	57	水、旱	40	水、旱、风、虫	33	水、旱、风、虫	22	水、旱、风、虫
二十九年	28	水、旱	40	水、旱、风、虫	36	水、旱、风	17	水、旱
三十年	59	水、旱	38	水、风、虫	27	水、旱、风		

续表

年　份	江　苏		浙　江		安　徽		江　西	
	被灾州县（个）	灾　别	被灾州县（个）	灾　别	被灾州县（个）	灾　别	被灾州县（个）	灾　别
三十一年	55	水、旱	36	荒			27	水、旱
三十二年	41	水	18	水、旱、虫	40	水、旱、风、虫	25	水、旱
三十三年	61	水、旱	32	水、旱、虫	32	水、旱、风、虫	24	水、旱
三十四年	60	水、旱			31	水、旱、风	32	水、旱
道光二十七年（1847）			8	水	39	水、旱、风	60	水、旱
二十八年	33	水			61	水、旱、雹	59	水
二十九年	32	水	12	水				
三十年	33	水、旱			45	水、旱、雹虫、风		
咸丰元年（1851）	32	水	1	水	51	水、旱、风、虫	22	水
二年	32	水、旱	9	水、旱	55	水	25	水、雹
三年								
四年					7	连年水灾		
五年			11	水、旱、兵	100	水、虫	7	水
六年	50	水、旱、兵						
七年	19	水	10	水	7	水	60	水、兵
八年			13	水				
九年								
十年	27	水、旱、兵	11	水				
十一年	22	水、兵						
同治元年（1862）	20	水、兵			77	荒		
二年					64	水、旱、雹		
三年					69	风、虫	68	水、旱、兵
四年					71	水、旱、虫	58	水、旱、兵
五年								
六年								
七年								
八年			1	兵				
九年	25	水			62	荒		

续表

年　份	江　苏		浙　江		安　徽		江　西	
	被灾州县（个）	灾　别	被灾州县（个）	灾　别	被灾州县（个）	灾　别	被灾州县（个）	灾　别
十年								
十一年	23	水、旱	15	水				
十二年					68	水	76	水、旱
十三年								
光绪元年（1875）	22	水、旱			63	水、旱、风		
二年	18	水、旱			12	水、旱、风	75	水、旱
三年	24	水、旱			82	水、旱、雹		
四年	19	水、旱			9	水、旱雹、风	77	水、旱
五年	25	水、旱			57	水、旱、风、虫	88	水、旱
六年					76	水、旱、雹、风、虫	105	水、旱
七年	25	水			79	水、旱、虫	88	水、旱
八年	22	水			87	水、旱、虫	85	水、旱
九年	36	水、旱	15	荒	36	水	86	水、旱
十年	31	水、旱	7	水、雹、虫	77	水、旱、雹、风、虫	84	水、旱
十一年	25	水、旱	11	水	41	水、旱、虫	85	水、旱
十二年	37	水	17	水雹	68	水、旱、雹、风、虫	29	水、旱
十三年	28	水、旱	5	荒	54	水、旱、虫	50	水
十四年					59	水、旱、雹、风、虫	67	水、旱
十五年	26	水	15	水	55	水、旱	50	水
十六年			11	水	64	水、旱	51	水、旱、雹、风
十七年	28	水、旱	11	水	56	水、雹、虫	52	水、旱
十八年	33	水、旱	10	水	46	水、旱、雹、风、虫	62	水
十九年	29	水、旱	11	水	46	水、旱、风、雹、虫	54	水、旱

续表

年份	江苏		浙江		安徽		江西	
	被灾州县（个）	灾别	被灾州县（个）	灾别	被灾州县（个）	灾别	被灾州县（个）	灾别
二十年	31	水、旱	13	水	48	水、旱、虫	53	水、旱
二十一年	29	水、旱	12	旱	62	水、旱、风	54	水
二十二年	18	水、旱	12	水	52	水、旱、雹、风、虫	55	水、虫
二十三年	35	水、旱	12	水	55	水、旱、风、虫	54	水、旱
二十四年	31	水、旱	13	水、旱	61	水、风、虫	6	水
二十五年	35	水、旱	13	水、旱	48	水、旱、雹、虫	44	旱、雹
二十六年	28	水、旱	11	水、旱			28	旱、风
二十七年	24	水、旱	15	水	69	旱、雹、虫	62	水、旱、雹、风
二十八年	38	水、旱			49	水、旱		
二十九年	36	水、旱	10	水	85	旱、雹、虫	61	水、旱
三十年	38	水、旱			84	水、旱、虫	4府	水、旱、雹
三十一年	32	水、旱			94	水、旱、雹、虫		
三十二年	21	水、旱			85	水、旱、雹、风	85	水
三十三年	29	水、旱	17	水	93	水、旱、雹、风、虫	45	水、旱
三十四年	29	水、旱	9	水	93	水		

资料来源：清档，据各省地方官奏报整理。

表10－2所列也不完全。据其他记载，道光年间还有很多年份都有关于自然灾害的记录，如前述道光十三年、道光十八年至二十四年，江苏都发生了严重水灾，有关这些年份的奏报档案迄未见到。但可根据上表考察清代后期征漕各省自然灾害的发展趋势，越是到后期，水、旱灾害越加频繁。

三　土地贫瘠，农业生产下降

清代后期，由于种种原因，尤其是水利失修，灾荒频繁，直接影响农民经济生活，在农业生产方面再无力投入更多资金，土地日益贫瘠，农业生产急剧下降。兹举数例：如江苏江宁府，有旗田3400亩，自乾隆三十四年由佃户领种，“年清年款，从未蒂欠”。道光二十二年以后，屡被水淹，“各佃无力培植，以致渐形硗薄，连年租籽歉收”。[①] 如松江府东乡，农户以种棉为主，“嘉道以前，每亩得收一二百斤”，“昔无蚕桑元利，而温饱有余”；同治至光绪初，“收歉日薄”，以致“生计减戚，户口萧条”。[②] 江北淮安府，道光以前，盛产豆油豆饼，转贩江南。咸丰以后，“收获益薄，业此者少”。[③] 安徽省如怀宁县属，道光以前，农民种早晚二稻，“农人争天时，一刻千金，率晨刈昼犁而夜种之，农家之忙无过于此，土人谓之插乌秧”。道光以后不同了，“近年地质大异，每种晚稻，所入犹不足偿耕耨之费，是以皆易早晚二季为中迟一季”。[④] 江西省属，据道光十九年包世臣记载，全省七十余州县，“旧有最优者十余缺，次优者二三十缺，瘠缺不过十余处。近来瘠者更瘠，次优之缺半已变瘠”。所谓瘠指民户贫困，不能完全漕，由地方官赔累。这时“约计通省不能赔累者三分居一”。[⑤] 就是说有三分之二变成贫瘠州县，不能全漕征解。如建昌县鹿洞书院田，每年租谷一千余石，“本系膏腴”，道光年间，“年清年款，未尝缺额”。咸丰以来，因产量下降，“颇形短绌”。同治年间，收租日减。光绪年间，佃户间有逃亡，田亩多有荒芜。[⑥] 如雩都县学田，每年额租四百余石。咸丰以前，已因水灾歉收，佃户拖欠租额。咸丰以后，收成益减，租额“拖欠尤甚，每岁仅收十之二三”。[⑦] 湖南省

① 李星沅：《李文恭公遗集·奏议》卷17，《委勘旗营公租田亩酌议办理折》，道光二十八年。

② 《申报》，光绪六年六月二十一日。

③ 光绪《淮安府志》卷2，《疆域》。

④ 民国4年《怀宁县志》卷6。

⑤ 包世臣：《安吴四种》卷7，《江西或问》。

⑥ 董沛：《晦暗斋笔语》卷2，《清查洞租疏》；又卷2，《催收洞租谕》。

⑦ 光绪《雩都县志》卷4。

如湘阴县，“乾嘉盛时，濒湖开垦无虚土，山林蔚然成林，地无遗利。其后水潦岁作。田卒污莱，所在童山硗确，物产日啬”。[①] 如零陵县，据光绪初记载，邑民男女并耕，贫者丧牛，以人曳犁，“用力尤苦”。[②]

与自然灾害直接联系的是产量收成，关于各省雨水收成，《清档》中保存了比较全面的记录，下面是从各省地方官奏报中摘录的自道光至光绪朝80多年间的资料，制成表格，见表10-3。

表10-3 清代征漕六省历年秋季收成分数统计

收成分数 省别 年份	浙江	安徽	江西	湖北	湖南	河南
道光元年(1821)	八+	—	八+	—	八+	七+
二年	七+	七+	八+	八	八+	七+
三年	七+	五+	—	七+	八+	七+
四年	八+	八	八+	七	八+	八+
五年	八	七+	八+	七+	八+	—
六年	八+	七+	七+	七+	八+	七+
七年	七+	—	八+	七+	八+	八+
八年	七+	六	七+	七+	—	七+
九年	七+	七+	七+	七+	—	七+
十年	七+	七+	七+	七	—	七+
十一年	七+	五+	—	六+	七+	—
十二年	六+	六+	七+	—	—	七+
十三年	七+	六+	七+	六+	八+	七+
十四年	六+	七+	七+	六+	—	七+
十五年	—	六+	六+	六+	六+	七+
十六年	八+	七+	七+	六+	八+	七+
十七年	八+	—	八+	七+	八+	—
十八年	八+	七+	八+	八	八+	七+
十九年	七+	六+	七+	六+	八+	七+
二十年	六+	六+	七+	六+	八+	七+
二十一年	六+	五+	—	六+	八+	六+

① 光绪六年《湘阴县志》卷25。

② 光绪二年《零陵县志》卷5，《风俗》。

续表

收成分数 省别 年份	浙江	安徽	江西	湖北	湖南	河南
二十二年	七⁺	六⁺	七⁺	六⁺	—	六⁺
二十三年	六⁺	六⁺	七⁺	七	八⁺	六⁺
二十四年	七⁺	六⁺	七⁺	七⁺	九	六⁺
二十五年	七⁺	六⁺	七⁺	七⁺	—	六⁺
二十六年	六⁺	六⁺	七⁺	六⁺	七⁺	五⁺
二十七年	七⁺	六⁺	七⁺	七	—	六⁺
二十八年	六⁺	五⁺	七⁺	六	七⁺	—
二十九年	—	五⁺	七⁺	五⁺	—	六⁺
三十年	六⁺	六⁺	七⁺	七⁺	—	—
咸丰元年（1851）	六⁺	六⁺	七⁺	七⁺	七⁺	六⁺
二年	六⁺	六⁺	七⁺	七	六⁺	六⁺
三年	六⁺	—	七⁺	六⁺	七⁺	六⁺
四年	七	—	七⁺	—	七⁺	六⁺
五年	六⁺	—	七⁺	—	七⁺	五⁺
六年	—	—	—	—	七⁺	五⁺
七年	—	—	—	六⁺	七⁺	五⁺
八年	—	—	—	六⁺	—	五⁺
九年	六⁺	—	—	六⁺	七⁺	五⁺
十年	六⁺	—	七⁺	—	七⁺	—
十一年	—	—	—	六⁺	七⁺	五⁺
同治元年（1862）	—	—	六⁺	六⁺	七⁺	五⁺
二年	—	—	六⁺	—	七⁺	五⁺
三年	六	—	六⁺	六⁺	七⁺	五⁺
四年	五	—	六⁺	—	七⁺	五⁺
五年	五⁺	—	—	六⁺	七⁺	五⁺
六年	六⁺	—	六⁺	—	—	五⁺
七年	六⁺	—	六⁺	七⁺	—	五⁺
八年	六⁺	五⁺	六⁺	六	七⁺	五⁺
九年	六⁺	五⁺	六⁺	六⁺	七⁺	五⁺
十年	六	五⁺	六⁺	六⁺	七⁺	五⁺
十一年	六	五⁺	六⁺	六⁺	七⁺	五⁺
十二年	五⁺	五⁺	六⁺	六⁺	—	五⁺
十三年	五⁺	五⁺	七⁺	六⁺	七	五⁺
光绪元年（1875）	五⁺	五⁺	六⁺	六⁺	七⁺	五⁺

续表

收成分数 年份 \ 省别	浙江	安徽	江西	湖北	湖南	河南
二年	五$^+$	五$^+$	六$^+$	六$^+$	七$^+$	五$^+$
三年	五$^+$	五$^+$	七$^+$	五$^+$	七$^+$	五$^+$
四年	五$^+$	五$^+$	六$^+$	五$^+$	七$^+$	六$^+$
五年	五$^+$	五$^+$	七$^+$	六$^+$	七$^+$	五$^+$
六年	五$^+$	五$^+$	七$^+$	六	七$^+$	五$^+$
七年	五$^+$	五$^+$	七$^+$	六$^+$	七$^+$	五$^+$
八年	五$^+$	五$^+$	六$^+$	五$^+$	七$^+$	五$^+$
九年	五$^+$	五$^+$	六$^+$	六$^+$	七$^+$	五$^+$
十年	五$^+$	—	七$^+$	六$^+$	七$^+$	五$^+$
十一年	五$^+$	—	七$^+$	—	七$^+$	五$^+$
十二年	五$^+$	五$^+$	六$^+$	六$^+$	七$^+$	五$^+$
十三年	五$^+$	五$^+$	六$^+$	六$^+$	七$^+$	五$^+$
十四年	五$^+$	五$^+$	七$^+$	六$^+$	六$^+$	五$^+$
十五年	六$^+$	五$^+$	—	四$^+$	六$^+$	五$^+$
十六年	五$^+$	五$^+$	—	六$^+$	七$^+$	五$^+$
十七年	五$^+$	五$^+$	—	六$^+$	七$^+$	五$^+$
十八年	五$^+$	五$^+$	—	六$^+$	七$^+$	五$^+$
十九年	五$^+$	五$^+$	七$^+$	六$^+$	六$^+$	五$^+$
二十年	五$^+$	五$^+$	七$^+$	六$^+$	六$^+$	五$^+$
二十一年	五$^+$	五$^+$	六$^+$	六$^+$	六$^+$	五$^+$
二十二年	五$^+$	五$^+$	七	五$^+$	七$^+$	五$^+$
二十三年	五$^+$	五$^+$	六$^+$	六	七$^+$	五$^+$
二十四年	五$^+$	—	六$^+$	六$^+$	六$^+$	五$^+$
二十五年	五$^+$	—	六$^+$	五$^+$	六$^+$	五$^+$
二十六年	六$^+$	—	六$^+$	五$^+$	六$^+$	五$^+$
二十七年	五$^+$	—	六$^+$	六	六$^+$	五$^+$
二十八年	五$^+$	—	六$^+$	—	七$^+$	五$^+$
二十九年	五$^+$	—	六$^+$	—	七$^+$	五$^+$
三十年	五$^+$	—	六$^+$	六	七	五$^+$
三十一年	五$^+$	—	六$^+$	五$^+$	六$^+$	五$^+$
三十二年	五$^+$	—	六$^+$	六$^+$	六$^+$	五$^+$
三十三年	五$^+$	—	六$^+$	—	六$^+$	五$^+$
三十四年	五$^+$	—	—	—	六	五$^+$

资料来源：清档，据各省地方官奏报整理。

说明：缺江苏、山东两省资料。

由表10－2，有漕各省秋季收成皆是呈下降趋势。如浙江省，道光元年至十八年，一般多为七$^{+}$，有几年高到八$^{+}$；道光十九年以后由七$^{+}$降为六$^{+}$。如安徽省，道光元年至十八年，一般为六$^{+}$到七$^{+}$；道光十九年以后皆为六$^{+}$，有时低到五$^{+}$。毗邻的江苏省历年收成情形可能相去不远。其他各省收成下降趋势略同。浙江征漕区杭、嘉、湖三府历年春花收成分数统计见表10－4。

由表10－4反映出来，浙江省三府春花收成，道光二十五年前均为七$^{+}$，有的高到八$^{+}$；咸丰元年后逐渐降为六$^{+}$；同治四年后又降为五$^{+}$。这三府是当时的重漕区，春花收入占着极其重要的地位。春花收成下降，严重影响农民对漕粮的负担。

表10－4 浙江征漕区杭、嘉、湖三府历年春花收成分数统计

府别 / 收成分数 / 年份	杭州府	嘉兴府	湖州府
道光九年(1829)	七$^{+}$	八$^{+}$	七$^{+}$
十五年	八$^{+}$	八$^{+}$	八$^{+}$
二十年	七$^{+}$	七$^{+}$	七$^{+}$
二十五年	七$^{+}$	七$^{+}$	六$^{+}$
咸丰元年(1851)	六$^{+}$	六$^{+}$	六$^{+}$
五年	六$^{+}$	六$^{+}$	六$^{+}$
九年	六$^{+}$	五$^{+}$	六$^{+}$
同治四年(1865)	五$^{+}$	五$^{+}$	六$^{+}$
九年	五$^{+}$	五$^{+}$	五$^{+}$
光绪元年(1875)	五$^{+}$	五$^{+}$	五$^{+}$
五年	五$^{+}$	五$^{+}$	五$^{+}$

资料来源：清档，根据浙江省地方官奏报整理。

第三节　人口增长超越生产增长及食粮不敷

一　人口增长及人口密度[①]

由乾隆末至嘉庆朝三四十年间，除边地外，在相当广大地区农业生产发展比较缓慢，道光三十年间更呈停滞状态，有些地区并出现下降趋势。在这一时期人口却在持续增长，同农业生产的变化呈现严重不平衡状态。这是人口问题的本质。

关于中国历史上的人口记载一向是不准确的。先是康熙后期定滋生人口永不加赋，此后乾隆六年又定不论“大小农妇”悉数造报，此后关于户口的统计比较接近实际。下面是根据官书记载所作出的关于嘉庆、道光两朝人口统计表，见表10－5。

表10－5　嘉庆、道光两朝人口统计（1796～1850）

单位：万人

年　份	人　口	年　份	人　口
嘉庆元年(1796)	27566	道光五年(1825)	37989
五年(1800)	29524	十年(1830)	39479
十年(1805)	33218	十五年(1835)	40177
十五年(1810)	34572	二十年(1840)	41282
二十年(1815)	32658	二十五年(1845)	42124
二十五年(1820)	35338	三十年(1850)	41449

资料来源：嘉庆朝据《仁宗实录》卷12、卷77、卷155、卷237、卷314；道光朝据《宣宗实录》卷11、卷93、卷182、卷276、卷343、卷424；《文宗实录》卷24。

下面专就征漕省份户口增加情况加以论列。乾隆后期至咸丰元年清征漕八省人口数见表10－6。

---

① 谈封建社会的人口问题，既要注意数量，也要注意阶级内容。在地权集中的条件下，人口问题会越加突出。本书这里主要谈人地矛盾，即人地比例问题，因此把阶级关系问题舍弃掉。

表 10－6　乾隆后期至咸丰元年清征漕八省人口数（1786～1851）

单位：人

省别	乾隆五十一年至五十六年（1786～1791）（平均）	嘉庆十七年（1812）	道光十年至十九年（1830～1839）（平均）	道光二十年至三十年（1840～1850）（平均）	咸丰元年（1851）	咸丰较乾隆增加	
						增加人数	增加（%）
江苏	31907333	37843501	41960700	43482545	44302621	12395288	38.85
浙江	22124167	26256784	28476900	29322364	30106857	7982690	36.08
安徽	29153833	34168059	37155400	37508000	37630968	8477135	29.08
江西	19509000	23046999	24478400	24508455	24516010	5007010	25.67
湖北	19711667	27370098	32237500	33441545	33809892	14098225	71.52
湖南	16308167	18652507	19641700	20289455	20647752	4339585	26.61
山东	22971167	28958764	31235400	32468273	33266055	10294888	44.82
河南	21198333	23037171	23687000	23827909	23927764	2729431	12.88

资料来源：梁方仲：《中国历代户口、田地、田赋统计》，上海人民出版社，1980，第262页，甲表82。

征漕各省，由乾隆五十一年到咸丰元年的66年间，人口在迅速增长，平均在35%以上。以每平方公里平均人口计如表10－7、表10－8所示。

表 10－7　乾隆五十一年至咸丰元年征漕八省每平方公里人口数（1786～1851）

单位：人

省　别	乾隆五十一年至五十六年（1786～1791）（平均）	嘉庆十七年（1812）	道光十年至十九年（1830～1839）（平均）	道光二十年至三十年（1840～1850）（平均）	咸丰元年（1851）
江　苏	322.88	382.95	424.62	440.02	448.32
浙　江	227.61	270.13	292.97	301.67	309.74
安　徽	179.60	210.49	228.90	231.07	231.83
江　西	107.52	127.02	134.91	135.08	136.12
湖　北	108.64	150.85	177.68	184.31	186.34
湖　南	72.95	83.43	87.86	90.76	92.36
山　东	156.48	196.01	211.42	219.76	226.16
河　南	132.98	144.52	148.59	149.48	150.11

资料来源：梁方仲：《中国历代户口、田地、田赋统计》，第272页，甲表87。

表10－8　嘉庆二十五年（1820）江浙重漕区每平方公里人口数

府　别	人口(人)	面积（平方公里）	人口密度（人/平方公里）
苏州府	5473348	5100	1073.21
松江府	2631590	4200	626.57
常州府	3895772	8700	447.79
镇江府	2194654	4200	522.54
太仓州	1772230	3300	537.04
杭州府	3189838	6300	506.32
嘉兴府	2805120	3900	719.26
湖州府	2566137	5400	475.21

资料来源：《嘉庆一统志》。转据梁方仲《中国历代户口、田地、田赋统计》，第273页，甲表88。

由表10－7、表10－8，每平方公里人口密度以江浙两省为最。江苏省又以苏州、松江二府为最，浙江省又以嘉兴府为最，都远超过一般人口密度水平。

人口密度和生产发展水平有一定联系，不能离开生产讨论人口问题。这时维持每一人生活所必需的食粮，以亩产计，在1948年，罗尔纲先生曾参酌古今中外论著，以扎实的史料为依据，作过如下估计："在北方需用农田4亩，在南方需用农田2亩的生产，才能养一人。"① 在当时的生产水平下，这个估算比较接近实际，至迟从嘉庆朝开始，由于人口的迅速增长，征漕各省人均地亩数，不少地区已经达不到这个标准，苏、松、杭、嘉等府尤为突出。参见表10－9。

① 罗尔纲：《太平天国革命前的人口压迫问题》，《中国社会经济史集刊》八卷一期，1948。

表 10－9　嘉庆十七年征漕各省人均地统计

省别	人口数（人）	田额（亩）	人均地（亩）
江苏	37843501	72089486	1.9
浙江	26256784	46600369	1.77
安徽	34168059	41436875	1.21
江西	23046999	47274107	2.05
湖北	27370098	60518556	2.21
湖南	18652507	31581596	1.69
山东	28958764	98634511	3.41
河南	23037171	72114592	3.13

资料来源：人口数据嘉庆《大清会典》卷 11，《户部尚书侍郎职掌》。转据梁方仲《中国历代户口、田地、田赋统计》，第 400 页，乙表 76。

表 10－9 所列系税亩而非实亩。实亩面积为 240 步，而黄河流域税亩有大至 360 步乃至 720 步者；江南税亩有小至 210 步乃至 190 步者。[①] 以江苏而论，江南与江北又不同，江北若淮安、海州、徐州等府，地旷人稀，人均地可至数亩；江南若苏州、松州、常州等府，人多地少，人均地亩远在 1.9 亩以下。另据嘉庆二十五年苏、松、常、太、杭、嘉、湖等府州人口密度统计，人均地都不足 1.5 亩。如嘉定县，据光绪县志，全县田 30 万亩，人口 40 万口，每人均 0.75 亩。[②] 若苏州、嘉兴二府某些人口较多的县，人均地当更少。其他各省，如江西宁都州，据道光州志，“计口授田，人不及二亩”。[③]

研究历史上人口密度问题，还有一点值得注意，即中国历史上关于人口和耕地记载都有缩小的一面，两者相权，以缩小的人口数字均衡缩小的耕地面积，从这方面说，上述统计可能比较接近实际。

---

① 程鹏诏：《近霭笔记》卷 1。
② 光绪八年《嘉定县志》卷 8。
③ 道光《宁都直隶州志》卷 11，《风俗》。

二　当时关于人多土狭的一些议论

有些地区，早在康熙后期至雍正年间已出现人口增长快，人口增长超过耕地增长及食粮不敷的议论。下面列举一些事例。

江苏苏州、松江两府，在清代前期人口已称饱满，如汤斌所奏：苏松二府“土隘人稠，一夫所耕，不过十亩”。[①] 浙江湖州府乌程、德清、归安三县，据康熙五十五年记载：“土狭民稠，民力重艰，地与人相参，供食不足取给，外江之米，常年参半，凶岁无量焉。耕夫终岁勤劬，计十亩之所入，得半不过十石，八口之家，何以养生送死，供饘粥而殖其生。”[②] 程氏所记指租佃农，所以“得半不过十石”。如系自耕农，每年得米20石，扣除其他生产开支，也不过10多石，供八口之家食用也是很紧张的。雍正五年，清帝据湖广总督福敏等奏所颁上谕，谓康熙帝在位60余年，“户口日增，生齿日繁，而直省内地不加广。……而民间之食指繁多，所入不足以供所出，是以米少而价昂”。[③] 乾隆初期，据朱伦瀚奏：“盛世滋生人口日众，岁时丰歉各处难一，以有限有则之田土，供日增日长之民食，此所以不能更有多余。”[④] 江苏长洲县，据乾隆县志：“独长邑瘠而贫”，乡民力田，“男妇衣履多鹑结芒鞋，触目不胜感叹原其故，盖缘户口日繁，米价岁益昂，生计日益艰且窘，故风景日益暗淡萧条，即欲求所谓繁华者而不可得矣”。湖南省，据乾隆十三年巡抚杨锡绂奏，“承平既久，人余于地，则地价贵”。[⑤] 以上所论述过嫌笼统，但从字里行间透露出来，乾隆中叶以前，在有些地区，由于人口增长超过耕地的开发，生产的粮食已不充裕。

① 光绪五年《川沙厅志》卷4。
② 凌介禧：《程安德三县赋考》卷2。
③ 雍正《东华录》卷10，雍正五年三月壬子户部议，署湖广总督福敏等奏。
④ 《清朝经世文编》卷39，朱伦瀚：《截留漕粮以充积贮札子》。
⑤ 《清朝经世文编》卷39，杨锡绂：《陈明米贵之由疏》。

乾隆中叶后人地矛盾更加尖锐，如江苏阳湖洪亮吉所论："或者曰，高曾之时，隙地未尽辟，闲廛未尽居也，然亦不过增一倍而止矣，或增三倍五倍而止矣；而户口则增至十倍二十倍，是田与屋之数常处其不足，而户与口之数常处其有余也。"① 洪氏原意是说明人口增加快，耕地开辟慢，所产食粮不足供应。他说："一人之居以供十人已不足，何况供百人乎？一人之食供十人已不足，何况供百人乎？此吾所以为治平之民虑也。"②

洪氏关于人口增长速度的论述虽然不免夸张，但提出人口增长速度超过耕地增长速度问题，是符合当时历史实际的。他只是忽略了农业生产发展问题。乾嘉年间耕地虽然增加慢，单位面积产量却仍在继续增长，问题是这时农业生产发展速度远落后于人口增殖的增长。

此后嘉庆及道光年间，都有关于人多地少的议论。如吴江县之黎里，据嘉庆志："国朝初年，货物如故，居民更二三倍焉。迄今滋生人丁，岁以千计。地不加增民鲜恒产，兼之岁不常丰。人益众，用益繁，米薪亦日益贵，公税私租，十室九空。"③ 张海珊于道光年间写《积谷会议》，谓"上里滨太湖"，其地"人浮于田"。该地"计一家所耕田不能五亩，以是仰贸易工作为生与夫游手之徒且十室而九，向藉楚蜀籼米接济青黄"。④ 邵懿辰则认为"及人多田少则必乱矣"⑤ 等。

由道光至咸丰数十年间人地矛盾问题更加突出。江苏江宁汪士铎再次把人口问题提到议事日程上来。他说："人多之害，山丁已殖黍稷，江中已有洲田，川中已辟老林，苗洞已开深箐，犹不足养，天地之力穷矣。即使种植之法既精，糠核亦所吝惜，蔬果尽以助食，草木

① 洪亮吉：《意言·治平篇》。

② 洪亮吉：《意言·治平篇》。

③ 嘉庆吴江县《黎里志》卷4。

④ 刘锦藻：《皇朝续文献通考》卷74，《市籴考》。

⑤ 邵懿辰：《半岩庐遗集·忱行录》。

几无孑遗，犹不足养，人事之权殚矣。”汪氏又说，“驱人归农，无田可耕，驱人归业，无技需人”。因之“游荡之人日多”。结果所致，由于“地不足养”，而“不为乱不止”。[①] 当然，汪氏所论，是从人多地少土地所产不足以养人出发的，从而忽略了地权集中问题，离开了阶级关系的分析，这是可以理解的。这是时代给予他的局限。

关于地少人多人地矛盾加剧的议论，到清代后期更多，这里不一一论列。[②]

清代中叶后出现的人口问题，是在阶级对立矛盾情况下，即在地权相对集中的条件下出现的，无疑这种现象会增大人口问题的严重性。这里要着重指出的：一是人和地的矛盾，即按人均地已难以维持每个人的中等生活水平；二是人口增长超越生产增长速度的矛盾。人是社会的主要生产力，人口的增长原本可以促进社会经济的发展。但当人口增长超越物质资料生产的条件下，也会阻碍社会经济的发展，清朝嘉庆、道光后，有些地区就是这种情形。这时，在相当广大地区，农具改进，耕作技术已达到相当高的水平。但由于旧生产方式的制约，要使农业生产再向前进一步发展是相当困难的。

三　征漕各省主要是重漕区食粮不敷

由于人口增长超过农业生产的增长，在有些地区出现食粮不敷现象。

江南食粮不敷具有长久的历史。因为有些地区植棉纺织，农户靠出卖布纱购买食粮，从而促成商品粮的发展。浙江杭、嘉、湖三府，植桑养蚕缫丝业盛行，民户赖以维持生计，也需要商品粮的调剂。以

① 汪士铎：《乙丙日记》卷3。

② 关于清后期人口众多食粮不敷问题，同治《城步县志》卷10、同治《桂东县志》卷9、光绪《长宁县志》卷2、光绪《霍山县志》卷2、光绪《嘉定县志》卷8、光绪《续纂江宁府志·咸丰三年以来兵士日月表序》等都有反映。

上地区所产食粮不敷本地食用是另一种情形。问题是，后来江、浙由于产量下降，所需外粮日益增多，同时提供商品粮的供应区也在发生变化。据康熙后期记载，江宁和苏州食粮靠江西、湖广运米接济。[①]湖广则靠四川商品粮输入，如朱伦瀚所说："湖广素称沃壤，故有湖广熟天下足之谚，以今日言之，殊不尽然……而今日之采买运贩者动云楚省，不知今日之楚省非复昔日之楚省也，且亦待济于川省矣。武汉一带，有待川米来而后减价之语。"[②] 此后，湖广、江西人口增加，江西农民纷纷到外地开垦山林，湖广富余食粮也日益减少，仰赖四川粮食情形更加迫切，据雍正二年王景灏奏，江浙食粮仰给予湖广，湖广又仰给予四川。[③] 清代中叶，逐渐由"湖广熟"改为"四川熟"，如姚椿所说："湖广熟，天下足；四川熟，湖广足。"[④] 道光初，王家相有江浙两省食粮常仰赖湖北，湖北仰赖四川米之说。[⑤] 道光以后，江、浙屡次灾荒，所需外粮日多，湖北、湖南、四川等省运销粮一旦减少，太湖流域往往发生粮食恐慌。[⑥]

食粮不敷情形以重漕区江、浙两省为最。乾隆年间，苏、松、太三府州沿海植棉村镇，每年约需外地商品粮 200 万石。[⑦] 咸丰年间，苏州、松江二府，即丰收之年，农民也只能以碎米和麦之类充饥。[⑧] 由于粮食缺少，稍遇水旱，粮价即行高涨。是时粮价，每米一石不过银一两有余；同治二年，稍遇灾害，每石即上涨至 4～5 两。由于粮价上涨，买米而食的民户生活困难。两江总督沈葆桢，御史丁寿昌纷纷上疏奏报，或谓江苏农民"平时绝无盖藏，有事则

---

① 《文献丛编》第 9 辑，康熙四十八年三月曹寅奏。
② 《清朝经世文编》卷 39，朱伦瀚：《截留漕粮以充积贮札子》。
③ 《朱批谕旨》，雍正二年八月二十四日。
④ 姚椿：《晚学斋文集》卷 1，《采买川米说》。
⑤ 王家相：《王艺斋先生奏疏·复奏收漕加米事类加赋请定义章程疏》。
⑥ 沈葆桢：《沈文忠公政事》卷 2，《江省新漕仍难改征本色》。
⑦ 《清朝经世文编》卷 96，张崇傃：《嘉定水利论》。
⑧ 张亮基：《张大司马奏稿》卷 2，《办理收复抚恤事宜折》，咸丰三年。

立匮”。[①] 或谓苏、杭农民，“朝纳官粮，夕成饿殍”。[②] 当然，江浙棉纺织及蚕桑区主要吃商品粮，是一种特殊情形，但也由于人口增长过快，如前述由乾隆五十一年到咸丰元年，江苏人口增加了38.85%，浙江人口增加了36.08%，所需要的商品粮随之增加。在粮食短缺、粮价上涨的情况下，给农民经济生活带来严重困难，具体反映为民户对漕粮的拖欠。

以人口繁密的江苏苏州、松江、太仓三府州而论，道光年间，历年应征漕粮额经常拖欠，道光十三年后则年年拖欠，地方官吏则捏报灾荒以求减免，原因之一就是食粮不敷，民户无力完纳，一直到同治二年，才由江苏巡抚李鸿章揭穿了这一秘密，他说：“夫癸巳［道光十三年］以前，一二十年而一歉，癸巳以后则无年不歉，且邻皆不歉，而苏、松、太独歉，此何理也？谓为州县捏灾。此三十年中，督、抚、司、道更数十人之多，岂无一二不肯党同欺妄之人，而且圣主不加斥，户部不加驳，廷臣科道不加纠，此又何理也？诚以赋重民穷，有不能支持之势。部臣职在守法，自宜一切不问，坚持不减之名；疆臣职在安民，实因万不得已，为此暗减之术。”[③]

李鸿章的奏报没有提人口问题，他主要从地方官吏捏报灾荒问题进行论述，地方并没真正发生灾荒，捏灾是因赋重而粮户无力负担等。但是这种变化为什么发生在道光十三年前后，李氏则未作进一步分析。

综上所述，重漕区江南农家棉纺织副业的发展受到冲击，整个征漕区农业生产发展缓慢乃至有的地区趋向衰退，人口增长超越农业生产的发展，食粮呈现不敷，粮户难以继续承担沉重的漕赋了。这才是问题的本质。

---

① 沈葆桢：《沈文肃公政书》卷2，《江省新漕仍难取征本色折》，同治二年八月二十日。

② 《清朝经世文编》卷39，丁寿昌：《请永减苏、杭漕粮疏》，同治二年。

③ 李鸿章：《李文忠公全集·奏稿》卷3，《裁减苏、松、太粮赋浮额折》，同治二年五月二十一日。

第四节　农民经济状况恶化与抗粮斗争

一　农民经济状况恶化

清代中叶后，征漕各省水利破坏，农业生产下降，加以人口迅速增长，影响食粮不敷，变成为某些征漕省区的普遍现象。又清中叶后，伴随漕政败坏，吏治贪污，漕船向州县需索帮费有加无已，所有这种费用最后又都转移到负担漕赋的粮户身上。这时农民经济状况日趋恶化，再无力承担过重的漕粮了。

农民经济状况的这种变化，早在嘉庆年间包世臣即曾经指出："今者民无殷，窭莫安其生"；民间"愁叹盈室，冻馁相望"。[①] 包世臣所说指一般民户。到清代后期，农民经济状况更加恶化。道光三十年大学士卓秉恬上过一封奏疏，对农民经济状况作过如下分析，他说："臣闻民间终岁勤动，仅足供上下两忙之费而无余，是以虽值屡丰，不免冻馁；一遇水潦，相继流亡。国课之所以岁逋，民生之所以日蹙，胥由此也。况近岁以来，海口淤而下流不畅，江防弛而上流屡决，频水之区积年不得耕获，鬻妻弃子，哀吁之声，最足干天和而致水旱。"[②] 关于农民贫困的原因，卓氏谓关键在赋税和灾荒。在江南而言，赋重主要是漕粮的浮收勒折，灾荒主要是水利破坏收成递减。这种情形在前面业已论及。结果所至，则是"国课岁逋"，农民"鬻妻弃子"。

同治年间，强汝询对于农民的经济生活作了如下估算：南方耕作一人不过10亩，上田丰岁亩收麦1石、稻3石，共计40石。八口之

---

① 包世臣：《安吴四种》卷7，《说储》上。

② 清档，道光三十年四月二十九日，大学士卓秉恬等奏。

家，老稚居其半，每人日食 4 合；壮者居其半，每人日食 8 合。全家合计每日食粮 48 合，一年共食粮 17.28 石，尚余麦 4 石、稻 7 石。所余麦稻变卖折钱，麦每石值钱 1200 文，稻每石值钱 800 文，两者共卖 10400 文。一年开支，计赋役钱亩 500 文，10 亩为 5000 文，尚余 5400 文。这 5400 文，“而制衣服、买犁锄、岁时祭祀，伏腊报寒、亲戚馈送、宾客饮食、嫁女娶妇、养生送死之费，皆出其中，而当凡物皆贵之日，其困固宜”。一般农户有田不到 10 亩，也不会年年丰收，因此强汝询又说：“况所耕不及十亩，或值瘠土遇歉，又处赋重役繁之区，而当谷贱之时乎。”农民遇到这种情形生活就更加困难了。强汝询估算的结果是：农民收入少而开支大，“其困固宜”。①

大约也在同治年间，金文榜为江苏农家收支算了一笔账，谓春熟无几，全赖十月获稻，“以中年论之，亩获稻三石，碾米一石五斗，准谷升时价，石米仅值大钱二千四百文，亩可得钱三千六百文”。一亩田漕粮和地丁的开支，计“正漕额征米一斗七升；上下忙额征银一钱五分，加以零星小费共需钱一千余文”。一亩的生产费需“一千余文”。最后农家所得不过千余文，即米 7～8 斗。按金文榜估算，如农家有田以十亩计，赖以维持全家生计的不过米 7～8 石，显然不足食用。因此自耕农的经济状况极端困难，“而乡农之有田未弃者，受官吏格外苛勒，势又不能保其恒产”；其丧失土地农户，“改习他业，更难保其不流入奇邪”。金氏则把导致这种恶果的根源归结为“皆赋重利薄所致”。②

仍在同治年间，秦湘业为无锡县农家收支所做的估计很可供参考。这时粮户每石漕粮折收制钱 4500 文。折价过高，谓“谷贱伤农”。秦湘业作《折漕变通议》的那一年，秋收丰稔，“米价不过二

① 强汝询：《求益斋文集》卷 4，《农家类序》。

② 《清朝经世文编》卷 39，金文榜：《与彭通政论去差徭减重赋书》。

千余文”，仍按每石折收4500文，“则不啻倍且过之矣”。一般农民小户，“田止数亩以至数十亩，终岁勤动，本不足供八口一年之食，折漕既无现钱，势必举其日食之米而贱售之”。加以小钱通行，官多挑剔，每石虽可卖钱二千数百文，“不能得通足制钱二千，折耗尤甚”。秦氏最后的结论是：“恐此辈完漕之后，小则号寒啼饥，大则卖男鬻女，有不可问者矣。”[①]

秦湘业所论和金文榜略同，谓农民之“号寒啼饥”“卖男鬻女”主要由于漕赋过重。其实相对以前而言，这时漕赋已有所减轻，地权分配也没发生重大变化。这时的广大农村是：水利破坏，自然灾害频繁，收成递减，人口增殖而食粮不敷，这才是症结所在。

这时农村经济变化及农民生活状况恶化现象，在文献记载中屡有反映，以向称富庶的江、浙而论，如江苏句容县，据光绪县志“虽中稔之年，民有菜色”。[②] 如上海县，论者谓素称饶裕，实已外强中干，咸丰、同治年间田价每亩可售30千文~40千文，光绪中期，递减至十余千文至七八千文，“竟已无人顾问，此中干之明证也”。[③] 浙江省如乌程县，道光以前，下区民户“稍富”，有的地区“男耕女织，民颇称殷”。咸丰以后，“下区之富亦萧然矣”。[④] 又光绪二年有论者谓：“余生也晚，在于嘉庆之末，道光初年，而天下之繁富虽不如昔，亦不似今。”[⑤] 所说主要指江南地区。又光绪前期，论者谈到江南时说：“今田犹是古之田，宅犹是古之宅，而耕者织者不能俯育其婴。”[⑥] 综上所述，富区变成穷区，今不如昔；农民生活困难，至不能养活家室，农民纷卖土地，是地价跌落的重要原因。

---

① 光绪《无锡、金匮县志》卷38，秦湘业：《折漕变通议》。
② 光绪《句容县志》卷6下，《风俗物产》。
③ 《益闻录》，光绪十九年八月二十一日。
④ 光绪五年《乌程县志》卷28。
⑤ 《申报》，光绪二年八月十二日。
⑥ 吴承志：《逊斋文集》卷7，《江阴保婴局记》。

当时论者把导致农民贫困的原因多归于漕赋过重，其实乃是社会经济的变化，加以政治败坏、官吏贪污，农民对赋税再无力继续照旧承担了。

二　农民抗粮斗争

农村经济发生较大变化，农民再无力继续承担过重的漕赋，纷起抗粮。这种斗争首先在江、浙爆发，然后波及其他各省。

关于农民抗粮斗争，早在乾隆、嘉庆年间即已发生。江苏省如江阴县，乾隆三十三年十一月各乡农民二百余人，以旱灾突至县署，要求缓征漕粮。[①] 嘉庆十九年，松江府川沙厅属农民，因灾拥众两次入城，求免钱漕。[②] 其他省如湖北荆门，乾隆四十八年冬，乡民聚众持械，抗交漕粮。[③] 道光年间，各省农民抗漕运动日益频繁，如道光元年，江苏金坛、吴江等县农民爆发反浮收勒折斗争[④]；道光十六年，武进、阳湖等县粮户反对浮收，要求固定每石漕粮的折价。[⑤] 道光二十四年，陈岱霖为此特上《请严革征漕积弊疏》："臣伏见今日直省地方，匪徒滋事之案，小则聚众拒捕，大则戕官扑城，如湖北之崇阳、湖南之耒阳，比年以来层见叠出。揆其致衅之由，多缘征漕而起。即现今盘获台湾滋事之武生郭光侯，亦在刑部供有知县官于收漕时欲行帮贴番银之语。虽所供难以遽信，而地方官之不能洁己奉公，予以口实，亦可概见。"[⑥]

道光二十六年山西道御史朱昌颐上奏，谓"近时钱漕抗拒之案迭

---

① 清档，乾隆三十三年十一月，江苏巡抚彰宝奏。
② 清档，嘉庆二十年八月十四日，两江总督百龄等奏。
③ 清档，乾隆四十八年十二月十五日，湖广总督舒常奏。
④ 清档，道光七年六月十九日，曹振镛等奏。
⑤ 董醇辑《议漕折钞》卷8，道光十六年，《常州府属收漕情形疏》。
⑥ 《清朝经世文编》卷39，陈岱霖：《请严革征漕积弊疏》。

出，愚顽陷于囹圄”。[①] 农民不再甘于贪官污吏和地方绅衿通过征漕所进行的压迫剥削了。

咸丰年间，伴随太平天国农民革命战争高潮，农民抗粮斗争更加剧烈。如江苏省属，咸丰二年，江阴、震泽、松江、华亭等地爆发农民抗漕运动，使是年漕粮无法正常征收。咸丰初年，粮户以漕粮折价过重，纷起反抗。据徐鼒记述：江以南米每石折银 5 ~6 两，江以北米每石折银 4 ~5 两，折价过高，致使“强者聚众以抗官”。官府鞭扑追呼，仍不足额，“则捏报灾荒，以图缺额”。民户欠粮情形，“在官则十县而亏空者九，在民则十户而抗粮者有三”。[②] 大约同一时期，江苏之嘉定、青浦等县也发生抗粮斗争。[③] 咸丰十一年，江苏奉贤县东乡农民闻县官欲征已奉旨蠲免的旧漕尾，乃“聚众入城滋事”，焚烧总胥及幕友顾某住房。[④] 总之，清代后期，江苏南部农民的抗粮斗争最为激烈。

浙江省属，如临安、新城、於潜、长兴等县农民，咸丰初期，“均以困于钱漕而起”。时银价日昂，“钱漕二粮既因以增，而浮收折色又日有加无已，民苦不堪，怨嗟载道”。农民乘机聚会，“拆毁衙署”，“殴官毙役”。因此王茂荫向清廷建议，裁减陋规，“一石不收至数石之多”，则农民可以少安，不致滋生事端。[⑤] 咸丰五六年间，嘉兴府嘉兴县农民纷纷聚众“责有烦言，哓哓不已，思欲罢漕”。县官迫于群众声势，“不敢催征，互相袖手，绝无善策”。[⑥] 光绪二年，平阳乡民发生闹漕事，官府动用军队实行镇压。[⑦] 光绪六年，长兴县回

---

① 清档，道光二十六年九月初九日，山西御史朱昌颐漕务积弊疏。
② 徐鼒：《未灰斋文集》中册卷 3，《务本论罄辨篇》。
③ 王茂荫：《王侍郎奏议》卷 5，《请禁收漕规费片》，咸丰三年。
④ 姚济：《小沧桑记》第 6 册，太平天国丛刊本。
⑤ 王茂荫：《王侍郎奏议》卷 5，《请禁收漕规费片》，咸丰三年。
⑥ 戴槃：《桐溪纪略》，《桐乡征收冬漕记》。
⑦ 《申报》，光绪二年八月初三日。

复征漕，于是“阖邑哗然”，将县官上房衣箱携至大堂外，付之一炬，“谓此皆长兴之脂膏，虽焚之而尚不及十分之一”。[①] 是年，浙江巡抚谭钟麟派委员到嘉兴府查勘荒田，嘉兴县农以为查荒升科，“不约而来城者数千人，均执香求免”。诸委员“饬即拿办”，乡人不服，将候补道等四员“捉而挟出南门”。[②] 清代晚年，乌程、归安二县，当某年十一月开仓收漕时，乡民即鸣锣聚众，“阻纳漕粮”，并张贴传单，约期入城“捣毁漕仓官署”。或谓归安乡民抗漕，系“乡民积忿于书吏之匿灾勒征”，而牵及乌程。二县令编查被灾之户，“准其免征”；其余应征之户，“许以七成交纳”。这时德清县乡民，则“以漕书朱杏林索赂拟荒逾格浮收”而抗漕。县民于十一月开征时，聚众数千，要求重惩库书，荒田免征，熟田减征。桐乡县农民则以被灾过重，图董“勒报荒熟”，吏胥浮收贪索，发动抗漕。乡民聚众数千，愤拆县署和粮仓。[③]

江西也发生农民抗粮运动。咸丰年间，莲花厅各都乡民抗欠丁漕，而以二十七都为最，据官府告示，“乃查该都八年下忙，完纳寥寥，八年漕米及九年上忙，竟全未破白”。[④] 即全行抗交。

湖北省抗粮运动发生较早，道光二十一年，崇阳县钟人杰率领农民抗粮，“戕官踞城”，咸丰元年，通城县民聚众抗漕，“纠聚多人，直入该县城，焚烧县汛衙署”。[⑤] 咸丰三年，广济县乡民数百人，各执刀矛，闯至县署，“声称漕粮应一律普免开征”。[⑥] 或谓广济知县蔡润身，贪鄙不法，“且米石加赋钱九百”。农民不服，纷起反对。[⑦]

---

① 《申报》，光绪六年四月十三日。

② 《益闻录》，光绪六年四月初一日。

③ 《中国大事记》，《东方杂志》宣统二年一月。

④ 沈清旭：《借箸杂俎》卷3，《江西莲花厅催完丁漕告示》，咸丰十年。

⑤ 张亮基：《张大司马奏稿》卷3，《通城土匪滋扰见饬臬司带兵剿捕折》，咸丰三年。

⑥ 张亮基：《张大司马奏稿》卷3，《广济匪徒滋事派兵剿办折》，咸丰三年。

⑦ 徐宗亮：《善思斋文钞》卷5。

湖南省农民抗粮爆发于咸丰元年。或谓湘乡县西南50里之乡民，“向不纳粮”。县令亲往督征，乡民“继闻征粮，则一呼而出，为人数千，持器械而相向”。①

山东省农民抗粮爆发于咸丰十年。是年，乐安县农民抗粮。② 咸丰十一年，据御史任兆坚奏报：山东省各州县农民“抗粮滋事之案层出不穷”。③ 山东陵县，同治年间，农民爆发抗漕运动。或谓狡黠之徒，借充团长“包霸钱漕”。如侯家庄之侯登亭，“纠连十八庄，聚众抗粮”。④

河南省农民抗漕发生于咸丰四年。是年，辉县乡民聚众，“抗纳钱漕，烧毁粮差房屋”。同时济源、温县、原武等县农民，也“聚众抗漕”。⑤ 禹州民刘化振则组织联庄会，时值开征钱漕，化振乃号召乡民，“求减钱漕”。⑥ 是年，封丘县催征上年民欠，县民纠众焚抢衙署印信。⑦ 咸丰五年，河南省农民“聚众抗漕之处尚复不少”。⑧ 如新乡县龙泉寺农民“聚众抗粮，杀伤差役”。⑨ 咸丰八年，睢州农民聚众抗粮。⑩ 同治十三年，汜水县民闻完粮时柜书需索纸笔钱，“互相传播，舆论哗然”。东北乡民纠众入城，“毁坏科房门窗……拥进衙署，逞凶滋闹”。⑪

与粮户抗粮斗争相联系的，则是佃农抗租斗争。农业生产衰落，产量减少，地主照旧征租，佃农无力交纳，自道光间开始，抗租斗争

---

① 汪士铎：《汪悔翁乙丙日记》卷2。

② 《清文宗实录》卷303，咸丰十年正月。

③ 《皇朝续文献通考》卷3。

④ 戴杰：《敬简堂学治杂录》卷1，《陵县利弊论》。

⑤ 尹耕云等：《豫军纪略》卷3，《会匪二》。

⑥ 尹耕云等：《豫军纪略》卷2，《会匪一》。

⑦ 《清文宗实录》卷131，咸丰四年五月。

⑧ 《清文宗实录》卷158，咸丰五年五月。

⑨ 尹耕云等：《豫军纪略》卷3，《会匪二》。

⑩ 《清文宗实录》卷252，咸丰八年四月。

⑪ 钱鼎铭：《钱敏肃公奏疏》卷5，《汜水县民因粮票索费纠众滋事分别查办折》。

日益加剧。

农民抗租以重漕区江苏省最为突出，道光十四年苏州府昆山县立有严禁佃户抗租碑，碑文一开始即指明“粮从租出，租自佃交”、“业佃相依”之类词句。[①] 咸丰四年，两江总督怡良、江苏巡抚许乃钊所上奏报说得更加清楚：“江苏田亩，业户收租以供赋，佃户耕种以还租，业佃所余本属仅敷口……近年来，银价日昂，浮费日增，地方官无非取盈于业户，业户又势不能不责偿于佃户，业佃皆不聊生，以致官民交怨，业佃相仇，抗租拒捕殴差之案层见叠出”。[②] 以上事例，都说抗租与抗粮的相互关系。

下面列举农民抗租斗争的几个事例。嘉庆九年，苏松一带农民爆发抗租斗争。[③] 道光年间，苏州府长洲、元和、吴县，“佃欠租课，业主追呼罔应，往往控官押缴，动即至数十名及数百名之多”。[④] 道光八年，吴江、震泽、元和、无锡、华亭等县爆发抗租斗争。[⑤] 道光十四年，昆山县“城厢内外之以抗租枷示者相望于途”。[⑥] 咸丰二年，吴江等县“佃户则聚众抗租，业户则滋闹仓场，鸣锣打抢，比比皆是”；苏常各属佃户，多“鸣锣聚众，抗不还租”。[⑦] 咸丰三年，江苏各县佃户“抗不交租，地方官概不追比，以致业户完粮无从设想”。[⑧] 咸丰四年江苏吴江县农民抗交租粮。同时扬州府也发生抗租斗争。咸丰十年青浦县农民抗租。吴江县农民对地租“甚有任比不还者”。苏州

① 《昆山碑刻录初编》。

② 许钧培等：《江苏海运全案原编》卷 3，两江总督怡良、江苏巡抚许乃钊奏本届漕粮仍请改折并片奏浏河海运事宜已齐备疏。咸丰四年二月二十二日。

③ 《清朝经世文编》卷 43，张海珊：《甲子救荒私议》。

④ 裕谦：《裕靖节公遗书》卷 4。

⑤ 《昆山碑刻录初编》。

⑥ 《昆山碑刻录初编》。

⑦ 许钧培等：《江苏海运全案原编》卷 3，两江总督怡良、江苏巡抚许乃钊奏本届漕粮仍请改折并片奏浏河海运事宜已齐备疏，咸丰四年二月二十二日。

⑧ 《清文宗实录》卷 190，咸丰三年闰七月戊子。

府各县乡民之无力完租者，甚至“争赴县甘死杖下”。清代后期，江苏南部各县还有不少关于农民抗租的记载，不一一列举。浙江省若平湖、余姚、慈溪、崇德等县佃农抗租斗争也很激烈。

总之，清代中叶后，农村经济发生了较大变化，清代后期尤其咸丰、同治年间，矛盾更加突出，粮户再无力继续照旧完纳漕粮，漕运制度势非改革不可了。

第十一章

道光后漕运改制政策（上）

——改折减赋

第一节　农村经济凋敝与漕运改制

前节业已论及，清代中叶后，官吏贪污导致漕运体制内部矛盾加剧，农村经济变化对漕粮征收形成严重冲击，漕运制度非进行改革不可了。同时伴随商品经济发展，商品粮的运销缓和了京师市场对漕粮调剂的需求。伴随社会经济的发展，漕运制逐渐失去了赖以存在的基础。而太平天国农民革命的冲击，更是促成漕运改制的一个重要因素。①

从封建统治方面来说，则更着眼于争取民心，并通过减轻漕粮负担鼓舞粮户完纳漕赋。咸丰前期，长江中下游广大地区，多被太平军占领，并提出天朝田亩制和普免三年钱粮的号召，农民纷起响应，如当时张德坚所说："蚩蚩之氓竟为贼卖，甚至贼至争迎之，官军至皆

① 改制的再一个原因即漕粮河运的极大浪费，此种情形俟详下节。

罢市，此等悖惑情形比比皆是，而以湖北为甚。”[①] 农民浮动情形，如湖北巡抚胡林翼所说：官民互相仇视，即太平军不复至，农民亦将“揭竿为变”。[②] 为此他特提出“御贼之法先结民心，救乱之略先保民命”的建议。[③] 胡氏所说“先结民心”“先保民命”主要指减轻漕赋。后来丁日昌又论述减轻漕赋的重要意义，他说：如能实行减漕，已收复地区的人民将“亟思灭贼”，未收复地区的人民将“率众归诚”，如此，则清军所至将如破竹之势，太平军便容易镇压下去。[④] 同治二年，丁寿昌奏：“欲寒今日之贼胆，必先收今日之民心；欲收今日之民心，必先减最重之粮额。苏、杭等府所最苦者漕粮之重，苏、松为甚，常、镇、太、杭、嘉、湖次之。”[⑤] 潘祖南说：兵燹之后，非减赋不足以纾民困，如酌减赋税，则参加太平军的人将还乡务农，对稳定社会秩序定有很大好处。[⑥] 可见咸丰、同治之际地方官吏主张减赋是同反对太平天国、收拾人心联系在一起。

同时农村残破凋敝，民户无力完纳漕粮，也非实行改革不可。如江苏省松江府和太仓州，经过长期战争，有的城镇变成焦土。[⑦] 浙江省杭州、嘉兴、湖州等府，则到处破壁颓垣。[⑧] 安徽省也有些地区因战争而耕地荒废。[⑨] 在这种情形下，一般粮户已无力继续完纳全漕。湖南省情形，据骆秉章奏，该省以迭遭蹂躏，民情凋敝。[⑩] 湖北省情

---

① 《洪杨类纂史料》卷10、卷11。

② 胡林翼：《胡文忠公遗集》卷14。此书系1947年前在前中央研究院历史语言研究所借阅，当时有的注明奏折标题，有的只注卷页。下引《曾文正公奏稿》《曾文正公书札》。

③ 胡林翼：《胡文忠公遗集》卷14。

④ 《江苏减赋全案》卷2。

⑤ 《清朝经世文编》卷37，丁寿昌：《请永减苏、松漕粮疏》。

⑥ 《江苏减赋全案》卷2。

⑦ 李鸿章：《李文忠公全集·奏稿》卷3，《裁减苏松太粮赋浮额折》，同治二年五月十一日。

⑧ 《马端敏公（马新贻）年谱》。

⑨ 曾国藩：《曾文正公奏稿》卷21。

⑩ 骆秉章：《骆文忠公奏稿》卷5，《劝捐牙帖酌议变通办理折》，咸丰六年七月二十一日。

形，据胡林翼奏：该省以兵燹余生，脂膏已竭，不堪朘削。[①] 江西省情形，据曾国藩奏：该省以残破过重，即减价收课，尚难完纳。[②] 向称富庶的江苏省，据李鸿章奏：农民已“无骨可敲，无髓可吸”。[③]

在农村经济衰退农民抗漕斗争日趋剧烈的条件下，征漕日益困难。地方官吏为逃避责任，则捏报灾荒缓征减征，运额逐渐减少。最后还是把减赋问题提到日程上来。

关于运额减少是从道光中叶开始的，道光二十二年以后减为200多万石，如表11－1所示。

表11－1　道光朝历年漕粮起运统计

单位：石

年份	起运粮额	年份	起运粮额
道光七年	3622489	道光二十二年	2633976
八年	3531929	二十三年	2842815
九年	3572640	二十四年	2954529
十年	3448171	二十五年	2970317
十一年	2402104	二十六年	2713700
十六年	3577518	二十七年	2301579[①]
十七年	3513961	二十八年	2774694
十八年	3306634	二十九年	1933509[②]

资料来源：清档。

说明：①江南、浙江、湖广、江西及山东等五省，缺河南额。

②江南、湖广、江西、山东、河南等五省，缺浙江额。

从咸丰朝起，由于战争及农民抗租抗税斗争，征额更少。关于起运粮额，缺乏这一时期的档案材料。但可从当时京通仓储情形考察。如表11－2所示。

① 胡林翼：《胡文忠公遗集》卷23。

② 《曾文正公书札》卷16。

③ 《李文忠公奏稿》卷3，《裁减苏松太粮赋浮额折》，同治二年五月十一日。

表 11-2　咸丰、同治年间京通仓结存米额

单位：石

年份	诸仓存米额	年份	诸仓存米额
咸丰二年	36220	同治二年	6679
三年	19694	三年	14118
四年	32357	四年	14232
五年	43825	五年	23134
六年	17733	六年	24035
七年	40402	七年	1364
九年	30669	八年	1508
同治元年	5903	九年	28725

资料来源：清档。

京通粮储米豆，嘉庆以前经常为数百万石。雍正八年京通两仓储粮多至1400多万石。乾隆二十五年（1760）通州仓存米可供八九年支放。乾隆二十六年、二十九年、五十三年诸年份都有积存白粮过多之类记载。嘉庆时期仓储渐少。道光年间甚至有时连一年的积储也没有，当年漕运一有延误，京师便无法支放官兵粮饷。由咸丰朝至同治朝，京通两仓储粮仅30000～40000石，有时少至1000多石。咸丰八年有170万石漕粮运到通州，是数年以来最多的一次，亦仅敷户部支放，旗民生计问题仍无法解决。[①] 粮食供应成为京师一个严重问题，户部遂一再请求下令严催东南各省征运漕粮，但收效甚微。

这时地方官吏和清廷都很清楚，在农村残破农民经济窘迫的条件下，如仍令全额完漕，税户反观望不前，如适当考虑农民负担能力，酌中定制予以减免，反更能收到实效，如曾国藩在江西所说：减价折征，一新百姓之耳目，或可迅速征解，稍济急需。[②] 潘祖荫请减江苏漕粮疏，亦谓减漕不但可以消弭变乱，并且赋轻易输，可以裕国。[③]

① 《清朝经世文编》卷52，户部：《敬陈筹运西米略疏》，咸丰八年。
② 《曾文正公书札》卷16。
③ 《江苏减漕全集》卷2。

李鸿章说，如实行减赋，税户得到鼓舞，将踊跃输将。[①] 浙江巡视左宗棠说，漕粮一旦减征，税户将欢腾输将。[②] 经过臣僚的建议，减赋问题终于提到议事日程上来。但这时还只限于裁革漕规冗费和革除大小户的差别。

关于各省裁减陋规冗费情形，如湖南巡抚骆秉章通令各州县裁汰征漕陋规。[③] 湖北巡抚胡林翼提出禁革漕赋浮收当先革除冗费。[④] 曾国藩、乔松年、左宗棠、李鸿章等都从删除漕粮陋规着手，在整顿漕赋方面做出了一定成绩。由于革除征漕陋规，有些地区漕粮得全部征运，地方财政渐有起色。

革除大小户差别是针对大户包揽短欠而发的。大户指绅衿等级的地主，小户指一般农民包括庶民地主；在完纳漕赋方面，大户包揽拖欠短交部分由小户农民代为赔纳。如前所述，绅衿对漕赋的包揽拖欠是同地方官违例浮收联系在一起的，禁革浮收，绅衿地主再无从要挟地方官的短长，大小户的差别也就容易禁革了。当时几个高级地方官都注意到这一点。咸丰七年，湖北省推行粮漕改折，规定不论绅衿地主还是农民户都照规定折价交纳，革除在漕赋方面大小户的差别。[⑤] 此后，李鸿章在江苏办理均赋，革除旧有大小户名目。[⑥] 这时江西征收漕赋，规定不论绅衿农民，应完银米照额完纳，不准多寡不均。[⑦] 浙江仍征本色漕米，革除大小户差别。[⑧]

由咸丰后期至同治年间，在整顿漕赋方面颇见成效，在实行改折

① 《李文忠公奏稿》卷 3，《裁减苏、松、太粮赋浮收折》，同治二年五月十一日。

② 《浙江减赋全案》卷 2。

③ 骆秉章：《骆文忠公自订年谱》上卷。

④ 胡林翼：《胡文忠公遗集》卷 23。

⑤ 《胡文忠公遗集》卷 60。

⑥ 《江苏减赋全案》卷 2。

⑦ 李桓：《宝韦斋类稿》卷 11，《请奏严定减收丁漕裁停繁费章程详》，咸丰七年壬戌四月。

⑧ 《浙江减赋全案》卷 2。

的省份尤为突出。但好景不长，尤其是仍在继续征漕的地区，由征收起运到交仓，各项陋规并未彻底革除，大小户的差别一直持续到光绪朝。[①]

第二节　湖南、湖北等五省减漕折和革浮收

清代咸丰、同治年间整顿漕政的政策措施和以前不同。嘉庆、道光年间着重在惩治贪污肃清积弊，而收效甚微。咸丰、同治年间不同了，这时湖南、湖北、江西、安徽、河南五省漕粮实行改折，以减折价革浮收为主。[②] 湖南、湖北两省进行最早。盖两省较早为太平军所占领，为期不长即又被清军收复，为推行减赋提供了便利条件。五省减赋，漕赋和地丁一同包括在内，但以漕赋为主。下面按地区分别加以论述。

一　湖南省裁减漕赋

咸丰四年秋，湖南省战事逐渐结束。这时地方政权注意以下两个问题：一是如何安定民心，以防动乱；二是如何筹措军饷，以协济邻省战事。为此，咸丰五年，湖南巡抚骆秉章采用了减赋的政策措施，这时左宗棠作骆氏幕僚，减赋问题多由左氏筹划，而筹议减漕的人则

① 光绪《东华续录》卷155，光绪二十五年七月癸丑：刚毅等奏查办江苏清赋事宜，谓各属报征起存银米，苏州府不过十分之六，亏额最多，一由于绅户之包抗，他说："溯查减赋案内，永革大小户名目，其继借善堂为词，减折完纳，继则绅士效尤减完，继又以己产不足，复揽小户诡寄之产代为包完，大户日多，小户日少，官不敢诘，吏不敢问，此其弊之在绅者也。"

② 各省漕粮改折有过一个发展过程。道光二十七年，王大臣户部会议，以京师之现银太少，南省之浮收太重，请将南漕改征折色，经实部库而苏民困，旋经督臣李星沅奏驳不行。咸丰初，抚臣傅绳勋以州县浮收帮费太重，民不聊生，再次建议改征折奏，以部科议驳不行。咸丰三年，太平军占领金陵，长江梗塞，南方有漕各省不得已而改折。见《清朝经世文编》卷42，曾国藩：《遵议筹运东仓疏》，同治二年。

是湘潭举人周焕南。据左孝同《先考事略》："府君（左宗棠）佐骆文忠公。其时腹地土寇起，又须征应邻省援兵饷械。湖南一贫弱之区，支五省兵事，羽檄交驰，兵饷两绌。筹饷以抽厘减漕为大端，尤瘁尽心力。减漕事发端湘潭周君焕南。其时排众议以定章程，府君实主之焉。"①

当时地方官府进行减赋，其目的在于筹措军饷以协济邻省，《先考事略》中反映得十分清楚。在"腹地土寇起"民心浮动的条件下，如何实现征赋，的确是一个十分棘手的问题。而且当时谷价钱价都贱，而完赋以银两计，对粮户来说已经不利。如果民户漕赋负担过重，无力完纳，那么会拖欠累累。如湘潭一县，每年额赋本应征收银 4 万 ~5 万两，咸丰四年只收到 4000 多两，仅为额赋的十分之一。减赋之后大为改观。仍以湘潭县钱漕为例，未减赋以前，地丁银每额银一两加征 0.5 两，而每石漕粮则折收银 6 两，为原额的数倍。② 粮户由于浮收过重而拖欠累累。咸丰五年十月，周焕南等赴巡抚衙门递呈建议：地丁银每两加 0.4 两，较前减征 0.1 两；漕折除按照部章每石折纳银 1.3 两外，再加纳银 1.3 两以助军需，又加银 0.4 两作州县办公费，每石共折银 3 两，较前减少一半，其他一切陋规浮收一概停革。骆秉章采纳周焕南的建议，即批准实行。接着长沙、善化、宁乡、益阳、衡阳、衡山等县钱漕都照湘潭县办理，减赋之后，粮户输将踊跃，税收增加。仍以湘潭县为例，到咸丰五年十二月中旬，已报收四年、五年两年钱漕银 10 万多两，比未减赋前大有好转，收到了预期的效果。其他减漕州县也纷纷报解。③

咸丰朝，湖南减赋是由各州县官吏和地方士绅主持的，先由地方

---

① 《左文襄公年谱》卷 2。又据《胡文忠公遗集》卷 61，"骆［秉章］之办事，全在左卿"。

② 《骆文忠公自订年谱》上卷。

③ 《骆文忠公自订年谱》上卷。

议定减额，然后禀明巡抚布政两衙门立案施行。因系创始，须随时考察改进，故举办之初并未呈报朝廷。至咸丰八年四月，减赋已历三载，办有成效，并取得一些经验，才向清廷奏明。据是年骆秉章奏报："许地方士绅条陈积弊，具呈自拟款目，以为征收之准。察其官民相安者准之，未协者驳之，俟其适中而复准之。……严饬各州县，将钱漕宿弊大加厘剔，谕以事理，晓以利害；严禁吏胥衿棍扰索把持。"①

湖南减赋措施，各州县系依照地方情形而定，因此不完全一致，裁减细额无法计算。关于湘潭县减赋记载比较具体，兹依照湘潭情形作一大致估计。湖南钱漕旧章，地丁银每两加征 0.5 两，漕粮每石折收银 6 两。② 按湖南全省地丁银额为 91 万两有奇，每两以加征 0.5 两计为银 45 万两有奇，两者合计为银 136 万两有奇。漕粮正耗合计为 13 万余石。③ 每石折银 6 两，共该折银 78 万余两。地丁与漕折合计共为银 216 万余两。湘潭县减赋，地丁银每两减收 0.1 两，共该减银 91000 余两；漕粮折价每石减银 3 两，共该减银 39 万余两，地丁漕粮两项所减合计为银 48 万余两，比原额减少 22% 以上。其他各州县所减百分比如何，相差当不会过远。

二　湖北省裁减漕赋

湖北减赋稍迟于湖南。咸丰六年十一月，清军下武昌，湖北长江两岸农村秩序逐渐恢复。咸丰七年三月，湖北巡抚胡林翼效法湖南减赋法，是年九月酌定章程，通令全省办理。④ 胡林翼进行减赋，其目的与湖南略同，一为筹措军饷；二为稳定封建秩序。当时张德坚所

---

① 《骆文忠公奏稿》卷 8，《汇陈湖南筹饷情形折》。

② 《骆文忠公自订年谱》上卷。

③ 《同治钦定户部则例》卷 19，道光二十五年湖南征额，计正米为 95482.64 石，加四耗米为 38153.06 石，两者合计为 133635.70 石。

④ 《胡文忠公遗书》卷 30。

说："贼至争迎之，官军至皆罢市"，即指湖北省而言。[①] 民心浮动，漕赋已经到了非减不可的时候。

胡林翼减赋政策从裁汰陋规浮费着手。据胡奏报，过去湖北钱漕积弊过深，浮收勒折太苛，丧失人心，致纷起抗粮。[②] 而钱漕浮收之重，则又由于绅衿贪索陋规和包揽，所以"欲禁浮收，当必先革冗费"。[③] 胡林翼将所有漕规及上下各衙门一切房费差费概行裁革。咸丰八年，所裁粮道和丞倅漕规、司道府厅各书吏房费年规等银凡20余万两。[④]

裁浮收和改折紧密联系在一起。从这年起漕赋正式改征折色，所有田单、串票、样米、号钱等一切浮费概行革除。以有漕各州县所裁减浮收制钱而言，咸丰七年共裁减140万串有奇[⑤]，咸丰八年共裁减160万串有奇。各县所减钱额如表11－3所示。

表11－3 湖北省减漕

县别	漕额(石)	漕粮每石原折钱数(文)	减赋后每石折钱数(文)	全县裁减总额(文)
江夏	7550	8000～13000	6500	30200000
武昌	14933	5400	4400	14993000
咸宁	6330	7600	5500	13293000
嘉鱼	2849	15000	5500	27065500
蒲圻	9750	5860	5000	8385000
崇阳	5164	6000	4000	10328000
通城	6720	6000	4000	13440000
兴国	18119	6400	4100	41673700
大冶	6562	14000	5000	59058000
通山	959	5000	4800	191800

① 《洪杨类纂史略》卷10。
② 《胡文忠公遗集》卷23，《奏陈鄂省尚有应办事件疏》。
③ 《胡文忠公遗集》卷23，《革除漕务积弊并减定漕章密疏》。
④ 《胡文忠公遗集》卷30。
⑤ 《胡文忠公遗集》卷25。

续表

县　别	漕额(石)	漕粮每石原折钱数(文)	减赋后每石折钱数(文)	全县裁减总额(文)
汉　阳	9568	8000	5000	28704000
汉　川	2333	9000	4200	11198400
黄　陂	11113	10000	5800	46674600
孝　感	7565	12000	5800	46903000
沔　阳	12778	12000	4000	102224000
黄　冈	25656	9600	4500	130845600
黄　梅	2893	6800	4500	6653900
蕲　州	18900	7960	4500	65394000
罗　田	6943	9600	4500	35409300
蕲　水	30832	9600	4500	157243200
广　济	13969	7000	4500	34922500
潜　江	4854	7500	5000	12135000
天　门	11233	9600	5000	51671800
安　陆	2086	9000	5600	7092400
云　梦	1713	9700	5800	6680700
应　城	3151	9000	5800	10083200
随　州	2272	12000	6500	12496000
应　山	3089	9000	6500	7722500
江　陵	14353	16000	5000	157883000
公　安	4300	7500	5000	10750000
石　首	2791	10000	5000	13955000
监　利	7137	20000	5000	107055000
松　滋	2019	7500	4500	6057000
荆　门	16858	7500	4800	45516600
合　计	297412	—	—	1243898700

说明：①漕粮每石原折钱数及减后折钱数均据《胡文忠公遗集》卷30。

②各县“漕额”一项，据民国重修《湖北通志》卷46。内缺夏口、当阳两县漕额。

③各县裁减总数为134498万文，较胡氏所奏报的140000万文为少。这大概由于缺夏口、当阳两县数额之故。

湖北漕赋核减步骤，先由各州县地方士绅酌定核减数额，禀呈上司，上司根据士绅意见，体察各地过去浮收情形，土地肥瘠及产量多寡，米价低昂及钱价高下，酌定折价。①

① 《胡文忠公遗集》卷30，《奏陈漕务章程办有成效折》。

减额规定之后，施行较为严格。咸丰七年十月胡林翼《批汉阳府详请漕折札》曾说："折色数目，经此次痛加裁减之后，如敢增加一文，定即分别特参究治，决不稍宽。"① 粮户由于减轻漕赋负担，完纳阻力消除，如胡氏所说，粮户完纳之踊跃为数十年来所未有。② 可见此次减赋之成效。

漕粮改折后，除核减折价外，尚有节省归公款项。一是州县原来津贴运丁的帮费，运丁既不出运，此项银两可节省68000两有奇。二是粮道库额征随漕、浅船、军三、安家、帮津等款，漕船停运，此款无须尽数支销，又可节省银12万两。以上两项共可节省银18.8万两有奇，备作军饷开销。

三　江西省裁减漕赋

咸丰十一年九月，曾国藩镇压太平军取得胜利，江西全在控制之下，遂也效仿湖南做法，对漕粮减折征收；其目的和前者同，在于令粮户踊跃输将以裕兵饷。③ 这时李桓以粮道署理江西布政使，曾氏即把江西减赋事指令李桓办理。李桓酌定：地丁每亩正耗减定为制钱2400文；漕粮每石折价定为3000文，所有州县办公费一概在内。④ 曾国藩将李桓所制定的减赋原稿和告示，寄予江西巡抚毓科，令印发各州县张贴。

江西减赋，各州县漕粮折价一律相等，如过去浮收最多的广信府，从前每石折收制钱14000文，其他各府少的3000余文，现在一律减定为3000文。⑤

同治元年（1862），沈葆桢继任江西巡抚，与曾国藩商酌，重定

① 《胡文忠公遗集》卷85。
② 《胡文忠公遗集》卷3。
③ 《曾文正公奏稿》卷14。
④ 李桓：《宝韦斋类稿》卷65。
⑤ 刘郇膏等辑《江苏减赋全案》卷3。

减赋章程。此事先由卢陵知县丁日昌发起[①]，同治元年正月，丁氏同江西各县官禀复核减办法，大致可归纳为两点。一是裁减各项浮收陋规和各项摊派，预计核减结果国家可增加 60 万两银子的收入，粮户可节省 100 多万两银子的浮费。二是更定各州县漕粮折价，将广信府各县漕粮折价一律定为 5500 ~ 6000 文；其余各府每石折价定为 2600 ~ 3800 文。与减赋前相比，全省共可核减制钱 10 亿文有奇。[②]

同治元年四月，李桓向曾、沈二人提出更定减赋章程，并提出具体办法。曾国藩参酌李桓等人建议，并同沈葆桢、左宗棠等人商酌，于是年五月核定了减赋新章程。[③] 在地丁方面，按从前每正耗银 1.1 两，实收库平银 1.5 两。在漕粮方面，南昌等十府每石折收银 1.9 两；广信府七县每石折银 3 两，3 两之中以 0.5 两作军需费，俟后军务完竣改为 2.5 两，过去系折收制钱，现在改为一律收银。[④] 又江西各州县过去未完随赋带征银 215 万余两，一律豁免。

上述酌定减赋章程并未完全兑现，广信府粮户以当地漕粮折价增高，群起反对，结果又同南昌等十府改为一律折银 1.9 两。[⑤] 关于一律收银的规定也未贯彻执行，后来因银价跌落，州县为增加收入，同治三年又改为每石折收制钱 3000 文。[⑥] 同治四年八月，时孙长绂任江西巡抚，和曾国藩商酌。[⑦] 再次奏定减赋章程，丁漕两项每年共核减浮收银 100 多万两。[⑧] 按江西每年起运漕粮 76 万余石，未减赋以前每

---

① 《曾文正公批牍》卷 6。先是咸丰十一年前署江西卢陵知县丁日昌曾禀陈江省丁漕利弊情形，曾国藩便令与其他县令评议章程，开具简明清折，呈候核夺。

② 沈葆桢：《求阙斋弟子记》卷 28。

③ 《曾文正公年谱》，同治元年五月初五日核定，二十日出示，此据曾氏《手书日记》。

④ 将广信府漕折由 4 两改为 3 两，一律收银，系受沈葆桢影响，见《求阙斋弟子记》卷 28。又《曾文正公书札》卷 19，复沈中丞书。使各府漕折参差定价，由地方官绅酌议折价，系受左宗棠影响，见《曾文正公书札》卷 8、卷 28。

⑤ 《曾文正公书札》卷 20。

⑥ 《曾文正公书札》卷 23。又沈葆桢《求阙斋弟子记》卷 28。

⑦ 《曾文正公书札》卷 29。

⑧ 《清史稿 · 穆宗本纪》卷 21。

石折收制钱 3000 ~ 4000 文不等，约折银 3 ~ 4 两，76 万余石漕粮该折银 260 万两有奇，与地丁银 155 多万两合计，共为银 400 多万两，所减浮收银达 100 多万两，约占总额的 25% ~ 33%。

四　安徽省裁减漕赋

同治三年，占领安徽省的太平军被镇压下去，清廷拟规复漕运旧制，以运道梗阻暂收折色。又以久战之后，农村凋敝，无法照原额征收，乃办理减征。此事由两江总督曾国藩和安徽巡抚乔松年主持。先由布政使马新贻等制定折征章程，最后由曾国藩核定，大致可归纳为两点：第一，每石漕粮折收银 1.3 两，另加收 1.2 两提存司道库；第二，废除各项陋规摊捐，另加征丁漕余资若干以为州县办公用费。

漕赋虽然规定折收银两，但民间习惯使用制钱，州县征收时遂也令粮户折交钱文以图省便，每石折价各县多寡不等，大抵在 5000 文以内，最高不超过 6500 文。[①]

减赋章程既定之后，由巡抚乔松年会同两江总督曾国藩、漕运总督吴堂上奏朝廷，制定办法可归纳为以下三点：第一，州县向粮户征收折色，连同司库加提及州县办公等款在内，按过去原折价七折六折征收，每石共折收制钱 4000 ~ 6500 文不等；第二，解部定价按每石稜米折银 1.3 两，粟米每石折银 1.2 两；第三，一切陋规尽行革除。据上述乔松年等奏报，未减赋以前每石漕粮折价为 7100 ~ 8300 文，如每石平均折价以 7750 文计，安徽全省漕粮以 277634 石计[②]，则未减赋以前原折总额当为制钱 2151677 千文。减赋以后，如每石平均折价以 5000 文计，漕额不变，则安徽全省折价该为制钱 1388170 千文，两者相较，共该减 763507 千文，减原折价的 55%。

---

① 《曾文正公批牍》卷 5。

② 安徽全省漕粮正耗为 288775 石，除凤阳永折米不计外，实为 277634 石。

五 河南省裁减漕赋

河南省漕粮主要征收粟米、麦、豆。黄河流域征漕区，河南漕赋比山东省更为复杂，有畸轻畸重情形。河南之怀庆府，当元明鼎革之际，地方人士曾协同元将铁木耳守城，明太祖朱元璋愤将该府漕赋按三倍加征，此制入清相沿不改，故怀庆一府漕粮最重，该府八州县共计额漕55000多石，其他各府额漕不过3万~4万石，少者数千石，只开封府十六州县额漕为56000多石，但开封与怀庆府不同，土地较多，也比较富裕。

河南北部各县漕粮也较重，这是由于该省西南境各州县漕粮实行改折而由北部各州县代办所形成的。雍正年间，令内黄等县代办南阳府、汝宁府、光州、汝州等府州三十七州县漕粮。乾隆年间，又把省西南境十七州县漕粮令北部各州县代办。计河南省共有一百〇八州县，由内黄等五十四州县代办光、汝等五十四州县漕粮，令停办漕粮的州县每石按银0.8两折纳，这0.8两折价，该省藩台粮道扣留0.15两作为解漕经费，其余0.65两作为代办州县应得米价（此款并不支付代办漕粮州县，而是于应解藩司地丁银内扣除）。这0.65两银子是不够办运一石漕粮的，停漕州县固然减轻了办漕负担，代办州县民户漕赋负担则大为增加。咸丰年间，因战争关系河南漕粮全部改折，每石折收银1.25两。同治元年，每石折价又增为银3.3两。代办漕粮州县原以银0.65两之地丁银改纳一石漕粮，现又以一石漕粮改交银3.3两。一转折之间，原来0.65两之地丁银增加了2.65两漕赋银，代办漕粮各州县的粮户负担更加沉重了。

以上指河南省漕粮正额。每石漕粮原折交银0.8两，咸丰七年增为1.25两，州县所收漕粮折价并不算高。河南赋重问题在于浮收过重，同治元年，正粮和浮收合计，每石有折收制钱6000文的，约合银4两。河南巡抚张之万请明定折价，每石折银3.3两。谓如此国家既可增加收入，又可免去浮收。但河南减赋工作并不理想，减定之后，仍浮收未已，每石所收折价，以银计有的多到 6.9 两，以钱计有的高达 9200 文。①

怀庆府各州县以漕赋过重，光绪十一年，该府在北京做官的周信之再一次提请酌减，清廷并曾饬令河南巡抚边实泉查办，但没有结果。

综观清代后期五省减赋情形，以漕粮为主，兼及地丁。这时各省漕粮皆已改折，不仅裁减漕粮陋规，并减及正漕折价。其中以湖南办理最为妥善，其次是湖北。后来江、浙两省裁减漕粮正额措施，也多参酌湖南办法。江西省虽取法湖南，但不考虑各州县特殊情形。对此左宗棠曾加以批评说："减征一节，最为当今急务。各处情形不同，不能一律，亦自然之理。湖南所以胜于湖北，湖北所以胜于江西者，同一减征而施为自别也。若概定一章，则巨履小履同价，苦乐不均，事必难成，成亦不久耳。"②

即曾国藩本人对于自己在江西所推行的减漕措施也表遗憾，谓"其错处在定价太少，告示又太划一，将来皆非可久之道"③。

第三节　江苏、浙江两省裁减漕粮正额

一　江苏省

太平天国农民革命失败以后，江、浙两省漕粮继续征收本色起运。清代后期，两省减赋主要是裁减漕粮正额。

江苏漕粮科则苛重有其历史渊源，在前面业已论及。关于裁减漕粮正额，早在康熙年间江苏巡抚韩世琦、玛佑、给事中严沆等就已屡次提出过。江苏苏州、松江、常州、镇江、太仓五府州漕粮过重，清

① 魏联奎：《河南减漕录》上编，《河南漕粮沿革考》。
② 《左文襄公年谱》卷 9。
③ 《曾文正公书札》卷 28。

王朝是清楚的，只以关系京师八旗俸米及京师民食问题，对臣僚建议不轻易批准。道光三年（1823），江南发生大水灾，农业生产遭受严重破坏，此后再难以恢复，农民粮户对苛重的漕赋无力全完，地方官府遂以捏灾减缓为常事。同治以前，江南漕粮虽无减征之名，地方官府实际已在暗行减征，这种情形后来逐渐变成朝野皆知的公开秘密。地方官吏害怕遭受清廷谴责都不敢奏明，用冒灾减缓的手法拖延了几十年。同治二年（1863），江南在经过长期农民战争破坏之后，松江府知府方传书才第一次提出减赋问题。据方氏向两江总督和江苏巡抚呈报："兵燹余生，地多荆棘，江左数郡，所在丘墟"；"与其借灾暗减，徒开影射之门，不如核实明蠲，庶免冒荒之弊"。[①] 当时地方督抚支持方传书的建议。后来江苏地方绅士吴云写信给潘曾玮等，对苏松二府漕粮沉重及收漕弊端诸问题详加陈述。[②] 李鸿章间接看到吴云的信，颇以为然，遂将减赋之事付托幕僚冯桂芬和粮道郭嵩焘办理。冯桂芬对当时社会经济问题一向比较注意，对漕赋问题更不例外，曾谓"三十年来，官中一事一言涉及漕赋者，必求其详手录之"。他对江苏漕政知道得更加详尽，至是为李鸿章起草减漕疏，于同治二年五月十一日与曾国藩会衔上奏。兹摘录如下：

今天下之不平均者，莫如苏、松、太浮赋。上溯之，比元多三倍，比宋多七倍。旁证之，则比毗连之常州多三倍，比同省之镇江等府多四五倍，比他省多一二十倍不等。……则由于沿袭前代官田租额也。……课吏以催征六七分为上考，终明无征至八九分者。国朝康熙十二年（1673），前抚臣慕天颜疏有曰："无一官曾经征足，无一县可以完全，无一岁偶能及额"。嗣是承平百余

① 《江苏减赋全案》卷5。
② 《两罍轩尺牍》卷5。

年，海内殷富，为旷古所罕有。……故乾隆中年以后办全漕者数十年。……至道光癸未（三年）大水，元气顿耗，商利减而农力从之。……迨癸巳（十三年）大水而后，始无岁不荒，无县不缓，以国家蠲减旷典，遂为年例。……伏查苏属全漕一百六十万，厥后积渐减损，盖自道光中年始，于今三十年矣。……今试以道光十一年起至咸丰十年止，三十年中运数分计之，辛卯（道光十一年）以后十年（1831～1840）共数一千三百余万，内除官垫民欠，得正额之七八成。辛丑（道光二十一年）以后十年（1841～1850），共数九百余万内，除官垫民欠，得正额之五六成。咸丰辛亥（元年）以后十年（1851～1860），共数七百余万内，除官垫民欠得正额之四成而已。……臣等细核历年粮数，咸丰十年中百万以上仅一年，八十万以上者六年，而皆有官垫民欠在其中，是最多之年，民完实数不过九十万。成案如是，民力如是，积弊之后，大难之余，催科一事棘手尤倍。臣等蒿目艰难，悉心筹划，于万难偏重之中，求两不相妨之道，似宜用以与为取，以损为益之一法，比较历来征收各数，酌近十年之通，改定赋额，不许捏灾，不许挪垫，于虚额则大减，于实征则无减，穷变通久，于此时为正办。……惟有吁恳圣慈鉴察，特沛殊恩，俯准减定苏、松、太三属粮额。由臣等督饬司道设局，分别查明各州县情形，以咸丰中较多之七年为准，折中定数，总期与旧额本轻毋庸议减之常、镇二属通融核计，仍得每年起运交仓糟白正耗米一百万石以下、九十万石以上，著为定额，南米丁漕照例减成办理。即以此开征之年为始，永远遵行，不准更有垫完民欠名目，似此核实办理，不特酌十年二十年之通相较固无所绌，即酌三年之通相去亦不甚远。①

① 《李文忠公奏稿》卷3。又刘郇膏等辑《江苏减赋全案》卷20。

先是四月间丁寿昌、潘祖荫已先后上疏，请减苏、松漕粮，还没有批下来，至是李鸿章等人的奏折到京，当天清帝即颁下上谕，令曾、李二人督饬布政司和粮道设局办理，查明各州县情形，折中议减。[①] 并将二人原折和四月间潘、丁请减漕粮的奏折一并交户部核议。按李鸿章裁减漕粮办法，斟酌最近十年内人民纳税情形，更定新税制。苏、松、太三府州漕粮原额为1458459石，请减为90万～100万石。旋经户部议减三分之一，共减米486045石，减后仍征972414石。常、镇二府漕额较轻，李鸿章原主不减，户部亦议令酌量减免。时郭嵩焘已调任广东，江苏减赋局的事情由布政使刘郇膏主持。但刘氏对于减赋的事和冯桂芬的意见不合，二人争执不下。[②] 同治四年始由曾国藩奏定。他折中刘、冯二人的意见，常州、镇江二府一并减漕。后经朝廷核定减征办法，关于地丁漕项银，不减定额，而减浮收；关于漕粮，常、镇两府普减10%；苏、松、太三府州减1/3，系按轻重分别递减，原额重者多减，原额轻者少减，如表11－4所示。

表11－4　苏、松、太三属按亩新旧科则

单位：升

原来各科则	减征后新科则	原来各科则	减征后新科则
20以上	统减为11	7.73～6.66	递减为7～6
19.65～16.26	递减为11～10	6.60～5.15	递减为6～5
15.72～10.47	递减为10～9	5.13～5.03	递减为5～4.99
10.40～9.28	递减为9～8	5以下	不减
9.21～7.80	递减为8～7		

资料来源：《江苏减赋全集》卷2；又卷6，《江苏田粮新旧科则表》。

---

① 同治《东华续录》卷22，《江苏减赋全案》卷1。

② 二人的意见，分见于冯桂芬《显志堂稿》卷5，《江苏减赋全案》卷4、卷5。又《显志堂稿》卷4，记述此次争执甚详。

依据上面所定减赋章程，各府所减米数如表11－5所示。

表11－5 江苏省各府州裁减漕粮

府 州	原额(石)	派减米数(石)	减米(%)	减征后仍征米数(石)
苏州府	877564.95	326632.34	37.22	550932.61
松江府	427461.39	116544.64	27.26	310916.75
太仓州	153432.74	42878.00	27.95	110554.74
常州府	355980.56	35598.06	10.00	320382.50
镇江府	214735.07	21473.51	10.00	193261.56
合 计	2029174.71	543126.55	26.77	1486048.16

资料来源：此表系根据《江苏减赋全案》卷7。

说明：原额系道光十年赋额。

表11－5是苏、松、太、常、镇五府州所减米额及百分比。苏、松、太三府州属各县因系按科则分别递减，各州县原定科则不同，所减分数因此也不同，如表11－6所示。

表11－6 苏、松、太各州县裁减漕粮

府 县	原征本色漕米数(石)	减征米数(石)	减征(%)
苏州府长洲县	115087.96	49593.14	43.1
元和县	109832.58	47891.35	43.6
吴 县	73843.31	27647.98	37.4
吴江县	103820.03	41594.02	40.1
震泽县	113537.67	46015.35	40.5
长熟县	108690.24	31216.83	28.7
昭文县	87537.11	23557.57	26.9
昆山县	80528.25	28358.96	35.2
新阳县	81334.21	29898.13	36.8
太湖厅	3353.59	859.01	25.6
合 计	877564.95	326632.34	37.2
松江府华亭县	55070.82	16009.93	29.1
奉贤县	48358.34	12860.79	26.6
娄 县	59408.38	21882.87	36.8
金山县	48953.66	16513.52	33.7
上海县	64445.81	14878.56	23.1

续表

府　县	原征本色漕米数(石)	减征米数(石)	减征(%)
南汇县	64759.32	11186.42	17.3
青浦县	76246.78	21524.31	28.2
川沙厅	10218.28	1688.24	16.5
合　计	427461.39	116544.64	27.3
太仓州太仓	61001.29	21513.20	35.3
镇洋县	60291.54	21364.80	35.4
嘉定县	17224.91	完系五升以下科则，照常不减	—
宝山县	14915.00	完系五升以下科则，照常不减	—
合　计	153432.74	42878.00	27.9
三属合计	1458459.08	486054.98	33.3

资料来源：此表数字系根据《江苏减赋全案》卷7。

江宁府属减征漕粮为期较晚，直到光绪年间才经奏准。江苏田赋繁重，财务、行政分为两个单位分别管理，苏、松、常、镇四府和太仓州是一个单位，由江苏布政使和苏、松粮储道管理；江宁府和江北各属另是一个单位，由江宁布政使和江安粮储道管理。而苏、松各属漕粮最重，故减裁较早。江宁所属漕粮较轻，所以在同治二年倡议减赋时没有提及。太平天国占领时期，江宁府属战争频繁，农业生产遭受影响较大，迟至同治十三年才正式开征丁漕，该省督、抚奏请，仿苏、松之例，酌减赋额，没有结果。[①] 直至光绪三年沈葆桢作两江总督时才行奏准。计江宁府属上元、江宁、句容、六合、江浦等五县额征漕南等米一律减免十分之三。五县原征漕南等米 92995 石有奇，以减三分计算，共该减米 27898 石有奇。并定将来继垦熟田亦照此科征。[②] 又高淳、溧水二县，以向完折色，故未经议减。但二县向有虚

① 光绪《续纂江宁府志》卷2。

② 光绪《续纂江宁府志》卷2。又《沈文肃公政书》卷6，《江宁府属拟请酌减漕粮折》，光绪三年六月二十八日。

粮，原有田地数万亩坍没于湖水，而将赋额分摊于全县田赋。光绪四年，沈葆桢奏请豁免高淳县虚粮银9200余两、米240余石。光绪六年刘坤一请豁免溧水县7万余亩的虚粮，所免赋额在银5000～6000两。[①]

江苏减赋以减漕粮正额为主，但也附带裁减浮收。同治二年五月，曾国藩、李鸿章，奏减苏、松、太三府州属额漕时，附片另陈江苏漕粮积弊说："苏、松漕粮核减后，必以革除大小户名目为清厘浮收之原，以裁减陋规为禁止浮收之委。"[②] 同治四年，地方官府奏请兼减地丁漕项银，被朝廷批驳，遂专从裁减浮收着手了，是年九月，李鸿章奏拟减漕章程，同时另折奏陈裁减浮收，请将地漕浮收银两除酌留办公经费外，悉行裁减。每年可减银60万～70万两。[③] 他又奏请裁汰海运津贴，此项津贴，即从前的浮收，为银70万两有奇。前数项所裁合计，共为银145万两有奇。[④] 同治五年六月，李鸿章再次上奏裁漕折浮收，是年制定，每石折价以钱4500文为率，年外以钱5000文为率，计苏、松、常、太四属共减浮收漕折钱167000万文。[⑤] 又定征收地漕各款条银每两折价以钱2000文为率，计减条银浮收折价钱40000万文。两者合计达200000万文以上。[⑥]

其征收本色漕粮者，每石征收余耗以三计为率，不准多取，计苏、松、常、太四府州属共减浮收米370000余石。[⑦] 兹据《同治户部则例》，苏、松、常三府减定漕赋后，所减浮收钱米列表如表11－7所示。

---

① 光绪《续纂江宁府志》卷2。

② 刘郇膏等辑《江苏减赋全案》卷2。又《李文忠公奏稿》卷3。

③ 《江苏减赋全案》卷2。

④ 《江苏减赋全案》卷2。

⑤ 包括海运津贴及陋规。

⑥ 以当时市价每银一两按制钱1300文折合，共为银150余万两。

⑦ 《浙江减赋全案》卷2；《江苏减赋全案》卷1；同治《东华续录》卷23。

表 11－7　裁减浮收

府　别	减漕粮正额(石)	减浮收米(石)	减浮收钱(文)	附　注
苏州府	326632.34	192800	753500000	
松江府	116544.64	108800	505700000	
常州府	35598.05	73000	215200000	
太仓州	42878.00	—	94000000	
镇江府	21473.51	—	107600000	
总　计	543126.54	374600	1676000000	

资料来源：同治《户部则例》卷19。

由以上统计，苏、松、常、镇、太五府州和江宁府属共减漕粮正额54万石有奇，共减浮收米额37万石有奇，又减浮收钱1676百万文。

二　浙江省

浙江省减赋之议是从同治二年（1863）开始的。是年六月三日，清帝颁发两道谕令；一是令曾国藩、李鸿章着手江苏减赋事；二是令左宗棠着手浙江减赋事。[①] 当时杭州、嘉兴、湖州三府州县大部在太平军占领下，减赋未能立即进行，左宗棠乃先减浙东浮收。同治三年，太平军逐渐失利，左宗棠攻占杭州城，是年三月在杭州设立清赋总局，研究减赋办法，至十月赶办完毕，左宗棠随即向清廷提出减正额、减浮收、筹运费、裁陋规四项建议。关于裁减漕粮正额，左氏原拟酌减原额三分之一[②]，户部认为所减过多，复改为三十分之八。后来左调任福建，减赋事由浙江巡抚马新贻主持。同治四年闰五月，马新贻与左宗棠会奏酌定减征分数，原额重者多减，原额轻者少减，每亩额征1.1～1.9斗者为上则，0.6～1.1斗者为中则，0.6斗以下者为下则。于此三则之中再分五等，上则中之1.6～1.9斗者酌减30%，

① 《浙江减赋全案》卷2；《江苏减赋全案》卷1；同治《东华续录》卷23。

② 《浙江减赋全案》卷2。又左宗棠《左恪靖侯奏稿初编》卷18，《浙饷维艰陈请抵解甘饷折》。

1.1～1.5斗者酌减25%；中则中之0.9～1.0斗者酌减20%，0.6～0.8斗者酌减15%；0.6斗以下之下则统减10%。① 上述酌减分数上报之后，于同治四年闰五月十一日经清廷批准施行，浙江减赋事告一段落。杭、嘉、湖三府所减漕额如表11－8所示。

表11－8　浙江省杭、嘉、湖三府有漕各县减征

府　县	正耗原额(石)	派减额(石)	减征(%)
杭州府仁和县	53038.07	9470.95	17.86
钱塘县	22400.25	2894.52	12.92
海宁县	53387.43	9247.50	17.32
富阳县	6946.71	677.99	9.76
余杭县	11653.96	1281.82	11.00
临安县	6796.88	1031.13	15.17
新城县	4169.83	577.53	13.85
於潜县	3029.95	327.90	10.82
昌化县	2142.91	226.15	10.55
小　计	163565.99	25736.49	15.73
嘉兴府嘉兴县	101344.03	28351.49	27.98
秀水县	85922.39	28593.25	33.28
嘉善县	97701.44	34405.86	35.22
海盐县	54657.97	12187.78	22.30
平湖县	56923.27	16542.99	29.06
石门县	51742.78	14941.15	28.88
桐乡县	43984.32	10393.78	23.63
小　计	492276.20	145416.30	29.54
湖州府安吉县	8541.72	845.38	9.90
归安县	98118.37	31369.38	31.97
乌程县	114515.88	38960.61	34.02
长兴县	54945.27	7803.22	14.20
德清县	56132.49	15042.98	26.80
武康县	12313.01	1592.27	12.93
小　计	344566.74	95613.84	27.75
总　计	1000408.83	266766.63	26.67

资料来源：《浙江减赋全案》卷7、卷8、卷9，《各属除减实征细则》。

① 《浙江减赋全案》卷2。《浙江减赋纪略》。戴槃：《杭、嘉、湖漕粮分成量减记》。又马新贻《马端敏公奏议》卷1，《杭、嘉、湖额征漕粮酌定应减分数折》，同治四年闰五月。

所减成数最多的是嘉善县，减原额的35%强；最少的是安吉县，减原额的9%强。三府二十二县厅平均减原额26%，共减米26万石有奇。

关于减浮收，原是同治二年从温州府裁减地丁浮收开始的。同治三年，核减绍兴、宁波二府浮收[①]，同治四年核减杭、嘉、湖、金、衢、严、处等七府浮收。以上是属于地丁钱粮方面的。[②] 同治四年九月，马新贻奏裁杭、嘉、湖州三府漕粮南粮浮收米[③]，计杭州府裁减64653石、嘉兴府裁减285387石、湖州府裁减136866石，共计486906石、其中计各项浮收米18万石有奇、海运津贴米30余万石。[④]

浙江裁减浮收原则是从浮收之源方面着眼的。一为裁革一切陋规，仅留平余为办公费；另一为严禁大小户的差别。正因为如此，所以能获得良好的效果。

浙江减赋和江苏不同，江苏以减漕粮正额为主，浙江则裁减浮收较多。

此外，三府又减浮收钱文，嘉兴为255638千文，杭州府69215千文，湖州府205501千文，共计530354千文。[⑤]

---

① 左宗棠：《左文襄公奏稿》初编，卷14，又卷15；同治《东华续录》卷33，又卷36。

② 《皇朝续文献通考》卷96。马新贻：《马端敏公类稿》卷1。同治《东华续录》卷43。

③ 按杭、嘉、湖三府，漕粮正耗米共计1098600石，南粮正耗米132627石。

④ 戴槃：《杭嘉湖三府减漕纪略》；《马端敏奏稿》卷1；《浙江减赋全案》卷10。

⑤ 其无漕各府均酌减浮收钱米，计温州府减钱40500千文；绍兴府减钱221420千文、米761石；宁波府减钱104870千文、米867石；金华府减钱156161千文、米521石；衢州府减钱103929千文、米65石；严州府减钱61986千文；处州府减钱6833千文、银8254元、米125石。

第十二章

道光后漕运改制政策（下）

——招商海运

第一节　河道梗阻与议行海运

一　嘉庆后河道阻塞与海道畅通

嘉庆（1796～1820）以后，沟通南北的大运河，因河政废弛、年久失修而到处淤滞。一是黄淮运交汇处的淤塞；二是由淮安至山东临清运道的阻塞。

运河横渡黄河是一个关键问题。咸丰五年（1855）以前，黄河系经由淮安东流入海，运河与黄河在此相交呈X形状。淮安以南称南运道，淮安以北称北运道。北上漕船渡黄河后入北运道。黄河流水含有大量泥沙，至苏北流缓沙淤，影响运道。国家为维持运道，于洪泽湖畔高筑堤岸，提高水位，俟春夏湖水盛涨，启坝放水，用以冲刷黄河淤沙，谓之“借清刷黄”。为此必须保持洪泽湖水位使高过黄河。乾隆（1736～1795）以前，洪泽湖水位一般比黄河水位高出7～8尺乃至10尺以上，黄河遂无淤塞之患。嘉庆以后，黄河失修，水流迟缓，河身淤积日高。嘉庆九年（1804），黄河流水一度倒灌洪泽湖。嘉庆二十一年，清廷下令对黄河大加挑修，洪泽湖水位相对上升，也才比黄河水位高出二尺有余①，已丧失刷黄的功能。

道光年间（1821～1850），黄河淤淀更加严重，河水高过湖水变成正常状态，黄水反向湖中倒灌，湖底遂日淤日高。清廷为防止湖水溢出冲毁运道，在湖东岸高筑湖堤，就是有名的高家堰。这时运道畅通情形已大不如前。

道光四年，高家堰大堤溃决，冲毁运道，运河水量激减，漕船挽运十分困难，大学士孙玉庭、两江总督魏元煜遂倡议“借黄济运”②，即引用黄河之水灌注运河。引黄济运的后果是运河河床淤淀日高，如淮阴一带河床，道光六年比道光元年高出15尺，漕船渡黄变成严重的问题。由于河床的变化，由嘉庆至道光数十年间，黄河时常溃决，直至咸丰五年（1855）黄河北徙，河决之患才渐减少。

关于淮安北至临清1100里的运道，经过地区先由低而高，再由高而低，其高阜地带或造山通道，或借助山泉之水，有时还截堵农民借以溉田之水，气候稍一干旱即淤浅难行，至道光年间益形严重，以致重运船只在中途浅阻，回空船则在北方“守冻”过冬。咸丰三年后，因战争关系漕运停顿。咸丰五年黄河北徙后，山东北部运道也遭受破坏。③ 同治年间（1862～1874）山东恢复漕运，由于河水微弱，须到处起剥，漕船磨河床而行，多靠人工牵挽。④ 同治九年，由八里

---

① 嘉庆《东华录》卷40，嘉庆二十一年一月丙申谕。

② 道光《东华录》卷10，道光四年十二月丙子谕。又《清史列传》卷35，《魏元煜传》。

③ 丁宝桢：《丁文诚公奏稿》卷6，同治七年九月二十八日，《筹议东省运河折》：“东省漕务之疲累，其故悉由于运道，而运道之梗阻，其患尽在于黄河。”

④ 《皇朝掌故汇编·内编》卷18。

庙到临清一段河水干涸，则靠民车陆运。①

总之，沟通南北的大运河日益梗阻，清廷为解决京师食粮问题，不能不从开展海运方面着眼了。

关于海运问题，元代即已施行。明隆庆年间（1567～1572）因徐邳一带河道淤阻，部分漕粮一度改行海运。清代初期，因台湾问题，海禁极严，甚至有迁海之议。康熙（1662～1722）以后，海上交通逐渐恢复，江浙以南沿海有闽广商船往来，江浙以北则有沙船往返天津、奉天。道光年间海运更加频繁。在河道梗阻的情况下，于是再次兴起海运之议。

漕粮改行海运，在清代中叶以前已常有人议及。② 康熙年间有以运道梗阻议行海运的；乾隆年间有以河运耗费过大，建议招募闽广商船进行海运的。嘉庆年间黄河屡次溃决，运道更加淤阻，漕船航行困难，漕粮海运之议于以复起。嘉庆十五年，清帝为此给江浙两省督抚颁下谕旨，要他们调查航海情形。③ 以两江总督勒保和浙江巡抚蒋攸铦坚持异议，竟作罢论。④

道光四年，清江浦高家堰大堤溃决，冲毁运道，运河水势微弱，重运漕船难以运行，漕粮海运之议再次兴起。道光五年二月，清帝颁布一道上谕，令魏元煜、严检、张师诚、黄鸣杰等各就所属地区情形，广咨博议，据实上奏。是年清廷批准江浙漕粮改行海运。谕曰：

上年江南高堰漫口，清水宣泄过多，高宝至清江浦一带河道

① 光绪《漕运全书》卷95。

② 漕粮海运，在明代也实行过。如明隆庆五年（1571），徐邳河淤，部分漕粮改行海运，但仍由旗军挽运。据俞谏《漕例疏》："时船只运道虽改，卫所官军俱仍旧役。"见《皇明疏钞》卷42。

③ 嘉庆《东华录》卷29，嘉庆十五年二月壬子谕。

④ 嘉庆《东华录》卷31，嘉庆十六年二月己未谕。又《清史列传》卷34，《蒋攸铦传》；卷32，《章煦传》。

> 节节浅阻，于本年重运漕粮大有妨碍……朕思江苏之苏、松、常、镇，浙江之杭、嘉、湖等府，濒临大海，商船装载货物，驶至北洋，在山东、直隶、奉天各口卸运售卖，一岁中乘风开放，每每往来数次，似海道尚非必不可行。朕意若将各该府属冬纳漕米照常征兑，改雇大号沙船，分起装运，严饬船水人等小心管驾，伊等熟习水性，定能履险如夷。……至江广帮船应否同江浙漕船一体转运海口，俟江浙等帮海运有成效，再行归并筹办。①

议行海运之初，大小官员纷起反对，由于有大学士英和及江苏巡抚陶澍等人坚持，始获实现。行海运者亦只限苏南漕粮。嗣以反对者众，实行了一年，又改行河运了。

这时实行海运已完全具备了条件。一是运道熟悉。② 关于海运运道，据道光五年江苏巡抚陶澍奏报共分六段，自上海黄浦至十滧为第一段，凡230里；自十滧至余山为第二段，凡180里；自余山至海州赣榆县鹰游门为第三段，凡1500～1600里；自鹰游门至山东荣成县之石岛为第四段，凡600余里；石岛至蓬莱县之庙岛为第五段，凡900余里；自庙岛至天津东关为第六段，凡1080里。以上总计4500余里。该航线比之元明时代的航线要便捷得多。③

二是商船往返频繁。由于新航路的发现，江浙商人往返天津、奉天习以为常，沙船只数日增。由于航道熟悉，过去所顾虑的风涛飘没等危险已不成问题，如齐颜愧所说："上海人视江宁、清江为远路，而关东则每岁四五至，殊不介意。水线风信，熟如指掌。关东、天津之信由海船至者至无虚日。"④ 海上航运的发展，对漕粮改行海运是一

---

① 《清宣宗实录》卷79，道光五年二月。

② 此前元朝至正十九年（1359）初次海运南粮，运粮43000石，至第二年始抵天津。明代海运则沿山奥求道，非浅即礁，至为不便。

③ 陶澍：《陶云汀先生奏疏》卷13，《敬陈海运图说折子》。

④ 齐彦槐：《海运南漕议》。

个重要启示。

沙船是为航行沿海沙滩较多而特制的船只。盖江苏北部从庙湾至海州一带，系黄河入海之口，泥沙沉积，沿流向东淤长，俗称“沙行”。一般海船过此极易搁浅，闽广船商视为畏途。沙船系专为渡此“沙行”而制，可畅行无阻。

沙船分为大小两种：大沙船长 162 尺；小沙船长 81 尺。沙船结构平底而吃水浅，并且十分牢固。船上装五个桅帆，赖风力吹送，船行迅速。此种船只，在嘉庆、道光年间凡 3000 余只，按经营区域分为 11 帮，崇明、南通、海门、南汇、宝山、上海等地船多之处自成一帮，每帮有船数百只，分属于若干船主。经营沙船生意的多是各州县大富商。①

沙船在未装运漕粮以前，以由北而南为正载，以运输东北的豆、麦为主。嘉庆年间每年由东北运到上海的豆、麦在 1000 万石以上；由南而北装载茶、布之类，每不满载，便被称为“放空”。为求航行稳妥，每在吴淞口取泥压仓以利航行。因此由南而北，所载货物运费极为低廉，平常每石运价不过 300 文②，最高也不超过 810 文。③ 沙船构造便于装运食粮，每船约可装米 2000 石，挽运漕粮最为理想。

二　关于改行海运的争议

漕粮改行海运有过一个发展过程，先是道光五年陶澍提出海运问题，道光六年一度试行。道光二十七年仍是部分地区实行，据是年户部奏：“道光六年试行海运，系以海洋之畅顺济河道之不通；本年［道光二十七年］按照办理，系以沙船之节省补漕粮之不足。”④ 户部

① 包世臣：《安吴四种》。齐彦槐：《海运南漕议》。

② 《清朝经世文编》卷 48，施彦士：《海运议》。

③ 《清朝经世文编》卷 48，谢占壬：《海运提要序》。

④ 许钧培等：《江苏海运全案原编》卷 1，《户部片奏议复节省给丁银米补足漕额》。

的意图是借改行海运节省运费，把节省下来的运费补足漕粮。

从道光年间起，各省征解的漕粮逐年递减。道光二十八年，全国征运漕粮正耗米合计才282万石有奇，与400万石正额漕粮相差甚远。以京、通二仓积储而言，道光二十八年储粮总额才348万石有奇，与乾隆年间800万～900万石储额相比相差一倍以上。[①] 这时苏松、江安两粮道所属州县缓缺情形更加严重，道光二十六年，两粮道百多州县中冒灾请求蠲免缓征的有五十多州县。[②] 这些州县之所以冒灾是因漕赋过重，而漕赋重是由于各种附加尤其是帮费过多。清廷从充实京师仓储出发，企图通过海运革除兑运中的各种陋规以增加漕粮运额。如魏源上书给江苏巡抚陆建瀛所说：

> 前日面陈江苏漕弊，非海运不能除；京仓缺额，非海运不能补……窃维国家建都西北，仰给南漕，如使年年全漕北上，则除支放俸饷外，尚有余粮；三年余一，九年余三。是以乾隆中，每遇太仓之粟陈陈相因，屡有普免南漕之诏；但患有余，何患不足。近日京仓缺米，支放不敷，皆由南漕岁岁缺额。而南漕所以缺额之故，则由于岁岁报灾。所以报灾之故，则由于兑费岁增。所以亏空之故，亦由于兑费岁增。[③]

此种情形朝廷也是清楚的，道光二十六年清帝颁给两江总督李星沅、江苏巡抚陆建瀛的诏书说："即统核漕粮实数，每岁酌定几成由海运，于道光二十八年为始，庶漕费可以节省，而州县亦不致捏报灾荒致亏仓储。"[④] 先是道光二十七年李星沅、陆建瀛等人向清廷建议实

---

① 起运及仓储粮额均据清代户档统计。

② 两粮道冒灾缓免州县数均据清代档案。

③ 《魏源集》，《上江苏巡抚陆公论海漕书》。

④ 《江苏海运全案原编》卷1，两江总督李星沅、江苏巡抚陆建瀛：《遵旨筹议海河并运疏》。

行海运时已经指出，谓苏、松、太三府州属近年来所征漕粮还不及原额一半，今年严加督催，比去年多征收20万石，但与应征漕粮原额相较仍差30万石。[①] 因提出将苏、松、太三府州属漕粮白粮及常州府属白粮改由海运，以津贴运丁的兑费作为筹补漕粮的款项，所以可多筹运漕粮40多万石。[②] 改行海运的确是补救漕运之穷的良策，因为可以节省大量帮费，可以将节省的帮费补充漕额。此后咸丰元年续行海运时，苏、松布政使岳兴阿所上奏疏也说："历来州县津贴帮费太重，民间元气未复，催输不易，连年拖欠，若欲力求补救，舍海运诚无他策。"[③]

对改行海运事也有人大力反对，这时魏源正任兴化州官，他针对反对改行海运的意见进行反驳，他写信给魏制府说："海运之事，其所利者有三：国计也，民生也，海商也。所不利之人有三：海关税侩也，天津仓胥也，屯弁运丁也。而此三者之人，所挟海为难使人不能行者，亦有三：曰风涛也，盗贼也，霉湿也。"[④]

其实因改行海运而丧失额外收入的不止上述三种人，各漕务衙门以及地方官吏皆然，魏源未便明言罢了。魏源事先预料到，改行海运势必遭到各级漕务官吏的反对，如他写给江苏巡抚陆建瀛的信中所说："漕运衙门必预防地方官［这里指地方督、抚大吏］有常行海运永停河运之意，先持异议，甚或暗唆水手滋事，铺张入告，恐吓阻挠，势所必至。"[⑤] 魏源所说颇有见地。

关于维持漕运旧制与漕务衙门官吏之利害关系，黄维梦在《停漕

---

① 《江苏海运全案原编》卷1，两江总督李星沅、江苏巡抚陆建瀛：《奏海运章程疏》。

② 《江苏海运全案原编》卷1，两江总督李星沅、江苏巡抚陆建瀛：《苏松太漕白全由海运疏》。

③ 《江苏海运全案原编》卷1，苏松布政使岳兴阿：《议覆新漕一律改由海运并抵补足额酌筹节省银款》。

④ 魏源：《古微堂集·复魏制府询海运书》。

⑤ 魏源：《古微堂集·上江苏巡抚陆公论海漕书》。

论》中的论述更加激切。他说："夫南漕自催科、征调、督运、验收，经时五六月，行路数千里，竭万姓无数之脂膏，聚胥吏无数之蠡贼，耗国家无数之开销，险阻艰难，仅而得达京仓，每石之值约需四十两，或二十两，或十八两不等，而及归宿，乃为每石易银一两之用，此实绝大漏卮，徒以冗官蠹吏所中饱，相沿不改，此真可为长太息者也。"①

黄氏说得很清楚，漕粮行河运，"徒以冗官蠹吏所中饱，相沿不改"。有关漕务各官，可从漕运中贪婪各种使费陋规，所以一提到改革漕运制度实行海运，他们辄纷起反对，这可能是海运难以顺利通过的一个主要原因。

漕粮改行海运问题，反对意见可概括如下：或谓漕船运丁一向仰赖运粮为生，运丁不下数千，河运停后，月粮仍须照旧给发；又沿运河水手不下数万，水手失业，要仰赖救济，且虑生意外；或谓改行海运，航海船只须另行制造雇募，所费不赀；或谓漕粮兑收，河运驾轻就熟，如改行海运，天津、通州等处交兑问题须另行新制，难有把握；或谓改行海运易遭风涛漂没，更有被掠劫危险；或谓沙船水手习处海滨，"不知国法，桀骜不驯"，难以防范，天津是畿辅重地，虑患生肘腋等。还有人考虑到外患问题，谓海洋上有外国军舰海军，漕粮改行海运容易受到威胁。对此光绪五年六月两江总督沈葆桢特上疏加以批驳说："再部臣所为倦倦于河运者，原谓海上设或有警，留此一线运道尚可为临时转漕之资，用意至深远也。臣以为事期有济则议不厌详，河运经南北二千余里，其东去海内不过二三百里，谓海氛方炽，而滨海之地均能帖然晏然，未见其确有把握。"②

关于反对改行海运，所说安全问题有部分道理，中国一再遭受外

---

① 《新辑时务汇通》卷67，黄维梦：《停漕论》。

② 沈葆桢：《沈文肃公政书》卷7，《请京师积款片》。

国侵略，战争随时有可能爆发，海运时刻有被切断的可能，但其他理由多不可据。从反对派所持各种理由，彻底暴露了臣僚中的保守派是当时改革的一大障碍。在清政府方面，对于如何维持封建社会秩序稳定方面考虑得多，基于这种关系也每把改革漕运体制视为畏途，只是在财政极端困难而又急需解决食粮的条件下，不能不衡量轻重而定取舍了。

漕粮改行海运是漕运制度的一大变革，不仅可以节省帮费，增加漕粮征运额，还可节省为维持运道而支出的治河费，可节省为运输漕粮而支出的造船费，以及运丁的行粮月粮费，也预防了沿途的盗卖与掺和，这对充实京师仓储是有利的。清廷从充实京师粮储出发，同时吸取道光六年实行海运的实际经验，道光二十七年遂决定二十八年漕粮实行海运，但一开始只限于江苏一省漕粮。

咸丰二年（1852），以河漕益加梗阻，浙江巡抚黄宗汉也提出请仿照江苏省办法将浙江漕粮改行海运。据《浙江海运全案》初编序文：“湖［州］漕即起运，不能渡黄；杭［州］嘉［兴］两帮即渡黄抵津，而潞河水冻，必不能回空济运。况丰工一决再决，微湖水漫百余里，漕船即入东（山东）境，阻于水必不能如期抵浙。若不早图，回漕既误，势必贻误新漕。阙后以漕臣委粮道回提湖漕，即准咨饬行，奈霜降水涸，船抵苏河，进退维谷。新漕且迫届，焦灼益甚，深思熟虑，变粜则价难赢，剥转则费亦益钜，欲雇民船船无可雇，欲配浅船船亦不敷，亟筹变通之法，莫如试行海运。”

由以上论述，可知浙江漕粮改行海运的原因是运道梗阻，而且已到了非改革不可的地步。

咸丰三年，太平军占领镇江和扬州，这两地乃系长江沿岸运河的要冲，从此江浙两省漕粮的海运遂成定局。咸丰三年十一月，以上海沦陷，漕粮乃改由宝山县之蕴草滨、太仓州之浏河口兑运。①

① 《清文宗实录》卷 113，咸丰三年十一月乙丑。

咸丰二年，张祥晋请将江西、湖北、湖南等省漕粮改行海运。他说：漕粮勉强实行河运，到处挽剥，花费过多。“今经费支绌，固属无项可筹”；如就地折收银两，则“京仓缺米过甚，京城米价腾贵堪虞，民食尤关紧要”，因而建议实行海运，“现在江广等帮漕船既不能渡黄北上，自必停滞，扬子江一带地方，其地距海口甚近，若广募海船，至粮船停泊处所，只需将米过载，即可扬帆，因无路途迂远之虞，亦无盘运折耗之弊”。[①] 张祥晋的建议未被采纳。同治二年，太平军逐渐失败，曾国藩再次请将河运改行海运，他说：“向来三江两湖皆有官制漕船分帮编号，水次受兑各有定所；今则漕船尽坏，将欲全部修复，需银欲尽三千万两，既难筹此巨款，又值黄河北徙运道久淤之后，又值泰西就抚海道畅通之时，由江、浙、闽、广以达天津，出入洋面如履户庭，揆之天时人事，自须全废河运，概行海运。”[②] 曾氏所论也指全部漕粮改行海运。这时江西、湖北、湖南等省漕粮已行改折，全面征实已不可能。实际征实海运的只有江、浙两省。

第二节　海运漕粮兑运规则及成效

一　由招募沙宁卫船到购置轮船

改行海运，第一步是招募运船。先是雇用沙宁卫船，继改用夹板船，最后使用轮船。

嘉庆、道光数十年间，航行于江浙到奉天、天津等处沿海一带的沙船约有3000多只。此种船只结构，据魏源记述：“舱底有甲板，船旁有水槽，其下有承孔，水从槽入，即从孔出，舱中从无潮湿。”[③] 对

① 《清朝经世文编》卷52，张祥晋：《请将滞漕改由海运疏》。

② 《清朝经世文编》卷42，曾国藩：《遵议筹运京仓疏》。

③ 魏源：《古微堂集》卷7，《复魏制府讯海运书》。

装运漕粮是一种理想的船只。道光五年（1825）清廷决定将苏松漕粮改用沙船海运，由江苏巡抚陶澍到上海负责筹办，陶澍即在上海发布告示，保证沙船运输漕粮的经济收益：首先，沙船受雇后，保证不令拖延等候致误其他营业；其次，国家多给运费，绝不令沙船赔累；再次，防止贪污，沙船兑收米石时严禁吏胥勒索①；最后，沙船载量以十成计，八成载米，二成载货，该项商货得免除关税。②

国家为鼓励沙船出运，更制定按运载米额赏赐官衔匾额，运米在10000石以上者，或颁给官爵品衔，或给予官职实缺任用；运米在10000石以内者赏给匾额旌表。③ 在国家优厚奖励下，道光五年有1562只沙船应募挽运苏、松两府漕粮北上。

道光二十八年第二次议行海运，招募沙船是江苏按察使宫慕久主持的。此次沙船运米办法虽与道光五年略同，但规定“不运载漕米之船不准赴关东贸易”，对沙船运米具有一定强制性。

咸丰二年（1852），浙江漕粮改行海运。事先，浙江地方长官到宁波、上海两地调查航海商船情形。以海运漕额增加，原有沙船不敷装载，又另雇宁波蛋船、三不像船100多只。宁波船商对装运漕粮视为畏途，设法逃避，届运粮之期，每开往小港沥港等处停泊躲避。浙江地方官府则严加控制，令鄞、镇两县对赴县挂验准备他往商船一概不准放行。同时通知山东、奉天等处地方官府，令催迫在该地沿海停泊的宁波商船迅速返回浙江运粮。④

这时海运船只，江苏运粮以沙船为主，有时增雇天津卫船；浙江运粮总以宁波船为主，附带增雇沙船和卫船。每船每年可往返天津两

---

① 《江苏省海运全案》卷5。

② 是年运米沙船所免二成关税银一万余两。

③ 椿寿等辑《浙江海运漕粮全案重编》卷2，《宁波道府禀陈封船情形并吊照交沪倒换》。

④ 《浙江海运全案重编》卷2，《省局禀请飞咨各省沿海州县押令宁船回甬》。

次，苏松道及浙江省漕粮即可全部运完。[①] 后来外商夹板船盛行，沙船在北方的贩运生意渐为外国商船所夺，海上运输逐渐丧失，遂纷纷歇业。清廷为维护运粮事宜，对沙船特加保护，同治四年（1865），计划取消向沙船征收的助饷和船捐，免除沙船南返时在北方所贩杂粮捐税，如当时两江总督李鸿章所奏：

> 沙船生计，以北洋豆货为大宗。自为外国夹板船攘夺其利，沙船日就疲乏，无力出洋，大半废搁。今届漕数较增，不敷雇用，京储根本攸关，亟应绸缪未雨。上年臣在苏抚任内，奏奉谕旨，准令此项沙船贩运奉省杂粮，本年复将上海助饷船捐全行蠲免。总理各国事务衙门亦议办北洋豆税，欲令洋船成本稍重，隐留华船地步。中外合筹，无非预为补救起见。然奉省杂粮经部议定应交税课，其豆税须华洋并收，方可开办，是南捐甫减，而北税骤增，诚恐商力仍未能纾，运局究无大补，与筹救之初意不符。在该船承运天庾正供，往返海洋，与自行贩运者本有不同，若查明运卸回空船只装货南下时，准其免交北税，既于体恤之中仍示区别，而华商得以邀免子税，洋商亦无从藉口。[②]

同治五年，清廷议准免除回空沙宁各船运货商税。该船到天津卸粮后，无论开赴奉天牛庄、锦州、盖州，或山东胶州、石岛、烟台、利津、大山等处，贩运货物一概免税。[③]

夹板船是外国船只，得到外国侵略者的庇护，如同治八年户部议复江苏巡抚所说："沙船货船皆有厘捐，而夹板无之，此其利息不如

---

① 许钧培等辑《江苏海运全案续编》卷2，《司道详海运外办章程》，同治二年。

② 李鸿章：《李文忠公奏稿》卷9，《海运回空沙船请免北税折》，同治四年十二月三日。

③ 《浙江海运全案续编》卷1，《崇厚奏回空商船驰往奉天、山东各口岸贩货一律免税疏》，同治五年。

也”；“沙船有风涛之险，有盗贼之虞，而夹板船则炮火齐全，船身坚固，此其安稳不如也”。[①] 相对沙、宁各船而言，夹板船在结构方面要好得多，但更重要的是：夹板船在外国的庇护下可以自由携带炮火，尤其是不交纳各种捐税。夹板船的优越条件给沙船业务造成极大威胁。到同治六年后，沙船只剩下400~500只，已负担不起运送漕粮的重任。在沙船不敷运载的条件下，官府开始考虑雇用夹板船了。而且夹板船运载货物有保险章程，没有损失米石的顾虑，政府遂决定兼雇用夹板船运粮。

关于如何使用夹板船转运漕粮，据时人建议有三种办法：一是招商向外商租赁；二是向外商购买；三是令上海沙船商改业夹板船。[②] 其实除租赁之外，其他两种办法都不现实。所谓租赁，国家并不直接向外商交涉，乃是通过中国商人向外商转租。[③]

清朝租用外国夹板船转运漕粮之议始于同治六年五月，这时第一批装运漕粮的夹板船离沪北上。

此后不久又有进一步发展，即改用轮船运输漕粮。

在中国沿海最早出现的是外国轮船。道光二十二年中英南京条约中“五口通商”条款，正式允许英轮享有在中国沿海航行权。咸丰八年清朝和英法订立天津条约，外国又获取航行长江和大沽口的特权。同治元年，美商在上海设立旗昌轮船公司，从事中国沿海及长江的营运，这个公司并且招收华股。同治四年，英商设立省港澳轮船公司。在这种情况下，于是国内又出现购买洋轮及自造轮船运粮之议。

其实这种意见在国内很早就已出现了。第一个提出这种建议的是同治元年商人吴南昌，但没有实现。同治七年，江苏道员许道身、同

① 《江苏海运全案续编》卷5，《户部复苏托敬陈管见折》，同治八年。

② 《江苏海运全案续编》卷3，《督抚片奏宜、荆等县收捐买米拟交夹板船试运》，同治六年。

③ 《江苏海运全案续编》卷3，“现在通商各口夹板船，皆系闽、广商人自洋人租雇，并无洋商自载货物者”。

知容闳则向清廷建议招商制造轮船装运漕粮，又因循未果。[①] 同治八年，江苏巡抚丁日昌向清廷建议制造夹板船和轮船转运漕粮，经户部同意，并转奏清帝说："轮船恒苦无养船之赀，若兼用轮船运米，则以海运水脚津贴轮船经费"，如此则养船之资可无顾虑。[②] 户部并且提出在未招商造轮之前先租赁商轮运米。

中国正式制造轮船早在同治七年就已开始，但系战舰性质的轮船，不便于装运米石。直至同治十一年、十二年间，这时沙船在外国夹板船尤其是轮船盛行的冲击下，停歇 2000 多只，只剩下 400 ~ 500 只，在这种情况下，直隶总督李鸿章极力奏请由政府设局招商制造轮船以解决运粮的问题。他上奏疏说："若由官设立商局招徕，则各商所有轮船股本，必渐归并官局，似足顺商情而张国体。拟请先试办招商，为官商浃洽地步。俟机器局商船造成，即可随时添入推广通行。"[③]

李鸿章这个建议是在同治十一年提出来的[④]，他主张官造商办，由华商领雇，特许以承办漕粮的专利，也就是同治八年人们所提出的"养船之资"。轮船有运漕专利作营业的保障，可以免除外国轮船竞争的顾虑。

招商造轮的计划既然决定下来，李鸿章即令浙局总办海运委员候补知府朱其昂制定轮船招商章程，并向国家申请借制钱 20 万串作为创办轮船局的资本，又规定该局营业无论盈亏全归商队，与朝廷无涉。即由朱其昂在上海主持，各船帮富商纷纷投资，招商局得以创建。

招商局初建之时，船只主要是向外商购买。同治十一年，为应急

---

① 《江苏海运全案续编》卷 8，《直督奏试办招商局分运江浙漕粮》，同治十二年。
② 《江苏海运全案续编》卷 8，《户部奏复苏抚敬陈管见折》，同治十二年。
③ 《江苏海运全案续编》卷 8，《直督奏试办招商轮船分运江浙漕粮》，同治十二年。
④ 李鸿章：《李文忠公奏稿》卷 20，《试办招商轮船折》，同治十一年十一月二十九日。

运漕，先向英商定购三轮[1]：一名“伊顿”轮，价银50397两，可载米10000石；二名“永清”轮，价银100000两；三名“利远”轮，价银83000两。后两轮载量皆为17000石（后来又续购“福星”轮，价银74000两，载量17000石）。由该轮装运江浙两省同治十二年份漕粮20万石运至天津，轮船水脚耗米等项都照过去沙宁船只运粮定章办理，运粮问题顺利解决。李鸿章又向清廷奏报：“若从此中国轮船畅行，闽、沪各厂造成商轮亦得随时租领，庶使我内江海外之利不致为外人占尽，其关系于国计民生者实非浅鲜。”[2] 李鸿章扶植本国商人制造轮船对抗外轮，以防止利权外溢的意图是十分清楚的。

同治十二年，唐廷枢和徐润的预算书也提出购买轮船运输漕粮说：“至生意之把握，其可抵洋商者三。我船有漕米装运，洋船全恃揽载，一也。……我第运三月漕粮，将及一年费用，即使货物全被［洋船］揽去，水脚全行放低，亦何不可相敌之有！故以大局论，亟宜多集二三百万之资，广购轮船，往来各口。今且立定脚跟，由小而大，俟漕粮日增，装运日旺，乃逐推广，以期权利之尽收焉！”[3]

同治十二年创建招商局，订立局规十四条，规定该局“专以轮船运漕载货取利，此外生意概不与闻”。因为该局轮船以转运漕粮为主，并规定于每年六月底漕米运竣总结账目。[4]

招商局以享有运漕专利，船数继续增加，至光绪二年（1876）已有轮船10余艘。李鸿章为保证招商局盈利，建议增加运额，将江、浙漕粮至少拨40%～50%由招商局承运。俟后清廷又拟将江安粮道所属漕粮改归海运。海运漕粮增加，招商局遂又收买旗昌洋行（Russell & Co.）江船9艘、海船7艘、小轮船4艘，招商局营运事业日益发达。

---

① 《皇朝政典类纂》卷57，江苏巡抚张树声：《奏购定轮船三只海运新漕折》，同治十一年。

② 贺长龄等辑《江苏海运全案》，《直督奏试办招商局分运江浙漕粮》，同治十二年。

③ “中华民国”“交通铁道部”交通史编纂委员会：《交通史航政编》第1册。

④ 《交通史航政编》第1册。

漕粮由河运改行海运，减少了因行河运所支付的大量消耗，在漕运史上是一次大的改革。由沙船运输改为轮船运输，改革又向前推进了一步，并且在此基础上发展起来中国第一个轮船公司。

二　海运漕粮兑运规制

行河运之时，漕粮由州县征收兑交运船运抵通州交仓。改行海运，采分段责成制，由州县征粮运到上海兑交沙船，沙船由上海运到天津，再由天津拨运通州，共分三段，运输制度远较行河运时简便。

各州县征收漕粮定于每年冬季开仓，即于本年十二月至明年正月雇用拨船运到上海。运船由州县负责招雇，商定雇价，以防吏胥借口勒索。为预防船上偷盗，规定每装米一尺，铺一层黄表纸，层层相压，最上一层纸用灰印为记。每拨船装100石，装满米额，即由征粮州县派人押运上海，交兑沙船、宁船。①

国家所征雇沙、宁船只，须事先停泊上海黄浦江上，各船所派定某州县和米额，皆事先编排妥当，悬挂各色旗帜，排列成行，等候各州县交兑粮米。各州县运米拨船一到，各认旗色斛兑。

各州县运米到上海，须携带木斛，与上海所发铁斛校准，然后使用，兑交沙船和宁船。每兑交米100石，由船商出具米结兑单，交州县押运人员回州县销差。又各州县运米到上海与商船交兑之时，各省督抚派员会同各粮道盘验，米质必须干圆净洁。

咸丰二年，江苏漕粮改行海运后，渐变成为经常规制。以征收兑运事务繁重，特于苏州和上海分别设局办理。苏州设立“省局”，办理漕粮征收及拨运上海事宜，由江苏布政使总理，委派官员办理查核

① 咸丰二年，浙江议行海运，浙江粮船经嘉兴至上海，河道宽广，运输方便。江苏粮船则先至无锡，然后转上海。光绪三十二年，各州县漕粮运至无锡，由火车装运上海。

章程及钩稽银米诸事。上海设立“沪局”，办理征雇沙船及查验米色事宜，由苏松粮道总理。又州县开仓征粮，以及各州县运米到上海交兑商船事，粮道均须亲临查验。

沙、宁各船在上海兑运漕粮，每兑满一船即开往吴淞口，听候在汛员弁查验，然后放行。各船先在崇明县十滧地方停泊，守候风信出海，由二月初至三月初分三批北上。

为保护沙、宁各船安全，制定护送办法。由上海至吴淞口系内河航行，由守备带领兵船护送。由吴淞口至十滧系内海航行，由参将带兵护送。由十滧至佘山以北，又至黄家港对出之大洋，令狼山右营游击接送。自射阳湖至黄河口对出之大洋，令庙湾营游击接送。自黄河口至灌河口对出之大洋，由佃湖营都司接送。自灌河口至鹰游门对出之大洋，令东海营都司接送。由南方的吴淞口至北方的鹰游门，都有各地武官护送，国家对粮船的运行十分重视。

沙、宁船运输漕粮，规定得载商货二成免税。但运粮季节所能携带的货物较少。国家又规定：各船如愿多装米石，按原定所给运米费及耗米增发。

沙、宁船运米到天津，通州坐粮厅派员率同经纪五六十名携斛前往验收，交兑直隶剥船。同治十年，清廷为慎重起见，令直隶总督每年春季移住天津，专处理验米事宜，并派仓场侍郎到天津会同查验。

先是道光六年实行第一次海运，在天津验收之时，经纪沿袭惯例，向沙船刁难勒索。道光二十八年第二次海运，为预防经纪勒索，由坐粮厅派员亲自到沙船查验起兑，令沙船水手自行斛挡。为力求迅速，并规定粮船何时到津即刻配给剥船起卸。对防范经纪胥役的挑剔勒索起了一定的制约作用。

各州县漕粮在上海兑交沙船之后，即由沙船负责，粮额如有亏缺掺杂霉变等事故发生，由沙船负责赔偿。沙船在海洋遭遇风涛，有砍断桅杆抛弃米石以图安全等事故，谓之“砍桅”“松舱”，损失米石例得免除赔偿。国家为预防沙船托词“松舱”从事偷盗，规定有“松舱”情事不得保存私货而独弃官粮，经验明米货并抛者始得免赔。沙船有触礁沉没事故亦免赔偿。如因驾驶不慎被风搁浅而抛弃米石，沙船仍须赔偿。

沙、宁船转运漕粮，开始很有成效，后渐发生弊端，如上海兑粮有折收制钱之弊，运输中途有偷窃盗卖之弊，国家虽设法加以预防，但在吏治败坏的情况下防不胜防。

至同治十一年，江浙部分漕粮改由招商局轮船转运，轮船航行迅速，且无风涛之险，对漕粮的运输是一大改进。为在上海和天津装卸迅速起见，特在两处招商局码头修筑存米栈房，各州县粮船到沪先卸栈房存贮，轮船到栈即可装运北上。轮船运米到天津，如一时剥船未到，也先行起卸入栈，然后转拨。

海运漕粮的开支：一是由征粮州县将粮米运赴上海的运费；二是在上海征雇沙船的雇费；三是在天津筹办转拨的用费。三处开支大抵皆以原办理河运时的经费及支给漕船运丁款项抵给。道光六年第一次实行海运的运费，耗米一项系动拨省下来例应给运丁的耗米开支，银两一项系由漕项开支。道光二十八年第二次实行海运，将给丁耗米全部交仓，而将各州县津贴运丁的帮费抵给沙船作为水脚等项开支。咸丰五年以后海运的运费，则由停止河运后所节省下来的各款拨给，如原来给运丁的余耗、赠五、盘舂、行月等米，即以各该项米石粜价项下抵支，如有不敷，再由运丁屯田租拨补。

各州县征雇民船运粮到上海，其运费按距离远近支给，多寡不等。沙船由上海运粮到天津的运费，系按石支给，道光六年，每运米一石给水脚银 0.4 两，另给神福犒赏银 0.0281 两，共计 0.4281 两。天津至通州的剥船运费，每运米一石给水脚饭食银 0.077 两。其他用费，如沙船纤夫、苫盖、拨船、席片、天津剥船守候口粮，押运官兵薪工饭食等项，按每运粮一石给银 0.0486 两。以上诸项合计，每运粮一石共用银 0.5537 两。咸丰元年以后增为 0.575 两。

此外另给耗米。沙船耗米，按每运载漕粮一石给米 0.08 石，白粮按石给米 0.1 石，此项耗米在原给运丁耗米或帮费项下拨给。天津剥船耗米，每运粮一石给米 0.015 石。

道光五年分海运漕粮凡 1507618 石，共开支沙船水脚神福犒赏银 645411 两；天津剥船水脚饮食等项银 117422 两；此外纤夫、苫盖、席简等项开支为银 73300 两，以上三者共银 836133 两。

同治四年，海运之费稍有变通。由征粮州县运赴上海，征雇民船之费由各州县原给运丁津贴项下酌为支给，并按一石由州县随米运解沪局斛手薪工钱 5 文；由上海运赴天津，再由天津运往通州，耗米饭食而外，每石运费以银 0.7 两为准。征漕州县所付运粮开支，计每运粮一石，江苏不超过 0.79 两，浙江不超过 0.8 两。

三　历年海运情形及海运粮额

清朝于道光六年第一次举办海运，将江苏苏州、松江、常州、镇江四府及太仓一州数十州县应征道光五年份漕粮改由沙船兑运，因船少粮多，分两次运输，第一次粮船 1000 余只，于道光六年二月离上海北驶。到天津兑交后，于四月二十六日离天津回空，五月二十二日返抵上海。第二次粮船数百只，于是年六月五日离上海北驶，抵天津兑交后南旋。前后运输两次，共出动沙船、蛋船、三不像船 1562 只，起运漕粮正耗米 1451031 石，又带运节省归仓耗米 59675 石。以上两项合计共 1510706 石。[①] 其中有 4 船遇风沉没，损失米 2850 石；又 4 船遇风松舱抛米 238 石。除损失外，实到天津运米沙船 1558 只，实交兑米 1507618 石。沙船在天津交兑完毕，尚有余米 65007 石，每石平均作银 2.212 两，由官府备款收买，该银即归兑粮沙船。又损失部

① 陶澍：《陶云汀先生奏疏》卷 14，《海运全竣船行顺利折子》。

分，其中沉没4船打捞3船，该粮以潮湿即行变卖，粮价上交国家。据此估计，损失约占千分之一。此次沙船运粮到津，随到随兑，经过顺利。[①]

道光二十八年举办第二次海运，将苏、松、太三府州应征道光二十七年份漕粮100多万石由沙船运赴天津，办法与道光六年同，这次海运有“筹备交仓缺米”一项，除交仓正耗米石外，以海运节省之项筹补缓缺米273700石。

道光六年开始办理海运，对有私人承运米石者国家加以奖励。江苏崇明县举人施彦士承运漕粮14000石，被提升为县官；上海县捐布政司经历衔的朱增慎、捐都察院经历衔的毛振勋，都承运漕粮25000石以上，清廷批准尽先以实缺任用。浙江慈溪县捐通判衔的盛炳煜，捐从九品功名的盛炳辉，鄞县捐布政司理问衔的谢占壬，以及上海县富商王文瑞等凡数十人，均按承运漕粮多寡或补实缺或赏给官衔。[②]陶澍本人则以办理海运有功赏戴花翎。

咸丰元年，将苏、松、常、太四府州道光三十年份白粮数万石改行海运。咸丰二年将苏、松、常、镇、太五府州咸丰元年漕粮100余万石改行海运。此后，苏松粮道所属数十州县漕粮以海运为常制。

咸丰二年，浙江省漕粮也改行海运，一切征运规制和江苏大致相同。咸丰三年，湖北、湖南、江西、安徽四省漕粮实行改折，长江流域继续征实起运的只有改行海运的江浙了。中国具有一千多年历史的漕运制度至此为之一变。

咸丰四年，由于太平天国农民革命，清廷将江苏应征咸丰三年漕粮折征银钱，就地接济军饷，海运暂停。咸丰五年，江、浙两省部分

---

① 道光六年海运情形，参考陶澍《陶云汀先生奏疏》卷12，《亲赴上海督办海运折子》《海运初兑米船陆续开出十滧折子》。陶澍：《陶云汀先生奏疏》卷13，《海运米船开放大洋并续兑情形折子》《海运在洋遇风平稳并接办次运米石折子》。

② 陶澍：《陶云汀先生奏疏》卷15，《海运案内商请加奖励折子》。

地区被太平军占领，清军只能在所统治的地区继续征漕，运额无定。同治三年，太平天国失败，漕粮海运渐入正常。光绪二年，沈葆桢建议将过去继续河运的江北漕粮也改行海运，据沈氏奏：为维持河运，挑河打坝灌塘雇剥车绞等费开支过大，借黄济运徒使河道受淤，奏请“准将江北漕粮暂办数年海运”。①

对于道光年间漕粮海运的实现，魏源是一个关键性人物，道光六年第一次实行海运，他曾将苏、松、常、镇、太五府州漕粮的运费支出作了详细估算，他说五府州改行海运，国家可节省给丁运费及米折银 1295758 两，各州县税户可节省帮费银 388 万两，两者合计达 517 万两有奇。是年海运漕粮 1633000 石，仅开销运费银 140 万两，比河运节省运费 2/3。魏源大力推崇漕粮改行海运的好处。②

为了说明改行海运的必要，魏源并揭露河运的浪费。他说，在实行河运之时，漕船每加索一次帮费，州县便少收缴一次漕粮，原来额征 10 万石漕粮的州县，现在只能报兑 6 万石，其余 4 万石用捏灾歉收的办法补贴运丁的帮费了。③

同治四年以后，海运漕粮各项开支，计江苏每年起运漕粮 113 万石有奇，除给船耗米外，实交仓 100 万石有奇。每运粮一石以支给沙船水脚及由天津拨运通州经费银以 0.7 两计，共为银 748000 两有奇，此外又支给沙船、经纪、剥船等项食耗并筹备余米 153500 余石。是年浙江省实海运漕粮正耗米 703000 石有奇，除给船耗米外，实交仓 65 万石有奇。每石运费以银 0.8 两计，约为银 52 万两有奇，又沙宁各船、经纪、剥船食耗并筹办余米 76000 石有奇。

江苏漕粮海运运费，以节省津贴运丁等项银两 698600 两抵支；

---

① 《清朝经世文编》卷 95，沈葆桢：《借黄济运贻害大河全局疏》。

② 贺长龄等辑《江苏海运全案·跋文》。又《清朝经世文编》卷 48，魏源：《道光丙戌海运记》。

③ 《江苏海运全案·跋文》。又《清朝经世文编》卷 48，魏源：《道光丙戌海运记》。

尚不敷银49300两，由各卫屯田津租拨补。浙江海运运费，于额征漕截及原给运丁行粮、月粮等项银497000两抵支，不敷之款于漕务项下拨补。江苏历年海运粮额如表12－1所示。

表12－1　江苏历年海运粮额

起运	年份	区域	漕白交仓正耗米(石)	筹备交仓缺额米(石)	截漕充饷米(石)	实运交仓米(石)
道光二十八年起运	道光二十七年份	苏、松、太三府州①	802358	273700+②		1076058+
咸丰元年起运	道光三十年份	苏、松、常太四府州	76705③			76705
二年起运	咸丰元年份	苏、松、常、镇、太五府州	1046155	398652		1444807
三年起运	二年份	苏、松、常、镇、太五府州	1042473	405220		1447693
四年起运	三年份	苏、松、常、镇、太五府州	55325④			55325
五年起运	四年份	苏、松、常、镇、太五府州	800398⑤		300000	500398
六年起运	五年份	苏、松、常、镇、太五府州	955000+⑥		200000	755000+
七年起运	六年份	苏、松、太三府州⑦	366202		250000	116202
八年起运	七年份	苏、松、常、镇、太五府州	914000+			914000+
九年起运	八年份	苏、松、常、镇、太五府州	993000+			993000+
十年起运	九年份	苏、松、常、镇、太五府州	987350		204341	783009
十一年起运	十年份	川、奉、南三厅县⑧	32870+			32870
同治元年起运 二年起运	咸丰十一年份 同治一年份	}⑨				
三年起运	二年份	松太二府州八厅县⑩				117000+
四年起运	三年份	松江府太仓州	202850+			302850+

续表

起运	年份	区域	漕白交仓正耗米(石)	筹备交仓缺额米(石)	截漕充饷米(石)	实运交仓米(石)
五年起运	四年份		393482			393482
六年起运	同治五年份		502025			502025
七年起运	六年份					
八年起运	七年份	苏、松、常、太四府州	645841⑪			755886
九年起运	八年份	苏、松、常、太四府州	581346			581346
十年起运	九年份		698768			698768
十一年起运	十年份		686496			686496
十二年起运	十一年份		614972			614972
十三年起运	十二年份		515323			615323
光绪元年起运	同治十三年份		785000⑫			805000

资料来源：许钧培等辑《江苏海运全案原编》卷 6。

说明：①是年常州、镇江两府仍办河运。
②缺额米系灾荒缓征米。下同。
③系白粮额。
④系白粮额。是年漕粮改办折色银两以济军饷。
⑤是年蠲减额较多。
⑥是年节省等项一律起运。
⑦常州、镇江二府漕粮全免。
⑧苏州、常州二府漕粮因太平军占领，停运。
⑨该二年钱漕因被太平军占领，蠲免停运。
⑩酌征。
⑪内有采买米及江北淮、扬、通三府州米若干石。
⑫内有江北米 82000 石。

由表 12 - 1，咸丰四年后，江苏征运粮额减少，浙江情形大致相同。

第三节　漕粮改行海运的成效

一　海运便捷、精简机构、革除积弊

漕粮行海运或河运的利弊可以从便捷和弊端情形进行比较。

中国漕运历史悠久，早在隋、唐时代就开凿了由东南到西北的大运河，并逐渐形成一种制度，宋朝相沿不改。盖隋、唐皆建都长安，北宋建都开封，国家皆仰给东南食粮。东南西北间之运输，只有河运和陆运可通，河陆相较，河运优于陆运，盖河运挽运量大，不但迅速，而且节约。

隋、唐、宋三代，运道由东南而西北，所经多系平原，虽也开通渠道，但少涉山险；所经水源充足，不虑干涸。明清建都北京，运道由南而北，江、浙一带运道虽多仍隋唐之旧，由苏北经山东入直隶千余里运道则系新建。如前所述，苏北有渡黄之险，山东高阜地带更需凿山引泉。在直隶南境，所借卫、漳二河，水源微弱，每赖截民间溉田之水以济运，修治河道之费支出浩大，为此早在清朝初期便有人提出改行海运了。

明、清时代的大运河和海岸线大致呈平行状态，起点和终点距海较近。主要漕粮区如苏、松、常、镇、太、杭、嘉、湖数府州，距离上海百余里或数百里，且有舟楫之便。即使湖北、湖南、江西等省漕粮，也可沿江运至上海，转输天津。

运河由江北瓜洲至天津路程为 2540 里，路程虽较海程为近，但由江北至山东境，沿运筑闸建坝，急流浅滩在在有之。每遇急流逆驶，一般挽拽几至二三百人；漕船过坝，更须用绞车盘拖，需时过久。因此漕船一次往返需时七八个月，多或经年。江南、浙江、湖广重运漕船，例在当年十二月或翌年正月开始北上，分别于四月、五月、六月抵达通州，秋末又须赶回各州县水次兑运新漕。嘉庆以后，每因运道梗阻，拖延行期多至十个月之久。有时在北方守冻，待翌年春暖冰消始能南旋，致延误兑漕期限。

改行海运，航程由上海至天津 4000 里有奇，较河运里程为长，但航行迅捷。沙船由上海至天津一般航行 20 余日，如轻载顺风十数日可达，比河运之行数月者要快得多。以道光六年之海运而言，第一批粮船于三月十九日全部离开上海北上，四月二十六日由天津全部回空，五月二十二日返抵上海，是年北上为时一月，回空为 27 日，往返不到两月。史书记载谓一年可以三运，盖指一年之中利于航行的季节而言，如全年航行，往返还不止三次。

对海运持反对意见者，谓海运不如河运安全，有海涛之险，有盗劫之虞。其实风涛损失甚小，以道光六年之海运江苏部分州县漕粮而言，是年共运米 1510706 石，风涛损失 3088 石，其中又打捞出若干石，损失不及千分之一。河运也并非万全，也有风涛之险，损失有时不止此数。

实行河运，需要一个庞大的办理漕务的官僚机构，如郑观应所论："其设官也，有漕督，有中军副将，以下各弁有漕标兵，有各省督粮道，有仓场总督，有坐粮厅，有巡漕御史，有卫守备四十人，千总六十人，运丁数万。运河官、闸官四十一人，闸夫数千。……各卫有千总领运，漕督又岁委帮运，沿途有地方官催攒，又有漕委河委督抚委，自瓜洲抵淀津，不下数百员。"由于官员多而开支大，"帑项之耗，耗于漕与河者不可数计"。[①] 改行海运，庞大的官僚机构可以精简。

行河运之时，漕务官吏皆以办漕为利薮，漕官勒索运丁，运丁则向兑粮州县需索帮费，大大加重了粮户负担。一般粮户财力有限，则拖欠漕粮。粮户拖欠，漕官侵蚀，而征额遂减。如魏源所说：漕粮行河运，"过浅过闸有费，督运催攒有费，淮安通坝验米有费。丁不得不转索之官，官不得不取赢于民，合计公私所费，凡数石而致一石"。民力不济，遂行拖欠，征运之额乃减。魏源又说：改行海运，"不由闸河，不经屡饱，不馈仓胥，凡运苏、松、常、镇、太仓五州郡百六十万石之粮，而南北支用经费止百有二十万［两］，以苏藩司岁岁给

① 《清朝经世文编》卷 52，郑观应：《停漕》。

屯丁银米折价给之而有余，是漕项正帑已足办漕，尚何取乎帮费!”[①] 魏源上书江苏巡抚陆建瀛说：“漕弊非海运不能补”。的确，漕粮河运积弊已深，而且愈演愈烈。[②] 以上诸弊只有实行改制才能革除，在当时情况下，改行海运是较好的办法。

漕粮河运，由于积弊丛集，粮户负担大为加重，致无力完纳，拖欠累累。改行海运，由于革除了积弊，农民负担减轻，有力完纳全漕。如道光六年海运苏、松、常、镇、太五府州道光五年分漕粮1510706石，全额征完。此后又恢复河运，道光十年后漕粮年年缺额，由三成至五成不等。看来魏源所说“京仓缺额非海运不能补”，是有一定道理的。

以上从运道便捷及运输安全情况，从革除积弊及漕粮完成状况，从减轻农民负担等方面考察，都说明了漕粮海运优于河运。

二　节约运费、增运粮额

漕粮改行海运可以节约运费。

漕运制度是以巨大的人力、物力、财力的耗费为代价的。如前所述，为维持漕粮河运，修治运道、设置专官、修造漕船、安置挽运旗丁、设置屯田等事，是一笔极大的开支。此等情弊；清代经常有人论及，嘉庆间包世臣说；漕运之制，“合计修堤防、设官吏、造船只、廪丁舵，每漕一石抵都常二三倍于东南之市价，虽不知其确数，所费岁皆以千万计矣”。[③] 同治年间，某氏作《折南漕议》论述漕运之弊说：

“以今计之……漕项之浮收也，给丁耗米、行月米、五米、贴运

---

① 《清朝经世文编》卷52，魏源：《筹漕篇下》。

② 关于漕务积弊之延续，据《咸丰实录》卷302，咸丰九年十二月条载：咸丰九年十一月，有一封匿名信揭发漕弊说：“书吏浮加之外，复为开斛、淋尖、手捧、脚踢、捉猪、摇小船诸弊，并绅户假借影射，抗欠把持，刁生劣监。包揽食规。”

③ 包世臣：《安吴四种》卷7，《中衢一勺》。

米、给还米等也，缮军田租也，漕河工费也，漕督粮道以下员弁兵丁公私费用也，虽不能得其确数，大约去刘说不远”。

上文所谓“刘说”，指嘉庆大学士刘权对为维持漕运的各项开支作了一个总的估算，谓运粮一石约需银 8 两。据他人估计，用费还不止于此，如道光年间山东道李鸿宾估算，谓每运漕一石需银数十两。[①] 道光二十五年，据户部奏，谓每运漕一石需银 10 余两。[②] 后来何文炬谓漕粮运抵北京作为俸饷，每石所抵不过为银一二两，“通计运费已不下二十余两”。[③] 又据黄梦维所作《停漕论》，谓每运漕一石需银 40 两。下面是黄氏原著：

> 国初仍沿明制，二百四十余年，帑项之耗于漕与河者不可数计。……其给漕费也，运丁各授屯田使耕，每船给田千亩，少亦数百亩；其船三年一小修，五年一大修，十年拆造，皆给例价；头舵水手有工食，家口有月粮，运丁有行粮诸费；凡运米百石，例给耗米五石、银十两，以不敷，州县给以兑费，渐积至七八百两，民力竭矣。各衙门有千总领运，漕督又岁委帮押官，分为一人押重，一人押空；每省有粮道督押，又别委丞倅为总运；沿途有地官催趱，费皆逾千金。至淮安盘粮，则有漕督之弁兵，通州上仓则有仓督之之经纪。加以黄河口设置官驳船，山东、直隶、通州、武清皆有之，合算不下三千艘；以及浚河建闸筑坝，通盘筹算，非四十金不能运米一石入京仓，此漕运之所以为无底之壑也。[④]

① 董醇辑《议漕折钞》卷 2，李鸿宾：《胪陈南漕各弊疏》。

② 《道咸同光奏议》卷 34，《户部遵议御史朱琦奏海船带运京仓米石疏》，道光二十五年。

③ 《清朝经世文编》卷 37，何文炬：《折漕议》。

④ 李作栋辑《新辑时务汇通》卷 67。

各人所估计之数字不同，黄氏之估计尤高，不足为据，不过可以从他的论述考察漕运各种费用。至光绪二十二年（1896）广西按察使胡燏棻奏，谓每石运费通扯由五六两至十两不等。胡说较为确实，但他没有把河工费计算在内。

先以河工之费言，运河长达数千里，经过地区高低不平，水源丰歉不等，诸如挑筑之费，建设闸坝之费，设置河官之费，事项繁多，详数难以估计。其挑筑较繁者，一为山东境运道；二为江北黄淮运交汇之运道。以山东省运道而言，每年修河夫役工食费及器具银44921两，各州县泉夫银10000两，逐年挑浚费计小挑银2660两、大挑银16954两，以上各项合计每年平均为银74535两。以上指历年经常修筑费，其临时挑筑及闸坝工程等费为数更大，皆未计算在内。关于江北黄淮运交汇之工程，尤为浩繁。为维持运道，挽黄河南流，黄河失其自然之势，因而经常溃决，此项用费甚巨。以经常费而言，嘉庆十二年以前每年额定为银50万两。后以料价昂贵，工费渐增，至咸丰初增为150万两。至历届大工，由500万两至1000万两不等。[①] 或谓江北运道岁修费银至700万两。[②]

关于为维系运道而花费在黄河决口所动修的河工，是一项极大的开支。如嘉庆年间，曹工、邰工、丰工等没有连三年不决口的，每溃决一次，挑河筑堤两项需用银700万～800万两。咸丰初年，丰北墦龙集决口，用银400万两；第二年又决，又用银300万两。以上两次尚系秋令决口，冬令兴工，口门水势不深，不及半年即行堵合，否则三四百万两犹不敷办。至咸丰五年（1855）有铜瓦厢之决口。据金安清估计，欲挽归故道，统计挑河、筑堤、堵口、添埽四项，约需银

① 咸丰三年，王庆云：《拟请裁并河漕冗官条议疏》，“历届大工，有用至千余万者，有用至二千余万者”。王氏指制钱而言。

② 据丁显《河运刍言》：“自咸丰改道以来（指黄河改由山东入海），而河（指江北运道）每年省岁修银七百万两”，见《清朝经世文编》卷52。

4000 万两。为节省物力，他主张任河之性，由山东入海，不再挽归故道。[①] 综上所述，黄河河工之费，未改道之前，年在 500 万 ~ 600 万两。[②]

因漕运而设官弁兵役。以漕官言，不计漕督、巡漕御史、押运同知、通判、领运千总等，合计不下数百名，俸工及养廉等银约需 8 万两。又各省卫所运丁行粮月粮折银 405067 两，又本色米 352553 石。此外按船另有津贴，计每船该米 20 ~ 30 石，又银 70 ~ 80 两，全漕如以 6500 船计，又支销米 17 万余石、银约 50 万两。每船水手 9 名，共合 58500 人，每人以银 10 两、米 3 石计，共为银 585000 两、米 175500 石。短纤之人数以 10 万计，雇值当在数十万两。

河官计有河督、河道、管河同知、通判、闸官以及河标河营等武官，凡数百人，俸工养廉每年约需银数万两。此外沿河布置河兵，饷糈又需数十万两。

至造船之费，康熙年间定每造一只给料价银 209 两，实不敷用，清朝初年每造一船亦需银 600 ~ 700 两，后更增至 1000 余两。如兑运苏州府太仓州粮船，每造一船用至 1700 两。按十年大造计，每年需造 650 只，如都按 1700 两计，共为银 1105000 两。其余 4850 只船，逐年修舱之费，每船每年以 10 两计，为银 48500 两。与造船费合计为银 1153500 两。

为维持旗丁生计，置有屯田，共 700 万亩有奇，分配给各省旗丁，作为运粮的补贴。普通多按亩征银济运，每亩银额各省不同，大抵由 0.01 ~ 0.08 两不等，如均以 0.04 两计，700 万亩应为 28 万两。漕船又得带免税土宜，往返共带商货 200 多万石，所免税银又若干两。

---

① 《清朝经世文编》卷 95，金安清：《黄河南北流利害说》。

② 或谓自咸丰改道，南河岁修之费，年省银 700 万两。

实行河运，州县征漕又带征耗米，计正米400万石、带征耗米2352137石，耗米中的一部分是作为运途耗费。

为了维持漕粮河运，每年消耗了大量金钱。除修治运道河工等费不计外，其历年行政开支及修造漕船等项开支见表12－2。

表12－2　为维持漕运历年开支各项用费

项　目	银（两）	米（石）	附注
漕官俸薪养廉银	80000		
运丁月粮行粮	405067	352557	
按运船津贴	500000	170000	此系估计数
运船水手银米	585000	175500	每船水手9名，按人给银米
沿河官兵薪俸饷糈	300000		防护河道。此系估计数
造船及修舱船费	1153500		
屯田补贴运船银	280000		
额征耗米		1764129	额征正粮400万石，应加征耗米2352173石。此处按完正粮304石加耗计
共　计	3303567	2462186	

以上系历年为维持漕运的各项支出，计为银330万两有奇、米246万石有奇。上述银额米额不十分确切，会有遗漏，是偏低估计。又漕粮正额虽为400万石，但除减缓缺额外，每年实际运额约为300石。据我们整理的乾隆26个年份中的运额，共为米7900万石有奇，平均年运额为304万石有奇。据此，每运米一石需用银330÷304＝1.086两，米246÷304＝0.809石，即每运米一石约需支付2石米的代价。如将运河修筑费及修治黄河费计算在内，则要支付3石米以上的代价。河运漕粮制的维系，诚如何文炬所说："无形漏卮，莫甚于此。"①

以上是国家为维持漕运制而支付的款项。要维持河运，农民税户

① 《清朝经世文编》卷37，何文炬：《折漕议》。

还要支付一大笔帮费，从而造成州县征漕浮收勒折，或谓税户完纳漕粮一石要支付2~3石粮食。国家为维持河运的财政消耗和对农民税户浮收部分加在一起，以食粮计，每运米一石的费用约折合米4~5石。

改行海运，庞大的河工费、运丁月粮行粮费、造船修船费以及其他各项开支，都可裁减，转运漕粮的支出大为减少，如表12-3所示。

表12-3　海运漕粮每石应支销各项花费

项　目	银额(两)
沙船水脚银	0.400
沙船神福犒赏垫舱席纤夫挖泥压载等银	0.0281
官剥脚价	0.098848
天津经纪人等饭食杂费盘呈身工各款	0.06
经纪饭米折银个儿钱等	0.052875
茶果银	0.0251725
四闸大通桥扛价	0.027
总　计	0.6919955

由表12-3，改行海运，每运粮一石，各种用费加在一起还不到银0.7两。至同治六年，运米每石加沙船修舱银0.15两［同治十一年复减为0.05两］；同治七年运米每石又增加拨船耗米银0.02两；同治十一年，拨船每拨运米一石又增加拨费银0.05两［白粮为0.078两］，至是海运运费，每运米一石增至银0.8两以上。[①]

关于海运耗米，以道光二十八年为例，是年苏、松、太三府州海运漕粮一石计用食耗等米0.14725石，白粮一石计用食耗等米0.17025石，如表12-4所示。

① 清档：光绪二年十二月二十六日，两江总督沈葆桢等奏陈江苏省同治二年至十一年历届海运漕粮例支商船船水脚神福并津通解支各款折：起运同治三年漕粮208359石，又采办米102464石，共用银216967两；五年漕粮米507798石零；用银349944两。直至同治十一年运粮696190石，用银486951两。都没有超过银0.7两之数。

表 12－4　海运漕粮每石支销各项耗米余米食米

项　别	米额(石)	备注
沙船耗米	0.08	白粮为0.1石
筹备余米	0.02	
天津剥船食米	0.015	
天津剥船耗米*	0.015	
通仓经纪耗米	0.015	白粮为0.018石
添给剥船耗米	0.00575	
总　计	0.15075	白粮为0.17025石

注：*后减为0.00575石。

以上各项米石，除添给剥船耗米一项系于天津收买沙船余米项内动支外，其余各项皆于节省给运丁各项耗米内动支。

由以上论述，海运漕粮每石支销各项银两及各项耗米食米，用银不及一两，用米不到二斗，比河运大为节约，从而减少了国家专为维持河运而支付的各项开支，农民税户则减少了为完纳漕粮而支付的大量帮费。

关于税户节省帮费问题，兹再加以补充。过去行河运之时，州县为应付运丁帮费向税户浮收勒折，把帮费附加在税户身上。帮费之巨，以苏松道而言，每年为银数百万两，税户每完粮一石即须银数两。改行海运，无须带征帮费，当时有不少人提到过，或谓“其利在民生”，或谓“可以苏东南之民困”，所说主要指节省帮费。道光二十八年第二次改行海运之时，清帝颁布了如下上谕：改行海运，“漕费可以节省，而州县亦不至藉此捏报灾荒，致亏仓储”。意思是说，帮费节省之后，税户可以减轻负担，可以把节省下来的帮费移充正供而完纳全漕。

事实也是如此，改行海运，节约开支，不但充实了正供，而且有余米交仓。以道光五年份苏松道漕粮改行海运为例：一是节省耗米。

苏、松、常、镇、太五府州属百余万石漕粮，过去行河运时每年例给运丁耗米18万石以备长途挽运的折耗和食用。改行海运，此项耗米大为减少，是年运米1510706石，共支用耗米12万石有奇，计节省耗米59000石，占32.78%。该米以19000石拨充津通间经纪拨运耗米，其余40000石随正粮起运交仓。二是节省漕项米。苏松道征收道光五年份漕粮，随征漕赠五米、白粮盘米及水手饭米三项共计98700石有奇，此米原系发给运丁之项。改行海运，该米节省归公，按时价每石折银2.25两解交户部。三是节省漕项银两。苏、松、常、镇、太五府州办理河运之年，应发给运丁赠贴等漕项银20万两有奇，作为办漕杂费。改行海运，此项银两可节省一半以上。以道光六年海运而言，其中以银10万两解津作为转拨漕粮经费，其余10余万两解交户部。四是节省运丁行粮和月粮。苏松道所属运丁行月两粮每年为93000石有奇。道光五年漕粮改行海运，此项米石全部节省，国家令将该米拨充接运浙江省漕粮运丁的月粮及满号免雇船的苫盖费，此外尚余米8000石有奇。以上数项共节省米30万石有奇，又银10余万两。其节省造船修船费、河工费等项尚未计算在内。

漕粮改行海运，节省银米甚多，清廷遂以所节省之项筹米交仓。道光二十八年特增加“筹补漕额”一项，即将各州县所节省兑粮帮费移作新漕起运。从这时起，苏松粮道起运漕粮分为“实征”“筹补”两项，实征指当年正项漕粮，筹补指改行海运节省项下筹办米石。道光二十八年苏、松、太三府州实征道光二十七年份的漕、白正耗米802358石，筹补漕粮及征收缓缺米273700石，二者共计1076058石，从此漕粮的拖欠缓缺问题得到改善。这种情形在咸丰元年户部尚书孙瑞珍奏折中说得十分清楚：

> 查江苏漕运，自道光十年以后，年年缺额，约计短收数目自

三四成至四五成不等，十余年来已习为故常矣。然或偶行海运，则全漕到京，无少缺减。总缘漕船减歇，则漕务帮费全数节省，即以所省之费添购米石。足额之故，实由于此。又查道光二十七年遵旨将苏、松、太二府一州漕米改由海运，以各州县津贴旗丁之费作为筹补之资，计多得米三十余万石，此即以节省为增加而著成效者也。①

江南道监察御史张祥晋为了相同的目的，请将海运制推广于江南道，他说道光二十八年苏、松、太三府州漕粮改行海运节省 70 万~80 万两银子，若将江、浙两省漕粮全部改行海运，所节省银两当在 200 万两以上。②

改行海运由于节省了各项开支，过去税户所支付的帮费大为减少，起运额遂渐有起色。道光二十八年海运二十七年份苏、松、太三府州漕粮，起运额与筹补交仓米共为 1076058 石。道光二十八年份及道光三十年份苏、松、常、镇、太五府州漕粮又改行河运，征运米又减为 92 万石有奇。改行河运的两年，五府州征运额均不及苏、松、太三府州海运之粮额。③ 由以上三年征运额可以看出，办理河运，年年短缺；改行海运，办理全漕之外仍有盈余。

漕粮改行海运，所节省各项银米，或筹米起运交仓，或折银报部候拨。如前所述，苏、松、太三府州道光二十七年份改行海运节省各项米约 30 万石有奇，以 273700 石作为筹补三府州过去的缓缺米，随正项漕粮起运交仓。至咸丰元年，苏、松、常、镇、太五府州属漕粮

① 许钧培等辑《江苏海运全案原编》卷 2，户部尚书孙瑞珍：《奏请将苏、松、太三属新漕改办海运多得之银听候部拨疏》。

② 《江苏海运全案原编》卷 2，江南监察御史张祥晋：《奏江、浙新漕推广海运节省银两拨济河工疏》。

③ 许钧培等辑《江苏海运全案原编》卷 2，户部尚书孙瑞珍：《奏请将苏、松、太三属新漕改办海运多得之银听候部拨疏》。

又改行海运，节省银凡80 万～90 万两。[①] 除抵补缓缺漕粮 398625 石折银 398625 两外，尚盈余40 万～50 万两。此后遂以为常。

附

同治后部分地区漕粮恢复河运

清道光末至咸丰，江、浙漕粮改行海运，湖北、湖南、江西、安徽等省漕粮改征银钱，独山东省以邻近运道仍继行河运旧制，一直持续到光绪二十七年。

湖北、湖南等省漕粮改折以后，北京经常发生粮食恐慌。清廷为解决京师食粮问题，在咸丰、同治两朝屡次下令各省督抚促令规复河运旧制，又总以地方官吏的反对而告终。

同治三年（1864），太平天国农民革命失败，江苏省北部漕粮一度恢复河运，第一年系由捐款内拨银买米 3 万石雇民船试运。此后，江北数府漕粮渐以河运为常制，但运额极少，一般为数万石。光绪十二年（1886），又增拨苏、松二府漕粮 10 万石改归河运，至是河运漕粮增至 10 余万石。

但江苏北部各府漕粮性质已经发生变化。各府漕粮在咸丰年间因战争关系已实行改折，至是仍折征银钱，呈解粮道库买米兑交，此其一。复次，原有漕船久已停废，改为雇用民船挽运。民船运米报酬按运米一石给食耗等米 0.01 石，又水脚犒赏银 0.6 两计。沿运闸坝牵挽雇剥船等项另行报销，押运官兵及船户食米另行备带，并随带交仓耗米以备抵补亏折。其携带南北商货免税办法与海运沙船同。

这时恢复河运极为勉强，运道到处梗阻。同治年间，由张秋至济

---

① 许钧培等辑《江苏海运全案原编》卷 2，户部尚书孙瑞珍：《奏请将苏、松、太三属新漕改办海运多得之银听候部拨疏》。

宁八里庙河身几淤成平陆。同治八年，自八里庙经阳谷、郓城、堂邑以至临清州，二百余里运道几全部淤垫。同治九年，峄县文汶口、滕县郗山口及微山湖、独山湖到处淤浅；由八里庙至临清，则赖筑坝抢蓄雨水逐段浮送，间行陆运。同治十一年，江安粮道王大经向江苏巡抚张树声呈报，对河运提出异议，谓“如果冒昧循办，必致徘徊中道，欲进无由”。[①] 江北漕粮遂又改行海运。

到光绪初期，仍有人建议恢复河运。[②] 两江总督沈葆桢上疏力争，谓河运久废，难以复通，“河运其名，陆运其实”，遂作罢论。此后，光绪十年，法军进犯南部沿河一带，光绪二十年有八国联军之役，海道梗阻，都曾有人建议规复河运而未果。

① 《皇朝政典类纂》卷56。

② 据光绪《东华录》卷3，光绪元年，御史刘瑞祺请复河运。据光绪《东华录》卷24，光绪四年，桂清、毕道远等请复河运。据光绪《东华录》卷26，光绪五年御史黄元善请复河运。

第十三章
漕运的停止

第一节　湖北、湖南、江西、安徽及河南五省停止漕运

如前所述，咸丰、同治朝漕运进行改制，有的省折收银两，有的省改行海运。同时实行减赋，由咸丰至同治朝，湖南、湖北、江西、安徽、河南等省减漕粮折色银；同治年间，江苏、浙江两省减漕粮本色米。

关于湖北、湖南等五省改折减赋，太平天国农民革命的冲击起着极大的促进作用。咸丰三年，太平军攻占长江流域，运道梗阻，湖北、湖南、江西、安徽诸省漕粮无法征运，相继改折，这在前章已经论及。这时清朝对诸省漕粮改折，只是暂时应急措施，在统治者的心目中，一俟把太平军镇压下去，仍然恢复漕运旧制。到同治四年，太平天国农民革命失败以后，清王朝遂又把规复诸省漕运问题提到议事日程上来。

清王朝恢复征实起运的意图遭到各省督抚的反对。直隶总督李鸿章并陈述漕运制度难以恢复的理由：一是征收方面的困难，诸省经过多年战争，农村经济遭受破坏，已实行改折多年，规复漕运等于加赋，农民无力负担，怕发生意外事变；二是起运方面的困难，漕运已经停止了十多年，漕船都已毁坏，全部修复需银3000万两，款项难以筹措；三是运道年久失修，尤其是山东一段，河决水泄，多已干涸，无法浮送船只。[①] 李鸿章所论抓住了问题的要害，漕运制度遂未恢复。

同治十二年，农村经济稍事恢复，清王朝仍在企图恢复漕运旧制，有部臣提出先部分征收本色起运。对此各省督抚一再提出异议，如湖南巡抚王文韶，以地方仓库毁坏，无法收贮漕粮请求停办。[②] 其他各省也纷纷以恢复征实起运困难重重奏报。同时有些人还发表议论，谓规复漕运旧制会造成极大浪费，增加粮户负担，而对京师食粮问题并不能发挥应有的作用，对规复漕运旧制持批评态度，如郑观应所论：

> 查京师支用以甲米为大宗，官俸仅十之一。八旗兵丁不惯食米，往往由牛录章京领米易钱折给，兵丁转买杂粮，约南米一石仅合银一两有奇。官俸亦然。四品以上尚多赴领，其余领票转卖与米铺，石亦一两有奇。夫南漕催科征调督运验收经五六月，行路数千里，竭万姓无数之脂膏，聚胥吏无数之蠹赋，耗国家无数之开销，险阻艰难，仅而得达京仓，每石之值约需四十两，或二十两，或十八两不等，而及其归宿乃为每石易银一两之用，此实绝大漏卮，徒以庸官蠹吏所中饱，相沿不改，此真可为长

① 奏疏见《皇朝政典类纂》卷57，同治四年。

② 清档，王文韶：同治十二年八月二十八日，湖南漕粮骤难本折兼筹请仍照旧折征折。

太息者也。①

在很多臣僚反对及舆论的影响下，清朝恢复漕运旧制的意图没有实现。此后各省漕粮按石折收银两解交户部遂变成一种常制，一直持续到清朝灭亡。

其实，这时已具备了停止漕运的条件，当湖南、湖北、江西、安徽诸省在战争的冲击下农业生产相对衰落之时，中国北方尤其是奉天农业生产有所发展，除供本地人民食用之外仍有富余。就在清王朝力图把南方食粮北运之时，而北方民间食粮贩运有的却由北而南，如奉天生产的大豆，成船的向上海贩运。这时奉天生产的粟米也贩运到天津一带销售，以致天津粟米的价格比山东还低。至迟在同治年间，运丁在山东各州县兑运粟米时总希望改收钱文，有的运丁将所兑收粟米就地出售，在济宁、东昌、安山、张秋一带买小麦贩运天津出售，然后以所得钱文，在天津附近芦台一带购买粟米运赴通州兑交，或谓转手之间获利数倍。② 这时京师即使没有长江流域漕粮接济，食粮的供应也不成问题。就在这种条件下，长江流域中游各省的漕运才正式停止。

第二节　江苏、浙江、山东三省停止征漕

一　停止征漕的时代背景

光绪二十七年，江苏、浙江、山东三省正式停止征漕。

这时停止征漕有其特殊的时代背景，首先是伴随商品经济发展，

---

① 《清朝经世文编》卷52，郑观应：《停漕》。

② 清档，同治二年，陕西道监察御史吕序程奏。

商品粮贸迁增加；其次是国家财政困难，停止征漕可以节约开支，补充国库；再次是漕政败坏，漕务积弊非停止征漕不能革除。江、浙两省还有其特殊的社会经济变化的原因，如前章所论，江、浙漕粮主要负担区是中国主要棉纺织和蚕桑区，有不少农户靠出卖棉纺织品及蚕丝，购买食粮完纳漕粮，这些食粮有相当一部分产自长江中上游各省。这时湖南、湖北等省食粮外销日少，米价高昂；江、浙农副业尤其棉纺织业相对衰落，农户收入减少，这种变化更严重地影响民户对漕粮的负担。

关于商品粮的运销，北京食粮通过粮商进行调剂问题，当时有很多人论及。如何文炬作《折漕议》，谓漕粮改折以后，"就天津荟萃之区，招令盈实商户，多设粜局以资挹注，利之所在人必趋"①。何文炬主张停止海运，招商贩运食粮，就是在粮商贸迁有所发展的条件下提出来的，郑观应所论更加详尽，他说："朝廷深思远虑，以为岁无南漕二百万石流通，则一切杂粮必牵掣而骤贵，兵民必有受其饥者，故无措繁费而为此。然自轮舶畅行以后，商米北来源源不绝，利之所在人争趋之。市中有米局，官中有米局，则少米之患在今时可以无虑。应请通饬各省改征折色，其耗费一概带征，并旧藩库起解；至旗丁京官应领俸米，或按照成案每石折钱一两四钱，或按照市价每石折银亦不过二两有奇。"②

由郑氏所论：一是北上商品粮源源不绝，京师再无缺米的顾虑；二是漕粮改折后，八旗兵和京官俸米按米发银，可买米食用。郑氏所说显然也是在商品粮发展的条件下提出这种主张的。

就在此时，清朝各级官吏也纷纷上疏，都把商品粮发展和停止征漕联系起来。如光绪元年候补同知薛福成所上《应诏陈言疏》，建议

① 《清朝经世文编》卷37，何文炬：《折漕议》。

② 《清朝经世文编》卷52，郑观应：《停漕》。

将江、浙漕粮改收折色，在天津、通州、北京三处招商运米，国家给予各种优待，使商人有利可图，如此江浙米商都会航海运米北上，山东、河南两省的米、麦亦可经由运河而至，京东丰润、玉田等县所产之米也会经由粮商贩运京师等。此后光绪二十一年两江总督张之洞所上南漕改折疏，也是在商品粮发展的情况下提出来。他说：

> 查漕运为国家大政，已历二百余年，因未可轻言更改。但从前未通海运，商贾绝少贸迁。京仓正供以及官俸兵米，无不仰给东南。是以总漕特设专官，运河时加修浚。淮黄蓄泄，闸坝启闭，尤极纷纭。曾不惜岁靡千余万两之帑，以转南数省百万石之粮。诚以藉一线之漕渠，供无穷之飞挽，非官之力不能为，此外别无转运之术。……迨海运开而河运已成骈枝，商运通而官运转行劳费。……至海警猝闻，转输非便，则官运所阻碍者，商运或尚可通行。①

据张之洞所奏，谓从前从事贸迁的商贾少，所以要维系漕运制，现在不同了，不但海运畅通，而且商运省费而便捷，因此极力建议停漕。大约同一时期，顺天府尹胡燏棻也上疏请停征南漕，听商贩运。他说：“自轮船畅行以后，商米北来源源不绝，利之所在人争趋之，市中有米与官中有米同。”②

由以上当时人论著和臣僚奏疏可以看出，这时市上已有大量商品粮流转调剂，无须再征实海运，这是江浙得以停漕的一个重要条件。

国家财政困难，停止漕粮可以节约开支，增加收入，是有一个重要因素。这种关系，无论从当时人论著还是臣僚奏疏中也都有所

---

① 张之洞：《张文襄公奏稿》卷27，《筹议南漕改折办法折》，光绪二十一年。

② 《光绪政要》卷21，《条陈变法自强》。《清朝政典类纂》卷57，亦载此疏，胡燏棻作广西按察使衔。

反映。如郑观应《停漕》一文中所说："或谓海运行之数十年有效，盍仍旧贯。不知一行海运，不特多出运费，且上仓运沪，一交涉于官吏之手，耗折百端，虽简于河运，而所费仍复不赀，约需二千数百万两，两湖、江安尤钜，虽所耗在民者多，而国家所损亦不下千万，乃其归宿米石为银一两，何若令万家膏血掷之虚耗耶。当今筹款万难之际，理财者何惜一举手之劳改为折成库银汇交户部也。"①

据郑观应所论，江浙漕粮海运，所费为银二千数百万两，如行改折，将该银汇交户部，可以弥补财政困难。郑氏又说：漕粮改折后，"而一切漕河之工程，海运之经费，漕督、粮道以下之员弁兵丁，仓场侍郎监督粮厅以下之胥吏差役，皆可一律裁汰蠲除。是国家开销岁省奚啻千万，而反多数百万盈羡。……有益于国，无损于民"。意思是说，漕粮改折以后，由于运粮而花销的各项开支，都可以节省下来，可以增加国库收入。

最后，停止海运实行改折还可以革除积弊，这种关系也有不少人论及。

漕粮改行海运之始，漕运积弊曾有所改善。但没有维持很久，伴随吏治腐败，贪索之风复起。盖改行海运，还要经过州县征收和内河拨运，州县征米贮仓有修仓、搭篷、纸张、油烛等费，内河拨运有水脚、交兑夫船耗米等费，有兑米夫役上海守候之费，而浙江嘉兴、湖州两府额征白粮各项开支名目尤为繁多。② 改行海运之后虽然减少了津贴运丁的帮费，但与漕粮有关的各衙门陋规，征收过程中大小户的差别等一仍旧贯。在沙船挽运时，沙船船主耆舵与牙栈相互勾结，受兑漕粮之时折收银钱，少装漕粮，从中渔利。③ 在招商局轮运之时，

① 《清朝经世文编》卷52，郑观应：《停漕》。

② 《浙江减漕纪略》，戴槃：《征收漕粮改定耗余记》，同治四年。

③ 同治五年，沈元茂沙船运米于上海出口时，查出少装米290余石。

当各州县运粮到止海交兑，招商局船商和上海官员互相勾结，多方挑剔，州县派来兑交漕粮的官吏都要受他们挟制。[①] 而且后来轮船运米也有掺和情弊发生。[②] 由天津到通州的转拨弊端尤为严重，沿河之民与剥船相通，以备好稻皮稗子疆石之类抵换漕米。[③]

兹以漕粮征收过程而论，实行海运，粮户完漕原应以米完纳，然州县多折收银两。据当时人所上《南漕改折折》指出：州县征漕“惟漕米原价外仍有别项款银，如转运之费或别项使费等，有此各项巨费，则折米之价较原价自必大至二三倍矣。凡征收之官，既经收到漕银后，又复以此银购买米粮存之于仓，辗转折买，务使得利而后止。”州县征粮浮收勒折，买米存仓，较原额增收数倍。

在当时情况下，以上种种弊端只有停止征漕才能彻底革除。

二 关于漕粮实行改折及征实起运的争议

就当时具体条件而言，江浙漕粮实行改折利多弊少，但在实行过程中却发生了激烈争议，一直持续了近30年才获解决。改制之难诚如时人所上《南漕改折折》所说：“部臣明知公议所在［指漕粮实行改折］，人人以为可行，不能悍然而阻之也［指停漕建议］，于是试为游移两可之词，得过且过之计，藉词推诿，辗转延宕……朝廷每有变法自强之端，必且多方阻挠，同归于废弃败坏而不挽救，以此叹易辙改弦之非易也。”对保守势力进行批评之后，接着提出漕粮改折的主张说：

---

① 张之洞：《张文襄公奏稿》卷36，《禁止招商局把持漕米并拿办奸商片》，光绪二十九年二月十九日。

② 光绪《东华录》卷42，光绪七年七月壬申谕。

③ 据同治年间直隶总督严禁剥船偷盗掺和告示：剥盘在盐关下之小刘庄，以黑米抵换好米；在盐坨一带以稻皮抵换好米；在金家窑附近以水稻抵换好米；在北河口、西沽、丁字沽等处，以稻谷抵换好米；在北仓至天津、武清一带，以稗子抵换好米；由杨村过香河至通州一带，以碎砖疆石搀和好米。

> 今则海道畅行，有如衽席，南来包米盈溢市廛，官运朝更，商贩夕涌，顾必苦守旧章，牢不可破，坐令百万金钱耗蠹于官吏户胥之囊，而不思变计，岂不可惜。且自咸丰以来，湖北折漕而官民称便，湖南、江西、河南、安徽等省折漕而官民亦无不称便，何于两江独不可行。况以苏属而论，全完本色者更不及三折。至江宁藩司所属州县，向来即系全完折色，是则本色早非定章，河运已无实际，今昔情形迥有不同。应请饬下两江总督、江苏巡抚再行妥议，请旨施行。[①]

在光绪年间，主张彻底改制反对继续征实起运的还有候补同知薛福成、两江总督张之洞、顺天府尹胡燏棻、侍读学士瑞洵等人。

当时人们主张改制停漕，主要是从国家财政观点着眼的。如张之洞奏：江苏省苏、松、常、镇、太五府州停止征漕，国家可节省运费银60多万两；与江宁等府漕粮合计，可节省银80多万两；若将浙江及其他各省采买米石一率停止，又可节省运费银数十万两。[②] 张之洞还没有把因停漕而裁撤的漕运衙门、卫所运丁、挑河修船等费计算在内。据胡燏棻估算，如将浚河工费、办漕经费、办漕官俸等项所节省合计，其结果是："国家岁省数百万开销，反多数百万盈羡。"[③] 据瑞洵估计，停止征粮起运，每年可节省银500万～600万两。[④] 据薛福成奏，停止漕运，各项节省合计为银1000万两以上。[⑤] 总之，革除积弊，撙节开支，是主张停漕的强有力的论据。

还有人从商运比官运更为有利着眼，即商运食粮费用更少。这种情形可以向上追溯到清代前期。如雍正二年（1724），从天津运米到

---

① 《南漕改折折》，见《清朝经世文编》卷39，户政七，赋役。

② 张之洞：《张文襄公奏稿》卷27，《筹议南漕改折办法折》。

③ 《光绪政要》卷21，胡燏棻《条陈变法自强》。

④ 光绪《东华续录》卷148，光绪二十四年八月。

⑤ 薛福成：《庸盦全集》卷1，《应诏陈言疏》。

通州，由商人承运米每100石仅用银4～5两；由官方运输要用银9两以上，而且用的是官剥船，造船费等项开支尚未计算在内。[①] 咸丰三年，由商人承运洋米，自天津至通州，连京通剥价、员役薪工饭食等项合计，每运米100石用银8两，这时官运漕粮每100石则需银20两，官运费较商运费高出一倍以上。[②]

停漕论者还有一个理由，商品粮在运输过程中可以逃避外国侵略者的干扰。如胡燏棻说："盖名为官米，则敌船可以捕拿；为商米，则仇国亦不能捕截，公法俱在，有例可援。"[③] 张之洞、朱之贵等主张停漕的人都有相同看法。如朱之贵说：米如仍由官方运输，万一发生外患，海路断绝，京师有绝粮之患。[④] 言外之意，如由粮商贩运，京师粮食供应更有保证。

招商贩运食粮还有其他好处，如薛福成奏疏所说：米色干洁，过去掺和之弊不禁自革；漕粮改征折色，可增加国家财政收入；在京官俸兵米折发现银，官兵所得可比以前增多；京师内外，米商往返，百货可以流通，直隶农民见稻米容易出粜，必多辟稻田，水利事业可逐渐兴复。[⑤]

反对停漕的人，谓由征米改为征银征钱，将增加粮户的骚扰。这种说法显然是站不住脚的。恰恰相反，征实浮收勒折，对一般粮户扰害更大。这种关系过去曾有很多人谈到。针对干扰之说，张之洞在奏疏中特加奏陈批驳。他说：

今以江苏征漕言之，其隶江南粮道所辖者，宁属例征大米，

① 《皇朝政典类纂》卷48，兵部侍郎李绂奏。

② 黄宗汉等辑《浙江海运全案续编》卷1。

③ 《光绪政要》卷21，胡燏棻：《条陈变法自强》。

④ 《新辑时务汇通》卷67，朱之贵：《减漕运海运费参用和籴法议》。

⑤ 薛福成：《庸盦全集》卷1，《应诏陈言疏》。又见《光绪东华录》卷3，光绪元年四月。

每石折解银一两八钱；淮、扬、通属亦征大米，向折解银二两一钱；徐州例征粟米，每石向折解银一两四钱，均由州县解道，由道购米起运。米价运费，共支销银三十四万余两，其实运米祇十二万余石耳。今若一律提解现银，每石已合银二两八钱有余。若折发俸米饷米，即照江苏原买米价发给，江苏石大，京城石小，或京城一石作银一两四五钱，或一石作银二两，在官兵所领之银，已较从前米票折变之价增至一倍两倍，而国计尚有盈余。况随漕经费席木等银万余两，并可提解户部。其隶江苏粮道所辖者，固有全收本色、全收折色、本折兼收之异，然臣查全完本色者祇苏属数县耳。余者收本色者，为时不过旬余，为数不及一半，余皆统收折色。至松、常、镇、太等府州，虽有本折兼完之说，而完本者更不及一二成，且有向来全完折色者矣。[①]

江南道、苏松道所属各县和其他省县不同，这里较早改收折色银两，只有少数县继续征实；这里的粮户对完纳本色米并不感兴趣，所以开仓十余日，粮户以现米完纳者不及半数，粮户之所以不抓紧限期完粮，无非是为了改交现银；其本折兼收的地区，粮户送交米石的不及一二成，也说明粮户宁愿完纳折色银两。总之，漕粮实行改折，不会出现什么干扰。张之洞并列举过去湖北、湖南、江西、安徽、河南等省停漕改折的事例进行说明，那时诸省改折官民称便。张氏又说，漕粮改折，国家可以增加财政收入，在京官兵俸饷折发银两对官兵也有利。张氏为求慎重预防万一之纷扰，并提出具体办法。如奏折所说："如恐不便于民，或虑民间米便钱稀，则臣本系持本折所民自便之议，但使完本色者由州县照市价以米易银，完折色者由州县以钱易银，统由粮道汇收解部，则民间丝毫无所增改，自无纷扰之虞。况折

① 张之洞：《张文襄公奏稿》卷27，《筹议南漕改折办法折》。

征之价，仍循旧章，以市价之低昂为准，由藩司粮道核定，详明督抚批准通行，原无抑勒之事，而国家已省苏属六十余万之买费矣。”①

总之，在当时的争议中，张之洞从实际出发，极力主张改制。他的奏疏是在光绪二十二年上奏的，奏疏方才上交，他即调职离任。继任两江总督的刘坤一和江苏巡抚赵舒翘、浙江巡抚廖寿丰等人都不同意张的主张，江、浙停漕之议在当时未得实现。

三　江、浙海运粮漕的停止

江、浙两省漕粮，甲午战争以后时常停止征运。光绪二十年，两省漕粮停征50%～60%，改收折色作办理海防经费。光绪二十二年，清廷以财政支绌，将江苏漕粮少征30万石，以折价银98万两弥补财政亏空。光绪二十四年，瑞洵从筹财出发再次建议停漕，谓停运之后，裁撤监兑、押运、河、漕、卫等官，每年可节省银500万～600万两。直至光绪二十七年，清廷才正式颁发停漕改折的命令。这个命令仍然是由于接受张之洞的建议而颁发的。这时张正任湖广总督，于是年六月四日上《遵命筹议变法疏》，力主停止漕运。张疏大意：第一，全部漕粮停运改折，每年可节省耗米、运局栈官绅用费、修理河闸坝费、修理驳船仓库等费，合计为银在200万两以上；第二，停漕以后，可裁减卫所屯田，各省屯田25万余顷，可节省津运银50余万两；第三，海运漕粮，剥船有掺水霉变之弊，花户有盗窃漕粮之弊，亏失甚多，损失过大；第四，京官和八旗兵并不领食漕粮，而是将米票卖到市上，如漕粮改收银两，京师官兵俸米甲米按石折发银两，又可余银若干两。② 清廷批准张氏的建议，于光绪二十七年七月二日颁布停漕令如下：

---

① 张之洞：《张文襄公奏稿》卷27，《筹议南漕改折办法折》。

② 《张文襄公奏稿》卷32，《遵旨筹议变法谨拟整顿中法十二条折》。

漕政日久弊生，层层剥蚀，上耗国库，下朘民生。当此时事艰难，财用匮乏，亟宜力除靡费，逐加整顿。著自本年为始，直省河运海运，一律改征折色，责成各督、抚等认真清厘。节省局费、运费等项，悉数提存，听候户部拨用。并查明各州县向来征收浮费，责令和盘托出，悉数归公，以期汇成巨款。仍令该督、抚将提存归公各数目，先行具奏。至仓场关系紧要，既经改折，自应按石筹备，订定办法。所有采买运解收兑储备各章程及到仓后应如何责成严防弊窦之处，著漕运总督、仓场侍郎分别妥议，统限于两月内覆奏，毋稍迟误。将此通谕知之。①

从此，晚清数十年间环绕改制停漕等问题而进行的争议宣告结束。清廷之所以批准停漕主要是从弥补国家财政支绌出发的。停漕改折令刚一颁布，京师粮商就乘机抬价，清廷于是又改变计划，令江、浙两省每年筹运食粮 100 万石接济京师，其中江苏 60 万石、浙江 40 万石，其余部分改征银两。

山东省漕粮也在光绪二十七年就实行改折，每石折银 2 两，并遵照清廷指令，将过去随漕征收的一切浮收陋规等项银两也照收解交户部。光绪二十八年应征二十七年份漕粮 288651 石，除酌留拨运东陵、西陵、密云及青州等处兵米 138141 石外，余 150510 石折银 293018 两听候户部提拨。

漕运既停，因征运漕粮而设置的各衙门、卫所等机构逐渐停革，屯田改为民田，光绪二十七年八月两江总督刘坤一、湖广总督张之洞等上奏说："有漕各省屯田，本为赡运军而设；各卫所守备千总，本为征屯饷押漕运而设。今日无论折漕与否，运漕皆轮船、民船，运军久无其人，卫官一无其事……不文不武，形同赘疣。若屯田改归所隶

① 光绪《东华续录》卷 168，光绪二十七年七月二日。

州县征收，则每年丰歉完欠皆有可考查。……［屯田］但令其报官税契，将屯饷改为地丁，将屯田运军之名、编审之例永行删除，卫守备卫千总等官一概裁罢。”①

光绪二十八年，清廷正式下令将屯田改为民业，屯田与运军等名目一并删除，卫守备、千总等官也行裁撤。② 光绪三十年十二月，裁减漕运总督及各省粮道等官。

清代漕运制，由改征银两，改行海运，减征漕赋以至停止漕运，具有一定历史意义。但改革的实现，对清王朝而言是被迫而采行的，如前所述，主要是为了解决国家财政困难问题。这种改革对农民粮户也是有利的，从而倡议者又把这一改革同“救苏东南之民困”联系起来。这一改革的客观条件则是海运便利及商品货币经济的发展，商品粮可以代替漕运粮。

① 光绪《东华续录》卷 169，光绪二十七年八月癸丑。

② 光绪《东华续录》卷 171，光绪二十八年正月。

第十四章

漕运与商品经济

在论述漕运和商品经济的相互关系以前，有必要先介绍一下地主制经济和商品经济的内在联系。这里所说地主制经济指经济体制，包括地主经济和农民经济两个组成部分。地主制经济和领主制经济不同，无论地主还是农民都是一个经济实体。就其经济收支而言，都具有实物收入的单一性和生产生活支出多样性的矛盾，即都不具备使用价值方面的自给自足性。这种矛盾，无论每一个地主户或农民户自身都无法解决，因而必须和其他经济单位发生商品货币关系。在地主制经济生产总体中，有一部分必须经过如下转化，即出售部分农副产品，购买部分生产资料和生活必需品，不经过这种形态转化，社会生产的继续进行几乎是不可能的。就是说，商品买卖活动对于地主制经济而言是必不可缺的。商品经济是地主制经济的一个重要构成部分，每一个经济单位，无论是地主户还是农民户，都要和市场发生联系，从而促成商品经济的发展。伴随工农业生产的发展，越是到封建社会后期这种现象越突出。在清代二百多年间，沿南北大运河城市商品经济的发展，就是在这种条件之下出现的。由于运道的开发，加速了地区间商品的流转，从而对商品经济的发展又起着一定的促进作用。

第一节　漕运与商品流通

一　漕船历年携带土宜数额

首先，要弄清清代漕船历年携带土宜数量有多少，首先要弄清历年出运的漕船数有多少。在携带土宜数量不变时，决定历年携带土宜数额的是历年出运的漕船数量。携带土宜的规定是相对稳定的，不断变化的是每年漕船的出运数。所以，弄清历年漕运船出运数量，就显得十分重要和迫切。

有清一代，历年出运漕船数并不明确，就目前而言，可以得到的只有几个不同时期数字记载：即康熙以前全国有漕船计10455只，雍正四年（1726）有7168只，乾隆十八年（1753）有6969只，嘉庆十七年（1812）有6384只，道光九年（1829）有6326只。但这些记载既不连续，又与实际情况不相符，很难作为依据。现根据杨锡绂《漕运则例纂》和道光《漕运全书》、光绪《漕运全书》记载，通过逐年排比，抛弃重复，去掉额外船裁汰，另摒除转自备船数额之后，得出历年出运漕运船数额。

有清一代，漕船出运的数额逐年在减少，其原因是多方面的。除受漕船改制影响外，尚有其他原因。如运丁贫困，政府为增加其收入，将船只减少，把裁减船的漕粮均摊在出运船只上，以增加运费补贴。属于这种情况的有：乾隆十一年（1746）裁江淮八帮，兴武三、七两帮贫疲船24只，十七年（1752）又裁淮安四帮等贫疲船31只，二十四年（1759）裁江西十四帮贫困船70只等；另有因兵粮改给本色，裁减船只。属于这种情况的有乾隆二十二年（1757）因江宁满兵改给本色粮，裁船 30 只；乾隆三十年（1765）蓟粮停运，改征折色，裁山东船 57 只；还有因田土坍塌、荒废或占为他用，漕粮获得蠲除，从而裁减船只的。属于这种情况的有：乾隆二十三年（1758），上元等州县坍荒，裁船 7 只；二十八年（1763）济宁州积水，豁免漕粮，裁船 1 只；常熟、丹徒二县续扱坍荒，裁船 2 只等。诸如此类事例甚多，不赘述。出运漕船数的计算办法是，依据上年漕船数，扣除当年裁减数后所得出的船数，即为当年出运漕船数。列成公式是：上年出运漕船数 - 当年裁汰数 = 是年出运漕船数。每年出运漕船数量多少，以完成当年漕粮运输任务为前提，这是无疑的，这也是我们考察历年漕船携带土宜及夹带商货数额不可或缺的依据。

其次，弄清有关重运船和回空船携带土宜数量规定。

漕船附带的商货叫“随船土宜”，其中一定数量可“免征税钞”。这种制度自明代已开始，但数量不大，成化（1465 ~ 1487）时期，定每船准带土宜 10 石；嘉靖（1522 ~ 1566）末，准每船带土宜 40 石；万历时（1573 ~ 1620）增至 60 石。明代对漕船携带土宜限制较严，“多带者入官”。[①]

清沿明制，但对漕船携带土宜限制逐渐放宽。漕船由南往北称“重运船”，由北往南称“回空船”。重运船和回空船所携带土宜品种规定各有不同，各个时期准许携带土宜数量规定也各异。

1. 重运船携带土宜规定

顺治（1644 ~ 1661）至雍正六年（1728），漕船携带土宜数量沿袭前明旧例，每只船准带土宜 60 石。雍正七年（1729）谕令：旗丁驾运辛苦，若就粮艘之便，顺带货物至京贸易以获利益，亦情理可行之事，令漕船带货于旧例 60 石之外，加带 40 石。[②] 即每船准带数量

① 万历《大明会典》卷 29。

② 《清朝续文献通考 · 征榷》卷 29；又《清世宗实录》卷 81；光绪《钦定大清会典事例》卷 209，《户部 · 漕运》。

增为100石。八年（1730）定：漕船头舵工人［额定每船二人］每人准带土宜3石，每船水手无论人数多少准合带土宜20石。至是每船所带免税土宜共计126石。[①] 乾隆二年（1737）又临时准江南、浙江漕船每船可额外增带土宜40石。嘉庆四年（1779）又准每船增带24石，至是每船可带土宜“共是一百五十石之数”。[②] 道光八年（1828），又增至180石。至是，重运漕船所带土宜为前明的三倍。每船携带土宜石数不断增加，目的是为增加漕运船收入。

有清一代，随船土宜都以石为计量单位。乾隆四年（1739）指出，各省重运粮船例带土宜，向因各项货物粗细不同，按石计算漫无一定，经题准：“分别货物粗细，酌量捆束大小定数作石，於过淮处立榜晓谕。”[③]

据《漕运则例纂》记载，将江苏、安徽、浙江、江西、湖北、湖南等省往北所载商货及论石规定，整理如下。

（1）农产品　落花生：1包，蚕豆：2袋，烟叶：100斤，烟：1箱，包米：2包。

（2）棉纺织品　浜布：6卷，水沙布：6包，黄唐布：2捆，生白布：12个，杂色布：12个，袜：箱1个，手巾：1大箱，包头：100联。

（3）丝织品　缎子：2箱，丝棉：100斤，丝线：2箱。

（4）油类　茶油：1大篓，柏油：大1篓、小2篓，柏烛：2箱，桂油：2罈，桐油：大1篓、小2篓，香油：2罈，虾油：100斤。

（5）酒类　大酒：2罈，中泉酒：8罈，泉酒：4罈，小泉酒：12罈，色酒：16包，绍兴酒：3罈，花露酒：3罈。

（6）干鲜果品　橘饼：1桶，桂圆：大2箱或4大箱、小4箱，蜜果：1桶，菓：1桶，乌梅：大1包、小2篓。

---

① 光绪《钦定大清会典事例》卷209，《户部·漕运》。
② 光绪《钦定大清会典事例》卷209，《户部·漕运》。
③ 光绪《钦定大清会典事例》卷209，《户部·漕运》。

（7）各种食品　笋：1 篓、小 2 篓，木耳：1 包，干菌：2 包，大茴香：1 包，香蕈：2 篓（包），胡椒：1 包，麒麟菜：1 包，鸡脚菜：每 100 斤，台鲞：每 100 斤，淡菜：每 100 斤，紫菜：每 100 斤，海粉：每 100 斤，藕粉：1 桶，生姜：大 1 篓（算 2 石）、小 1 篓（算 1 石），酱姜：1 桶，闽姜：1 桶，腐乳：5 大罈、小 100 罈，皮蛋：2 罈，莲肉：100 斤，火腿：每 100 斤，醋：2 罈、小 4 罈，冰糖：1 桶，糖：大包 1 个（算 2 石）、中糖包：1 个、小包 2 个，海带：大 1 包，子鲚鱼：每 100 斤。

（8）纸张　扛连纸：6 篓，官方纸：4 块，毛边纸：4 块，花尖纸：2 块，色纸：1 箱（4 块），表料纸：2 块，阡纸：6 块，连七纸：16 块，连四纸：4 块，荆州纸：6 块，火纸：2 块，淌连纸：1 块、小 2 块，油纸：1 箱，辉屏纸：2 块，川连纸：4 篓、小 6 块，沙绿纸：1 箱，神马纸：2 块，黄塘纸：2 块，毛厂纸：2 块，裱心纸：2 块、小 4 块，裱青纸：2 大块，申文纸：2 块，元连纸：3 块，竹棉纸：4 块、小 6 块，古柬纸：4 块、小 6 块，黄表纸：4 块，对方纸：4 块，文号纸：6 块，毛六纸：8 块，桑皮纸：8 块，古篓纸：24 块，古连纸：24 块，九江纸：16 块（20 小块）、小 40 捆，金砖纸：100 块，卷筒纸：40 块，小桑皮纸：16 块，高白纸：2 块。

（9）竹木藤器　木面桶：100 个，澡桶：4 个，伞：100 把，马桶：30 个，面盆、小镜架：120 个，小漆合：100 个，筷子：4 包，大屐：100 双，箭杆：10 个，笔管：6 捆，笔帽：4 篓，藤鞭杆：1 大捆，篾箩：100 个，中草席：100 条，大草席：80 条，梳子：2 篓，篦子：1 箱，烟袋杆：每 10 捆，藤：1 大捆，圈篾：4 捆，麻：100 斤、小捆 86 捆，棕：1 大捆（8 捆）。

（10）各种杂货　苏木：10 支、小捆半，肥皂：大篓，锡箔：2 个，蓝靛：3 个，铜绿：1 包，胭脂：4 箱，杭粉：1000 合，银硃：每 100 斤，银土：4 块、小 8 块，松香：1 桶，木香：2 包，末香：2 篓，紫草：2 篓，白蜡：2 包，泥人子：2 箱，水银：每 100 斤，红曲：2

包、大1包，鱼膘：2包、大1包，石膏：100斤，牛皮：10张，皂矾：100斤，靛花：每100斤，紫草：100斤，明瓦：1篓，灯草：8捆，漆：2桶，白蜡：2包，草席：中席每100季（每8捆）、大席80条，烟煤：30篓，磁器：1大桶，中磁器：1篮，小磁器：2篮，磁器：24子。

（11）铁铜器　大锅：12口，中锅：18口，小锅：24口，耳锅：30口，大酒锅：6口，钢条：包半、小2包，条铁：4包，包铁：2包，铜丝：2小包，铁丝：2小包。

（12）药材　薄荷：1大包、小2包，陈皮：2包，丹皮：2篓，苍术：1大篓、小2篓（苍术2包），竹叶：20捆，黄实：1大包、小2包，栀子：2篓（4包）、小4篓，硼砂：1包，砂仁：大1篓、小2篓，石膏：100斤，石黄：1桶，川芎：包（1大篓），人中黄：100斤，人言：100斤，土茯苓：100斤，茯苓：2包，姜黄：2篓，黄柏：1大捆，艾：2篓、小4篓，五倍子：1包，各色药草：2包。[①]

此外有窑货、扫把、扁石、木炭、竹子、杉槁、木头等，此等货物“俱不算货”，可以任意携带而不纳税。[②]

漕船所带商货，或沿途出售，或运到北方售卖。据雍正末淮安关监督唐英记述：重运漕船过淮，自江广附带各种货物，“沿途下卸，客商贩卖”。[③] 即运丁将所带各类商货沿途卖给商人，商人再零星出售。因为竹木之类可以随意携带，盛产竹木的江西、湖广漕船，“向来额外装带竹木，到北方售卖”。[④] 乾隆二年（1737），曾对不纳关税的竹木的运销范围加以限制，规定“大水之年准其携带至台庄以南一带地方卸卖，不准带过台庄；水小之年令其于淮扬一带卸卖，不得过黄河”。[⑤] 直至道光初年，仍有关于“竹木段板片及水手所带零星窑

---

① 根据杨锡绂《漕运则例纂》卷13，《粮运限期·过淮签盘》整理。

② 杨锡绂：《漕运则例纂》卷16，《通漕禁令·重运揽载》。

③ 《续纂淮关统志》卷11，《文告》。

④ 杨锡绂：《漕运则例纂》卷16，《通漕禁令·重运揽载》。

⑤ 杨锡绂：《漕运则例纂》卷16，《通漕禁令·重运揽载》。

货向来无税，原不在土宜之内”，“听随船装运”之类记载。[①] 这类免税商货，由漕船大量运往北方，是不难理解的。

2. 回空船携带土宜规定

雍正六年（1728）奏准：回空漕船过淮安关，头工、舵工、水手人等，零星捎带梨枣60石以下者，免其报税。[②] 但首进帮船，每五六月间回空之时，尚无梨枣可带，以致不能均霑利泽。乾隆十年（1732）七月，经漕运总督题准：“回空船所带土宜六十石，不必拘定梨枣，酌以（核）桃、柿（饼）零星等物与梨枣税额相份者，通融携带，一体免税。”[③] 乾隆二十五年（1760）议准：漕船回空经过山东，如逢梨、枣、核桃、瓜子四项尚未货卖之时，即买黄豆、瓜果等食物，总以60石抵数。嘉庆四年（1799）又奏准：各省回空船只，例带土宜60石外，照重运船之例，多带土宜24石，以资运费。[④] 此后，回空漕船所携带土宜为84石。

漕船到通州，交兑完漕粮后即行南旋，漕船下南时所带商货主要是农产品及农副产品，诸如梨、枣、核桃、瓜子、柿饼、黄豆、黑豆、麦、棉花、烟草、瓜果等，手工业品较少。

有清一代，漕船数额虽然逐渐减少，但携带土宜规定的数量逐渐增多。清初定重运船每船可带土宜60石，回空漕船是否携带土宜未见记载。雍正六年（1728）又定：回空船可携带土宜60石，从本年起，每只漕船往返携带土宜是为120石。雍正七年（1729），改重运船每船可带100石，加上回空船所带，每船往返所带土宜为160石。八年（1730）重运船每只携带土宜增为126石，加上回空船60石，至是每只漕船往返携带土宜为186石。至乾隆二十五年增为150石，加上

---

① 康文河：《漕河驳辩》。

② 光绪《钦定大清会典事例》卷209，《户部・漕运》。

③ 《续纂淮关统志》卷6，《令甲》。

④ 光绪《钦定大清会典事例》卷209，《户部・漕运》。

回空船60石，至是每只漕船往返所带土宜为210石。嘉庆四年（1799）回空船每只所携带土宜是为84石，加上重运船150石，至是每只漕船往返可携带土宜为234石。道光八年（1828）重运船每只携带土宜增至180石，加上回空船84石，此后漕船每船携带土宜为264石。漕船由南往北，据不完全统计，所携带货物多达189种之多。其中农产品5种，棉纺织品8种，丝织品3种，油类7种，酒类7种，干鲜果品5种，各种食物27种，纸张37种，竹木藤器23种，各种杂货36种，铁铜器10种，药材21种。此外还有木板、杉槁、竹子、磁器、窑货等未包括在内。漕船由北往南走时，携带货物有梨、枣、核桃、瓜子、黄豆、黑豆、柿饼、麦、棉花、烟草等。主要是农业品，手工产品较少。

由南北商品种类的差异，反映出双方经济发展的不平衡。由南而北的主要是手工业产品，由北而南的主要是豆、麦、梨、枣等农产品。这时北方经济虽然落后，但由农产品大量输出，也反映出这一地区农产品商品化的发展趋势。①

弄清每年出运漕船数和免税数额后，就可探讨历年漕船携带土宜量了。

下面，根据历年漕船出运船只数，以及重运船及回空船每只准带免税土宜数，估算由南往北重运船及由北往南回空船历年所携带“土宜”的数量，详见表14－1。

表14－1　漕船北上及回空时历年所携带免税土宜数量估算*

年　份	各年出船数(只)	每只重运船免税土宜（石）	每年重运船携带土宜（石）	每年回空船携带土宜（石）	备　注
顺治2年～18年	10455①	60	626700	—	《清史稿》卷122,《漕运》
康熙元年～61年	10455～7980	60	553050	—	坍减漕船数不详，携带土宜数折中计之

① 孙白桦：《清代前期河运漕粮及其社会经济的影响》，打印稿，1984。

续表

年　份	各年出船数(只)	每只重运船免税土宜(石)	每年重运船携带土宜(石)	每年回空船携带土宜(石)	备　注
雍正元年~3年	7980	60	478800	—	漕船数据杨锡绂:《漕运则例纂》卷2
雍正4年~5年	7168	60	430080	—	漕船数据杨锡绂:《漕运则例纂》卷2
雍正6年	7168	60	430080	430080②	光绪《漕运全书》卷17,回空允带60石
雍正7年	7168	100	716800	430080	每只重运船可加带40石
雍正8年~乾隆元年	7168	126	903168	430080	头船二人各加3石,全船水手限增20石
乾隆2年江南浙江	4968③	166	824688	298080	本年定:江南、浙江漕船每船临对增加免税土宜40石
乾隆2年山东、河南、江西、湖北、湖南	2199	126	277074	131940	山东、河南、江西、湖北、湖南不在增加之列
乾隆3年~7年	7167	126	903042	430020	乾隆2年裁山东船1只
乾隆8年~9年	7166	126	902914	429960	浙江台前三帮裁船1只
乾隆10年~11年	7142	126	899892	428520	裁扬州二帮船24只
乾隆12年	7012	126	883512	426120	裁江兴帮、庐州三帮船130只
乾隆13年~14年	6964	126	877464	417840	裁湖北帮船48只
乾隆15年	6942	126	874692	416520	裁安庆前后帮船22只
乾隆16年	6941	126	874566	416460	裁凤中三船1只
乾隆17年~18年	6905	126	870030	414300	淮安三、四帮,凤阳卫常州,长淮二、五帮,共裁船36只
乾隆19年	6749	126	850374	404940	裁苏太等9帮,原凤中二帮,绍兴前后帮船共156只
乾隆20年	6730	126	847980	403800	裁泗州前后帮,温州前后帮等船19只
乾隆21年	6720	126	846720	403200	裁宁太帮船10只

续表

年　份	各年出船数(只)	每只重运船免税土宜（石）	每年重运船携带土宜（石）	每年回空船携带土宜（石）	备　注
乾隆22年	6671	126	840564	400260	裁扬州卫、江兴卫二帮、镇海、金山、庐州、泗州、长淮等帮船49只
乾隆23年	6664	126	839664	399840	上元等州县坍荒，蠲免漕粮，裁奖武三、八帮，江淮八帮，太仓前帮船共7只
乾隆24年	6594	126	830844	395640	裁江西帮船70只
乾隆25年~27年	6594	126	830844	395640	乾隆二十五年重申：回空船每只可携带土宜60石
乾隆28年	6522	126	821772	319320	裁湖北武昌左卫、淮安、大河等帮船72只
乾隆29年~30年	6509	126	820134	390540	裁湖北武昌帮船13只
乾隆31年~36年	6386	126	804258	382980	裁德州帮、济宁帮、临清卫后帮、濮阳、东平、临清河南后帮等船123只
乾隆37年~41年	6383	126	804258	382980	裁济宁、东平、临清帮船3只
乾隆42年~46年	6381	126	804006	382860	裁镇海、金山帮船2只
乾隆47年~50年	6380	126	803880	382800	裁江淮五帮船1只
乾隆51年~59年	6377	126	803502	382620	裁大河前帮船3只
乾隆60年~嘉庆3年	6376	126	803376		裁凤中二帮船1只
嘉庆4年~6年	6375	150	956250	535500④	嘉庆四年定：每船准携带土宜150石，裁大河前帮船1只
嘉庆7年~11年	6357	150	953550	533988	裁温后、处后、台后帮船18只
嘉庆12年	6347	150	952050	533148	裁宿州帮船10只
嘉庆13年~14年	6338	150	950700	532392	裁太仓前帮、江北帮、长淮帮船9只
嘉庆15年~16年	6337	150	950550	532328	裁庐州帮船1只

续表

年　份	各年出船数(只)	每只重运船免税土宜(石)	每年重运船携带土宜(石)	每年回空船携带土宜(石)	备　注
嘉庆17年~18年	6333	150	949500	531972	停造洪塘所船4只
嘉庆19年~21年	6330	150	949500	531720	裁庐州二、三帮船3只
嘉庆22年~道光7年	6326	150	948900	531384	裁临清卫河南后帮、徐州前后帮船4只
道光8年~25年	6326	180	1138680	531384	道光八年定：重运船每船准携带土宜180石
道光26年~28年	6320	180	1137600	530880	裁长淮三、四帮船6只
道光29年	6316	180	1136880	530544	裁池州帮船4只
咸丰元年	6296	180	1132280	528864	是年额定船数

资料来源：本表根据光绪《漕运全书·帮船数额·额船裁改》卷17、18提供数据整理而成。①乾隆八年裁山东额船漕船之外船30只，故未计入；②据杨锡绂《漕运则例纂》卷9载：乾隆二十二年间，准苏松常镇太五府坍荒田地蠲免米石，应裁船15只，此外没有见到苏松等五府因坍荒裁船事。而光绪《漕运全书》卷18却有裁船1只、7只、15只三款记载，今采纳杨锡绂说。杨系当时漕运总督，对此最清楚；乾隆四十二年山东卫左帮船24只、济宁卫任城帮船43只改自备船，因未裁汰，故未计入。

注释：

*表中没专设"每只回空船免税土宜（石）"一栏，是由于规定变化小，故未用专栏标明，仅在备注栏加注及注释中加以说明，望见谅；为节省空间，年份用阿拉伯数字表示；不再标对应公元年份。

①顺治二年至雍正三年，漕船数额按《清史稿·漕运》卷122，《食货志》三。

②雍正六年定：回空船准带60石梨枣；乾隆二十五年定：准回空漕船携带黄豆、瓜果等食物，以60石为准，免其输税，60石以外，即行按则征收。

③乾隆二年临时规定：江南、浙江两省，每船可加带土宜40。

④嘉庆四年定：回空船准带土宜84石。

表14－1所列漕船历年携带土宜数量，在正常状况下，可以说是比较接近实际的。但遇到一些特殊情况时，如临时裁漕、改折等情况出现时，由于出运漕船临时减少；或因洪水、风暴造成"水漂石激"，[①] 漕船沉没、损坏等，表中反映不出来。在这种特殊情况下，当年携带土宜之数就会受到影响，会有些出入。但这种情况不会经常发

① 《清朝经世文编》卷47，谢阶树：《改运议》。

生，只许发生，牵扯到的船只也不会很多，对大数据来说，影响不大。就一般情况而言，这些携带数量是有参考价值的。

3. 漕船夹带

漕船携带商品数量，除规定免税货物外，还应当包括夹带商货。据当时人士称，夹带之数远远超过免税土宜之数。若不把这方面情况估计进去，就会严重影响对其携带商品数额的估计，及对沿运河城市民生的影响。

漕船除重运和回空所携带免税土宜之外，按规定额外多带商货需纳税。朱人龙在谈到淮关收纳漕造项下抽分船单时说，南河山船从无装 300 石以内者，俱应照六尺单分纳，每过关一次，止纳银 8 钱。[①]或称回空船只额外多带者，每石税银 4 分，每 100 石税银 4 两。由于税收很轻，所带商货当为数不少。

漕船除携带免税土宜外，其额外多带部分更多。漕船往往于沿途口岸码头，尤其是繁华市镇商货集散处所进行买卖，或包载商人货物收取水脚。

此事早在明代即已发生。明天启年间工部尚书王佐曾说："漕规每船正粮不过五六百石"，而所装载私货"不啻数倍"。[②]或称运军"每丁兑粮完后，即满载私货以行，船重如山"。[③]还有的运军变卖耗米，以所得米价"置买私货于沿途发卖"。[④]清朝二百多年间，伴随着商品经济的发展，这种情况更有所扩大，据康熙年间记载，漕船"沿路包揽，亦沿路脱卸"。[⑤]据《清史稿·食货志》：称：漕船除带

---

① 《续纂淮关统志》卷 11，《文告》，朱人龙：《详总河部院文》。

② 《明熹宗实录》卷 20，天启二年三月庚申。

③ 董其昌辑《神庙留中奏疏会要》，户部四，毛一鹭：《题为转饷竣事敬佐末议等事疏》。

④ 董其昌辑《神庙留中奏疏会要》，户部四，毛一鹭：《题为转饷竣事敬佐末议等事疏》。

⑤ 《清朝经世文编》卷 47，《转般私议》。

足额土宜之外，并夹带其他商货，“漕船到水次，即有牙侩关税，引载客货；又于城市货物辐辏之处，逗留迟延，冀多揽载，以博微利”。[①] 据康熙年间记载，奸商搭船之弊条称：“乃有一等奸商，专思免课，视朝廷粮船为藏奸罔利之籔，旗下水手，小人无知，只额目前，不思利害，入其笼络。”[②] 杜琳谓：“茶、布、杂货，尽遭宁、绍各帮不法运弁，从地头咨意包揽，以重运北上。”“浙绍漕船，悉皆艨艟大艘，无不满载。”又说“如绍洪卫前运弁周士美名下旗，夹带茶货并苏杭杂货不计其数”。[③] 唐英指出：“春间重运粮艘过淮，自江广附带竹木、板片、铁丁、油、蔴、糖、藤、绳、磁器等货，沿途下卸，各商贩买”，至“粮船北上，众兴之卸货者，滔滔不绝。”[④]

漕船回空除携带规定土特产 60～84 石以外，还依势违禁夹带私盐。乾隆皇帝指出：“凡回空南下之船，辄有夹带之弊。”[⑤] 原因是芦盐价廉，淮盐价高，这使漕船等私自夹带津盐，运往淮盐销地售卖，有利可图。据嘉庆上谕称：贩运私盐，“各帮皆然，而江广帮为尤甚”。各帮所带私盐之多，或谓“多至十余万引”。[⑥] 嘉庆十五年（1810）六月，仁宗决定：长芦巡盐御史不再按例扈跸热河，“因思彼时正值回空，滋敝口大之时，嗣后该盐政毋庸前往，着责令在天津专心查办此事，并着直隶总督饬令地方文武一体查禁”。把防止回空粮船夹带私盐，作为一项重大事务来办理。[⑦] 嘉庆十六年，巡缉人员查出湖北三帮漕船，夹带私盐达 29.2 万余斤。[⑧] 包世臣在《淮盐三策》奏疏中认为：以缉私枭为治盐之要，“此下策也”。他指出“私有十一

---

① 《清史稿》卷 122，《食货》三。
② 《清朝经世文编》卷 46，林起龙：《请宽粮船盘诘疏》，康熙二年。
③ 元成等修纂《续纂淮关统志》卷 11，《文告》，杜琳：《咨呈总漕部院文》。
④ 元成等修纂《续纂淮关统志》卷 11，《文告》，唐英：《咨呈两江总督院文》。
⑤ 《清高宗实录》卷 147，乾隆六年七月。
⑥ 《清仁宗实录》卷 231，嘉庆十五年六月。
⑦ 《清仁宗实录》卷 231，嘉庆十五年六月。
⑧ 《清仁宗实录》卷 249，嘉庆十六年十月。

种”，“枭私特其一二，而为数至少”。此外，他把漕私专列一项，谓“回空粮艘夹带，以灌江广腹内者，漕私也”。“漕私亦买自天津公口岸，及淮南之江甘总。”[①] 道光四年，粮船回空时，在天津所购之盐“连樯满载”。[②] 道光十一年指出，芦盐“透漏盐斤之弊，以天津为最甚”。[③] 同治《续天津县志》中一首诗指出：“千艘转粟正回空，此际销盐获利丰。”[④] 又据光绪初记载：“贩卖私盐之弊，在粮船为尤甚。”这时有一种积枭巨棍，俗称“风客”，惯与粮船买通，搭载私盐，“其所售之价则风客与丁舵水手三七朋分”。粮船贪图私利，风客则“恃粮船为护符”。所贩私盐直达江、广。结果则“私贩日多，而官引日滞”。[⑤] 有的运丁在山东、江南收买私盐。卢询认为：这些私盐之所以易行者，是“由于价贱，而民食之者众也；官盐之所以难行者，由于价贵，而民食之者少也”。[⑥]

运丁为多包揽及运载商货，力图扩大漕船容积和载量。国家规定漕船身阔不逾丈，深不逾四尺，约受正耗米 500 石，入水勿过三尺。实际运丁所造漕船远较规定为大。此种情形也始于明代。据《天工开物》载：运丁每遇打漕船，“私增身长二丈，首尾阔二尺余”。[⑦] 此种情形，到清代亦有所发展。雍正二年（1724），江苏布政使鄂尔泰请求改制旧式漕船时说：“谨按粮艘旧式，船身虽广阔长大，而每船所装额米不过六百石，此外悉供运丁、水手广载私货，以致船身过重。”又说，这些漕船“受兑开行，觅揽客货，包载过关，停泊接受……沿途发买客货”。[⑧] 乾隆五十年（1785），阿桂奏称：“查雍正年间部臣

---

① 《清宣宗实录》卷 69，道光四年六月。
② 《清宣宗实录》卷 69，道光四年六月。
③ 《清宣宗实录》卷 187，道光十一年四月。
④ 同治《续天津县志》卷 19，《艺文》四。
⑤ 光绪《漕运全书》卷 83，《盘事诘例》。
⑥ 《清朝经世文编》卷 49，兵部尚书卢询：《商盐加引减价疏》。
⑦ 宋应星：《天工开物》卷 9。
⑧ 《清朝经世文编》卷 47，鄂尔泰：《改漕船修水利疏》，雍正二年。

原议，成造漕船本有定式，如有私放宽大者，漕臣即将粮道题参治罪。嗣以年久废弛，各船届拆造，渐放高大，以希多载私货，并将高深丈尺逐渐加增，致漕船过于高大，入水太深。”① 据魏源记载：“其江西、湖广、浙江之船，则嵬然如山，隆然如楼……入水多至五尺以上。”每船“复携二、三剥船以随之”，致使渡黄入运，到处搁浅。嘉、道之际，“山东、河南之船亦复仿效逾制，继长增高，日甚一日”。所载漕粮米麦“不过六百余石”，其增大部分，“悉为揽盐揽货之地，沿途贩售”。魏源为使漕船利于运行，提出对船身加以限制，主张“凡粮艘至大以千石为度，以六百受正供，百石受行月口粮，三百石许其载货”。如此则“不出数年悉改小矣”。②

运丁除扩大漕船外，并于船尾携带木筏即剥船，如江西、湖广粮船2000余只，“每年过关，旗丁任意将货物满载船尾，栓扎木筏，不令查验”。③

根据每年出运漕船数及额定土宜数，另加上漕船夹带，每年漕船所携带土宜：顺治至雍正七年，携带量在43万石到71万石之间波动；雍正八年（1730）至乾隆九年（1744），年携带量在100万石以上；乾隆十年（1745）至嘉庆三年（1798），携带量皆在120万石上下；嘉庆四年（1799）至咸丰元年（1851），携带量皆在166万石左右。以上统计仅是免税部分。实际上漕船所转携带商货，远远超过规定的数额。据康熙年间王芑孙记：“其夹带之货，多于额装之米。”④ 又嘉、道间包世臣记：“帮丁附载客货，每至一、二千石”，⑤ 据上述记载，漕船所带商货为国家规定的数倍，漕船以道光的6326只计，由南而北往返一次，所带各种商货，包括自己所带土宜和载客商货物

---

① 《清朝经世文编》卷47，阿桂：《申明粮船定式疏》，乾隆五十年。

② 《清朝经济文编》卷52，魏源：《筹漕运篇》下。

③ 《清朝文献通考》卷26，《征榷》一。

④ 《清朝经世文编》卷47，王芑孙：《转般私议》。

⑤ 包世臣：《安吴四种》。

合计，能到600万~700万石，乃至800万~900万石之数。这数量还是保守之数。

二　商品流转与国民生计

伴随商品经济的发展，漕船携带商货对国民经济生活的关系日趋重要，如雍正九年（1731）江西巡抚谢明奏："南北货物多于粮船带运，京师藉以利用，关税藉以充足，而沿途居民藉此以为生理者亦复不少。若一停运，则虽有行商贩卖贸迁，未必能多，货物必致阻滞，关税亦恐不无缺少。"① 又如乾隆五十年（1785）有人奏请将漕船额式改小以利航行，清帝作了如下批示："船身收小，旗丁等例带土宜或至不敷装载，自断无将漕米减去转载货物之理。而漕船所带货物，俱民间日用所需，若令减带，则京师百物不无腾贵，殊非便民恤丁之道。"② 或谓"漕粮为天庾正供，所关匪细。况京师众人所用南货，俱附粮艘装载带京，总以催令抵通，多到一帮，于国计民生，均得其益。"③ 由清帝上谕和臣僚奏议看，准许运丁增带土宜，不仅为了优恤运丁，而且为了加速商品流转，满足人民需求。此后包世臣说："南货附重艘入都，北货附空艘南下，皆日用所必需，河之通窒则货之贵贱随之。"④ 包世臣所说反映出漕船携带商货对南北人民经济生活所起的巨大作用。

1. 有助于解决沿运河地区居民粮食及粮食流转问题

漕船重运北上，运丁所带行月粮米，水手所带食米，也顺带北方销售。或谓"沿途居住人等，皆赖此项米粮，买以资生"。⑤ 康熙中叶以前对运丁出卖行月粮米曾加禁止，结果则"米价腾贵"，致影响

---

① 《雍正朱批谕旨》第11函，雍正九年。
② 《清高宗实录》卷1240，乾隆五十年十月。
③ 《清高宗实录》卷1403，乾隆五十年十一月。
④ 包世臣：《安吴四种》卷7，《中衢一勺》。
⑤ 《漕运则例纂》卷16，《通漕禁令·重运揽载》。

民食。可见这部分米石数量之大，运丁水手显然系借此做粮食生意。康熙四十一年（1702），由于运丁出卖行月粮米“于民生不无益”，于是又规定：“抵通起卸后所余行月等米，听其沿途买卖。”[①] 乾隆四十七年（1782）更加明确规定：“向来南粮余米俱准在通变卖，以资日用。现在各省粮艘陆续抵通，旗丁于兑足正供之外，其所有多余米石，情愿出售者，仍着加恩，准其就近于通州粜卖，于市价民食均有裨益。”[②] 还有的帮船，在州县兑收漕米时收取折色银两，在江、浙棉蚕区此种情形较多，运丁则在中途产粮地区贱价买以充漕米。从运丁出售行月粮米，尤其是兑漕时收取折色中途买米抵漕，他们光当了粮商的角色。

以上是运丁在粮食贸易方面所起的作用，与此同时，私人粮商也通过运河进行粮食贩运。一是京师以南的麦石通过运河贩运京师。如河南、山东、直隶之大名、天津、江北之徐州，以上等处多产麦属，各处粮商，每年自二月开河以后，载运北上，络绎不绝，每年约50万~60万石。[③] 一是北方及江广所产食粮通过运河贩运南方，如徐州的豆麦，每年例由淮关纳税“装运南去”。[④] 淮安府盛产大豆。“江南大贾携货贸易，舟载而去。”[⑤] 由以上记载反映出米，北方各省和江北食粮通过运河南运者至少也有数十万石，由南而北运之米石尤多。这是粮食生产商品化的具体反映。

2. 促进北方经济作物发展，有利于改善农民生计

以山东为例，清政府规定：漕船回空，可在山东采购免税梨枣、核桃、瓜子、豆等农产品60石，嘉庆后增至84石。这一规定极大地推动了山东农产品生产发展。如烟草，据乾隆济宁州志称：“淡巴

---

① 《漕运则例纂》卷16，《通漕禁令·重运揽载》。
② 《清朝通志》卷94，《艺文·疏议》，《食货略14·漕运》。
③ 民国《通州志》卷10，《艺文·疏议》，胡季堂、金单：《察办堆房堆贮客麦疏》。
④ 《续纂淮关统志》卷5，关口。
⑤ 《续纂山阳县志》卷1，《物产》。

姑之为物，始于明季，本产遐方，今则遍于天下，而济宁之产甲于诸郡，齐民趋利若鹜。”① 当地有诗云：“新谷在场欲糜烂，小麦未播播已晚……愚民废农偏种烟，五谷不胜烟值钱。”② 东昌府产烟，“田家种之连町，颇获厚利”。③ 又据《临朐县志》称：“黄豆、黑豆最为民利，与麦同重。农人有田十亩，常五亩种豆，晚秋丰收，输租税、毕婚嫁，皆持以为资。岁偶不熟，因则重于无禾。”④ 乾隆年间，输出大豆每年多达 200 万石左右。⑤ 民国《济宁县志》称：“土货始枣、柿、花生、饼、油、冬菜、布、粮及皮革之属，岁出不下数百万。”⑥ 恩县与平原两县接壤的马颊河西岸，“凡五六十里”多种果树，“获利颇多”。⑦ 东阿县盛产梨、枣，多由漕船运销江南，“居人享其利焉”。⑧ 峄县盛产枣、栗、柿饼、楂梨，“岩谷之民衣食皆仰给焉”。⑨ 宁阳县“东乡多枣柿桃杏，利半五谷”。⑩ 以上事例说明：漕船大量携带当地产品，既促进了农产品的发展，又提高了农民收入。

3. 满足京师及沿运河两岸人民生活所需

王芑孙称：“京师百物，仰给漕艘之夹带。”⑪ 林起龙说：“许带土宜六十石，此优恤之盛典也。然其利有三焉：以南货载北，填实京师百物，不致腾贵，公私充裕，其利一也；屯丁惜此觅利，沿途起剥，脚价有资，不动官粮，少助交纳，近无挂欠，其利二也；即论水手，亦

① 乾隆《济宁直隶州志》卷 2，《物产》。

② 乾隆《济宁直隶州志》卷 2，《物产》。

③ 王士祯：《香祖笔记》卷 3。

④ 光绪《临朐县志》卷 8，《物产》。

⑤ 许檀：《明清时期山东商品经济的发展》，中国社会科学出版社，2007，第 25 页。

⑥ 民国《济宁县志》卷 2。

⑦ 乾隆《平原县志》卷 3，《物产》。

⑧ 许檀：《明清时期山东商品经济的发展》，中国社会科学出版社，2007，第 36 页。据道光年间记载。

⑨ 光绪《峄县志》卷 7，《物产略》。

⑩ 乾隆《宁阳县志》卷 1，《物产》。

⑪ 《清朝经世文编》卷 47，王芑孙：《转般私议》。

赤贫穷汉，一年每名止得身银六两，撑驾挽拽、泥水风雨，便尽筋力，只图转售营生，少资长途费用，苟全衣食，不致吃及正粮，其利三也。”他接着说，若将土宜改作私货，一例算数，兼恐盘察人役需索扰害，致生事端，将来旗丁不带土宜，必将引发“起剥无资，必盗官粮；水手不带土宜，无以资生，必致星散羁迟运务，掛欠漕粮”。[①]雍正九年（1731）江西巡抚谢明奏称：南北货物多于粮船带运，京师借以利用。[②] 乾隆五十年（1785），阿桂奏请将漕船额式改小，以利航行。乾隆帝对此持否定态度，他说：“漕船所带货物，俱民间日用所需，若令减带，则京师百物不无腾贵，殊非使民恤丁之道”；[③] 或称“况京师众人所用南货，俱附粮艘装载带京，总以催令抵通，多到一帮，于国计民生，均得其益”。[④] 包世臣说：“南货附重艘入京，北货附空艘南下，皆日用所必需，河之通窒，则货之贵贱随之。”[⑤] 乾隆帝对漕船携带商货看得很重，其意义已与“国计民生”相提并重。

4. 增加关税收入

唐英说：“粮船附载客货起卸者，例纳抽分，系淮厂项下正额钱粮。”[⑥] 高恒谓：“查淮关每年额税，全赖洪泽湖、南河米豆船只，稍有越漏，即致缺额。”[⑦] 防止关税透漏，成为紧要之事。乾隆十三年五月，户部议复：“淮安关米豆免税船只所纳正单、分单之课，请照宿关船契船钞之例，改为淮关船契船钞，就各船梁头确数九折折准尺寸，每尺船契银二钱五分、船钞银三钱三分。其未满二百石者，悉照宿关渡船并小契半钞、大契半钞例，按石照则务别征收，以昭画

① 《清朝经世文编》卷46，林起龙：《请宽粮船盘诘疏》，康熙二年。

② 《雍正朱批谕旨》第十一函，雍正九年。

③ 《清高宗实录》卷1240，乾隆五十年十月。

④ 《清高宗实录》卷1403，乾隆五十年十一月。

⑤ 包世臣：《安吴四种》卷7，《中衢一勺》。

⑥ 唐英：《咨呈两江督院文》，《续纂淮关统志》卷11，《文告》。

⑦ 高恒：《咨淮扬道文》，《续纂淮关统志》卷11，《文告》。

一。”[①] 江西巡抚谢明说，漕船带运商货，关税借以充足，而沿途居民借以为生理者亦复不少。若一停运，则虽有商贩卖贸迁，未必能多，货物必致阻滞，关税亦恐不无缺少。[②] 据琦善称：漕运回空携带直隶、山东所产豆类的税收，占据临请关税收的相当比重。[③] 户部尚书刘於义奏称：乾隆七年（1742），临清关仅征枣税银一项，就达700余两。[④] 淮关税课，“全赖山东、河南等处豆货运南来，钱粮始能兴旺”。[⑤] 漕船夹带商货为政府带来滚滚税银，增加国家财政收入。

5. 使江南人民免受官盐高价之苦

漕船夹私盐是违法之举，但由于官盐昂贵，侵腐百姓钱财，降低人民生活水平。私盐畅销，有利于节省百姓开支。郭起元说，他在江南仪真、通州等处，见鬻盐每觔制钱二三文，至江西、湖广省，民间买盐每觔制钱一二十文不等。他认为程途相去不过千里，路费可计，即杂项加算，“何至昂价十倍邪！其勒浮病民”。[⑥] 由于官商勒民，而置官盐壅积。徐文弼谓：乡村小民食私盐较食官盐颇贱，故群相争买。[⑦] 私盐行销，为百姓节省了开支。同时，也促使官盐改革。

大量的商货北往南下，运河发挥了巨大作用，除行驶漕船外，私船也行驶其中。关于私商通过运河进行贩运，有不少记载，乾隆年间有人指出：“商贩船只，亦资利济”；“向来南省名项商贾货船，运京售卖，俱由运河经行”。运河的转输功能和利用是很可观的。运河一旦阻塞，诚如时人所说：“南方之货物不至，北方之枣、豆难消。”这时的运河是一条沟通南北商货的重要渠道。

---

① 《续纂淮关统志》卷6，《令甲》。

② 《雍正朱批谕旨》第十一函，雍正九年。

③ 清档，道光四年二月二十七日，署理山东巡抚琦善题本。

④ 《钞档》，户部尚书刘於义乾隆十一年九月初二日题本。

⑤ 《续纂淮关统志》卷11，《文告》，《咨呈两江督院文》。

⑥ 《清朝经世文编》卷50，郭起元：《酌盐法》。

⑦ 《清朝经世文编》卷50，徐文弼：《缉私盐》。

第二节　漕运与商业城市[①]

商业城市的发展有几种不同情形，或基于工农业生产的发展，或系政治中心而人口密集，或系水陆交通要冲人民过往频繁，沿运河工商业城市的发展则同运河联系在一起。沿运城市，过往行人众多。就以漕运本身而论，除众多的催攒、押运、领运等官员之外。有以七八万计的舵工水手，有众多的纤夫，有防河官兵等。此外，有成批的商船，有众多的客商，每年经过运河南来北往之人难以数计。因此沿运河市镇很多变成为商货集散地，发展成为工商业尤其是商业城市。

沿运河商业城市的发展为时甚早。由于中国长江流域主要是江、浙地区工农业生产比较发展，促成漕运制度的发展，南北大运河得以畅通无阻。这种发展变化不仅使江南城市工商业更加繁荣，江北沿运地带工商业市镇也纷纷兴起。以长江以北江苏、山东、直隶三省直城市而论，由康熙历雍正、乾隆至嘉庆朝，若江苏的扬州、淮安，山东的济宁、临清、德州，直隶的天津工商业都有较高的发展。下面试列举几个城市的发展变化加以介绍作为示例。

一　扬州（附高邮州）

沿运诸城市，扬州所处地位比较特殊，为了说明该城在清代商品经济发展，这里先作简略历史追溯。扬州唐代称广陵，地处南北大运河与长江交汇点，商业繁盛，在这时已“百货所集”，“列置邸肆”；富商大贾，“动逾百数”[②]。唐代行销商品，除农产品外，有漆

---

① 许檀：《明清时代的临清商业》，《中国经济史研究》1986 年第 2 期。孙白桦：《清代前期河运漕粮及其对社会经济的影响》，打印稿，1984。郭蕴静主编《中国古代城市发展史》，天津古籍出版社，1989。

② 《唐会要》卷 86，《关市》，又《广陵妖乱志》。

器、玉器、铜器、佛像及各种药材。宋元时期，扬州城市规模扩大，同各地经济联系日益加强，东南西北“十一路百川迁徙贸易之人，往往出其下，舟车南北日夜灌输京师者居天下之七”[①]。明初经过战乱，商业一度衰落，成祖以后，伴随漕运频繁，商业又趋繁盛，在城东商业区加筑新城。商业发展之速，具体反映于钞关商税的增加，万历时，扬州商税银13000两，明末增加到25600两，盐税尚未计算在内。[②]

扬州商业，清代又有进一步发展。商业发展与漕运河道的关系，如清人所论，漕盐河三者号称“东南三大政”，扬州则“地兼三者之利”，史称“其视江南北他郡尤雄”，“为东南一大都会”。所谓“以地利言之，则襟带淮泗，镇钥吴越，自荆襄而东下，屹为巨镇，漕艘贡篚岁至京师者，必于此焉。是达盐策之利，邦赋攸赖”[③]。从而商贾聚集，户口繁衍，乾隆年间，“四方豪商大贾鳞集麇至，侨寄户居者不下数十万”[④]。

扬州商业的繁荣，首先反映于城内外商业网点增多，店铺林立。李斗云；自“天宁门至北门，沿河北岸建巧房，仿京师长连短连廊下房及前门荷包棚、帽子棚做法，谓之买卖街，令各方商贾辇运珍异，随营为市”。便益门至天宁寺，则设棚“亦以备随营贸易，谓之十三房”[⑤]。小东门街外三里长的街道上更是“市肆稠密，居奇百货之所出，繁华又甲两城”（指新旧两城）。由于商业繁盛，地价高涨，寸土拟于金。[⑥]

扬州商业繁荣如前所述，不仅由于漕河，同食盐的转运也有一

① 沈括：《平山堂记》。
② 《续文献通考》卷18，《征榷》。
③ 嘉庆《扬州府志·序》。
④ 乾隆《淮安府志》卷13，《盐法》。
⑤ 李斗：《扬州画舫录》卷4。
⑥ 焦循辑《扬州足征录》卷25。

定关系，每年大量淮盐集中到这里，然后再发往各地，《两淮盐法志》称："维扬天下一大都会也，舟车之辐辏，高贾之萃居，而盐□之利，南暨荆襄，北通漳、洛、河、济之境，资其生者，用以富饶。"[①] 乾隆、嘉庆年间，聚集在这里的众盐商，拥金百万以下者还被认为"小商"[②]。徽籍扬州商人汪廷璋"以盐策起家……富至千万"[③]。

与此同时，扬州又发展成为东南沿海各地的重要粮食集散市场。以税收而言，从乾隆七年至十年，每年粮食税的收入占扬州关每年税关收入的32.7%[④]，粮食贸易在扬州商业贸易中占据十分重要地位。

随着商业的发展，有各种专业性市场兴起。如罗湾街以出售箩筐、竹篮为主；翠花街以首饰店多而得名。据《扬州画舫录》："翠花街一名新盛街，肆市韶秀，货分队别，皆珠翠首饰也"；缎子街以多绸缎店得名，据李斗记述："多子街即缎子街，两畔皆缎铺，扬郡着衣，尚为新鲜"；余如新衣街、皮市巷、铁锁巷、香瓜巷、铰肉巷等。[⑤]

由于扬州是一个商业城市，人来客往十分频繁，服务性行业遂也十分发达，如茶社、酒馆、客栈、浴室十分普遍，此外，有专供富商大贾以及过往官绅享乐的之类街巷，如富春巷、宝和元巷、春巷（茶社）、醉仙居巷、吃吃看巷、长庆巷等。酒肆以南郊最多，孙枝蔚诗云："繁华淮有南郊外，落日归途半醉人。"[⑥]

扬州手工业种类很多，有铜器、玉器、木器、竹器、铁器、漆

---

① 《两淮盐法志·杂记》。
② 《清朝野史大观》卷11。
③ 李斗：《扬州画舫录》卷15。
④ 许檀：《明清时期运河的商品流通》（讨论稿）。
⑤ 李斗：《扬州画舫录》。
⑥ 孙枝蔚：《溉堂续集》卷1。

器、纺织、榨油、雕版、制笔、造船等，但以造船、漆器、雕版为著名。

扬州造船业十分发达，主要是为满足航行河运的各种用船的需要。除漕运船只外，两淮食盐运输需要船，骚人墨客、豪富商人冶游需用船，一般平民百姓交通往来需要船，柴草供给、粪水运送需要船，船只成了当地人民日常生活和经济活动必不可少的工具，造船业就在这种条件下发展起来。

漆器生产是扬州传统的手工业。在明代主要生产彩绘漆、雕漆、平磨螺钿、骨石、百宝镶嵌，产品有瓶、盒、盘、屏风、桌椅、柜橱等，工艺精美。时人称赞说："形神俱美真通太，假寐仍期到梦乡。"[①] 到了清代，扬州的漆器制作工艺又前进一步。出现了多色刻漆（即剔红、剔绿、剔黄），雕漆工艺和镶嵌工艺互相结合，制作了闻名于世的"漆沙砚"。同时造就了一代名师。《扬州画舫录》云："夏漆工善古漆器，有剔红、填漆两种，以金、银、铁、木为胎，朱漆三十六次，镂以细锦。"[②] 到清后期，先后出现了十二家手工业作坊，突破了传统的家庭手工业生产方式，在封建经济内部萌发了新的经济因素，其中以梁福盛所开作坊最大，年产漆品上万件。这种手工业的销售，以产值计，"郡城各肆岁销银币约三万，而梁福盛居其半"[③]。

清代扬州的雕版业极其发达。康熙四十四年，曹寅奉旨刊刻《全唐诗》，该书多达900卷，收录2200余家诗48000多首[④]。这时民间家庭雕版业也十分兴盛。当时街头大量出售说唱脚本，皆出自家庭手雕版之手。以上扬州各种手工业的发展，都同河运便捷商业

---

① 《平山营诗集》。

② 李斗：《扬州画舫录》卷9。

③ 钱辰方：《扬州漆器工艺史话》，《扬州师院学报》（社会科学版）1982年第2期。

④ 《江都续志》卷6。

发展有着一定联系。

在漕运和商业带动下，扬州的农副业商品生产也得到发展。为满足大量增加的城市人口及来往客商漕船运丁水手生活的需要，四郊农村蔬菜种植业，河湖养鱼养鸭种藕莲菱业，以及栽花园艺业等，都在不断扩大。扬州附近农民，就靠出卖自己生产的农副产品，购买自己日常所需的生活必需品。在扬州附近的瓜洲，还发展起来芦苇业，江堤农民以种芦苇为生计，将所产芦苇运往扬州出售。在这里，农村商品经济的发展，冲破了传统的耕织结合生产方式。由于扬州郊区农民从事商品生产，遂使自己“生计不穷”。扬州农村经济的这种发展变化，是同漕船转运水运交通的便利分不开的。

扬州府所属高邮州，商业发展也比较迅速，史称：“为漕挽要道，帆樯南北，日夜灌输于京师者居天下之七八，实水陆之通衢，扬楚之咽颌也。”① 意思是说水陆可通扬州，上溯湖南北，由上游贸迁到北方的商货十分之七八要通过高邮。

高邮由于地处要冲，城里城外到处市集，成衣、杂货、粮店等设有专市。据嘉庆州志：“东台巷故衣市；上坝杂货市；西门外行祠庙、月塘馆驿前俱米、面、杂粮市；东群埸牛马市；马家河果品市、新河塘果品市；天王寺竹木市；石桥罗缎市；梨木巷农具市；小北门猪畜市；坛巷羊畜市；庙桥鱼蟹市；三里桥缸坛市；蛤蜊坝蒲草市；东河、下河俱草市；新桥生药、坛酒市；湖嘴灰炭、杂货市；多宝楼桥毡货市。”② 仍据州志：“在城俱系长市，与村墟赶集者不同，商贾列廛，似有定所。但懋迁有无，听各自便。”③ 高邮城每一类商品专有固定街道和固定地点。从市的名称反映出来各种商品很为齐全，从农产品到手工业品，从生活必需品到生产资料，几

---

① 道光重刊嘉庆《高邮州志》卷1，《镇市》。

② 道光重刊嘉庆《高邮州志》卷1，《镇市》。

③ 道光重刊嘉庆《高邮州志》卷1，《镇市》。

乎无所不包，说明人民经济生活同市场的联系。

除以上城内商品市场之外，高邮城外沿运河两岸还有大小 12 个集市。是远近农民在平时尤其是漕船过往时进行商品交易的场所。

二 淮安

淮安是漕运总督驻扎的重镇，长江流域各省漕船所运米石均在此盘验，这里还聚集着不少南来北往的商船，因此淮安府城商业早在明代即已相当繁盛。据淮安府志记述明天启年间该府城情况："豪右趋势逐利，以财力侈靡相雄长，细民逐趋末利"；"缘五方杂处，豪商巨贾互相矜炫，靡然从风"，"第以水陆之冲，四方辐辏，百工居肆倍于土著"。所说"百工居肆"指从事商贾手工业者，主要是客户。至于当地居民，"恒产之民百无一二，耕种之外，巧黠者托迹公门，驽钝者雇佣自给"[①]。所说"雇佣自给"指出卖劳动力和从事小商小贩。淮安城市商业到清朝前期又有进一步发展。

商业繁盛反映于街道名称，如古东米巷、钉铁巷、粉章巷、竹巷、茶巷、花巷、干鱼巷、锡巷、羊肉巷、绳巷之类。并且有专销售某种商品的市场，如米市、柴市、姜桥市、古菜桥市、兰市、牛羊市、驴市、猪市、冶市、海鲜市、鱼市、莲藕市、草市、盐市等；还有销售各种货品的市场，如西义桥市、罗家桥市、相家湾市、西湖嘴市、窑沟市、新丰市、长安市、大市、小市等。[②] 尤其是按商品类别命名的专业性商业街巷和市场的出现，乃是商业高度发展的产物。

商业繁盛还反映于商税。据乾隆间淮安关《关税》："其商贩

---

① 乾隆《淮安府志》卷 15，《风俗》。

② 乾隆《淮安府志》卷 5，《城池》。

……明末为三十税一，今仍之。”原书接着按抽税货物名称一一罗列。原文如下：

> 按货物输税，有论个者，如竹木桶盒磁瓦石器之属；有论块者，如纸张木板石鼓门台之属；有论坐者，如插屏镜架之属；有论对者，如枕垫桌插牌料丝灯攒盒方盒各对联之属；有论条者，如领头椅搭藤席板凳大中小篾篮草席垫席甘蔗之属；有论副者，如各皮帽檐棉线查子弓面马鞍箱柜剃头担之属；有论口者，如大小缸、大小锅、活猪之属；有论双者，如靴鞋木履之属；有论扇者，如招牌茅蓬屏门之属；有论匹者，如缎纱绸绢之属；有论面者，如鼓琴弦子之属；有论骡者，如人参绸缎色布南来杂货之属；有论只者，如牛羊鲜鱼棹船藉船蓑蒲草船标船；有论石者，粮食；有论件者，银鼠皮褂；有论段、论根、论丈、论片、论把、论捆者，大小竹木板片之属；间有论套、论箱、论篓、论盘、论领，货物不过一件两件。其余悉以担论，大抵十居八九，有芒稻、黍子、糁谷之属，有冬夏布、棉花棉线、缨纬之属，有铅铁铜锡器之属，有药材香料之属，有海菜颜料之属，有鲜果干果之属，有腌腊、腌小菜之属，有油酱酒醋之属，有煤炭石灰之属，不胜悉载。①

以上所列淮安关税商品，有经过关口北上南下者，有在本地销售者。据雍正末淮安关监督唐英记述：“重运漕船过淮，自江广附带竹木、板片、铁钉、油、麻、糖、纸、藤、绳、瓷器等货，沿途下卸，商客贩卖。”② 其中一部分在淮安府下卸出售。

淮安府由于人口密集，也促成农产商品化，附近农户把“白

① 乾隆《淮安府志》卷14，《关税》。
② 《续纂淮关统志》卷11，《文告》。

稻秫麦菽圃蔬水鲜”之类运到淮安城出售[①]。此外，淮安府属所产的部分食粮，如大豆等，并运销江南。据《山阳县志》：“秋豆尤饶，江南大贾携货，船载而去。”[②]

淮安由于漕务官吏和富商巨贾所聚集，从而变成这样一个城市：“商□贾朘尽锱铢，胁勒勾摄滤穷血髓”[③]。

三 济宁

山东省境有些城市，由于濒临运河，交通便利，尤其有大批漕船和各种商船往返，为工商业尤其是商业的发展提供了条件，若济宁、临清、德州皆然。据清中叶包世臣记述：“闸河以台庄入东境，为商贾所聚，而夏镇，而南阳，而济宁，而张秋，面阿城，而东昌，而临清为水马头，而济宁为尤大。”[④]

关于运河与济宁城市经济发展的关系有过不少论述，或谓“南通江淮、北达幽燕”[⑤]。或谓“当河漕要塞之冲”[⑥]。或谓“南引吴、楚、闽、粤之饶，北壮畿辅咽喉之势”[⑦]。以上所论皆指济宁濒临运河，运输方便。其涉及商品流通的，则谓“百物聚处，客商往来，南北通衢，不分昼夜”[⑧]。简短数语描绘出济宁城市所处地位之重要及商业繁盛情况。

济宁工商业的发展影响于当地人民的经济生活。据乾隆州志，济宁过去“民风朴实”，“农夫稼穑，不习商贾之事”；乾隆时期发生巨大变化，仍据州志：“风俗犹江河也，趋日下矣”，又谓“四方

---

① 乾隆《淮安府志》卷15，《风俗》。
② 宣统《续纂山阳县志》卷1，《物产》。
③ 乾隆《淮安府志》卷15，《风俗》。
④ 包世臣：《安吴四种》卷6，《中衢一勺》。
⑤ 乾隆《济宁直隶州志》卷2，《形胜》。
⑥ 乾隆《济宁直隶州志》卷2，《风俗》。
⑦ 乾隆《济宁直隶州志》卷2，《形胜》。
⑧ 乾隆《济宁直隶州志》卷2，《街衢》。又道光二十年修《济宁直隶州志》。

舟车所辏，奇技淫巧所集，其小人游手逐末非一日矣”[①]。过去从事稼穑的农民，现在纷纷改业从事商贩。

更值得注意的是工商业的发展影响于农民的农业生产，由种植粮食作物向经营经济作物转化。如烟草的栽培，据乾隆州志：“淡巴姑之为物始于明季，本产遐方，今则遍于天下，而济宁之产甲于诸郡，齐民趋利若鹜。”[②] 当地有这样的诗句：“新谷在场欲糜烂，小麦未播播已晚……愚民废农偏种烟，五谷不胜烟值钱。”[③] 在清代，济宁地区发展成为山东省著名的烟草区。

其他经济作物也有所发展，如枣、柿、花生等，并且大量输出。据民国县志：“土货如枣、柿、花生、饼、油、冬菜、布、粮及皮革之属，岁出不下数百万。”伴随经济作物产品的输出，促进了外地商品输入。仍据民国县志，从外地输入的商品有“棉纱、绸缎、杂货各品，岁入亦约数百万”[④]。岁出岁入额当指银额，商品流通量相当可观。

伴随工商业的发展，市容也在发生变化。早在明代，已是“江淮百货走集，多贾贩，民竞刁锥，趋末者众，然率奔走衣食于市也”[⑤]。到清代出现了不少以商品命名的市街，如布市口街、纸店街、瓷器胡同、果子巷、姜店街、枣店街等；还出现以商品兼手工业命名的街道，如船厂街、打铜街、炉坊街、竹竿街、篦子街、油篓街、打绳街、烧酒胡同、纸坊街、粉坊街、香铺胡同、曲坊街、皮坊街、褐褙街等。[⑥] 以上街道命名的出现乃是工商业发展的具体反映。

① 乾隆《济宁直隶州志》卷2，《物产》。

② 乾隆《济宁直隶州志》卷2，《物产》。

③ 乾隆《济宁直隶州志》卷2，《物产》。

④ 民国《济宁县志》卷2。

⑤ 乾隆《济宁直隶州志》。引明万历志语。

⑥ 乾隆《济宁直隶州志》卷2，《街衢》。又道光二十年修《济宁直隶州志》。

四 临清

1. 临清商业概况。临清城市商业的兴衰更能说明漕运和商业发展的相互关系。

临清地处江北大运河的中段，扼会通河与卫河交界，为南来北往“舟航之所必由”[①]。因地理关系，早在明代即已发展成为中国北方一个重要的商业中心。康熙二十三年（1684）开放海禁，随着海运的发展，临清在运输上的地位虽渐不如前，但由于漕运关系，城市商业仍相当繁盛。

明初，临清系东昌府属县，后因漕运关系升为州，扩建城垣。入清仍明之旧。据民国县志：临清盛时，“北至塔湾，南至头闸”，“市肆栉比”[②]。即由北而南，纵贯整个城市，都是工商业店肆。街道多以工商业命名，如锅市街、碗市街、马市街、牛市街、果子巷、白布巷、油篓巷、箍桶巷、皮巷等，此外有专供粮食、棉花、茶叶、柴、猪、驴、鸡鸭等商品交易的市场[③]。店铺种类繁多，不下数十种。除专业商店外，还有兼手工业加工的厂坊，如碾坊、磨坊、油坊，如毛皮加工及竹木作坊，如制作香烛、纸马、盆、桶、锅盖作坊店铺。关于商店数目，据州志记载，乾隆时长仅里许的小市街就有商店 100 余家；据此，全城大小商店可能达 1000 余家[④]。其中以粮店最多，凡 100 余家，布店、绸缎店、杂货店、瓷器店、纸张店、茶叶店各数十家。临城商业的再一特点是典当及客店较多，典当有 100 余家，客店有数百家[⑤]。

---

① 康熙《临清州志》卷 4，《艺文》，王舆：《临清州治记》。

② 民国《临清县志》，《经济志·商业》。

③ 乾隆十四年《临清州志》卷 11，《市廛》；乾隆五十年《临清直隶州志》卷 2，《建置》。

④ 许檀：《明清时期的临清商业》，《中国经济史研究》1986 年第 2 期。

⑤ 《明神宗实录》卷 376，万历三十年九月丙子；乾隆《临清州志》卷 11，《市廛》。

临清商人多系客商，如徽州商人、江浙商人、南京商人、山西商人等，客商构成临清商人的主体，而以徽商最多。据明末记载："临清十九皆徽商占籍。"[①] 其次是苏商，资金雄厚，或谓苏州、南翔、信义合股的布行，"岁进布百万有奇"[②]。

由于商业发展而改变着临清人民的经济生活。或谓"本境之民逐末者多，力本者少"；或谓"逐末者十室而九"[③]。也影响于临清市民的构成，商贾"多于居民者十倍"[④]。

临清商业的发展，濒临运河是一个主要原因，有如民国《临清县志》所记："临清商业称盛一时者，藉助此河之力颇大。"[⑤] 清代前期，临清地区，"岁漕江南北米粮数百万石，悉由此河输至京师……不仅南北货物可以附载而至，达官富商亦皆取道于此"[⑥]。仍据民国县志："每届漕运时期，帆樯如林，百货山积，经数百年之取精用宏，商业勃兴而不可遏。当其盛时，北至塔湾，南至头闸，绵亘数十里，市肆栉比，有肩摩毂击之势。"[⑦] 咸丰以后，南方漕粮部分改折，部分改行海运，漕船往来稀少，临清"商业大受影响"，渐趋衰落。因漕运而兴起的商行更"倒闭无余"，国家对会通河的修浚也不再重视，河道逐渐干涸，河床"为沿河居民纳租垦种，向之南北孔道悉变为膏腴良田"[⑧]。临清的繁华一去不复返了。

2. 各种商品流向。临清商业主要是外地商品输入和向外地转销性质的贸易，因此早在明景泰年间（1450～1457）即有人用"商旅

① 谢肇淛：《五杂俎》卷14。
② 乾隆《临清直隶州志》卷11。
③ 乾隆《临清直隶州志》卷首，《旧序》；又卷9，《商榷》。
④ 乾隆《临清直隶州志》卷2，《市街》。
⑤ 民国《临清县志》，《疆域志·河渠》。
⑥ 民国《临清县志》，《疆域志·河渠》。
⑦ 民国《临清县志》，《经济志·商业》。
⑧ 民国《临清县志》，《疆域志·河渠》。

之所往返住址，水陆货物之所以储蓄贸迁”的词汇来加以形容①。临清商业流向范围，据乾隆州志：“南达闽粤，北通辽海”；“精美轻赍之物附粮舟而至，盖尤易也”。② 上语包含两个内容：一是商品经济发展与漕运的关系；二是商品流向由南到北。

在商品之中，较大宗的首推棉布。以江苏常熟县所产布匹而论，早在明代中叶，“捆载舟输行贾于齐鲁之境者常什六”③。这种布匹主要通过临清向其他城市转销。不仅常熟县棉布如此，苏州、松江两府其他各县所产棉布行销情形当都不例外。据明人陈继儒记述：商人自数千里外携重资到江南贩布，“其溯淮而北走齐鲁之郊，仰给京师，达于九边。以清源［临清］为绾□”④。江南布匹不仅行销于山东。且经过临清转销于京师和北部边疆。这时北京朝廷和驻军所需大量布匹大部从南方购置，都须经过临清北上。再以丝织品为例，据陈作霖记述：南京绸缎，“北溯淮泗，达汝洛，趋京师，西北走晋绛，逾大河，上秦陇”⑤。运销京师和西北的绸缎也要经过临清。

总之，这时江南出产由南而北的棉织品和丝织品，有相当大的部分经过临清转销外地，这时辽东、山西、陕西、河南等省富商纷纷到临清购买江南纺织品运回销售。⑥ 一直到清代中期，运销整个华北、东北及西北的布匹绸缎，主要以临清为中转轴心，一般先由江南运抵临清，然后由临清分运各地。

也正是这个缘故，临清城内布店和绸缎店皆多至数十家，销售

① 《明英宗实录》卷 254，景泰六年六月乙亥。

② 乾隆《临清直隶州志》卷 2，《市街》。

③ 嘉靖《常熟县志》卷 4，《食货》。

④ 陈继儒：《陈眉公全集》卷 59，《无税议》。

⑤ 陈作霖：《金陵物产风土志》。

⑥ 《明神宗实录》卷 376，万历三十年九月丙子；《万历会计录》卷 42，《钞关船料商税》；《金瓶梅词话》第 81 回。

量之大，以布匹言年在100万匹以上。[①] 早在明代中后期，临清已成为北方最大的纺织品贸易中心，有“冠带衣履天下”之称。[②] 这种情形到清代前期曾发生一些变化，盖自康熙二十三年开海禁后，尤其乾隆、嘉庆年间，江南布匹绸缎北销逐渐转向海运（同时北方植棉纺织逐渐发展也影响运额减少），但仍有不少布匹绸缎经由河运，这时江浙北运绸缎仍然是临清关税中的大宗。[③]

临清作为粮食商品集散地，乾隆州志作过如下概括：“临清为四方辐辏之区，地产麦谷，不敷用，犹取资于商贩。从上河泛舟东下者，豫省为多。秫粱则自天津溯流而至。其有从汶河来者，济宁一带之粮米也。”[④]

临清之商品粮，由南路济宁、汶上、台儿庄一带贩运而来者每年“不下数百万石”；由西路而来者主要是河南麦谷，年亦“不下数百万石”；由北路沈阳、辽阳、天津一带而来者，“自天津溯流而至”年约数万石。临清附近州县，如馆陶、冠县、堂邑、莘县、朝城等县食粮，北方如直隶清河县食粮，运至临清售卖者“日卸数十石”。粮食市场之多，商品粮额之巨，为运河沿岸城市所仅见。乾隆年间，城市粮食市场6～7处，粮店数百家。[⑤] 据此，临清市场粮食年贸易额达500万～600万石乃至1000万石。[⑥]

以上数百万石乃至千万石商品粮，有一大部分是经临清转销外

---

① 乾隆《临清州志》卷11，《市廛》。

② 万历《东昌府志》卷2，《风俗》。

③ 清档，道光四年二月二十七日，山东巡抚琦善题。

④ 乾隆《临清直隶州志》卷2，《市街》。

⑤ 乾隆《临清直隶州志》卷11，《市廛》。

⑥ 在临清关免税商品粮即达168万多石。乾隆前期临清关所免米粮税银，据乾隆六年吏部尚书协理户部事纳亲、乾隆七年户部尚书海望、乾隆八年山东巡抚喀尔吉善、乾隆十一年户部尚书刘於义等人题奏。据清档，由乾隆二年、三年、五年、七年、八年、九年、十年等七年统计，年免税银额少者12830两，多者52970两，平均每年为银27810两，另据光绪《大清会典事例》卷239，《户部·关税》：每石税银，米、麦为0.022两，杂粮0.011两。如其中米麦与杂粮各以一半计，共该1685454石，这是从低估计。

地的。以回空漕船所携带豆类而论，据道光年间记载，江浙及福建诸省豆制品加工业比较发达，直隶、山东所产豆类多经由临清南运，临清关税中豆类的交易税占据一定比重。[①] 其由南而北的商品粮主要是大米，每年数额不详。其直隶、河南、山东三省食粮的调剂也以临清为轴心，如乾隆九年，直隶歉收而河南丰稔，两省粮食差价很大，“商贩趋之若鹜，自南往北，连樯不绝”[②]。乾隆二十一年，河南歉收，他省食粮大批贩运河南。[③] 以上粮食贩运均经临清市场周转。

商品粮的一部分系就临清市场销售。清朝初年，临清城乡人口5万~6万人。据临清州志，“逐末者多，力本者少”[④]，商业、手工业者占比重很大。外来商贾及运丁水手等流动人口亦多。临清所产麦谷不敷食用，“犹取资于商贩”[⑤]。伴随工商业发展，制曲制酒也消耗不少食粮。仍据临清州志，明清两代，每至麦收季节，富商大贾挟重资来临清，广收新麦，在巷中“安箱踏曲”致麦价涌贵[⑥]。

除上述纺织品的输入及粮食贩运外，由外地运入的商品尚有铁器、瓷器、纸张、茶叶等。铁器有广东锅、无锡锅及山西潞安锅，有的在本地销售，有的转销外地。山西潞安其他铁器若铁钉、铁铧、火盆等，在临清纳税后则多转销外地。[⑦] 高唐、河间等县所使用的晋、陕铁器也不少经由临清转运。[⑧] 宣府、大同及辽东买卖的各种铁器也不少经由临清采办。瓷器主要是江西景德镇所产，“每

① 清档，道光四年二月二十七日署理山东巡抚琦善题本。

② 清档，乾隆十年十一月十五日户部尚书海望题本。

③ 清档，乾隆二十三年九月九日户部右侍郎吉庆题本。

④ 乾隆《临清直隶州志》旧序。

⑤ 乾隆《临清直隶州志》卷2，《建置》。

⑥ 乾隆《临清直隶州志》卷11，《市廛》。又光绪《大清会典事例》卷191，《户部·积储》。

⑦ 乾隆《临清直隶州志》卷11，《市廛》。

⑧ 嘉靖《高唐州志》卷3，《地理》；嘉靖《河间府志》卷7，《风俗》。

岁进货多者十万，少亦不下四万"[1]。纸张来自福建、江西，品种甚多，店铺多至20余家，其中部分转销永平府[2]。茶叶来自安徽、福建等省，店铺多至数十家，茶到临清，"或更船而北，或舍船而陆，总以输运西边"[3]。总之，上述各种商品，有的在临清销售，有的贩运他境。

临清本州及附近州县所产农产品及副产品经由运河外销的，主要是棉花和梨、枣。临清附近的高唐、夏津、武城等州县均盛产棉花，并有收购市场。如夏津县棉市，"秋成后花绒纷集"；"年之丰歉率以此为验"[4]。如武城县，"每岁秋成，四乡棉花云集于市"[5]。以上各州县所产棉花多汇集临清，"日上数万斤"[6]。然后经由运河南下。若东昌、武城等县，多产梨、枣。[7] 又河南彰德府、直隶大名、河间等府，盛产梨、枣、核桃、柿子等。[8] 以上各州县土特产多经由临清贩鬻江南。同时临清丝织业比较发达，早在明代城内机房已达100余家，生产茧绸、丝布、手帕、汗巾等，茧绸、丝布在当地市场销售者每集达1000余匹；有的销售北方各省，"远近多用之"[9]。

由以上各种商品流向可以看出，临清商业主要是以中转为主的商业，临清的繁荣乃是中转贸易的繁荣，它不仅作为地方性市场为本城居民及附近农民服务，更重要的是作为区域性市场为鲁西、豫

① 乾隆《临清直隶州志》卷11，《市廛》。
② 康熙《永平府志》卷5，《风俗》。
③ 乾隆《临清直隶州志》卷11，《市廛》。
④ 乾隆《夏津县志》卷2，《建置》。
⑤ 道光《续武城县志》卷2，《街市集镇》。
⑥ 乾隆《临清直隶州志》卷11，《市廛》。
⑦ 嘉靖《山东通志》卷8，《物产》。又万历《东昌府志》卷2，《物产》。
⑧ 《天下郡国利病书》卷52，《河南三》，彰德府；《古今图书集成》卷140，大名府；纪昀：《阅微草堂笔记》卷13。
⑨ 乾隆《临清直隶州志》卷11，《市廛》。

西北及直隶中南部一个相当广大地区的物资交流服务，并作为商品转运中枢为南北两大经济区的商品流通服务。

五　德州

德州也是因漕运而兴起的一个商业城市，明成祖迁都北京，由南而北的漕运制度再次建立。德州以濒临运河，变成“南北重地”，“士商辐辏”。以后日益发展，或谓万历年间，“每遇漕船带货发卖，遂成市廛”；“四方商旅之至者众矣”[①]。

清代发生更大变化。据乾隆州志：“漕运所经，商贾往来，帆樯云集”，工商业有进一步发展，变成了一个商品转销地。其运往外地的：农产品有杂粮、花生、山薯、西瓜等；手工业品主要是草帽，或谓“德州民业此者颇多”[②]，运销天津、北京及东南各省，远至上海、广州。从外地运入的商品有杂粮、煤和各种手工业品。其杂粮一项，系由附近州县陆运德州，再由德州经水、陆转运外地。伴随工商业的发展，人口迅速增长，由明万历元年（1573）至乾隆五十二年（1787）200多年间，德州人口增加了三倍以上。

咸丰以后，“商埠开而京道改变，漕运停而南泊不来，水陆商务因之大减，而生齿盛衰亦与之有密切关系”[③]。漕运的停止，德州失去了往日的繁荣。

六　天津

在明清两代，天津由旧日聚落市镇，发展成为交通发达、物资交往频繁的商业城市。这种发展变化是同漕运紧密联系在一起的。

以明代而论，南方货物经运河贩运北方，皆需经过天津，如明

---

① 乾隆五十三年修《德州志》卷4，《疆域市镇》。

② 乾隆五十三年修《德州志》卷4，《疆域市镇》。

③ 《德县乡土志》，《户口》。

史所记："粮艘、商船鱼贯而进，殆无虚日"[1]。这时天津变成为南北商货集散中心。各种商品，除运船附载的土宜外，其他商船所载商货，诸如：闽广的糖、蓝靛、茶叶、海货、珍贵木料、干鲜果品；江浙的丝绸、布匹；景德镇的瓷器；江南的竹木及竹制器皿；直隶各地的棉花、梨、枣、豆、麦等。都大量涌进天津，这些货物有的即在天津销售，有的则经此地转贩他乡。如福建的南纸商，每年载货由闽航海，先抵天津，然后再贩运京城。[2] 辽东地区豆饼运至天津后，再运往各地销售。[3] 长芦盐亦由此行销四方。天津沿河一带还有许多"贩粟者"往来于直隶河间府各县。如天津城北门外是南北运河交汇之区，"有杂粮店，商贾贩粮百万，资通京师"[4]。这时天津已呈现出"百货倍往时"[5] 的景象。伴随商业的发展则是市集的增加。明成化以前，天津原有的宝家集、仁厚集、货泉集、富有集，弘治六年，在天津城区附近增设通济集、丰乐集、水丰集、宫前集和安西市。[6] 这时天津的巨大变化，有如薛柱斗所记："名曰为卫，实则即一大都会所莫能过也。"[7]

明代后期，由于战争关系，天津商业一度衰落。但清朝建立不久，又沿袭明制恢复漕运。而且伴随工农业生产的发展，天津商业又趋繁盛，而且超越明代。天津三岔河附近及芥园、湾子、茶店口、院门口、大红桥等地，"帆樯络绎，水手如云"[8]。这时商业繁盛情形，清人一再论及，如航船转运起卸之处，"河路码头买卖广，繁华热闹

---

① 《明史》卷79，《食货志·漕运》。
② 《明清以来北京工商会馆碑刻选编》，《延郡纸商会馆碑文》。
③ 〔日〕加藤繁：《中国经济史考证》第3卷，商务印书馆，1978。
④ 《津门考古》页88。
⑤ 《续文献通考》卷18，《征榷考》。
⑥ 《明史》卷79，《食货志·漕运》《新校天津卫志·市集》。
⑦ 《新校天津卫志》卷首，《薛柱斗序》。
⑧ 《津门保甲图说》，西南一带村庄图说。

胜两江”①。

“海禁”开放后，天津海运业发展很快，南来北往的商船直抵天津。如闽粤商船往来天津贩货，已是“岁以为常”，每至六七月间，商队直抵天津郡城停泊者，“连樯排比，舵手人等约在一万上下”②。如江浙商人乘海船赴天津、奉天进行贸易者，起初每年只有两次，后来增加为“一年行运四回”③。向不远航的天津商船和宁河海船，此时不仅频繁往来于奉天、山东及直隶其他各地，而且远航至江浙，从事贩运。④ 这两种海船最盛时达“七百只上下”⑤。清代万商辐辏的盛况已“亘古未有”⑥。这时由于商业的繁荣和发展，改变了天津城市建制，由过去的军事城堡发展为繁盛的商业经济城市。

这时在天津市场上交易的各商品，其由南方北运者，如：福建的糖、鱼翅、橘饼、胡椒、鞭杆、粗碗等；广东的糖、洋碗、苏木、烟草、茶叶、翎羽、名贵木材、各种香料、独门药品、药酒、铁锅、毛边纸、象牙雕刻、白铜烟筒器具、锡制热碗与酒壶等；江西的瓷器；江浙的茶、布、姜、果、粮米、毛竹、长屏纸、明矾、杉木、绍酒、锡箔等。其经由天津南运的，如北方的药材、核桃、红枣、黑枣、瓜子、杏仁、豆麦等。这时每年从关东、天津等处运往上海的豆麦等约千余万石。⑦ 天津附近各地，利用内河航运的方便，也将各种商品源源运来。如：直隶永年和邯郸的煤炭、石灰，磁州的器皿、矾皂；涉县的花椒、核桃等都沿滏阳河运至天津；返航时则将天津的食盐、百货运往各地。据称，仅是到天津运盐的商

① 《津门杂记》卷下。
② 《津门保甲图说》，《天津道会议详稿》。
③ 《清朝经世文编》卷48，《户政·漕运下》。
④ 乾隆《天津县志》卷21，《艺文》，朱奎扬：《天津海运碑记》。
⑤ 《李文忠公全书·奏稿》卷20，《海运苦累变通办法折》。
⑥ 《清朝经世文编》卷48，《户政·漕运下》。
⑦ 《安吴四种》卷1，包世臣：《海运南漕议》。

船“其数不下一千只”[①]。

随着货物增多和交易频繁，天津旧日的商业区更加兴盛，并发展起来一些新兴的商业中心区，如东门外沿河一带，早在明代已成为天津早期的商业繁华区，至清代则“米船盐艘往来聚焉，故河东多粮店，盐坨也鳞次其间”[②]。原来比较冷清的北门外沿河一带，到清中叶已发展成商业繁华区，每年惊蛰节后，闽粤商船麇至，运来的铁锅、缝衣针、铜纽扣等多在此地列肆出售，出现了卖针、卖锅的专业市场，如“针市街”、“锅市街”和“洋货街”等，如鸟市、肉市、菜市、果市、骡马市等，其繁盛情形，如时人所说：“商旅辐辏，屋瓦鳞次”，“津门外第一繁华区也”。[③]

随着商业繁盛，乾隆年间天津还相继成立了“洋行”“局栈”一类办事机构，到嘉庆四年，“洋行”“局栈”已达九家之多。

为了适应天津商业的发展，天津的银钱业也应运而生。乾隆年间，山西商人雷履泰在天津开设的日升昌颜料庄，首先倡用汇票；嘉庆二年并创立天津日升昌票号。嘉庆十九年，山西商人毛凤刿在天津创办蔚泰票号。据记载：仅道光前期十余年间，天津相继成立的票号“多至十七家”[④]。办理汇兑业务。除票号外，天津还设有钱铺、典质店等。

清政府解除海禁之后，天津出现了出海贩运的大船商，以及许多承揽内河漕粮商货转运的船主。这些大船商发家之后，除继续经营海上航运业外，还将积累的资本投向其他行业。如天成号韩家把经营海运所获利润开设了粮行、银号、当铺等，而后又以商业经营所获利润转向和扩大海船运输业，形成航运业资本的增值。

---

① 樊百川：《中国轮船航运业的兴起》，四川人民出版社，1985。

② 《津门保甲图说》，《总说序》。

③ 《津门保甲图说》，《总说序》。

④ 王子建、赵履谦：《天津之银号》第一章《概述》，河北省立法商学院研究室，1936。

天津由于商业的兴盛和市场的扩展，商家店号迅速增长。就天津城内而言，道光年间从商住户达 5245 户，占城内总户数的 53%。并且出现了一批腰缠万贯、家资雄厚的富商大贾，如韩家拥有“船大数丈，九桅五帆”的大海船数十艘；其他巨商如正兴德穆家、杨柳青石家、土城刘家都跻身天津富绅“八大家”之列。

清中期以后，商人会馆纷纷出现，如乾隆四年在天津北门外建立的闽粤会馆①；乾隆二十六年，在天津河东杂粮店街建立山西会馆②；道光年间，在杨柳青镇建立第三座山西会馆③；在天津估衣街万寿宫内建立江西会馆等④，均由各该省富商创建。清代会馆的日益增多，乃是商业发展的直接产物。

地处河海之滨的天津，由于商业的迅速发展，变成为我国北方“聚天下之粟，致天下之货，以利京师”的“蓟北繁华第一城”⑤。天津商业的发展和漕运的联系也相当密切，先是河运，后改海运，皆须通过天津。

沿运道还有很多因漕运关系而发展起来的中小商业城市，不一一论列。

第三节　商品流通与社会经济

如前所述，扬州、淮安、济宁、临清、德州和天津的商业繁荣主要得益于其优越的地理条件，即位居运河的要冲。南起苏、杭，北达天津、通州，由三千多里的运道连接起来。这六个城市除扬州外，都是商品流转发展的结果。这些城市又与其他水路陆路相互衔

① 《天津商会档案》，二类 2742 号，《天津闽粤会馆重修碑》。
② 《津门杂记》卷上。
③ 《津门保甲图说》，西南一带村庄图说 23，《杨柳青镇图》。
④ 《津门保甲图说》，《总说序》。
⑤ 《津门杂记》卷上。

接，把长江流域的浙江、江苏、安徽、江西、湖北、湖南，和黄河流域的山东、河南、直隶等省直接连接起来，乃至把极南的福建、广东，西北的陕西、甘肃，东北的辽东也联系起来，形成一个四通八达的商业流通网。以临清而论，贸易所及，“南达闽粤，北通辽海”。[①] 尤为重要。

由运河沿岸城市商业的兴衰，突出地反映出漕运和这些城市经济发展的联系，它使原有工商业城市更加繁荣，也使原来工商业不甚发达的城市发展成为繁华的商业城市，并促进了这些城市附近城镇及乡村手工业和农业生产的发展。

主要是商业的发展。漕船运载大量商品，所谓漕船“沿途包揽，亦沿途脱卸”，即指兼营商品运输和销售。这样，各个沿运商业城市，很多成为南北物资交流的要冲，如：南方出产的布匹、绸缎、纸张、瓷器、铁器和茶叶等，乃北方不能生产或所产不敷需求的产品，大量由南而北；北方生产的棉花、豆类、梨、枣等农产品，南方不能生产或生产不敷需求的产品，大量由北而南。南北商品的这种交流，对南北双方经济的发展起着积极的促进作用。兹以临清州为例，由于棉花外销，促进了临清附近夏邑、高唐、武城、恩县等州县植棉的发展，变成为华北植棉区。以夏津县而论，五个乡中有三个乡以种棉为主。该县棉花在国民经济中的重要地位，如乾隆县志所记，“年之丰歉率以此为验”[②]。有的州县果树有所发展，如堂邑县，有些农户以种植果树为业，所产梨、枣经临清客商贩运江南，农户靠出卖果品的收入购买所需衣食和完纳赋税。[③] 以上各地区的农业生产，经济作物在排挤粮食作物。又由于很多农户需要从市场购买所必需的食粮，又进一步促成粮食生产商品化。

---

① 乾隆《临清直隶州志》卷11，《市廛》。

② 乾隆《夏津县志》卷2，《建置》。

③ 康熙《堂邑县志》卷16，《人物》。

就每一个商业城市而言大都如此，它对周围地区经济都在起着这种作用。仍以临清为例，伴随商业的发展，“以州之所有余，易州邑之所不足”①。这里显然是指临清和附近州县相互交易关系，这也会促进其他州县商品生产的发展。

农产商品化也会促成农民的阶级分化。商品经济发展，粮价涨落幅度较大，这对靠买粮而食的民户在经济上会造成严重威胁。又种植经济作物，如棉花、烟草等，产值较高，如清人赋诗所说：“五谷不胜烟值钱”②。种植烟草可以增加收入。据乾隆间记载，“齐人趋之若鹜”即指山东人为增加收入而改种烟草而言③。总之，经济作物的发展为部分农户发家致富创造了条件。早在明代后期，临清县农户就有以种植棉“致富”的。④ 这是同商业城市兴起及商品流通发展分不开的。

更重要的是富商的发展。这类商业城市的兴起是和漕运紧密联系在一起的，漕运制度为南北商品流通创造了条件。掌握大量财富的商人，一方面从事各种商品的囤积贩运，另一方面在这些商业城市开设商店、典当。但在这种发展过程中兴起的城市商业，它主要从属于消费，生产是次要的，生产和消费的发展不是在一个水平线上。由于这类城市的商业主要是转运贸易，不介入生产，因而构不成资本主义商品流通。当然，由于它的发展，也间接促进了曲坊、酒作坊、榨油坊之类手工业的发展，产生了萌芽状态的资本主义因素。

总之，沿运几个商业城市的发展，除扬州外，并非基于自身工农业生产的发展，乃是中国南北经济发展不平衡的产物，是北方消费市场对较为先进的南方经济发展相互依赖的产物，它起着调剂南北经济余缺作

---

① 康熙《临清县志》卷2，《土产》。
② 乾隆《济宁直隶州志》卷2，《物产》。
③ 乾隆《济宁直隶州志》卷2，《物产》。
④ 万历《东昌府志》卷2，《物产》。

用。这类商业城市和单纯的政治城市毕竟不同，它的兴起真正反映了商品经济的发展，有较强的经济性能，从而对社会经济的发展变化起着更为重要的作用。

附：

修治运道对某些地区农业生产的破坏

为维持漕运而修治运道，它的积极作用是沟通南北商品流转，沿运河发展起来不少商业城市，从而又促进某些地区工农业生产的发展。但也有消极的一面，如造成人力财力巨大浪费，尤其是对某些地区农业生产的破坏，而以江苏北部广大地区和山东省为最。

以山东省而论，运道所经多系高亢地带，水量稀少。封建统治为确保运河用水，在沿运各河、湖、泉开渠筑堰建闸，用以引流蓄水。在很多地区，“居民藉水灌田，漕船赖以济运”，官方与民户经常发生争水的矛盾。在运道和农田都需水的条件下，政府以保证运道为主，每把农田水利放在次要位置。顺治五年（1648）所定：“每年二三月间听民用水，四月以后即将闸板尽启封贮，渠口堵塞”，即属此种情形。康熙二十九年（1690），令于每岁三月初，用竹络装石横塞入渠，使渠水大部注入卫河济运，只留“涓涓之水溉地”。后因“渠深田高”，所留涓涓细流无法灌溉，于是规定在每年三月初一至五月十五日两个半月之内，“三日放水济漕”，“一日下板塞口灌田”，谓之“官三民一”。山东高阜地带，春季每干旱缺水，所定“官三民一”对亟待灌溉的农田有名无实，徒流于形式，农民需水问题无法解决。①

运河经由山东境时，与运道相邻的河南辉县西北五里有一泉

---

① 杨锡绂：《漕运则例纂》卷12，《河闸禁例》。

叫“搠刀泉”，泉阔约20余亩，“泉珠上涌，难以数计”，附近农民即借以灌溉。清政府为维持漕运，下令“四五月份漕船通过之时，封板放水济运”。农民为引水灌田，乃私自花钱买水，所谓“每有守口之夫伙同堰长奸民违禁卖水”即指此。康熙六十年，清帝为此特下谕旨：“不许民间偷截水泉”。雍正三年（1725）又定：“如有盗塞官渠，壅水自利者，以偷盗仓库钱粮例治罪。”①清王朝的这种政策措施，严重地影响了某些地区的农业生产。

在江北地区是另一种情形，当夏、秋水势盛涨之时，则开闸放水，淹没民田，对农业生产起着更加严重的破坏作用。

江北水患则起因于引黄入淮。黄河原系由山东东北境入海。从明代开始，为了借用黄河流水运载漕粮，改由江北入海。黄河因失其自然之势，中下游遂经常溃决。黄河携带泥沙，水势汹涌，经常倒挂入运，淤塞运口。为保证漕船运行，官府除用大量人力、物力清淤挖浅外，并大力加高河堤。康熙中叶，“清江浦西号黄水高于淮水一尺，淮水高于运河之水七尺，运河水高于平地七尺。合而观之，淮水高于运河堤外平地共一丈四尺”②。嘉庆年间，河堤之高度，“与淮安府城墙相埒”③。

水高陆低，一遇河水暴涨，河堤便岌岌可危。官府为保全运道，遇紧急状态，即下令启放闸坝，“以资宣泄”，致下河一带“年年被水”④。高邮、宝应、江都、甘泉等县，或谓“居民田亩庐舍常年尽被水淹”；“四野一望，十家九空”。桃源、宿迁等县，每因“阻黄临运”，上河所放之水“无由宣泄，洼地多成巨浸”，致成千上万的居民无家可归。⑤ 乾隆十八年（1753），清帝南巡视

① 杨锡绂：《漕运则例纂》卷12，《河闸禁例》。
② 康熙《东华录》卷18，康熙三十八年十一月。
③ 道光重刊嘉庆《高邮州志》卷2，《运河》。
④ 道光重刊嘉庆《高邮州志》卷2，《运河》。
⑤ 道光重刊嘉庆《高邮州志》卷2，《运河》。

察河工，曾赋《下河叹》一诗，有“下河十岁九被涝”，“通运一片成汪洋”，“哀哉吾民罹昏垫，河臣束手无良方”之类诗句。[①]乾隆帝为维持运道，也只是谕令在启放闸坝之前，“先行晓谕该处民人早为迁避，并将秋禾及早收割”而已。[②]

从嘉庆朝开始，运河失修，水灾更加严重。嘉庆元年（1796），“河决丰汛”，自此以后，“若丰工、睢工、衡工几于无岁不决”[③]，黄河日淤，河身日高。因黄河经常决口，影响运河堤岸；又因黄高于清，漕运转资黄水浮送，泥沙停滞，以致运道淤沙高积，航运困难。黄河北徙已成自然趋势，只为维持漕运旧制，强使南流由江北入海。不仅修筑困难，而且为江北里下河区带来更为严重灾害。嘉庆九年水灾之重，有如冯道立所论：“淮水南溃，淹没田禾，厥后屡修屡决，高、宝九州县地，尽属水乡。因查每年被水之由，皆缘高堰湖汛涨而起……以故仁义五坝常至启放，所波及之白马、甓社、赤岸等湖，汪洋一片。当事者恐漕堤顿决，不得不开闸坝泄水……但入海河路浅塞，且相距数百里，四高中下，状如釜底，充满盈溢。不能不淹入田亩，每遇西风一起，巨浪拍天，野处之家，波高于屋；即或村居高阜，勉筑堤防，而无衣无食，惟有泣对洪波而已。”[④]嘉庆十七年，扬河一带河水下注，“下河之泰州、兴化、东台等处，皆淹浸被灾”。嘉庆十二年，“智信两坝、仁义两坝引河，车逻、南关二坝全部开放，下游里下河地区遍地水灾”。嘉庆二十一年、二十三年、二十四年等年均有为保护堤岸启坝放水之类记载。[⑤]道光四年，堰圩大堤溃决，“山阳、宝应、高邮、甘泉及下游

① 道光重刊嘉庆《高邮州志》卷首，《天章》。
② 道光重刊嘉庆《高邮州志》卷首，《恩伦》。
③ 《清史稿》，《河渠志二·运河》。
④ 冯道立：《淮扬治水论》。
⑤ 同治《扬州府志》卷1。

兴化、盐城等县均被淹，漂没田庐”[1]。道光六年，洪湖水涨，启放扬粮厅昭关坝放水，泰州、兴化等处“因潦成灾，秋收无望”。道光十一年六月，马棚湾迤南漫口，宽180余丈；又十四堡下首漫口。宽60余丈，水由下河各荡入海，“下游田禾，先因大雨兼旬，半遭淹没；近更全无收成”[2]。此次因开坝所造成的水灾，据是年道光上谕：“江都、仪征等县沿江被水，各处一片汪洋，仅存屋脊。扬州府属之高邮州、甘泉县、宝应县，情形尤为着紧；并下游之兴化、盐城等县，因高邮之马棚湾、十四堡等处东堤漫溢，水溜奔腾下注，庐舍田亩定皆淹浸，各处灾民迁移堰阜，栖食全无，凄怆景况不堪设想。”道光二十八年六月，久雨大风，洪泽湖大涨，河欲决，先“启东逻等四坝以泄之……复启昭关坝。高邮、泰州、宝应、兴化、东台、盐城六州县境内变成巨浸，流民南渡者数十万”[3]。

由于开坝放水淹没民田事，当时人曾为诗以记。如道光间厉同勋诗：“湖水怒下江怒上，雨水相争波决沟，河臣仓皇四坝启，下淤百姓其鱼哉!”[4] 如咸丰元年，黄河在丰县北决口，官府决定开五坝以保运道，时人夏实晋为诗以记：“一夜飞符开五坝，朝来屋上已牵船，田舍漂沉已可哀，中流往往见残骸。”[5]

官府只考虑运道畅通，而忽视农民的生命财产，理所当然地遭到农民的强烈反抗。如嘉庆年间江北农民反对官府放水淹田的斗争，道光间韩弼元曾为诗以记：“官言此大事，缓急岂由汝！民泣不肯去，乃命加诛刈。哀哀此愚民，若与生为仇，甘心触白刃，鲜血纵横流。垂死犹乞恩，愿官少淹留。”[6] 又如道光十一年农民反对

---

① 同治《扬州府志》卷2。
② 同治《扬州府志》卷2。
③ 韩弼元：《萃岩室诗钞·悯灾黎四章》。
④ 厉同勋：《栖尘集·湖河弄涨行》。
⑤ 夏实晋：《冬生草堂诗录·避水词》。
⑥ 韩弼元：《萃岩室诗钞·悯灾黎四章》。

开坝事例。是年洪湖水涨，官府即驰令扬河营及高邮州，将该处四坝启放。据扬河厅营禀呈："正欲启除埽戗间，突有农民数千人阻挠开放，不容动手。"[①] 农民的反抗斗争以失败而告终。又据道光年间厉同勋诗："黄云万顷惊转眼，化为海市之楼台；更怜村民痴贾祸，不死于水死于火。"诗原注谓："开坝时，村民数千人卧于坝上，河卒发铳相击。"[②] 由以上事例说明农民反开坝斗争之激烈，也说明官府为维护运道所造成危害之巨大。

在江北和山东运道反映了两种不同情形。为保持运道畅通，在山东主要是限制用水，夺民田灌溉之利；在江北则是遇运河水涨，启闸坝放水，以民田为壑。后者所造成的危害尤大，以人民生命财产作牺牲。尽管如此，并没有保持住运道的畅通，有如河道总督靳辅所指出的："河道之变迁，总由议治河者多尽力于漕艘经行之处。其他决口则以为无关运道而缓视之，以致河道日坏，运道因之日梗。"[③] 清代中叶前约200年间，除大臣靳辅等少数人外，沿运道各省直官吏，关于治河方法基本采取保护运道的消极方针，对农田水利则采行忽视态度。

咸丰五年黄河北徙后，因漕运而导致的水患才逐渐减少。

---

① 同治《扬州府志》卷2。

② 厉同勋：《栖尘集·湖河异涨行》。

③ 靳辅：《靳文襄公奏疏》卷1，河道敝坏已极疏。

索　引

图书在版编目（CIP）数据

清代漕运 / 李文治，江太新著. --2 版. -- 北京：社会科学文献出版社，2023.9
（社科文献学术文库. 经济研究系列）
ISBN 978-7-5097-8149-4

Ⅰ. ①清… Ⅱ. ①李… ②江… Ⅲ. ①漕运-交通运输史-中国-清代 Ⅳ. ①F552.9

中国版本图书馆 CIP 数据核字（2015）第 232608 号

社科文献学术文库 · 经济研究系列
清代漕运（第 2 版）

著　　者 / 李文治　江太新

出 版 人 / 冀祥德
组稿编辑 / 周　丽
责任编辑 / 陈凤玲　李　淼
责任印制 / 王京美

出　　版 / 社会科学文献出版社 · 城市和绿色发展分社（010）59367143
地址：北京市北三环中路甲 29 号院华龙大厦　邮编：100029
网址：www.ssap.com.cn
发　　行 / 社会科学文献出版社（010）59367028
印　　装 / 三河市东方印刷有限公司

规　　格 / 开　本：787mm × 1092mm　1/16
印　张：32.5　字　数：430 千字
版　　次 / 2023 年 9 月第 2 版　2023 年 9 月第 1 次印刷
书　　号 / ISBN 978-7-5097-8149-4
定　　价 / 168.00 元

读者服务电话：4008918866